W0061097

Norbert Groeben

Leserpsychologie:
Textverständnis —
Textverständlichkeit

Norbert Groeben

Leserpsychologie: Textverständnis — Textverständlichkeit

ASCHENDORFF MÜNSTER

Über den Autor:

Norbert Groeben, Jahrgang 1944; Diplom, Dr. phil., Habilitation in Psychologie; Facultas I, M. A. in Neuerer Dt. Literaturwissenschaft; o. Prof. für Psychologie an der Universität Heidelberg. Forschung und Lehre auf den Gebieten: Allgemeine Psychologie (insbesondere Kognitions-, Lern- und Sprachpsychologie), Wissenschaftstheorie, Literaturpsychologie, empirische Literaturwissenschaft. Einschlägige Buchpublikationen: Literaturpsychologie, Stuttgart 1972; Die Verständlichkeit von Unterrichtstexten, 2. Aufl. Münster 1978; Rezeptionsforschung als empirische Literaturwissenschaft, 2. Aufl. Tübingen 1980.

© Aschendorff, Münster Westfalen, 1982 · Printed in Germany

Alle Rechte vorbehalten, insbesondere die des Nachdrucks, der fotomechanischen oder tontechnischen Wiedergabe und der Übersetzung. Ohne schriftliche Zustimmung des Verlages ist es auch nicht gestattet, aus diesem urheberrechtlich geschützten Werk einzelne Textabschnitte, Zeichnungen oder Bilder mittels aller Verfahren wie Speicherung und Übertragung auf Papier, Transparente, Filme, Bänder, Platten und andere Medien zu verbreiten und zu vervielfältigen. Ausgenommen sind die in den §§ 53 und 54 URG genannten Sonderfälle.

Aschendorffsche Buchdruckerei, Münster Westfalen, 1982

ISBN 3-402-04298-3

**Leone
viereinhalb**

VORWORT

Eine wissenschaftliche Arbeit zu schreiben, die eine Durchsicht von ca. 2000 Literaturtiteln erfordert, ist heute neben den Lehr- und vor allem Verwaltungsaufgaben eines Hochschullehrers kaum mehr möglich. Die Abfassung des vorliegenden Buches konnte daher nur mit Hilfe eines Akademie-Stipendiums der VW-Stiftung realisiert werden, das mich ein Jahr lang von der Mehrzahl der nicht auf Forschung ausgerichteten Pflichten freistellte; der Stiftung und d. h. allen mit der Abwicklung meines Stipendiums befaßten Personen möchte ich dafür meinen Dank aussprechen.

Die interdisziplinäre Ausrichtung des Buches erforderte eine Bibliographie und Literatursuche in den verschiedensten Teilbereichen; hier hat mir, besonders im Teil ‚Textverständnis', die Bibliothek des ‚Internationalen Instituts für Jugendliteratur und Leseforschung' in Wien eine Menge Arbeit komplizierter Literaturbeschaffung erspart, indem ich an Ort und Stelle auf die Bestände an wissenschaftlicher Literatur des Instituts zurückgreifen konnte. Für die Möglichkeit, drei Monate in dieser Bibliothek selbst zu arbeiten, und die vorzügliche Betreuung während dieser Zeit möchte ich Herrn Direktor Dr. R. Bamberger und Frau Dr. L. Binder herzlich danken.

Gerade wegen der Fülle der berücksichtigenswerten Literatur mußte die Literatursuche irgendwann konsequent abgeschlossen werden; dies geschah (bis auf eigene Arbeiten) im Frühjahr 1981. Trotzdem sind z. T. auch später erschienene Arbeiten einbezogen, dann allerdings nur in der Form von Präpublikations-Papieren (das gilt z. B. für mehrere Arbeiten der Forschungsgruppe des DIFF in Tübingen, d. h. der Autoren Ballstaedt, Fischer, Mandl, Schnotz, Tergan). Daß das Werk bereits ein Jahr nach Abschluß der Literaturverarbeitung erscheint, ist vor allem der äußerst raschen und kompetenten Herstellung durch die Aschendorffsche Verlagsbuchhandlung zuzuschreiben, für die ich mich bei der Leitung und den Mitarbeitern des Verlags besonders bedanke.

Allerdings waren natürlich auch von der Autorseite aus Anstrengungen in Richtung auf eine zügige Manuskriptherstellung nötig –

Anstrengungen, die ich beileibe nicht alle allein getragen habe. Hier möchte ich vor allem danken: Herrn cand. psych. Dr. med. M. Wiegand für stilistische Korrekturen und die zusammenfassenden Fragen, Herrn stud. psych. G. Blickle für die Erstellung von Literaturverzeichnis und Register, sowie Frau B. Furian für die unermüdliche und immer zuverlässige Erstellung des Manuskripts bis zu seiner letzten, endgültigen Version.

Neben dem üblichen Literaturverzeichnis hat der vorliegende Band noch ein Literaturverzeichnis II: in diesem sind (durchnumeriert) all jene Arbeiten aufgeführt, auf die sich die metaanalytischen Zusammenfassungen der bisherigen Forschung zur Optimierung einzelner Textmerkmale in der Dimension ‚kognitive Gliederung/Ordnung' beziehen; im entsprechenden Kapitel (II.4.3.) sind diese Arbeiten zur Vereinfachung des Tabellenwerks lediglich mit den Nummern des Literaturverzeichnisses II zitiert.

Das, was häufig in Vorworten kommentiert wird, nämlich Stellenwert und Gewicht der bearbeiteten Fragestellung, ist ausführlich im Kap. 0. ‚Vorstrukturierung' dargestellt. Dieses Kapitel verdeutlicht durch seine Existenz überdies, daß ich versucht habe, die Ergebnisse dieser Arbeit (zur Gestaltung einer optimalen Textverständlichkeit), wie sie auf den Seiten 273/274 zusammengefaßt sind, bei der Abfassung selbst zu berücksichtigen und zu verwirklichen. Ich hoffe sehr, daß dies der Mehrzahl der Leser eine angenehme und zugleich effiziente Textverarbeitung ermöglichen kann.

Dezember 1981   Norbert Groeben
                                                 Psychol. Institut
                                                 Hauptstr. 47–51
                                                 6900 Heidelberg

INHALT

0. Vorstrukturierung:
Textverständnis und Textverständlichkeit als Teil einer Leserpsychologie

Ziel der Vorstrukturierung: Die Einrichtung einer einleitenden Vorstrukturierung wird von der kognitiven Lerntheorie (z. B. von AUSUBEL) propagiert und soll dem Leser von Informationstexten einen kognitiven Rahmen bieten, in den die folgenden Informationen eingeordnet werden können; ein solcher kognitiver Rahmen ist daher dem Text, der die jeweiligen Informationen näher ausdifferenziert und darstellt, voranzustellen. Er bewirkt so eine Organisierung der Kognitionsstrukturen des Lesers in der Weise, daß sie möglichst optimal für die Aufnahme und Verarbeitung des folgenden Textinhaltes vorbereitet werden: deshalb wird eine solche einleitende Vorstrukturierung ‚Advance Organizer‘ genannt (AUSUBEL 1963; vgl. u. Kap. II. 3.2. u. 4.3.1.). Die einleitende Vorstrukturierung für das vorliegende Buch muß also die wichtigsten Rahmenkonzepte und Perspektiven thematisieren, die für das Problem von Textverständnis und Textverständlichkeit im Rahmen einer Psychologie des Lesers relevant sind. Dazu gehört zunächst einmal eine kurze Darstellung des Stellenwerts, den das Problemfeld von Textverständnis und -verständlichkeit im Rahmen einer umfassenden Leserpsychologie einnimmt; d. h. es ist auch zu benennen, welche Aspekte der Leserpsychologie in diesem Band nicht behandelt werden und in welcher Beziehung sie zu dem behandelten Gegenstandsbereich stehen (vgl. 0.1.). Außerdem sind die wichtigsten Frageperspektiven für diesen Gegenstandsbereich des Textverstehens zu skizzieren und die Richtung ihrer Beantwortung zumindest ansatzweise zu benennen (vgl. 0.2.). Auf diese Art und Weise soll die einleitende Vorstrukturierung dem Leser Aufschluß geben darüber, von welchen zentralen Fragen und generellen Konzepten die folgende Darstellung des Problems Textverständnis/-verständlichkeit ausgeht und d. h.: unter welchen Frageperspektiven sie sich der kognitiven Verarbeitung am besten erschließt.

0.1. Der Stellenwert von Textverständnis/-verständlichkeit im Rahmen der Leserpsychologie

Die Abhandlung von Textverständnis und Textverständlichkeit innerhalb einer *Leser*psychologie enthält eine programmatische Abgrenzung: nämlich die zur *Lese*psychologie. D. h.: die Psychologie des Lesers geht vom im Prinzip bereits kompetenten Leser aus, behandelt nicht die Entwicklung des hörenden und sprechenden zu einem lesen-

den und schreibenden Sprachbenutzer, also die Probleme des Erwerbs
der Lesefertigkeit; diese Probleme ordne ich einer Lesepsychologie
zu, zu der es durchaus auch wichtige Forschungsergebnisse der Psychologie gibt, die allerdings hier nicht dargestellt werden können,
sondern eher vorausgesetzt werden (vgl. GIBSON & LEVIN 1975). Das
bedeutet, daß folgende Problembereiche im Rahmen einer Leserpsychologie nicht behandelt werden:

> unter pädagogisch-psychologischer Perspektive das Problem der Leseerzie-
> hung mit ihren verschiedenen möglichen Leselernmethoden (Ganzheitsme-
> thode etc.); dazu gehört auch das Problem, zu welchem Alterszeitpunkt der
> Wechsel von der auditiven zur visuellen Rezeption und Verarbeitung optimal
> ist, d. h. die Frage des Frühleselernens (vgl. KRATZMEIER 1974). Unter ent-
> wicklungs- und differentialpsychologischem Aspekt vor allem die Entwick-
> lung und interindividuell unterschiedliche Ausprägung der Lesefertigkeit und
> des Leseverhaltens; das in diesem Rahmen im letzten Jahrzehnt am meisten
> beachtete Problem ist das der mangelnden Lesefertigkeit bei ansonsten nor-
> maler oder sogar übernormaler (intellektueller) Leistungsfähigkeit: d. h. die
> Lese-Rechtschreib-Schwäche (Legasthenie). Auf dieses Problem beziehen sich
> auch die meisten unmittelbar mit der Lesefertigkeit befaßten klinisch-psycho-
> logischen Ansätze der Legasthenietherapie.

All diese Probleme und Fragen der Lesefertigkeit und ihrer Entwicklung thematisieren akzentuierend den Wahrnehmungsaspekt der
Verarbeitung von Texten; ihre Lösung wird für die Leserpsychologie
vorausgesetzt, da sich diese vor allem auf die kognitiven und emotio-
nal-motivationalen Aspekte der Verarbeitung von Texten konzentriert.

Als klassische Bereiche der kognitions- und motivationspsychologischen Erforschung des Lesers haben sich im Laufe dieses Jahrhunderts herauskristallisiert: Lesealter; Lesertypologie; Leseinteressen
und Lesemotivation; Textverständnis und Textverständlichkeit sowie
die Wirkung von (fiktionalen und nichtfiktionalen) Texten.

Erläuterung:

Lesealter: Von den Konzeptionen des Lesealters ist die historisch
früheste jene, die Charlotte BÜHLER um 1918 entwickelt hat; aufgrund
von Befragungen und statistischen Erhebungen ordnet sie verschiedenen Lesealtern bestimmte Literaturgattungen als die vom Interesse her
dominierenden zu. Unter Voraussetzung einer Strukturparallelität
wird dann von den Charakteristiken dieser Gattungen auf die psychische Struktur der jeweiligen Entwicklungs‚stufe‘ besonders hinsichtlich der kindlichen Phantasie geschlossen. Der Ansatz entspringt den

Phasenlehren der klassischen deutschen Entwicklungspsychologie und postuliert auf die genannte Art und Weise für die Leseentwicklung der Heranwachsenden eine bestimmte Phasenabfolge, die ihrer kognitiven und emotionalen Reifung entsprechen soll. Besonders diese Annahme einer notwendig ablaufenden und interindividuell homogenen Reifung wird heutzutage mehr durch Annahmen eines Umwelteinflusses ersetzt, der Anreizen in der Sozialisation und damit dem Lernen ein größeres Gewicht zuschreibt. Von hier aus ergibt sich auch die Konsequenz, mehr nach interindividuellen Unterschieden als nach interindividuellen Homogenitäten zu suchen. Die Lesealterkonzeption ist daher heute vor allem als heuristische Rahmenkonstruktion brauchbar, die einen praktischen Erklärungswert erst im Zusammenhang mit differential- und sozialpsychologischen Fragestellungen und Variablen erreicht. Die differentialpsychologischen Perspektiven manifestieren sich vor allem in den Frageaspekten der Lesertypologie und Leseinteressen, die sozialpsychologische Perspektive dominiert im Problem der Lesemotivation und ihrer Genese sowie der Wirkung von Texten und ihrer Lektüre.

Lesertypologie: Der differentialpsychologische Aspekt wurde vor allem in Nachfolge zu den seit den zwanziger Jahren in der traditionellen deutschen Charakterologie sehr beliebten Typologiesystemen eingeführt (vgl. KRETSCHMER, PFAHLER, MEUMANN, JAENTSCH, SPRANGER, RORSCHACH, JUNG etc.). Dabei lassen sich in der Leserpsychologie die typologischen Ansätze nach den Dimensionen, die sie besonders akzentuieren, unterscheiden (vgl. MAIER 1973, 271): nach dem Leseprozeß, den Interessen (Präferenzen) und der Erlebnis- bzw. Verarbeitungsdimension. Für alle bisher aufgestellten Typologiesysteme (vgl. als Beispiel einer Präferenztypologie BAMBERGER 1965; als Beispiel einer Erlebenstypologie GIEHRL 1968) gilt, daß sie gemäß der heutigen Methodenansprüche der empirischen Sozialwissenschaft nicht als im engeren Sinn empirisch überprüft gelten. Daher hat sich die empirische Forschung heute mehr der Beschreibung von Leseinteressen und ihren interindividuellen Differenzen zugewandt; die Lesertypologien sind also ihrerseits als Heuristik in der deskriptiv-statistischen Erfassung von Leseinteressen aufgegangen.

Leseinteressen: Die Erforschung der Leseinteressen hat seit dem Zweiten Weltkrieg im Rahmen demoskopischer Erhebungen einen großen Aufschwung genommen und eine Fülle von Analysen hervorgebracht (vgl. z. B. für den deutschen Sprachraum FRÖHNER 1961; GIRARDI et al. 1965; SCHMIDTCHEN 1968). Dabei ergeben sich deskriptiv zusammenfaßbare Lektürekategorien, auf die sich interindividuell unterschiedlich das Interesse konzentrieren kann (vgl. HASELOFF 1962); das läßt bestimmte Lesemotivationen vermuten. Ein konstantes Ergebnis ist in den schichtspezifischen Unterschieden der Leseinteressen zu sehen: Unterschichtsangehörige lesen in der Regel nicht nur weniger, sondern auch weniger sog. ‚hohe' Literatur, was direkt zur Frage der Genese der Lesemotivation führt.

Lesemotivation: Die schichtspezifische Genese von Lesemotivation erfordert sozialpsychologische Modelle; besonders von der ideologiekritischen Literaturdidaktik sind hier Erklärungsmodelle vorgelegt worden, die sozialisationstheoretische Bedingungen bis hin zu allein soziologisch beschreibbaren Lebensumständen (wie entfremdete Arbeitswelt, existenzieller Druck etc.) ansetzen.

Textwirkung: Die Wirkung von Texten bzw. deren Lektüre ist, zumindest im Bereich der Informationstexte, der bislang am besten ausgearbeitete sozialpsychologische Aspekt innerhalb der Leserpsychologie: das gilt vor allem für die Wirkungsforschung hinsichtlich des Einstellungswechsels beim Leser solcher Texte, die eine Überredung bzw. Überzeugung des Lesers intendieren. Hier ist eine Vielzahl von Variablen erforscht worden: von den Merkmalen des Autors über formale, psychologische, semantische, stilistische Merkmale des Textes bis zu kognitiven, emotionalen, motivationalen, sozialen etc. Charakteristika des Rezipienten (vgl. LIEBHART 1973). Sehr viel weniger erforscht worden ist die Wirkung fiktionaler (also z. B. literarischer) Texte: am besten noch die Katharsishypothese, die man nach der bisherigen empirischen Forschung als weitgehend falsifiziert ansehen muß (vgl. GROEBEN 1972a). Auf diesem Gebiet gibt es noch viele Lücken, aber auch im letzten Jahrzehnt die größte Bewegung, insofern als sich eine empirische Rezeptionsforschung etabliert hat (vgl. GROEBEN 1977/80; SCHMIDT 1980).

Textverständnis/-verständlichkeit: Im Gegenstandsbereich von Textverstehen verbinden sich allgemeinpsychologische und pädagogisch-psychologische Analyseperspektiven und damit Grundlagen- und Anwendungsforschung. Von der allgemeinpsychologischen, insbesondere lern- und kognitionspsychologischen Grundlagenforschung her wird das Textverstehen untersucht: vor allem unter den Aspekten, welche Fähigkeiten und Prozesse beim Verstehen notwendig sind bzw. ablaufen. Unter pädagogisch-psychologischem Gesichtspunkt wird vor allem instruktionspsychologisch nach der Brauchbarkeit von bestimmten Textformen und -strukturen für den Lern- und Lehrprozeß innerhalb von Institutionen unseres Bildungssystems gefragt. Die kognitions- und sprachpsychologische Grundlagenforschung zum

Textverständnis sowie die instruktionspsychologische Anwendungsforschung zur Textverständlichkeit sind bislang weitgehend unverbunden nebeneinander hergelaufen; dabei hat die Grundlagenforschung
erst im letzten Jahrzehnt auf breiter Basis den Text als Forschungsge-
genstand entdeckt und akzeptiert. Die Forschungslinien konvergieren
aber mittlerweile: und zwar vor allem in der Vorstellung einer nicht
nur passiven Rezeption, sondern kognitiv aktiven Verarbeitung von
Texten.

Die stichwortartige Skizzierung der bisherigen klassischen Forschungsbereiche der Leserpsychologie ermöglicht eine erste grundsätzliche Bewertung der Forschungslage, aus der man eine generelle
Problemstruktur ableiten kann: die Konzeption des Lesealters hat sich
im Laufe der Forschung, wie skizziert, als nurmehr heuristisch
brauchbar erwiesen; d. h. sie führt über zu der generelleren Frage der
Leseinteressen und deren interindividueller Unterschiede bzw. läßt
sich als Rahmen für die praktische Auswahl von Lektürestoff im
Einzelfall heuristisch nutzen (vgl. dazu u. Kap. II. 1.2.). Die motivationspsychologische Perspektive des Lesens faßt zwei bisherige Forschungsschwerpunkte zusammen: die *Beschreibung* des motivationalen Zustandes von Lesern wird in der Erforschung der Leseinteressen
geleistet, die *Erklärung* über das Zustandekommen solcher Lesepräfe-
renzen, interindividueller Unterschiede etc. ist als die Erforschung der
Lesemotivation (und ihrer Genese) zu klassifizieren. Auch der Forschungsbereich der Wirkung des Lesens ist integrierend, wenn auch
nicht in paralleler Weise: hier basieren die beiden unterschiedlichen
Forschungsschwerpunkte auf der Trennung in fiktionale versus nicht-
fiktionale Texte; in beiden Fällen handelt es sich um Erklärungspro-
bleme (warum wirkt ein bestimmter Text in einer bestimmten Richtung?), aber für die unterschiedlichen Textsorten werden verschiedene
mögliche und intendierte Wirkungen angesetzt. Ebenso aufeinander
bezogen sind natürlich auch die Forschungsperspektiven von Textverständnis und Textverständlichkeit: hier besteht der Unterschied darin,
daß das Problem des Textverständnisses vor allem den Leser (und
seine Fähigkeit) in den Mittelpunkt der Analyse stellt, während sich
Textverständlichkeit vor allem auf den Text (und seine Merkmale)
konzentriert.

Leserpsychologie umfaßt also folgende Forschungsbereiche:
- Leseinteressen, Lesemotivation (und ihre Genese; einschließlich
der heuristischen Aspekte des ‚Lesealters‘ und der Lesertypologien);
- Textwirkung (von fiktionalen – literarischen – Texten versus
nichtfiktionalen, sog. Informationstexten);

– Textverständnis und Textverständlichkeit.

Geht man vom Prozeß des Lesens aus, so ergibt sich folgende Gegenstandsstruktur:

Genese der Lese- motivation	→	Leseinteressen	→	-verständlichkeit Textverstehen -verständnis	→	Wirkung verstandener literarischer/Informa- tions-Texte

Abb. 1: Prozeßstruktur der Leserpsychologie

D. h.: zunächst wird eine Motivation zum Lesen aufgebaut, die sich zu einem bestimmten Zeitpunkt in vorhandenen Leseinteressen manifestiert; auf dem Hintergrund der Leseinteressen werden dann Texte gelesen, d. h. verstehend verarbeitet; an diesem Verarbeitungsprozeß können, wie skizziert, zum einen mehr die Kompetenz des Lesers (Textverständnis), zum anderen mehr die Merkmale des Textes (Verständlichkeit) abgehoben werden; verarbeitete, d. h. verstandene Texte können dann eine bestimmte (nach Textsorten verschiedene) Wirkung haben.

Es ist nun vom Umfang der vorliegenden Forschung her nicht möglich, diese Gebiete der Leserpsychologie umfassend in einem Band darzustellen; deswegen ist eine Aufteilung der genannten Forschungsbereiche auf zwei Bände unumgänglich. Dabei ist es allerdings nicht möglich, der Prozeßstruktur zu folgen; denn die Forschungsbereiche Textverständnis und -verständlichkeit sind theoretisch und methodologisch stark aufeinander bezogen und erfordern mittlerweile die Aufarbeitung von so viel Material, daß damit bereits ein Band ausgefüllt ist. Es bleiben daher für den zweiten Band der vorzulegenden Leserpsychologie die Bereiche der Leseinteressen/Lesemotivation und der Lektürewirkung übrig: dies ist allerdings keineswegs eine Notlösung, die sich nur aus dem methodologischen Zusammenhang von Textverständnis und Textverständlichkeit rechtfertigt; vielmehr hat sich die Forschung in diesen Bereichen auch so entwickelt, daß gerade für den Aspekt der Genese von Lesemotiven und der Wirkung von Lektüre parallele, sich überlappende sozialisationstheoretische Erklärungsmodelle entwickelt worden sind. Die vorgenommene Aufteilung der Forschungsgebiete auf die beiden Bände der vorliegenden Leserpsychologie folgt also nicht in erster Linie der Prozeßstruktur des Gegenstandsbereiches, sondern ist theorie- und methodengeleitet: sie faßt die theoretisch und methodisch zusammengehörenden Gebiete von Textverständnis und Textverständlichkeit auf der einen Seite

(Bd. I.) sowie von Leseinteressen/-motivation und Lektürewirkung auf der anderen Seite (Bd. II.) zusammen. In bezug auf den Leseprozeß thematisiert der Bd. I. damit den Mittelteil des konkreten Textverstehens und -verarbeitens; der Bd. II. dagegen bringt den motivationalen Anfang, die Voraussetzungen des Lesens, mit dem (relativen) Endpunkt der Wirkung von Lektüre zusammen.

0.2. Frage- und Antwortperspektiven von ‚Textverstehen‘

Die beiden zentralen Frage- und Antwortperspektiven bei der Bearbeitung des Textverstehens, die den integrierenden Rahmen für die Behandlung von Textverständnis und Textverständlichkeit abgeben, sind die methodische Frage nach der adäquaten Messung des Textverständnisses sowie die theoretische Frage nach der Art und Weise der Textverarbeitung.

Die Messung des Textverstehens ist für die Erforschung von Textverständnis und -verständlichkeit gleichermaßen von zentraler Bedeutung: denn auch die Erforschung der Textverständlichkeit basiert auf den gleichen Meßoperationen, die auch zur Feststellung von Textverständnis angewandt werden, nur daß die resultierenden Werte nicht in bezug auf eine unterschiedliche Leserkompetenz, sondern in bezug auf mögliche Unterschiede von Texten (im Hinblick auf Textsorten, einzelne Textmerkmale etc.) interpretiert werden. Das Problem der adäquaten Messung von Textverständnis besteht nun vor allem darin, einen optimalen Weg zwischen Präzision und Ökonomie des Messens zu finden; außerdem sollte die empirische Feststellung des Textverstehens auch dem Verstehensprozeß und seinen zentralen Charakteristika entsprechen. Es werden daher die gebräuchlichsten Verfahren zur Messung des Textverständnisses, nämlich Einsetz- und Rateverfahren sowie Mehrfach-Wahl-Antworten, hinsichtlich der z. T. gegenläufigen Pole von Präzision und Ökonomie besprochen werden. Die Beurteilung, ob diese Verfahren auch den wichtigsten Merkmalen des Prozesses der Textverarbeitung entsprechen, ist nur auf dem Hintergrund eines einheitlichen theoretischen Erklärungsrahmens möglich.

Hierbei erscheint als wichtigste Frageperspektive, ob der Prozeß des verstehenden Lesens von Texten vor allem als ein rezeptiv-passiver anzusehen ist, wie es das naive Alltagsverständnis, die introspektive Selbstreflexion des Lesers weitgehend unterstellt. Dieses Alltagsverständnis ist ja zumindest für literarische Texte im Laufe dieses

Jahrhunderts von der Ästhetik und Literaturtheorie aus stark in Frage
gestellt worden: gerade moderne literarische Texte werden in der
Regel als so schwer verständlich und z. T. unbestimmt angesehen, auf
jeden Fall unterbestimmt in bezug auf eine eindeutige Rezeption, daß
der Leser notwendigerweise eine aktive Reproduktion leisten muß,
um einen in sich kohärenten und befriedigenden Textsinn herauszu-
schälen. Es herrscht daher heute eine relative Übereinstimmung da-
hingehend, daß für die Verarbeitung literarischer Texte auf seiten des
Lesers nicht nur eine passive, quasi abbildend decodierende Rezeption
anzusetzen ist. Gerade auf dem Hintergrund dieser Einigung erhebt
sich aber zwangsläufig die Frage: ist auch für die Verarbeitung nichtliterarischer, sog. Informationstexte eine vergleichbar aktive Rezeption zu postulieren? Spätestens hier wehrt sich das durch jahrelange
Schulerfahrungen geprägte Bewußtsein des Lesers, das von einer
eindeutig entscheidbaren ‚richtigen‘ Rezeption bei Informationstexten
ausgeht, gegen die Annahme von kognitiv konstruktiven Verarbeitungsprozessen. Dieser Einstellung hat für eine lange Zeit auch die
diesbezügliche sprach- und kognitionspsychologische Grundlagenforschung entsprochen; aus dem Rückblick vom mittlerweile erreichten
Forschungsstand her erweist sich dies aber als ein Artefakt der vor
allem behavioristisch geprägten Forschungsmethodik, die sich aus
wissenschaftstheoretischen und methodologischen Gründen (eindeuti-
gere Kontrolle, Präzision und laborexperimentelle Sicherheit) beschränkt hat auf die Erforschung von sinnlosen Silben, Paarassoziatio-
nen oder seriellem Lernen von Einheiten zumeist unterhalb des Kom-
plexitätsniveaus von Sätzen, höchstens jedoch bis zu diesem Niveau.
Je mehr die Forschung in komplexere Bereiche von Satzsequenzen
bzw. Texteinheiten vorstieß, um so mehr setzten sich klassische
kognitionspsychologische Positionen durch, die dem Rezipienten als
Verarbeiter von Texten eine kognitiv aktive, konstruktive Rolle zu-
schreiben, was auch von den empirischen Ergebnissen gestützt wurde.
So ist insbesondere das letzte Jahrzehnt der Forschung gekennzeichnet durch die Ausarbeitung eines theoretischen Erklärungsmodells,
das schlagwortartig als ‚kognitiver Konstruktivismus‘ gekennzeichnet
werden kann. Diese Position, die Textverstehen nicht als passive
Rezeption, sondern mehr als kognitiv aktive, konstruktive Verarbeitung von Textsemantik ansieht, wird daher den theoretischen Rahmen
und roten Faden für die Aufarbeitung und Darstellung der For-
schungsberichte zu Textverständnis und Textverständlichkeit darstellen. Dieses Postulat einer kognitiv konstruktiven Aktivität des Lesers
unterstellt also, daß das Verstehen von Texten immer als eine Interak-

tion, d. h. als ein Prozeß des Austausches, der Wechselwirkung zwischen Leser und Text anzusehen ist. Diese Verbindung von Leser und Text gilt es im folgenden unter den verschiedenen Perspektiven aufzuarbeiten.

Das bedeutet nun allerdings nicht, daß diese Wechselwirkung unbedingt im methodologisch strikten Sinn, z. B. als Interaktion im varianzanalytischen Modell, empirisch abbildbar ist; eine solche Interaktion ist immer dann nachgewiesen, wenn z. B. verschiedene Textmerkmale je nach dem Vorliegen unterschiedlicher Lesercharakteristika unterschiedliche Effekte haben.

Beispiel: Die Abb. 2 zeigt einen solchen Interaktionseffekt bei Informationstexten mit versus ohne ‚Vorstrukturierung' (Begriffserläuterung s. o.) je nach der Ausprägung des Lesermerkmals ‚verbale Kompetenz':

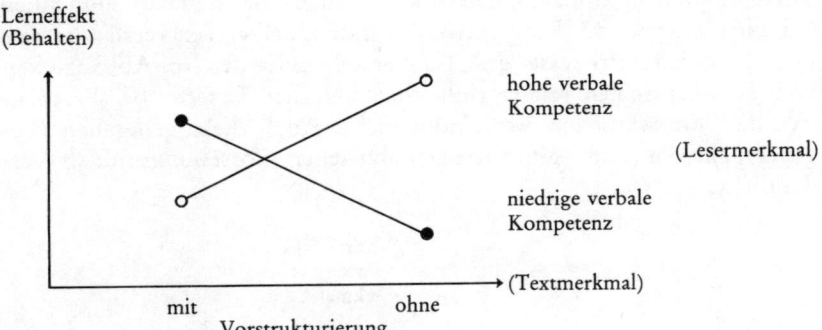

Abb. 2: Interaktionseffekt zwischen Leser- und Textmerkmalen

Erläuterung:

Als abhängige Variable wird bei Informationstexten meistens der Lernerfolg, z. B. als Prozentsatz behaltener Informationen, untersucht; in der Abbildung auf der Ordinate abgetragen. Die beiden sich kreuzenden Geraden der Abbildung veranschaulichen den Interaktionseffekt, der sich sprachlich folgendermaßen fassen läßt: das Textmerkmal ‚Vorstrukturierung' hat je nach der Ausprägung des Lesermerkmals ‚verbale Kompetenz' unterschiedliche Lerneffekte: und zwar wirkt eine Vorstrukturierung bei Lesern mit niedriger verbaler Kompetenz lernerleichternd, das Fehlen einer Vorstrukturierung erschwert im Vergleich dazu das Lernen des Textes und führt zu geringeren Behaltenswerten (ausgefüllte Punkte); bei Lesern mit hoher verbaler Kompetenz ist der Effekt umgekehrt: der Text mit Vorstrukturierung führt zu einem geringeren Behaltenswert als der Text ohne Vorstrukturierung (zur empirischen Geltung dieser Interaktion vgl. AUSUBEL & YOUSSEF 1963; s. auch unten

II.4.3.1. und III.1.). Die mögliche Erklärung dafür ist, daß Leser mit hoher
verbaler Kompetenz eine eigene kognitive Strukturierung dem Text entgegen-
bringen und durch die Vorstrukturierung von seiten des Autors u. U. ver-
wirrt werden, während Leser mit nicht so hoher verbaler Kompetenz eine
angemessene Organisation der Textsemantik erst mit Hilfe einer solchen
Vorstrukturierung erlangen können.

   Das Feststellen solcher Wechselwirkungseffekte (im strikten Sinne)
ist aber auch innerhalb des varianzanalytischen Forschungsmodells
erst der zweite Schritt bei der Untersuchung von mehreren Einflußfaktoren (unabhängigen Variablen); der erste Schritt besteht immer
darin, für die thematischen Einflußfaktoren sog. Haupteffekte zu
sichern: in unserem Fall bedeutet das, daß man für die beiden zentralen Einflußfaktoren ‚Leser‘ und ‚Text‘ nach den generellen empirischen Regel- bzw. Gesetzmäßigkeiten fragt. Die beiden allgemeinsten
Frageperspektiven sind also: 1. welche Prozesse des Verstehens von
Texten laufen in Abhängigkeit von Lesermerkmalen relativ einheitlich
bei allen Texten ab? (Perspektive des individuellen Textverständnisses)
und 2. welche Prozesse des Textverstehens laufen in Abhängigkeit
von Textmerkmalen relativ einheitlich bei allen Lesern ab? (Perspektive der intertextuellen Verständlichkeit). Auch diese generellen Frageperspektiven seien am varianzanalytischen Forschungsmodell verdeutlicht:

		Text -sorten -merkmale			
		1	2	3	Σ
Leser-	a	x_{1a}	x_{2a}	x_{3a}	x_a
merk-	b	x_{1b}	Verstehenswerte	x_{3b}	x_b
male	c	x_{1c}	x_{2c}	x_{3c}	x_c
	Σ	x_1	x_2	x_3	

Abb. 3: Varianzanalytisches Modell zur Interaktion von Leser- und
Textmerkmalen

Erläuterung:

   Die Abb. 3 zeigt eine Datenmatrix, wie sie im varianzanalytischen Modell
für die Untersuchung von zwei Einflußfaktoren, hier Leser und Text, und
eine abhängige Variable (hier Textverstehen) anzusetzen ist (zweifaktorielle
Varianzanalyse). Die Frage nach den Haupteffekten berücksichtigt immer nur

die Unterschiede des einen Einflußfaktors und vernachlässigt die des anderen, indem dessen Werte durch Summierung und Mittelwertsbildung sozusagen ‚gestaucht‘ werden: bei der Überprüfung des Einflusses von Lesermerkmalen auf das Textverstehen allein werden also die Unterschiede zwischen den Werten $X_a - X_b - X_c$ geprüft; dagegen gibt die Unterschiedsprüfung zwischen den Werten $X_1 - X_2 - X_3$ den Einfluß des Faktors ‚Text‘ allein wieder.

Diese Frage nach den Haupteffekten der Einflußfaktoren (im Sinne des varianzanalytischen Modells) vereint im Bereich der Forschung zum Textverstehen die Ziele von theoretischer Bedeutsamkeit und praktischer Relevanz: für die theoretische Bedeutsamkeit gilt grundsätzlich, daß Gesetzmäßigkeiten umso relevanter sind, je genereller sie sind (unter der Voraussetzung, daß ihr empirischer Wert gleich ist); denn je weniger Einflußfaktoren ein Gesetz für ein zu erklärendes Phänomen anführt, umso einfacher und erklärungskräftiger ist es (vgl. GROEBEN & WESTMEYER 1975, 165ff.). Daraus folgt in der Regel auch eine größere Praxisrelevanz – vorausgesetzt, die im strikten varianzanalytischen Sinne nachgewiesenen Interaktionseffekte können zugunsten des Haupteffektes vernachlässigt werden. Dies aber ist in Gegenstandsbereichen, für die theoretisch und empirisch begründet eine Wechselwirkung zwischen Einflußfaktoren anzusetzen ist, nicht der Fall. Daraus resultiert für den Bereich des Textverstehens eine besondere Schwierigkeit: der Gegenstandsbereich selbst ist, z. B. innerhalb unseres Bildungs- und Kultursystems, so strukturiert, daß fast nur generelle Regelmäßigkeiten als Anwendung der Forschung praktisch umsetzbar sind, nicht dagegen solche Gesetzmäßigkeiten, die Wechselwirkungen abbilden: so ist z. B. ein Lehrer in unserem Schulsystem nur in geringem Ausmaß mit den zeitlichen und organisatorischen Ressourcen ausgestattet, die ihn befähigen, beim Lese- oder Literaturunterricht zu individualisieren; seine Aufgabe besteht überwiegend darin, möglichst alle Schüler durch generell wirkende Techniken zu einem Textverständnis zu bringen. Ebenso ist es beispielsweise praktisch unmöglich, für bestimmte Leserpopulationen unterschiedliche Versionen von Lehrbüchern herzustellen; dies wäre im Rahmen unseres Verlagssystems und seiner Struktur der Buchproduktion finanziell, auch für den Leser, überhaupt nicht durchführbar (ganz zu schweigen von der Unmöglichkeit, komplizierte Verfahren der Diagnose von Lesermerkmalen z. B. vor einem Buchkauf durchzuführen). Diese Probleme führen dazu, daß man in der gegenwärtigen und auf absehbare Zeit zu erwartenden Situation unseres Bildungssystems gerade im Problembereich des Textverstehens nach generellen Gesetzmäßigkeiten suchen muß, selbst wenn diese Regel-

mäßigkeiten nicht den maximalen Grad an empirischem Gehalt aufweisen, der im Rahmen von Grundlagen- oder Anwendungsforschung
möglich wäre (technisch gesprochen: nicht den maximalen Grad an
Varianzaufklärung der abhängigen Variable leisten). Denn mit Gesetzmäßigkeiten, die zwar methodologischen Anforderungen der Grundlagenforschung besser entsprechen, aber wegen struktureller Grenzen
unseres Kultursystems kaum in praktische Handlungsanweisungen
umsetzbar sind, ist gerade auf einem so unmittelbar praxisrelevanten
Gebiet wie dem von Textverständnis und Textverständlichkeit nie-
mandem gedient.

Damit ist auch das zentrale Ziel genannt, unter dem die bisherigen
Forschungsergebnisse im vorliegenden Band aufgearbeitet werden
sollen: nämlich die optimale Integration von Praxisorientierung und
Grundlagenforschung. Es geht mir nicht nur darum, die bisherigen
Forschungsergebnisse nach rein wissenschaftsimmanenten, z. B. wis-
senschaftshistorischen, Entwicklungslinien und Standards zusammenzufassen und darzustellen; vielmehr möchte ich in der Aufarbeitung
und Darstellung der bisherigen Ergebnisse auch ein Beispiel dafür
liefern, daß komplexe theoretische Forschung durchaus für den mit
praktischen Problemen befaßten Anwender psychologischer Forschung relevant werden kann. Diese Praxisorientierung manifestiert
sich im vorliegenden Gegenstandsbereich vor allem als Instruktionsrelevanz: d. h. als Bedeutsamkeit und Umsetzbarkeit der mitgeteilten
Ergebnisse für Handlungsstrategien im Rahmen konkreter Lern- und
Lehrprozesse. Diese Umsetzbarkeit in konkrete Handlungsmöglich-
keiten wird bei der Auswahl der dargestellten Forschungsansätze und
Forschungsergebnisse immer als Selektionskriterium im Hintergrund
stehen und sich auswirken. Das führt z. B. dazu, daß Ergebnisse der
neueren Sprach- und Gedächtnispsychologie, die – noch – nicht ohne
Probleme instruktionspsychologisch umgesetzt werden können (wie
z. B. der größte Teil der Forschung, der auf Propositionsmodellen
basiert; vgl. u. I.1.2.3.), nur als Theorierahmen expliziert, d. h. in
groben Umrissen dargestellt werden; daraus folgt auch, daß die beiden Hauptteile dieses Buches sich auf die generellen Aspekte von
Textverständnis (Teil I.) und Textverständlichkeit (Teil II.) konzentrieren, obwohl die neuere Grundlagenforschung ein differenzierteres
Ergebnispotential vor allem in der Thematisierung von Wechselwirkungen zwischen Leser und Texten verspricht (vgl. MANDL et al.
1980, 65f.). Diesen Interaktionseffekten ist unter dem Zielaspekt der
Optimierung von Theorie- und Instruktionsrelevanz lediglich der
Ausblick (Teil III.) gewidmet, und zwar in der Form, daß praktisch-

relevante Konsequenzen in Richtung auf selbstgesteuertes Lernen thematisiert werden.

Aus den damit begründeten Frage- und Zielperspektiven resultiert also folgender Aufbau des Buches:

Der Teil I. ‚Textverständnis' fragt nach den generellen Gesetzmäßigkeiten des Textverstehens in Abhängigkeit vom Leser. Es wird versucht, die Unterschiede zwischen den Texten so weit wie möglich zu ‚stauchen', also nach den generellen Regelmäßigkeiten des Textverständnisses für alle Texte zu suchen. Dies gilt auch und gerade für die wichtigste Unterscheidung von Textsorten, nämlich die zwischen literarischen und nichtliterarischen (Informations-)Texten. Eine solche integrierende Betrachtung des Problems ‚Textverständnis' für nichtliterarische und literarische Texte ist bislang zumeist nicht üblich gewesen, aber gerade darin liegt die Möglichkeit eines Erkenntnisfortschrittes: in der Überwindung einer Trennung von Literarizität und Nichtliterarizität sowohl im Gegenstandsbereich selbst (d. h. im alltäglichen Umgang, also Leben mit Texten) als auch in den damit beschäftigten Wissenschaften: die Grenze zwischen literaturwissenschaftlichen Perspektiven und mehr klassisch empirischen sozialwissenschaftlichen Forschungsprogrammen ist also im folgenden programmatisch als fließend eingeführt. Entsprechend den skizzierten Zielperspektiven wird der Teil I. zunächst einen Theorierahmen hinsichtlich der Fähigkeiten und Prozesse des Textverstehens aufspannen (Kap. 1.), und zwar von der Position eines kognitiven Konstruktivismus aus; sodann wird das Problem der adäquaten Messung von Textverständnis thematisiert (Kap. 2.) und auf der Grundlage dieser beiden Kapitel die anwendungsorientierte Darstellung von Möglichkeiten zur Verbesserung des Textverständnisses angeschlossen (Kap. 3. u. 4.).

Der Teil II. ‚Textverständlichkeit' thematisiert entsprechend die unterschiedlichen Textmerkmale und ihren Einfluß auf die Textverarbeitung. Hier ist als erstes die Verschiedenheit der beiden zentralen Textsorten (literarisch versus nichtliterarisch) zu behandeln, und d. h. vor allem das Problem, ob Verständlichkeit überhaupt ein adäquates Zielkriterium für literarische Texte darstellt (Kap. 1.). Für nichtliterarische Informationstexte ist als Vorstufe zur Verständlichkeit die Lesbarkeit (readability) von Texten zu behandeln (Kap. 2.), sodann die Verständlichkeit im engeren Sinne (Kap. 3.) einschließlich der daraus ableitbaren Handlungskonsequenzen für die Abfassung von schriftlichen und mündlichen (Lehr-)Texten (Kap. 4.).

Der Ausblick (Text III.) geht abschließend von den bisher schon festgestellten und noch erwartbaren Interaktionseffekten aus; unter

Berücksichtigung der Praxisorientiertheit der Aufarbeitung ergibt sich als Konsequenz solcher Interaktionseffekte, die relativ unmittelbar praktisch relevant werden kann, daß der Leser selbst Texte auch in Richtung auf die Verständlichkeit (für sich) aufarbeitet: dies manifestiert sich vor allem in Strategien des selbstgesteuerten Lernens.

Theorie- und Praxisrelevanz sind natürlich erst dann optimal erreicht, wenn die dargestellten Inhalte auch für den Praktiker rezipierbar sind; der vorliegende Band wendet sich daher nicht nur an Wissenschaftler-Kollegen, sondern auch an Studierende und in der Praxis unseres Bildungssystems Tätige. Um diesen bei der Aufarbeitung des vorliegenden Textes nicht mehr Schwierigkeiten als nötig zu machen, habe ich versucht, die am Schluß des Verständlichkeits-Teils zusammengefaßten Handlungsanweisungen zur Optimierung der Textherstellung (vgl. II.4.5.) bei der Abfassung des Buches selbst zu berücksichtigen. Dazu gehört auch, daß für alle Begriffe oder Konzepte, die nicht als Allgemeinwissen des akademisch gebildeten Laien vorausgesetzt werden können, Begriffserläuterungen, Beispiele etc. eingefügt sind (vgl. o. die Erläuterungen zu: Varianzanalyse, einleitende Vorstrukturierung, Interaktionseffekt etc.); das impliziert natürlich, daß für den Fachmann z. T. redundante Stellen vorliegen: er ist gebeten, diese (zumeist ,petit‘ gesetzten) Teile zu überspringen.

Zusammenfassung in Fragen:

– Welche für die *Lese*psychologie relevanten Problembereiche werden in der *Leser*psychologie nicht thematisiert, sondern eher vorausgesetzt?
– Welches sind die klassischen Forschungsbereiche der Leserpsychologie, und wie lassen sie sich in ein Modell integrieren, das dem Prozeß des Lesens entspricht?
– Inwiefern ist die Frage der Wechselwirkung zwischen Leser und Text zwar theoretisch zentral, jedoch für die Praxis gegenwärtig wenig relevant?

I. TEXTVERSTÄNDNIS

0. Vorstrukturierung

Der Begriff ‚Textverständnis' bezeichnet im Deutschen (genauso wie der englische Begriff ‚comprehension') sowohl den Prozeß als auch das Produkt des Textverstehens. Daher werden im folgenden immer wieder sowohl Prozeß- als auch Produktdimensionen des Textverstehens auftauchen. Außerdem ist wichtig, daß es sich bei dem Begriff ‚Textverständnis' um einen zweistelligen Relationsbegriff handelt; d. h. er gibt den Zusammenhang zwischen zwei Instanzen an, der Text- und der Leserinstanz: Verständnis eines Textes (1) durch einen Leser (2). Darin bildet sich ab, daß Verstehen immer eine Interaktion (Wechselwirkung) sein muß, in diesem Fall eben zwischen Leser und Text. Die wissenschaftliche Analyse kann nun mehr die eine oder die andere Instanz dieser Wechselbeziehung problematisieren; unter dem Konzept des ‚Textverständnisses' wird hauptsächlich die Leserseite betrachtet. Der Text wird (zunächst einmal) als gegeben vorausgesetzt; gefragt wird danach, wie gut der Leser sich den gegebenen Textsinn aneignet. Damit aber ist grundsätzlich von den beiden genannten Instanzen (Text und Leser) die Leserinstanz als die veränderbare eingeführt. Prinzipiell thematisiert also das Konzept ‚Textverständnis' die Anpassung des Lesers an den Text. Die komplementäre Fragerichtung nach der Anpassung des Textes an den Leser wird durch das Forschungsprogramm der Textverständlichkeit verfolgt (s. u. Teil II.).

Es ist allerdings zu beachten, daß die Rede von der Anpassung des Lesers an den Text nur die zugrundeliegende Frageperspektive bezeichnet, d. h. daß Prozesse, Leistungen und besonders auch Veränderungen auf seiten der Leserinstanz betrachtet werden. Das bedeutet keineswegs, daß der Leser innerhalb des Verstehensprozesses selbst als passiv gedacht werden muß. Vielmehr bleibt völlig offen, ob und gegebenenfalls wie stark der Leser beim Prozeß der Sinnaneignung kognitiv aktiv ist oder sein muß. Die Frage nach der kognitiven Aktivität des Lesers ist unter theoretischer Erklärungsperspektive sogar die zentrale Frage der Forschung zum Textverständnis. Ganz

entgegen einer unmittelbaren, intuitiven Auffassung von Sinnverstehen wird sich im Laufe der Forschungsübersicht zeigen, daß Rezeption von Textsinn in starkem Ausmaß konstruktive Züge aufweist.
Textverständnis als Sinnkonstruktion: das wird sich als roter Faden
durch die Beschreibung, Erklärung, Diagnose und Veränderung des
Verstehens von Texten hindurchziehen.

Anpassung des Lesers an den Text bedeutet allerdings positiv noch
zweierlei:

1. rückt die Frage nach den kognitiven Prozessen der Sinnaneignung beim Leser auch dessen Fähigkeiten in den Mittelpunkt; über
die Prozeß- und Produktperspektive hinaus sind daher beim Begriff
des Textverständnisses auch immer Fähigkeitsdimensionen des Lesers
mitgemeint;

2. bedeutet Veränderung des Lesers immer den Versuch einer
Verbesserung; Verbesserung des Textverständnisses ist daher die zentrale didaktische Problemperspektive der Anpassung des Lesers an
den Text. Auf diese Weise werden die kognitionspsychologischen
Analysedimensionen des Konstrukts Textverständnis erweitert um
pädagogisch-psychologische bzw. literaturdidaktische Perspektiven,
die für die praktische Bedeutung dieses Forschungsbereichs zentral
sind.

Das Kapitel wird daher versuchen, Antworten auf folgende Fragen
zu geben:

WELCHE TEILFÄHIGKEITEN LIEGEN DEM TEXTVERSTÄNDNIS ZUGRUNDE,
WELCHE SPRACHLICH-KOGNITIVEN PROZESSE LAUFEN BEIM VERSTEHEN VON
TEXTEN AB?

MIT WELCHEN VERFAHRENSWEISEN BZW. MESSINSTRUMENTEN IST DAS
VERSTÄNDNIS VON TEXTEN (DIAGNOSTISCH) FESTZUSTELLEN, ZU MESSEN?

DURCH WELCHE TECHNIKEN IST DAS TESTVERSTÄNDNIS ZU VERBESSERN,
WELCHE QUANTITATIVEN UND WELCHE QUALITATIVEN VERBESSERUNGEN SIND
MÖGLICH, UND WIE IST IHR VERHÄLTNIS ZUEINANDER?

Die wissenschaftliche Klärung (Explikation) des Konstrukts ‚Textverständnis' ist bisher sowohl mehr induktiv als auch akzentuierend
deduktiv angegangen worden; die induktive Perspektive hat sich vor
allem auf die dem Textverstehen zugrundeliegenden Teilfähigkeiten
konzentriert; mehr deduktiv gehen die theoretischen Erklärungsmodelle zum Textverstehen vor, die vor allem am Prozeß der Sinnaneignung ansetzen (vgl. Kap. 1.).

Textverständnis wird bisher durch verschiedene Varianten zweier
grundlegender Verfahren gemessen: Mehrfach-Wahl-Antworten oder
Rate- bzw. Ergänzungsverfahren. Die methodologische Diskussion

wird dabei vor allem die Vor- und Nachteile standardisierter vs. informeller und norm- vs. kriteriumsorientierter Testung behandeln müssen. Außerdem ist zu überprüfen, inwieweit für literarische Texte spezielle Verfahren zur Feststellung des Textverständnisses heranzuziehen sind (Kap. 2.).

Das Problem Textverständnis ist in der pädagogischen Praxis immer ein Problem der Verbesserung des Verständnisses. Die einfachste und naheliegendste Dimension der Verbesserung liegt in der quantitativen Steigerung, dem Schnellesen. Die Grenzen für solche Steigerung werden durch die Gefahr qualitativer Minderung gezogen, also der Verschlechterung von Präzision, Detailliertheit und Strukturiertheit des Sinnverstehens durch Mehr-Lesen. Aus dieser Gegenüberstellung resultiert das Konzept des je nach Fragestellung und Textkategorie differenzierenden, adaptiven Lesens (Kap. 3.).

Das letzte Ziel der qualitativen Verbesserung des Textverstehens ist das kritische Lesen; damit ist eine eigenständige, begründet bewertende Einordnung des Textsinns in das vorliegende Wissens- und Kognitionssystem des Lesers gemeint. Kritische Sinnaneignung und -bewertung bezieht sich als Ziel sowohl auf Informationstexte wie auch auf literarische, wenn auch die kritischen Analysestrategien nicht immer deckungsgleich sein müssen. Kritik manifestiert (ex negativo) alternative Sinnperspektiven, die sich ihrerseits positiv wieder in der obersten Stufe kritischen Textverständnisses abbilden: dem kreativen Lesen (Kap. 4.).

Methodische Vorbemerkung:

Wegen der Konzentration auf die Leserseite stehen unter der Perspektive des Textverstehens zunächst einmal die generellen Merkmale und Dimensionen der Aneignung von Textsinn im Vordergrund; d. h. das folgende Kapitel ist vom Aufbau her nicht nach Textsorten getrennt: z. B. literarische vs. nicht-literarische Texte. Vielmehr sind die für alle Textsorten übereinstimmenden Chrakteristika des Textverstehens thematisch: wenn sich unter bestimmten Aspekten (z. B. Messung, adaptives Lesen, Ideologiekritik) eine Differenzierung in Abhängigkeit von der Textsorte als nötig erweist, so wird sie jeweils an der betreffenden Stelle vorgenommen.

Das größte methodische Problem liegt darin, daß die heranzuziehenden Arbeiten aus den verschiedensten Wissenschaftsdisziplinen stammen; und zwar (u. a.): Literaturwissenschaft, Literaturdidaktik, Lesedidaktik, empirische Leseforschung, Sprach- und Kognitionspsy-

chologie, Pädagogische Psychologie sowie logische Propädeutik. Die
verarbeiteten Untersuchungen erstrecken sich somit über die ganze
Spannbreite zwischen hermeneutisch und empirisch-sozialwissen-
schaftlich orientierter Forschung. Besonders problematisch ist dies für
die Techniken zur Verbesserung des Textverständnisses; denn hier
wäre natürlich eine empirisch-experimentelle Absicherung der behaupteten Effekte besonders wichtig. Viele Techniken sind aber nur
durch literatur- und lesedidaktische Praxis begründet, haben sich also
z. B. im Unterricht bewährt. Es wäre nun unsinnig, aufgrund eines
zu rigoros szientifischen Erfahrungsbegriffes diese Begründung durch
unterrichtliche Praxis auszuschließen und auf experimenteller (bzw.
systematisch empirischer) Überprüfung zu beharren. Es sind daher im
folgenden alle wichtigen Vorschläge (zumindest in beispielhaften
Ausschnitten) aufgenommen; wenn ihre Wirksamkeit i. e. S. empirisch gesichert wurde, so wird darauf explizit verwiesen.

1. Textverständnis: als Fähigkeit und als Prozeß

1.1. Der induktive Zugang: Teilfähigkeiten

Die Beschäftigung mit dem Problem ,Textverständnis' hat vor
allem in Amerika eine lange, über sieben Jahrzehnte dauernde Tradition (s. u.); der Terminus ,Reading Comprehension' wurde dort als
wissenschaftlicher Fachbegriff zuerst 1894 (von ABELL) benutzt, größere Verbreitung fand er aber erst durch die Monographie von JUDD
et al. (1918). Die Entwicklung der wissenschaftlichen Betrachtung
ging von subjektiven Analysen aus (,arm-chair'-Überlegungen). Diese
wurden im Laufe der Zeit immer mehr durch empirische Untersuchungen ergänzt bzw. ersetzt. Durchgängig aber konzentrierte sich
die Frageperspektive zunächst einmal auf Ebenen oder Dimensionen
des Verstehens im Sinne von Teilfähigkeiten (,subskills' im Englischen). Die Forschung versuchte also die Frage zu beantworten:
WELCHE EINZELNEN FÄHIGKEITEN SIND BEIM ERFOLGREICHEN VERSTEHEN
EINES TEXTES BETEILIGT?
Versucht man einen ersten theoretischen Zugriff, indem man den
Begriff Textverständnis definitorisch umreißt, so scheint eines als
Ausgangsposition recht deutlich: um sinnvoll von Textverständnis zu
reden, muß die Fähigkeit zum Decodieren linguistischer Information

(sozusagen vom ‚Buchstaben'- oder Wortsinn her) vorausgesetzt werden (CARROLL 1972, 13). Das ist der Grund, weswegen wir auch hier den Erstleseunterricht nicht behandeln werden; er wird für das Problem des Textverständnisses als abgeschlossen, und zwar erfolgreich abgeschlossen, angesetzt. Daraus folgt, daß uns z. B. auch keine Leseschwierigkeiten (i. S. der Lese-Rechtschreib-Schwäche z. B.) beschäftigen werden; es geht höchstens konstruktiv um die Weiterentwicklung des Lesens auf der Grundlage gelungener linguistischer Decodierung. So liegt der zentrale Bedeutungsgehalt des Konstrukts Textverständnis in der Einordnung sprachlicher, insbesondere semantischer Information in einen weiteren Kontext (CARROLL 1972, 13ff.); dieser Kontext ist zunächst einmal die semantische Einbettung der einzelnen Textteile in den Gesamttext sowie des Texts in übergreifende Textkategorien und Informationssysteme. Sodann aber ist unter diesem Kontext auch das Kognitionssystem des Lesenden zu verstehen, in das die im Text mitgeteilte Information beim Verstehen des Textes eingegliedert wird. Daraus läßt sich weiter folgern, was mit dem Begriff Textverständnis (logisch notwendig) noch mitgemeint sein muß: das Zusammenbringen von einzelnen Textteilen zu einem Gesamttext und dessen Semantik muß sicherlich aktiv Sinnaspekte ergänzen, die in dem vorliegenden Text nur implizit genannt sind; d. b. der Leser muß, zumindest zu einem gewissen Ausmaß, Schlußfolgerungen ziehen (‚inferences' im Englischen). Problematisch ist allerdings das Ausmaß, denn Textverständnis läßt sich nicht auf schlußfolgerndes Denken (‚logical reasoning') reduzieren. Vergleichbares gilt für den Aspekt des Behaltens: die Aufnahme eines Gesamtsinns des Texts erfordert sicherlich Behaltensprozesse auf der Ebene des Kurzzeit-Gedächtnisses. Fraglich ist aber, inwiefern die Eingliederung des Sinnes in das Kognitionssystem des Lesers auch eine Aktualisierung von Inhalten des Langzeit-Gedächtnisses erfordert (CARROLL 1972, 6f.). Auf keinen Fall sollte durch eine Begriffsexplikation auf analytischem Wege ausgeschlossen werden, daß sich das Aufeinandertreffen von Textsinn und individuellem Wissenssystem des Lesers in Bewertungsprozessen gegenüber dem Text auswirkt.

Die wichtigsten Aspekte dieser Begriffsexplikation lassen sich auch benennen, indem man Ebenen des Textverständnisses unterscheidet; ich führe als Beispiel drei Ausdifferenzierungen an, die relativ übereinstimmend sind, obwohl sie z. T. verschiedene Benennungen verwenden und sich hinsichtlich der Ebenenanzahl unterscheiden:

Guszak (Barret) 1971	Dechant & Smith 1977	Herber 1970
1. Wörtliches Verstehen ('literal comprehension')	1. Wörtliches Verstehen	1. Wörtliches Verstehen
2. Reorganisation		
3. Schlußfolgerndes Verstehen ('inferential comprehension')	2. Interpretation	2. Interpretatives Verstehen
4. Bewertung		
5. Kritisches Verständnis ('appreciation')	3. Kritisches Lesen	3. Angewandtes Verstehen ('applied')

Tab. 1: Differenzierungen des Konzepts 'Textverständnis'

Die Erläuterung, die zu den Drei-Ebenen-Modellen gegeben wird, umfaßt die fünf bei Guszak genannten Dimensionen; und diese wiederum fassen praktisch die oben gegebene Begriffsexplikation zusammen.

Wie aber kommt man von solchen Ebenen des Textverständnisses zu den am Textverstehen beteiligten Teilfähigkeiten des Lesers? Der Übergang ist z. B. möglich, indem man die Niveaus des Textverstehens mit den potentiellen kognitiven Prozessen in Verbindung bringt, die beim (sinnerfassenden oder sinnaneignenden) Lesen ablaufen. So postuliert z. B. SPACHE (1962; vgl. CLELAND 1968) folgende fünf 'intellektuelle Basisprozesse' beim Lesen:

1. Kognition – Erkennen/Wiedererkennen von Information
2. Gedächtnis – Behalten von Information
3. Divergierendes Denken – logische, kreative Ideen
4. Konvergierendes Denken – Schlußfolgerungen, induktives Denken
5. Bewertung – kritisches Denken

Damit sind die wichtigsten kognitionspsychologischen Bereiche genannt, innerhalb derer Teilfähigkeiten ('subskills') des Textverständnisses herauskristallisiert werden können. Die Explikation solcher Teilfähigkeiten war von Beginn der Leseforschung an eines ihrer zentralen Ziele. Die bekannteste der frühen subjektiven Analysen dieser Art, die auch immer wieder zitiert wurde, ist die Aufstellung von 8 Teilfähigkeiten des Textverstehens durch GRAY 1919:

1. Mit dem Ziel einer zusammenhängenden Reproduktion lesen.
2. Den zentralen Gedanken oder die wichtigste Idee eines Textabschnittes feststellen.
3. Eine Anzahl zusammenhängender Gesichtspunkte und die dazugehörigen Details auswählen.
4. Information feststellen, die zur Lösung eines Problems bzw. Beantwortung von Fragen nützlich ist.
5. Ein klares Bild der zentralen Aspekte eines Problems erreichen.

6. Neue Probleme im Rahmen eines gegebenen Themenbereichs entdek-
ken.
7. Den Argumentationsweg herausfinden, der den Standpunkt des Autors
rechtfertigt.
8. Die Validität (Gültigkeit) von Aussagen beurteilen.

Solche subjektiven Analysen sind seitdem immer wieder entworfen
bzw. weiterentwickelt worden (vgl. die Aufstellung bei DAVIS 1972,
631). Auch GRAY hat 1960 noch einmal eine Revision seines Modells
gegeben; auf dessen Grundlage hat ROBINSON (1966) eine Aufstellung
von 5 Teilfähigkeiten vorgelegt, die wohl am besten die Ergebnisse
der Jahrzehnte subjektiver Analysen integriert.

1. Verstehen des offen zutage liegenden Textsinns, den ein Autor äußert;
2. Verstehen des impliziten Textsinns, den ein Autor äußert;
3. Feststellen des Ziels, des Realitätsbezugs, der Vorannahmen und Verall-
gemeinerungen eines Autors;
4. Bewertung der Ideen des Autors durch den Leser;
5. Verbindung der Information und der Ideen des Autors mit dem Wissen
und entsprechenden Erfahrungen des Lesers.

In dieser Aufstellung wird die Integration der oben aufgeführten
Ebenen des Textverständnisses und der kognitionspsychologischen
Bereiche recht deutlich; dieses Modell von Teilfähigkeiten ist das
Ergebnis von fünf Jahrzehnten subjektiver Analysen mitsamt der
dahinterstehenden Unterrichtserfahrung. Daß aber eine solche subjektive Erfahrung nicht ausreicht, sondern systematisch empirischer
Überprüfung bedarf, war zumindest in der empirischen (Pädagogischen) Psychologie von Anfang an unumstritten. Um die adäquate
Methodik einer solchen Überprüfung festzulegen, müssen wir nach
dem wissenschaftlichen Rationale – dem Prinzip – fragen, das dem
Konzept der Teilfähigkeiten zugrundeliegt: eine Ausdifferenzierung
des Konstrukts Textverständnis ist theoretisch notwendig, weil es
unwahrscheinlich ist, daß allen herausgearbeiteten Verständnisebenen
ein und dieselbe Fähigkeit zugrunde liegt. Eine Unterscheidung von
Teilfähigkeiten soll konkreter und präziser die beim Textverstehen
ablaufenden kognitiven (‚Basis‘)Prozesse abbilden. Andererseits ist
unter Ökonomiegesichtspunkten eine Beschränkung auf möglichst
wenige Teilfähigkeiten zu fordern: es sollten alle zum Erreichen von
Textverständnis nötigen Teilfähigkeiten herausgearbeitet werden, aber
auch nicht mehr. Diesem Prinzip entspricht methodisch am besten die
Faktorenanalyse, mit deren Hilfe aus einer Korrelationsmatrix von
(Test)Daten die den getesteten Variablen zugrundeliegenden Faktoren
herausgearbeitet werden können.

Ich überspringe daher in der Darstellung die frühen empirischen Untersuchungen, die über Regressionsanalysen Teilfähigkeiten des Textverständnisses zu sichern versuchten (vgl. DAVIS 1972, 640ff.), und konzentriere mich auf die faktorenanalytischen Überprüfungen, bei denen vor allem DAVIS (1944; 1968; 1972) das umfangreichste Datenmaterial erhoben und aufgearbeitet hat. Er hat dazu aus den bis 1940 vorliegenden subjektiven und empirischen Analysen eine Fülle von einzelnen Fertigkeiten identifiziert (vgl. z. B. DAVIS 1972, 662) und diese mit Hilfe von Mehrfach-Wahl-Antworten (vgl. DAVIS 1968, 511ff.; s. u. Messung des Textverständnisses: 2.) bei Hunderten von Schulkindern und Collegestudenten überprüft. Dieses Meßinstrument ist als Davis-Reading-Test publiziert worden (DAVIS & DAVIS 1962). Die erhaltenen Daten hat er faktorenanalysiert und auf diese Weise in mehreren Untersuchungen jeweils zwischen 4 und 7 teilweise identische Faktoren erhalten. Als die wichtigsten fünf, die in den Analysen wiederholt reproduziert werden konnten, sieht er an (DAVIS 1968, 507; 1972, 663):

1. Kenntnis von Wortbedeutungen;
2. Konzentration auf die ‚wörtliche‘ Bedeutung (‚literal sense meaning‘) des Textes ohne Berücksichtigung von Implikationen;
3. Schlußfolgerndes Denken während des Lesens (‚reasoning in reading‘);
4. Fähigkeit, der Textstruktur und -gliederung zu folgen;
5. Identifizierung von Stimmung und literarischen Techniken des Autors.

Nun hängen allerdings Ergebnisse empirischer Untersuchungen nicht nur vom Gegenstandsbereich ab (hier Fähigkeiten des Textverständnisses), sondern auch von der Methode, z. B. der statistischen Aufarbeitung (hier der Faktorenanalyse). Das zeigt sich in einer konkurrierenden Faktorenanalyse von THURSTONE (1946), die ebenfalls auf den von DAVIS erhobenen Daten aufbaut. Dabei erhält er aber nur einen (allgemeinen) Faktor der Kenntnis von Wortbedeutungen; vergleichbares gilt für eine Reanalyse der DAVIS-Daten durch R. L. THORNDIKE 1971 (vgl. SPEARRITT 1972, 97f.). Die Differenzen lassen sich allerdings auf die unterschiedlichen methodischen Modelle der Faktorenanalyse zurückführen, die bei den Untersuchungen unterlegt wurden; eine differenzierte Analyse dazu leistet SPEARRITT (1972). Er hat auch erneut eine Reanalyse der DAVIS-Daten mit Hilfe der heute üblichen Maximum-Likelihood-Methode (vgl. ÜBERLA 1971, 146ff.) durchgeführt; diese ergibt die Unterscheidbarkeit von vier eigenständigen Faktoren, die als Teilfähigkeiten des Textverstehens anzusehen sind (SPEARRITT 1972, 100f.): dabei entfällt von den oben genannten fünf Faktoren (nach DAVIS) der Faktor 2 (‚wörtliche Bedeutung'), und der Faktor 5 wird in der Benennung leicht abgeändert zu: ‚Identifizierung von Intention, Einstellung, Stimmung des Textes/ Autors'. (Ich habe die Reihenfolge der Faktoren im Vergleich zu SPEARRITTs Aufstellung leicht geändert, um die Verbindung zu den oben aufgeführten theoretischen Ebenen des Textverständnisses zu verdeutlichen.)

Die Untersuchung von SPEARRITT stellt nach meiner Einschätzung einen vorläufigen Schlußpunkt der induktiven Erforschung von Teilfähigkeiten des Textverständnisses dar; man kann daher die genannten 4 Teilfähigkeiten als (vorläufig) gesichert ansehen: Kenntnis von Wortbedeutungen / Schlußfolgerungen innerhalb des Lesens qua Sinnverstehens / Nachvollzug der Textstruktur und -gliederung / Identifizierung der Intention etc. des Textes bzw. Autors. Dabei sind solche faktoriellen Dimensionen zusammenfassende Benennungen, unter die eine Mehrzahl von Variablen, hier speziellere Fertigkeiten, zu subsumieren sind. Diese Fertigkeiten sind praktisch identisch mit den spezielleren Fähigkeiten, wie sie schon in den subjektiven Analysen aufgrund von Unterrichtserfahrung etc. zusammengestellt wurden (s. die Beispiele oben am Anfang unserer Analyse des induktiven Zugangs).

Zwei abschließende Bemerkungen sind noch nötig. Wenn man die herausgearbeiteten Teilfähigkeiten z. B. mit sprachtheoretischen Modellen vergleicht, fällt m. E. ein Merkmal unmittelbar ins Auge: diese Fähigkeiten beziehen sich alle auf kognitive Prozesse im semantischen Raum. Es erhebt sich die Frage: hat denn Textverständnis gar nichts mit der Grammatik der Sprache, der Sätze und deren Verständnis zu tun? Diese Frage ist durch Untersuchungen, die sich auf Fähigkeiten/ Fertigkeiten konzentrieren und mit den genannten Methoden der Regressions- bzw. Faktorenanalyse arbeiten, schwierig zu beantworten; dennoch gibt es eine empirische Arbeit, die sich diesem Problem stellt: DE LANCEY (1963) hat einen Test konstruiert, in dem sinnlose Silben in der grammatikalischen Funktion von Substantiven, Verben, Adjektiven etc. zu erkennen waren (über Hinweisreize wie Flexion, Affixe etc.). Die Daten aus der Testung von ca. 600 Schülern ergaben über Regressions- und Faktorenanalysen: die Fähigkeit, grammatikalische Klassen zu erkennen, war wichtig für das ‚wörtliche' Lesen (die oben vorausgesetzte Dekodierung linguistischer Information), jedoch praktisch nicht bedeutsam für das Textverständnis. Wir kommen unten bei der Darstellung der theoretischen Modelle zur Erklärung der während des Textverstehens ablaufenden kognitiven Prozesse auf dieses zunächst etwas überraschende Ergebnis zurück.

Ein letzter Aspekt, der besonders für die Unterrichtspraxis wichtig sein kann, liegt in der Frage: Sind für das Textverständnis beim Lesen bzw. Hören des Textes die gleichen Teilfähigkeiten anzusetzen, oder sind für das Hören von Texten andere Fähigkeiten nötig als beim Lesen? Diese Frage wurde von HACKETT (1969) untersucht: sie testete einzelne Variablen (Fertigkeiten) des Textverständnisses bei Schülern und arbeitete sie statistisch auf, wie zur Identifizierung von Teilfähigkeiten üblich. Allerdings gab sie der einen Hälfte der Vpn den Text schriftlich, der anderen mündlich vor. Die herauskristallisierten Teilfähigkeiten unterschieden sich bei den beiden Gruppen nicht signifikant (s. auch VERNON 1962). Auch eine neuere Untersuchung von KINTSCH & KOZMINSKY (1977) kommt zu einem analogen Ergebnis: hier hatten die Versuchsteilnehmer eine Zusammenfassung eines Textes zu schreiben, den die eine Hälfte gelesen, die andere Hälfte vom Tonband gehört hatte. Der Vergleich der Zusammenfassungen zeigte, daß nur vernachlässigbare Unterschiede auftraten; z. B. fügten die Vpn, die den Text gehört hatten, etwas mehr idiosynkratische Detailangaben hinzu. Wir können also davon ausgehen, daß beim Hören von Texten die zum Textverständnis erforderlichen Fähigkeiten weitgehend die gleichen sind wie beim Lesen. Daraus folgt: Die meisten der empirischen (im folgenden zu berichtenden) Untersuchungen gehen von der visuellen Rezeption der Texte aus; die Ergebnisse können aber auch auf die auditive Rezeption übertragen werden – sofern mit dem Hören der Texte keine erkennbaren Störvariablen verbunden sind.

1.2. Theoretische Modelle zur Erklärung des Verstehensprozesses

Die herausgearbeiteten Teilfähigkeiten des Textverständnisses beziehen sich durchweg – wie könnte es auch anders sein – auf kognitive Prozesse, also Prozesse, die nicht direkt und unmittelbar beobachtbares Verhalten sind, sondern zum größten Teil nur indirekt beobachtbares Denken: internale Prozesse. Solche internalen Ereignisse aber wurden im Behaviorismus, der zumindest in Amerika von 1910–1960 fast unangefochten herrschte (vgl. GROEBEN & SCHEELE 1977), von der wissenschaftlichen Betrachtung ausgeschlossen. Daher gab es in diesem Zeitraum so gut wie keine befriedigenden theoretischen Erklärungsansätze für die herausgefundenen Teilfähigkeiten bzw. die diesen zugrunde liegenden ‚intellektuellen Basisprozesse‘. Die angesetzten Teilfähigkeiten waren kognitiv viel zu komplex, umfaßten zuviel

Aktivität des Lesers, als daß sie mit behavioristischen Erklärungsmodellen und ihren (kaum je in Frage gestellten) Kernannahmen hätten erklärt werden können. Als solche Kernannahmen lassen sich identifizieren (TREIBER & GROEBEN 1976, 5; vgl. auch ANDERSON & BOWER 1973):

– konnektionistische Annahme: Vorstellungen etc. verbinden sich nur aufgrund von Erfahrungen;
– elementaristische Annahme: alle Vorstellungen sind zerlegbar in wenige grundlegende ,einfache Vorstellungen';
– sensationistische Annahme: einfachen Vorstellungen entsprechen elementare, unstrukturierte Empfindungen;
– mechanistische Annahme: aus den ,einfachen Vorstellungen' können durch einfache additive Regeln alle höherkomplexen (kognitiven) Prozesse vorhergesagt werden.

1.2.1. Konstruktive kognitive Verarbeitungsprozesse auf Wort- und Satzebene

Das Konstrukt des Textverständnisses und die dabei beteiligten Teilfähigkeiten werden durch solche Annahmen zum größten Teil nicht abgedeckt. Auf dem Hintergrund dieses (impliziten) Widerspruchs zum behavioristischen Erklärungsmodell muß man sich sogar fragen: Wie war es möglich, daß solche Teilfähigkeiten von der empirisch-psychologischen Leseforschung während der Herrschaft des behavioristischen Wissenschaftsparadigmas (im Sinne von KUHN 1967) herausgearbeitet wurden? Die Antwort liegt m. E. in zwei Gründen: zum einen blieb die Leseforschung immer relativ praxisorientiert, d. h.: sie bezog subjektive Unterrichtserfahrung ein und war daher nicht so anfällig für theoretisch-wissenschaftstheoretische Glaubensbekenntnisse. Zum anderen benutzte sie mit der Regressions- und Faktorenanalyse zunehmend statistische Auswertungsverfahren von hohem wissenschaftlichen Prestige (in den Augen der Behavioristen) und lenkte auf diese Weise davon ab, daß sich die ermittelten Faktoren/Dimensionen auf internale Ereignisse bezogen. Zu gleicher Zeit aber berücksichtigten experimentelle Forschung und theoretische Erklärungsmodelle aufgrund der elementaristischen und mechanistischen Annahmen im Bereich der Sprache nur die einfachsten sprachlichen Einheiten wie sinnlose Silben oder höchstens Worte (vgl. BREDENKAMP & WIPPICH 1977, 144). Eine zureichende Erklärung des Textverstehens konnte überhaupt erst ins Blickfeld gelangen, nachdem zwei Bedingungen erfüllt waren:

1. daß (sinnvolles) sprachliches Material auf Wort-, Satz- und Textebene erforscht wurde;

2. daß der Leser nicht mehr nur als passiv-reaktiv zugelassen (GROEBEN & SCHEELE 1977, 14ff.), sondern als kognitiv aktiv, ja möglicherweise konstruktiv aufgefaßt wurde.

Diese beiden Bedingungen wurden in zunehmendem Ausmaß bei der Liberalisierung des methodologischen Behaviorismus zu einem kognitiven Wissenschaftsparadigma seit Mitte der 60er Jahre erfüllt (vgl. TREIBER & GROEBEN 1976). Seit dieser Zeit haben immer mehr empirische Arbeiten die konstruktive Aktivität des menschlichen Subjekts bei der Informationsverarbeitung nachgewiesen, und zwar konvergierend im Bereich der Sprachpsychologie (Psycholinguistik), der Gedächtnisforschung und der (kognitiven) Lerntheorie. Wenn man die in diesen drei Forschungsbereichen herausgearbeiteten Ergebnisse der letzten 15 Jahre verbindet, dann ergibt sich in ersten, groben Zügen eine Art Rahmentheorie des Textverstehens; ich kann hier nur die wichtigsten Aspekte dieser Rahmentheorie skizzieren – einen differenzierten Überblick über die empirischen Ergebnisse gibt BOCK (1978), um theoretische Integration der Daten sind besonders HÖR-MANN (1976) sowie BREDENKAMP & WIPPICH (1977) bemüht. In allen Einzelperspektiven und Forschungsüberblicken aber ist der beherrschende theoretische Gesichtspunkt die Konstruktivität des informationsverarbeitenden Subjekts. Ich will daher unter der Perspektive der Erklärung des Textverstehens und Textverständnisses vor allem die Fragen beantworten:

IN WELCHEN ASPEKTEN ZEIGT SICH DIE KONSTRUKTIVE AKTIVITÄT DES TEXTREZIPIENTEN?

STIMMEN DIESE ABLÄUFE MIT DEN DURCH DIE TEILFÄHIGKEITEN DES TEXT-VERSTÄNDNISSES VORAUSGESETZTEN BASISPROZESSEN ÜBEREIN?

Als historischer Beginn dieser konstruktivistischen Erklärungsperspektive wird heute gern die Arbeit von MILLER (1956) angeführt (vgl. BREDENKAMP & WIPPICH 1977, 43f.; BOCK 1978, 9f.). MILLER hat die These aufgestellt, daß im unmittelbaren Gedächtnis immer nur 5 bis 9 Einheiten (= 7 ± 2: ‚the magical number seven plus or minus two') behalten werden können; dabei können aber die Einheiten selbst eine unterschiedliche Binnenstruktur aufweisen.

Beispiel:

Vpn werden folgende zwei Reihen von 12 Reizen vorgelesen (einmal Buchstaben, das andere Mal Worte): f, b, j, r, g, u, p, n, x, c, w, e;

schwach, Kopf, Pflaumen, Marmelade, Stuhl, Bein, Akten, Koffer, Grund, Ordnung.

Die Vpn können im Anschluß daran normalerweise nur etwa 5 bis 7 Buchstaben der Buchstabenreihe reproduzieren; aber auch von der Wörterreihe können 5 bis 7 Einheiten angegeben werden, was auf der Buchstabenebene einem vielfachen der Information aus der Buchstabenreihe entspricht (vgl. CRAIK 1968). Das informationsverarbeitende Subjekt kodiert hier als Gedächtniseinheit eben das sinnvolle Wort. Es ist bei den Worten unseres Beispiels sogar möglich, daß Vpn alle Worte reproduzieren können: dann nämlich, wenn sie auf die Idee kommen, die Organisationseinheit noch einmal zu erhöhen und sich zusammengesetzte Worte zu merken: Schwachkopf, Pflaumenmarmelade, Stuhlbein, Aktenkoffer, Grundordnung.

Der Umfang der Information(en) pro Gedächtniseinheit ist also variabel, je nach der aktiven kognitiven Organisation und Integration von Einzelinformationen durch das Individuum. MILLER nennt diesen Vorgang der kognitiven Organisation und Integration ‚Recodieren‘ (1956) und hält ihn für den Kern (‚life blood‘) des Denkprozesses. Im Terminus Recodieren kommt zum Ausdruck, daß das Aufnehmen und Verarbeiten (sprachlicher) Information nicht nur ein (passives) Decodieren ist, sondern ein aktiv-konstruktiver Vorgang. Die Konstruktivität dieses Prozesses kann so weit gehen, daß auch völlig neue Strukturierungsgesichtspunkte an das Material herangetragen werden.

Diese konstruktiven Recodierungsprozesse sind zunächst beim Lernen und Behalten von Wortlisten untersucht und nachgewiesen worden (vgl. BOCK 1978, 14ff.; BREDENKAMP & WIPPICH 1977, 40ff.). Je nach Ausmaß der konstruktiven Aktivität des Lernenden können zumindest zwei Kategorien unterschieden werden (vgl. BREDENKAMP & WIPPICH 1977, 41): wenn bestimmte Merkmale/Aspekte des vorliegenden Wortmaterials ausgewählt werden, spricht man von reduktiver Kodierung. Wenn in eigenständiger subjektiver Organisation neue Aspekte, Relationen, Restrukturierungen an das Material herangetragen werden, handelt es sich um elaborative Kodierung.

Beispiel:

Reduktive Kodierung bietet sich an, wenn der Vp Listen von Wörtern geboten werden, die in bestimmte Kategorien gehören, aber nicht nach diesen geordnet sind, z. B. Wal, Rose, Katze, Hund, Flieder, Mensch, Orchidee, Nelke. Die Vpn reproduzieren nun solche Worte nicht in der (gegebenen) zufälligen Reihenfolge, sondern geordnet nach den Oberbegriffen ‚Säugetier‘ und ‚Blumen‘. BOUSFIELD, der (1953) dieses Phänomen als erster aufgewiesen hat, nennt solche Gruppierung ‚clustering‘ (bei MILLER 1956 auch ‚chunking‘ genannt). Die einzelnen Worte werden also in dem Oberbegriff als ‚Organisationskern‘ zusammengefaßt, wodurch das Gedächtnis entlastet wird. Allerdings ist die Anzahl der Einheiten pro cluster oder chunk begrenzt; MANDLER gibt (1968) 5 ± 2 an. Für uns ist bedeutsam, daß dieser Organisationsprozeß schon während des Lesens/Verstehens der Wortlisten eintreten muß: „Der Vp muß der gemeinsame Oberbegriff einfallen, *während* die Wörter dargeboten werden, um sie zu einer Gedächtniseinheit recodieren zu können." (BOCK 1978, 15).

Elaborative Kodierung läßt sich besonders anschaulich auch bei sinnlosen sprachlichen Einheiten nachweisen; wenn z. B. das Silbenpaar BAC – FIH von der Vp als das sinnvolle Wort Backfisch enkodiert wird (BREDENKAMP & WIPPICH 1977, 52), dann hat sie das gegebene Sprachmaterial konstruktiv elaboriert, und zwar eine aus der natürlichen Sprache stammende vermittelnde Assoziation hinzugefügt (im Englischen ‚natural language mediators‘). Solche konstruktive Elaboration ist gerade beim Paar-Assoziations-Lernen von Silben in den letzten beiden Jahrzehnten eindeutig nachgewiesen worden (Überblick bei TREIBER & GROEBEN 1976); aber auch auf Wortebene gibt es eine überzeugende Menge empirischer Nachweise für die elaborative Kodierung (vgl. BOCK 1978, 20ff.). Die Elaboration kann dabei ansetzen an orthographischen, phonologischen, akustischen, semantischen Merkmalen oder auch Charakteristiken der Darbietungssituation, Instruktion etc.; bedeutsam ist, daß nach den bisherigen Befunden vor allem die ‚semantische Enkodierung die Gedächtnisleistung fördert‘ (BREDENKAMP & WIPPICH 1977, 60). Auf der Wortebene kann die konstruktive Elaboration dann bis in ganz idiosynkratische Dimensionen gehen: wenn z. B. eine Vp eine Wortliste in Einheiten unterteilt, die sie in ihrem Leben schon erreicht hat, noch nicht erreicht hat, oder gar nicht erreichen will. Auf diesem Hintergrund ist es verständlich, wenn man in der reduktiven Kodierung mehr konvergentes Denken (nach GUILFORD: Herausfinden der einen richtigen Lösung) und in der elaborativen mehr divergentes Denken (Finden von neuen, kreativen Aspekten/Lösungen) sieht (BOCK 1978, 24).

Parallele Integrationsvorgänge spielen sich nun auch bei der kognitiven Verarbeitung (Verstehen und Behalten) von Sätzen ab. Sätze sind ja stets Kombinationen von Worten. Um korrekt kombinieren zu können, muß man die verschiedenen Worte semantisch vergleichen können. Dazu ist das Konzept der semantischen Merkmale entwickelt worden (vgl. ENGELKAMP 1974, 80ff.): semantische Merkmale sind Bedeutungsaspekte oder Dimensionen, „die es erlauben, Gruppen von Wörtern von Gruppen von anderen Wörtern zu unterscheiden." (81); solche Merkmale werden aufgrund des intuitiven Sprachverständnisses herauskristallisiert (Komponentenanalyse).

ENGELKAMP übernimmt (1974, 81) folgendes Beispiel einer Matrix semantischer Merkmale für bestimmte Worte (von DEESE; vgl. u. Abb. 4):

Die psychologische Realität solcher semantischer Merkmale ist in einer Fülle von empirischen Untersuchungen besonders zum ‚feature‘-Modell (‚feature‘ gleich Merkmal) des semantischen Gedächtnisses

+	−	Löwe	Ameise	Magnolie	Pinie	Felsen	Wasser	Haus	Benzin
lebendig	nicht lebendig	+	+	+	+	−	−	−	−
tierisch	pflanzlich	+	+	−	−				
wirbeltierisch	nicht-wirbeltierisch	+	−						
blühend	nicht blühend			+	−				
natürlich	künstlich					+	+	−	−
fest	flüssig					+	−	+	−

Abb. 4: Beispiel einer Matrix semantischer Merkmale (ENGELKAMP 1974, 81)
(nach DEESE)

belegt worden (vgl. BREDENKAMP & WIPPICH 1977, 112ff.; SMITH et al.
1974; s. auch u.). Bei der Kombination von Worten in Sätzen müssen
bestimmte Merkmale einander entsprechen bzw. miteinander kombi-
nierbar sein (in der Semantiktheorie von KATZ & FODOR 1963: ‚Selek-
tionsrestriktionen‘).

Beispiel:

So impliziert das Verb ‚erziehen‘ für das (Erziehungs-)Objekt das Merkmal
‚menschlich‘, während für denselben Vorgang bei einem Objekt mit dem
Merkmal ‚tierisch‘ im Deutschen üblicherweise ‚dressieren‘ gesagt wird.

Nach ENGELKAMP (1974, 102) sind nun (im Gegensatz zu KATZ &
FODOR) Wortbedeutungen in bezug auf die Anzahl der Merkmale und
ihrer Ausprägungsformen unabgeschlossen. Satzbedeutungen lassen
sich dann als Spezifikation von Wortbedeutungen auffassen.

Beispiel:

ENGELKAMP gibt als erstes Beispiel den Satz ‚Der Mann ist ein Ehemann‘;
hier wird die Bedeutung von ‚Mann‘ spezifiziert, indem den Merkmalen
‚belebt, menschlich, männlich‘ noch die Merkmale ‚verheiratet‘, und (emotio-
nell) ‚gebunden‘ hinzugefügt werden.

Komplexer wird die Spezifizierung, wenn es sich bei dem Prädikat
um ein Vollverb handelt, wenn die Satzbedeutung als Spezifikation
der Verbbedeutung aufgefaßt wird. In der Verbbedeutung sind bestimmte Rahmenbedingungen angelegt, z. B. beim Verb ‚stoppen‘ ist
klar, daß jemand die Rolle (oder das ‚Argument‘) desjenigen einnehmen muß, der stoppt – diese Rolle wird als die des Agenten (Handelnden oder Auslösenden einer Handlung) bezeichnet. Zugleich ist
aber auch schon angelegt, daß jemand oder etwas gestoppt wird – die
Rolle oder das Argument des Objekts (oder des Erleidenden: Pa-
tient). Wenn wir nun als ein solches Objekt ‚Zeit‘ einsetzen, wird

deutlich, daß auch noch ein Mittel nötig ist: ein Instrument (hier z. B. eine Uhr). Die Satzbedeutung als Spezifizierung der Verbbedeutung führt auf diese Weise dazu, die Struktur eines Satzes als Prädikat-Argument-Struktur anzugeben. Neben den schon genannten (wichtigsten) Argumenten des Agenten, Patienten/Objekts und Instruments sind noch weitere Argumenttypen herausgearbeitet worden (wie Ursache, Ursprung, Ziel, Ort, Zeit etc. – FILLMORE, vgl. ENGEL-KAMP 1976, 19ff.; BREDENKAMP & WIPPICH 1977, 118; BEAUGRANDE 1980, 54ff.). Die Prädikat-Argument-Struktur eines Satzes wird dann folgenderweise notiert:

Satz: Der Fischer mit der Uhr stoppte die Zeit.

Prädikat-Argument-Struktur: stoppen (Zeit, mit Uhr, von Fischer). Dabei ist an den Präpositionen abzulesen, welches Substantiv welches Argument bildet (in unserem Beispiel: ‚Zeit': Objekt; ‚Uhr': Instrument; ‚Fischer': Agent). Wenn z. B. auf Satzebene die Präposition ‚mit' verwendet wird, kann sich darin aber auch eine andere Struktur verbergen als die der Instrument-Relation. Z. B. muß man die Phrase ‚Fischer mit der Brille' durch folgende Prädikat-Argument-Struktur darstellen: besitzen (Brille, von Fischer).

Beispiel:

Anhand solcher struktureller Unterschiede auf der Ebene der Prädikat-Argument-Struktur läßt sich nun überprüfen, ob diese Theorie in der Tat für den konkreten Verstehens- und Behaltensprozeß von Sätzen Erklärungskraft hat. Es lassen sich zwei Sätze konstruieren, die nach Anzahl der Worte und Oberflächenstruktur ähnlich bis identisch sind, sich aber auf der Ebene der Prädikat-Argument-Struktur unterscheiden:

1) ‚Der Fischer mit der Uhr stoppte die Zeit'.
2) ‚Der Fischer mit der Brille stoppte die Zeit'.

Prädikat-Argument-Struktur:

1) stoppen (Zeit, mit Uhr, von Fischer)
2) besitzen (Brille, von Fischer)
   stoppen (Zeit, von Fischer)

Wenn der Rezipient in der Tat Sätze entsprechend ihrer Prädikat-Argument-Struktur versteht und verarbeitet, dann muß Satz 1), da er als eine Prädikat-Argument-Struktur gespeichert werden kann, z. B. sehr viel leichter und besser behalten werden als Satz 2), der aus zwei Prädikat-Argument-Strukturen besteht. Empirische Überprüfungen mit Hilfe solcher (und noch komplexerer) Sätze konnten sichern, daß in der Tat die Sätze mit den einfacheren Prädikat-Argument-Strukturen besser behalten wurden (vgl. ENGEL-KAMP 1973; 1974; 1976). Genau wie auf der Wortebene ist also auch hier entscheidend, ob bestimmte Einheiten (hier Worte) in eine (höhere) Einheit, hier Prädikat-Argument-Struktur, recodiert, integriert werden können oder nicht.

Gleichzeitig gibt es aber auch andere empirische Untersuchungen, die darauf hinweisen, daß nicht das Prädikat, sondern vielmehr das (logische) Subjekt der für die Satzverarbeitung zentrale Organisationskern (BOCK 1978, 38ff.) sein könnte.

BLUMENTHAL gab (1967) seinen Vpn Sätze der folgenden Struktur vor:
a. John is eager to please (John ist bemüht, zu gefallen)
b. John is easy to please (Es ist leicht, John zu gefallen)
Bei der Behaltensprüfung erhielten die Vpn jeweils das erste Wort der Sätze als Hinweisreiz geboten (in diesem Fall also identisch ‚John‘). Dabei ergab sich: in der Funktion des Satzsubjekts (a) wirkte der Hinweisreiz ‚John‘ sehr viel stärker als in der Rolle des Objekts (b). Daraus läßt sich folgern, daß das Subjekt bei der Verarbeitung des Satzes den Organisationskern der Gedächtniseinheit ausmacht, in der der Satz vom Rezipienten recodiert wird. Weitere Untersuchungen haben nachgewiesen, daß anstelle des grammatischen auch das logische Subjekt des Satzes diese Funktion des Organisationskernes übernehmen kann (vgl. BOCK 1978, 40ff.).

BOCK schließt aus den bisher vorliegenden Untersuchungen zur Satzverarbeitung, daß die Funktion des Organisationskernes auf jeden Fall vom Subjekt übernommen wird, nicht vom Prädikat, wie es die oben referierte Analyse der Prädikat-Argument-Struktur impliziert (1978, 43). Ich halte die empirischen Forschungsergebnisse nicht für so eindeutig interpretierbar; vielmehr scheint es mir möglich, daß der Leser je nach Informationslage die eine oder andere Verarbeitungsstrategie wählt; die determinierenden Bedingungen dieser Wahl allerdings sind meines Wissens bisher noch nicht erforscht.

Auf jeden Fall erklären die bisher dargestellten Prozesse der Sprachverarbeitung, warum auf der Ebene der (Teil)Fähigkeiten für das Textverständnis der Faktor ‚Kenntnis von Wortbedeutungen‘ so bedeutsam ist: die behandelten Recodierungsaspekte wie reduktive und eleborative Kodierung, Merkmalsanalyse, Prädikat-Argument-Struktur und Satzsubjekt als Organisationskern beziehen sich alle durchwegs auf die gemeinsame Basis der Wortbedeutung. Beim Text- und damit Satz-Verstehen ist also die Analyse von Wortbedeutungen zur (re)konstruierenden semantischen Integration der Satzbedeutung (und Textbedeutung) von ausschlaggebender Wichtigkeit; damit im konkreten Verstehensprozeß eine adäquate Analyse und Synthese (bzw. Analyse durch Synthese: NEISSER 1967/74) gelingen kann, ist die ‚Kenntnis von Wortbedeutungen‘ notwendig.

1.2.2. Die Integration von (Text-)Bedeutung und Wissen: schlußfol-
       gernde und Vergleichs-Prozesse

Unter semantischer Integration ist nun nicht nur die Verbindung
der in einem Satz oder Text mitgeteilten Informationen gemeint,
sondern – wie oben bei der Begriffsbestimmung von Textverständnis
schon postuliert – auch die Eingliederung in das individuelle Wissens-
System des Rezipienten. Diese Einbettung in den subjektiven Kogni-
tionshorizont ist für BRANSFORD und Mitarbeiter sogar der wichtigste
Aspekt bei der semantischen Integration: Informationen werden dadurch sinnvoll, daß sie in Beziehung zu anderem Wissen gebracht
werden (BRANSFORD & McCARRELL 1974, 195). Das bedeutet, daß
zum (adäquaten) Verstehen von Sätzen und Texten auch Informa-
tions- bzw. Wissensteilmengen herangezogen werden müssen, die
über die vorliegende sprachliche Information hinausgehen: ‚außerlinguistische Informationen‘ (BRANSFORD & McCARRELL 1974, 204).
Konsequenterweise spricht BRANSFORD nicht mehr von der ‚semantischen Struktur von Sätzen‘, sondern von der ‚semantischen Beschreibung einer Situation‘ (vgl. HÖRMANN 1976, 465). Diese aktive Integration von linguistischen und außerlinguistischen Informationen innerhalb des Prozesses von Satz- und Textverstehen läßt sich am überzeugendsten nachweisen, wenn sich der Leser/Lerner an mehr zu erinnern glaubt, als ihm im Text dargeboten wurde.

Beispiel:
Eine bekannte Untersuchung von BRANSFORD et al. (1972) geht von folgenden beiden Sätzen aus:
a. Three turtles rested beside a floating log, and a fish swam beneath them;
b. Three turtles rested on a floated log, and a fish swam beneath them;
   (Anmerkung: Die Sätze müssen im Englischen wiedergegeben werden,
   weil sie u. a. auf der Zweideutigkeit von ‚turtle‘ basieren: im Satz a. wird
   ‚turtle‘ vom Rezipienten als ‚Seeschildkröte‘ de-/encodiert [die schwimmen kann], im Satz b. als ‚Turteltaube‘ [die nicht schwimmen kann]).
Die außerlinguistischen Kenntnisse über Raumverhältnisse, Flüssigkeit des
Mediums Wasser etc. legen beim Verständnis des Satzes b. nahe, daß der
Fisch auch unterhalb des Holzstückes schwimmt, obwohl dies nicht explizit
ausgesagt wird. Bei Satz a. hingegen ist diese Schlußfolgerung nicht zulässig.
Die (semantische) Verarbeitung der Sätze wird nun durch eine Wiedererken-
nensaufgabe überprüft; bei beiden Sätzen wird statt des letzten Wortes ‚them‘
das Wort ‚it‘ eingefügt; die Vpn sollen sagen, ob ihnen dieser Satz geboten
worden ist oder nicht. Wenn der Verstehensprozeß nur die sprachlich gegebene Information integriert, müßten die Vpn in beiden Fällen die Abweichung bemerken. Wenn aber außerlinguistische Informationen (Wissen) das

Verstehen mitkonstituieren, dann ist nur der Satz a. in der Version mit ‚it'
abweichend; beim Satz b. ist die semantische Beschreibung der Situation die
gleiche, ob nun der Fisch unter den Tauben oder unter dem Holzklotz
schwimmt. Die empirische Überprüfung zeigt, daß die Vpn in der Tat die
Veränderung bei Satz b. nicht bemerken bzw. nicht als Abweichung angeben.

PARIS berichtet (1975) analoge Inferenz- und Integrationsprozesse auch bei
der Textverarbeitung von Kindern; allerdings wächst die Qualität der Inferenzen und die Verarbeitungstiefe der Integration mit dem Alter an.

Anhand einer Vielzahl solcher und ähnlicher (noch komplexerer)
Experimente hat BRANSFORD und seine Mitarbeitergruppe nachgewiesen, daß das Verstehen von Sätzen (und Texten) eine konstruktive
semantische Integration darstellt (vgl. HÖRMANN 1976, 467ff.: BREDEN-
KAMP & WIPPICH 1977, 137ff.); daß der Rezipient konstruktiv Schlußfolgerungen zu der gegebenen sprachlichen Information hinzufügt.
Diese Schlußfolgerungen speisen sich aus dem Wissen über außersprachliche Realität und beziehen sich gleichermaßen auf sie. Satz-
und Textbedeutung haben also auch für das Verstehen zwei Aspekte,
wie sie unter sprachphilosophischer und wissenschaftstheoretischer
Perspektive ebenfalls unterschieden werden (vgl. GROEBEN & WEST-
MEYER 1975, 27f.): einmal den Aspekt der sprachimmanenten Bedeutung (meaning-Semantik) und zum anderen den der sprachtranszen-
denten Bedeutung dessen, worauf sich die Worte in der Realität
beziehen (Referenz-Semantik). Daraus folgt: der Verstehensprozeß als
Prozeß der semantischen Integration umfaßt auch konstruktive
Schlußfolgerungen; dies ist die theoretische Erklärung und Begründung dafür, daß auf der Ebene der (Teil)Fähigkeiten als zweiter Faktor das ‚Schlußfolgernde Denken' herausgearbeitet wurde. Außerdem
ist zu berücksichtigen, daß die Schlußfolgerungen die Verbindung zur
außersprachlichen Realität schlagen; Sprach- und Textverständnis ist
also auch ein Vergleich oder zumindest In-Beziehung-Setzen der
sprachlichen Information mit der Realität; dieser Aspekt wird unten
unter der Perspektive des kritischen Lesens relevant werden.

Für die theoretisch zentrale Idee des Sinnverstehens als Sinnkonstruktion bedeuten die Untersuchungsergebnisse von BRANSFORD und
Mitarbeitern: daß der Rezipient während des Verstehens kognitive
Aktivitäten (‚contributions') einbringt; daß bestimmte kognitive Aktivitäten Voraussetzungen für das ‚Einrasten' (englisch: ‚click') des
Verständnisses sind; daß dazu vor allem Kenntnis von Relationen und
Verbindungen abstrakter Begriffe mit konkreten Gegenständen, Ereignissen etc. gehört; und daß der durch solche Aktivität konkreti-
sierte Sinn eher als etwas Konstruiertes denn als nur Gespeichertes

und Abzurufendes anzusehen ist (Bransford & McCarrell 1974, 201).

Das Verstehen ‚semantischer Beschreibungen von Situationen‘ (als Satz- bzw. Textverstehen) setzt immer ein bestimmtes Hintergrundwissen über die Realität, über die mögliche Struktur von Situationen etc. voraus (‚tacit knowledge system‘: Franks 1974, 232). Damit sind auch Gedächtnisstrukturen und Gedächtnisprozesse für das Satz- und Textverstehen thematisch; zur Einbeziehung des Gedächtnisaspekts sind die Begriffe ‚Wissen, Bedeutung/Sinn und Verstehen‘ zu unterscheiden (nach Franks 1974, 232):

Begriffserklärung:

‚Wissen‘: bezieht sich auf eher statische, relativ überdauernde Strukturen und Relationen innerhalb des Langzeitgedächtnisses;
‚Bedeutung‘ oder ‚Sinn‘: bezieht sich auf Konzepte und Konzeptrelationen, die in einem bestimmten Kontext auf dem Hintergrund des Wissens aktualisiert bzw. generiert (produziert) werden; (wenn man will, kann man in Nachfolge von Frege zwischen sprachimmanentem ‚Sinn‘ (meaning-Semantik) und sprachtranszendenter ‚Bedeutung‘ [gleich Referenz-Semantik] unterscheiden);
‚Verstehen‘: bezieht sich darauf, inwiefern vom Rezipienten in einem bestimmten Kontext adäquate (vollständige, zusammenhängende) Konzepte etc. (i. S. von Textbedeutung/Textsinn) generiert werden.

Das sprachlich repräsentierte (oder repräsentierbare) Wissen ist besonders unter dem Begriff des ‚semantischen Gedächtnisses‘ erforscht worden. Entsprechend der oben gegebenen Definition wird davon ausgegangen, daß im semantischen Gedächtnis ein erheblicher Teil des Wissens einer Person von der Welt gespeichert ist (vgl. Restle 1975). Damit bietet das semantische Gedächtnis die gemeinsame Basis für das Ableiten logischer Schlüsse, für Problemlösen und das Verstehen sprachlicher Aussagen (Bredenkamp & Wippich 1977, 105).

Nachdem sich im letzten Jahrzehnt die sprach- und gedächtnispsychologische Forschung aufeinander zu entwickelt und z. T. verbunden haben, gibt es auch für die Strukturen des semantischen Gedächtnisses ein ‚Merkmals‘-Modell (‚feature-Modell‘). Das Merkmals-Modell des Gedächtnisses (vgl. Smith et al. 1974) geht davon aus, daß die Informationen im semantischen Gedächtnis in den oben schon beschriebenen semantischen Merkmalen repräsentiert sind. Dabei lassen sich die Merkmale allerdings noch nach ihrem Gewicht unterscheiden: die sog. definierenden Merkmale haben ein größeres Gewicht als die sog. charakterisierenden Merkmale.

Beispiel:

Definierende Merkmale sind für das Konzept ‚Rotkehlchen': ‚Zweifüßler',
‚hat Flügel', ‚hat bestimmte Farben'; charakteristische Merkmale: ‚sitzt in
Bäumen', ‚ist nicht domestiziert' (vgl. BREDENKAMP & WIPPICH 1977, 113). Die
empirische Bedeutsamkeit dieser Unterscheidung konnte von RIPS et al. 1973
nachgewiesen werden: die Unterschiede in den charakteristischen Merkmalen
bewirken bei Konzepten aus der gleichen Kategorie (also mit den gleichen
definierenden Merkmalen, hier für ‚Vogel') verschieden erlebte semantische
Distanzen: z. B. wurde die Distanz von ‚Rotkehlchen' zu ‚Vogel' von Vpn
als erheblich geringer eingeschätzt als die Distanz von ‚Ente' zu ‚Vogel';
‚Ente' und ‚Rotkehlchen' dürften sich aber als Elemente derselben Kategorie
‚Vogel' hinsichtlich der definierenden Merkmale nicht unterscheiden.

Dieses Merkmals-Modell des Gedächtnisses scheint auf den ersten
Blick in Konkurrenz zum ‚Netzwerk'-Modell zu stehen (vgl. COLLINS
& QUILLIAN 1972; COLLINS & LOFTUS 1975); jenes geht davon aus, daß
Begriffe/Konzepte in einer hierarchischen Struktur der Über- bzw.
Unterordnung behalten werden, eben einem Netzwerk. Konzepte
werden durch die Knoten (‚nodes') des Netzwerks repräsentiert. Eine
echte Konkurrenz zwischen Merkmals- und Netzwerkmodell des
(semantischen) Gedächtnisses besteht allerdings nicht; denn man kann
Merkmalsmatrizen in Netzwerke überführen, wie es auch HOLLAN
1975 behauptet: die Merkmalsausprägungen werden dann zu Knoten
im Netzwerkdiagramm.

Als Beispiel sei die oben angeführte Merkmalsmatrix für ‚Löwe, Amei-
se ...' in das entsprechende Netzwerkdiagramm überführt (nach DEESE 1970;
vgl. ENGELKAMP 1974, 82; vgl. Abb. 5):

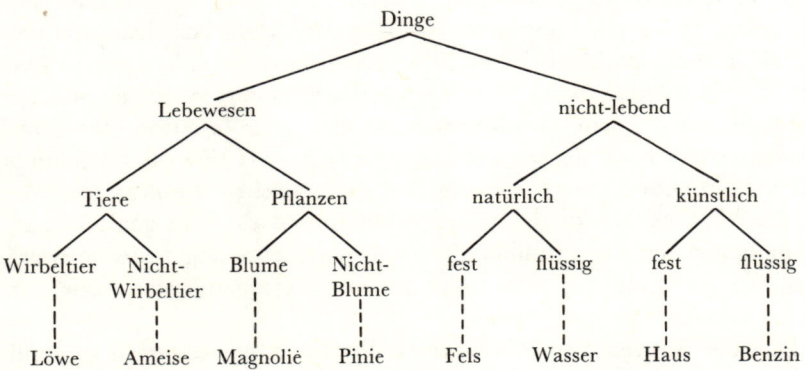

Abb. 5: Beispiel für das Netzwerkmodell des semantischen Gedächtnisses
(ENGELKAMP 1974, 82; nach DEESE)

Beim Netzwerkmodell kommt noch die hierarchische Gliederung als (im Gedächtnis gespeicherte) Information hinzu. Daß in der Tat beim Verstehen von sprachlichen Aussagen Prozesse einer solchen hierarchisch geordneten Analyse ablaufen, hat sich vor allem anhand von Konzepteigenschaften nachweisen lassen. Dabei geht man davon aus, daß das Netzwerk durch kognitive Ökonomie (Einfachheit) gekennzeichnet ist: Eigenschaften werden auf dem höchstmöglichen Konzeptniveau encodiert und behalten (COLLINS & QUILLIAN 1969), also z. B. auf der Ebene ,Magnolie' die Farbe ihrer Blüten, auf der Ebene ,Blume' das Blühen überhaupt, auf der Ebene ,Lebewesen' (lebend) die Tatsache des Stoffwechsels. Wenn man nun Sätze wie ,Eine Magnolie blüht' und ,Eine Magnolie hat Stoffwechsel' mit der Frage gibt, möglichst schnell den Satz als semantisch richtig oder falsch zu kennzeichnen, so ist die zur richtigen Beantwortung benötigte Zeit bei Eigenschaften des Oberbegriffs deutlich (signifikant) größer als bei solchen des spezifischeren Konzepts (COLLINS & QUILLIAN ebd.).

Diese Ergebnisse sprechen dafür, daß bei bestimmten Aufgaben (oder Gegenständen etc.) das Gedächtnis in der Tat wie ein Netzwerk strukturiert ist bzw. funktioniert; es gibt allerdings auch andere Untersuchungsergebnisse, die das Merkmals-Modell stützen (s. o. und BREDENKAMP & WIPPICH 1977, 110ff.). Es fragt sich, welches Modell den beim Verstehen und Verarbeiten von Sätzen/Texten ablaufenden Prozessen besser gerecht wird. Die Frage ist auch hier, wie ich meine, in dieser Form falsch gestellt: zum einen überlappen sich die Modelle zum Teil, sind (teilweise) ineinander überführbar, wie oben gezeigt. Zum anderen ist es ja durchaus denkbar, daß sich die Modelle auf verschiedene Verarbeitungsprozesse beim Menschen beziehen, die von diesen je nach Problem- bzw. Informationslage gewählt werden. Die Flexibilität in der Wahl der Verarbeitungsstrategien wäre auf der nächsthöheren Ebene dann wiederum eine Manifestation der konstruktiven Aktivität des verstehenden Subjekts. Da sich die Forschung diese Perspektive zur Auflösung der theoretischen Konkurrenz von Netzwerk- und Merkmals-Modellen noch nicht zu eigen gemacht hat, kann heute noch nichts über die etwaigen Bedingungen gesagt werden, die die Wahl der einen oder anderen Verarbeitungsstrategie zur Folge haben.

Daß die Annahme solcher flexibler Verarbeitungsstrategien sinnvoll ist, wird gestützt durch den Erklärungsansatz der ,Verarbeitungsebenen' (,levels of processing' von CRAIK & LOCKHART 1972). Traditionellerweise wurden beim Gedächtnis mehrere ,Speicher' unterschieden: das (extrem kurzzeitige) ,Sensorische Register', der ,Kurzzeit-' und der ,Langzeitspeicher' (vgl. BREDENKAMP & WIPPICH 1977, 70ff.). Diesem Modell halten CRAIK & LOCKHART nun die Perspektive der Verarbeitungsebenen entgegen, die nicht so sehr auf die eher statische Unterteilung nach der Dauer des Memorierens ausgerichtet ist, sondern mehr auf den Verstehens- und Behaltensprozeß und besonders dessen kognitive Komplexität im Sinne von ,Tiefe'. Gedächtnisspuren werden als Nebenprodukte der kognitiven Verarbeitungsprozesse angesetzt; CRAIK & LOCKHART sprechen dabei von ,Analyse', was allerdings im Widerspruch zum Geist ihres Ansatzes steht (wie auch HÖRMANN 1976, 489 betont), weil auch diese ,Analyse' mehr als aktive Konstruktion zu sehen ist, also bestenfalls als ,Analyse durch Synthese' (NEISSER 1974). Die kognitive Komplexität der Verarbeitung reicht von ,sensorischer Analyse' bis zu ,semantischer Elaboration'; dieses Kontinuum wird gleichzeitig als eine Dimension der kognitiven Tiefe angesehen. Die empirische Überprüfung des Ansatzes arbeitet zumeist mit sog. Orientierungsaufgaben, in denen eine bestimmte Verarbeitungsebene induziert wird, ohne daß sich die Vp auf das Lernen und Behalten der sprachlichen Items einstellt; der Einfluß der Verarbeitungsebene auf das (inzidentelle) Lernen wird anschließend durch einen (überraschenden) Behaltenstest geprüft.

Beispiel:

Als Orientierungsaufgabe wird z. B. (CRAIK 1973) ein Wort kurzzeitig geboten, das aufgrund einer der 5 folgenden Fragen von der Vp analysiert werden soll: 1. Wird ein Wort dargeboten? 2. Ist es in Groß- und Kleinbuchstaben geschrieben? 3. Reimt sich das Wort auf ...? Gehört das Wort der folgenden Kategorie an ...? 5. Paßt das Wort in den Satz: ,...'? Die Zeit, die bis zur Beantwortung der Fragen verstreicht, steigt mit dem von der Frage angezielten Verarbeitungsniveau (1 bis 5) an. Entsprechend der so operationalisierten kognitiven Verarbeitungsperspektive unterscheiden sich auch die Behaltenswerte: je tiefer die kognitive Verarbeitung, desto eher und länger wird das verarbeitete Wort behalten.

Das gleiche läßt sich auch für die Verarbeitung von Sätzen nachweisen (vgl. MISTLER–LACHMAN 1974); die Verarbeitungstiefe wird hier durch die Aufgaben determiniert: 1. Einschätzung der Sinnhaftigkeit von Sätzen; 2. Einschätzung, ob ein Satz aus dem Kontext folgt; 3. einen Satz ausdenken, der einem Stimulus-Satz sinnvoll folgen kann.

Das Behalten von Informationen hängt danach also von der Qualität der kognitiven Verarbeitung ab: wie umfassend, tief etc. verarbeitet wurde, z. B. auf nur phonologischer bzw. (bei Sätzen) syntaktischer oder auch konstruktiv-semantischer Ebene. Der traditionelle

‚Kurzzeitspeicher' läßt sich unter dieser Perspektive prozessural verstehen: als eine Verarbeitungsebene, auf der bestimmten Aspekten
(z. B. phonologischen oder syntaktischen) nur vorübergehend die
Aufmerksamkeit zugewendet wird; schließen sich daran beispielsweise
keine Elaborationsprozesse auf semantischer Ebene an, so setzen mit
dem Ende der Zuwendung Vergessensprozesse ein. Bedeutsam ist
dabei, daß in der oben geschilderten experimentellen Situation die
Verarbeitungsebene durch die Fragen induziert wird. In der alltäglichen Verarbeitung sprachlicher Informationen aber kann das rezipie-
rende Individuum konstruktiv selbst entscheiden, bis zu welcher Tiefe
es die kognitive Verarbeitung fortführen will.

Die dargestellten Prozesse der semantischen Merkmalsanalyse, des
Aufbaus von kognitiven Netzwerken (im semantischen Gedächtnis)
sowie der Verarbeitung auf verschiedenen Ebenen der kognitiven
Komplexität und Tiefe zeigen zumindest eines ganz deutlich: die
Parallelität der Prozesse, die beim Verstehen sprachlicher Aussagen
einerseits sowie ihrem Behalten andererseits eine Rolle spielen. Das
bedeutet: ‚Verstehen, Behalten und Gebrauchmachen von-dem-Behal-
tenen' sind ‚als Aspekte eines zusammengehörenden Prozesses' zu
konzipieren (HÖRMANN 1976, 485). Dabei ist dieser Prozeß stark von
der kognitiven Aktivität des Rezipienten (Lesers) charakterisiert. Zu
der konstruktiven Aktivität des Lesers gehört nicht nur die Aktivierung entsprechender Inhalte des Gedächtnisses (Hintergrundwissen),
sondern sicherlich auch der Vergleich der vorliegenden sprachlichen
Aussagen mit dem im Gedächtnis gespeicherten Wissen. Diese ver-
gleichende Einbettung sprachlicher Aussagen/Bedeutungen in den (individuellen) Wissens-Kontext des Lesers ist die Basis für die oben
aufgeführte Teilfähigkeit des Textverstehens: ‚Erkennen der Intention,
Einstellung etc. eines Textes'. Wie die besprochenen Beispiele der
dabei involvierten Gedächtnisprozesse gezeigt haben, bezieht sich
dieser Vergleich auch (und nicht zuletzt) auf den Vergleich von Text-
aussagen mit der dem Individuum bekannten Realität, mit seinen
Erfahrungen über die Wirklichkeit (Referenz-Semantik); dieser
Aspekt des Vergleichs wird uns unten besonders bei der Entwicklung
des ‚kritischen Lesens' beschäftigen.

Ein spezielles Problem stellt unter der Perspektive der Gedächtnisprozesse noch die Funktion der Syntax dar. Nachdem sich die
Sprachpsychologie aus der Determination durch die Linguistik (und
besonders die Transformationsgrammatik) gelöst hatte, war ziemlich
rasch deutlich geworden, daß die Syntax nur eine Hilfsfunktion beim
Verstehen sprachlicher Aussagen hat, insofern als sie lediglich so weit

für die Dekodierung der sprachlichen Aussage herangezogen wird, wie es für die konstruktive semantische Integration eines Satzsinnes nötig ist (vgl. BOCK 1978). Unter dieser Perspektive der ‚Hilfsfunktion der Syntax‘ wurde auch die These aufgestellt, daß syntaktische Informationen schneller vergessen werden als semantische; die empirischen Daten dazu haben vor allem Untersuchungen von SACHS (z. B. 1967) geliefert.

Beispiel:

SACHS bot den Vpn Sätze an, die in Vergleich zu einem Ausgangssatz semantische oder nur syntaktische Abweichungen aufwiesen. Ausgangssatz z. B.: ‚Er sandte einen Brief darüber an Galilei, den großen italienischen Wissenschaftler‘; nur syntaktische Abweichung: ‚Ein Brief darüber wurde an Galilei, den großen italienischen Wissenschaftler, gesandt‘; semantische Abweichung: ‚Galilei, der große italienische Wissenschaftler, sandte ihm darüber einen Brief‘. Semantisch abweichende Sätze wurden sowohl unmittelbar nach der Darbietung als auch fast 60 sek. später überzufällig als solche erkannt; dagegen sank die Identifizierung von nur syntaktisch abweichenden Sätzen im gleichen Zeitraum fast auf das Zufallsniveau ab. In der Untersuchung von PERFETTI & GARSON (1973) sank das Behalten der grammatikalischen Information nach 30 Minuten auf das Zufallsniveau ab, die semantische Information dagegen lag auch noch nach einer Woche signifikant über dem Zufallslevel.

Der Grund dafür liegt schon in der ‚Lernphase‘ und stellt sich auf dem Hintergrund des Erklärungsmodells der ‚Verarbeitungsebenen‘ folgenderweise dar: während der Verarbeitung der sprachlichen Aussage werden die syntaktischen Informationen nur so weit analysiert, wie es nötig ist, um zwischen den Inhaltsworten semantische Relationen herzustellen (vgl. BOCK 1978, 38 u. 60). Entsprechend dieser nur begrenzten Verarbeitung kann die syntaktische Information eines Satzes gar nicht so vollständig behalten werden wie die semantische. Weitere Untersuchungen haben allerdings gezeigt, daß sich die Vergessensrate beider Informationsarten einander annähern kann: und zwar wenn die Vp spezifisch auf formale (syntaktische) Unterschiede zwischen den Sätzen achtet (BOCK 1978, 60). Dies zeigt noch einmal die Flexibilität der Verarbeitungsstrategien, die der Leser konstruktiv nach eigener Einstellung wählen kann. Das spricht dafür, daß sich der Leser von z. B. literarischen Texten auch durchaus auf formale (ästhetische) Textdimensionen einstellen kann und dann eine entsprechende Verarbeitungstiefe einschließlich mnemonischer Speicherung erreicht. Allerdings gibt es dazu noch keine direkten empirischen Untersuchungen.

1.2.3. Textverstehen als sequentiell-hierarchisch semantische Organisation

Die bisher beschriebenen Elaborations-, Strukturierungs- und Konstruktionsprozesse, für die Beispiele auf der Ebene des Wort- und Satzverstehens angeführt wurden, sind auch auf der höheren Ebene des Textverstehens anzusetzen. Denn die Recodierung von Sätzen ist nur ‚ein Zwischenstadium derjenigen Recodierprozesse, durch welche die einzelnen Sätze zu der Einheit „Text" integriert werden' (BOCK 1978, 49). Dafür sprechen zunächst einmal Untersuchungen, die ganz analog zu den Recodierungsexperimenten auf Wort- und Satzebene angelegt sind: es werden dazu Sätze in sinnvoller oder aber zufälliger Reihenfolge vorgelegt: die Vpn integrieren auch bei Zufallsreihenfolge die zusammengehörigen Sätze zu einer verbundenen Gedächtniseinheit (vgl. BOCK 1978, 50); man kann dabei von einem ‚Clustering höherer Ordnung' sprechen. Damit sind strukturell gleichartige Recodierprozesse auf Wort-, Satz- und Textebene nachgewiesen.

Differenziertere Untersuchungen zum Textverstehen und -behalten stehen immer vor dem Problem, wie die Textbasis bzw. Textstruktur adäquat zu beschreiben ist. Nachdem sich die einschlägige Sprach- und Gedächtnisforschung von der Wort- zur Satz- und von dort zur Textebene fortentwickelt hat, hat sich hier zunächst die sprachliche Aussage (proposition) in Form der Prädikat-Argument-Struktur (s. o.) angeboten; diese propositionale Beschreibung der Textbasis ist seit Anfang der 70er Jahre in der Forschung mit sprachlichem Reizmaterial überwiegend eingesetzt worden.

Beispiel:

Eine hierarchische Propositionsstruktur nach KINTSCH et al. (1975); deutsche Fassung bei BOCK 1978, 70:

Text: Die Griechen lieben schöne Kunstwerke. Als die Römer die Griechen besiegten, imitierten sie die Griechen und lernten so, schöne Kunstwerke zu schaffen.

Propositionale Textbasis:

(wenn in einer Proposition Ziffern auftauchen, handelt es sich um eingebettete Propositionen; die Ziffern beziehen sich auf die vorher unter der entsprechenden Nummer aufgeführte Proposition):

1. (Lieben, Griechen, Kunstwerk):
2.   (Schön, Kunstwerk)
3.   (Besiegen, Römer, Griechen)
4.   (Imitieren, Römer, Griechen)

5.   (Als, 3, 4)
6.   (Lernen, Römer, 8)
7.   (Konsequenz, 3, 6)
8.   (Schaffen, Römer, 2)

Daß diese propositionale Struktur des Textes beim Verstehen des Textes eine Rolle spielt, haben besonders KINTSCH und Mitarbeiter nachzuweisen versucht: zunächst einmal wurde gesichert, daß die zum Lesen eines Textes nötige Zeit eine lineare Funktion der Anzahl der in ihm enthaltenen Propositionen darstellt (mit durchschnittlich 1,5 sec pro Proposition; KINTSCH 1974, 136). Das gilt auch für Texte, die bei gleicher Wortzahl unterschiedlich viele Propositionen enthalten: ein Text wird umso langsamer gelesen, je mehr Propositionen er enthält (vgl. KINTSCH & KEENAN 1973).

Für eine weitere Analyse lassen sich noch Ebenen unterscheiden, auf denen die Propositionen (textstrukturell und kognitiv) rangieren: im oben aufgeführten Beispiel wird die höchste (übergeordnete) Ebene von der Proposition 1 gebildet; die nächste Hierarchieebene wird durch die Propositionen 2, 3, 4 gebildet, in denen jeweils ein Argument aus der Proposition 1 verwendet wird (und zwar ‚Kunstwerk' sowie ‚Griechen'). Eine dritte Ebene wird durch die Propositionen 5 bis 8 gebildet, die entweder Propositionen oder Argumente aus der zweiten Ebene verwenden. Gedächtnisexperimente mit diesen und ähnlichen Textstrukturen konnten zeigen, daß Propositionen je nach der Höhe der Hierarchieebene besser oder schlechter behalten werden: die Abbildung 6 zeigt ein Beispiel für Behaltenswerte von Präpositionen unterschiedlicher Ebenen aus der Untersuchung von KINTSCH et al. (1975):

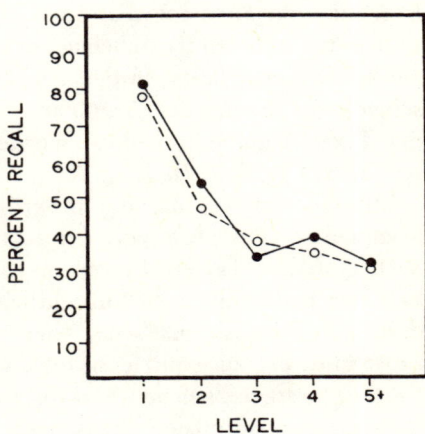

Abb. 6: Wiedergabeprozente von Propositionen als Funktion der Ebene innerhalb der Textbasis; Experiment I (schwarze Kreise) bezieht sich auf Geschichts-Texte (aus denen der im vorigen Beispiel genannte Abschnitt ‚Die Griechen lieben …' stammt); Experiment II (weiße Kreise) bezieht sich auf naturwissenschaftliche Texte (nach KINTSCH et al. 1975, 203)

Diese Bedeutung der Hierarchieebene von Propositionen für die gedächtnismäßige Verarbeitung von Texten konnte auch in Unabhängigkeit von der Reihenfolge in der Oberflächenstruktur des Textes gesichert werden: Propositionen der dritten Hierarchieebene werden auch dann nicht besser erinnert, wenn sie relativ am Anfang (z. B. vor Propositionen der ersten und zweiten Hierarchieebene) stehen. Diese Wirksamkeit der Hierarchieebene ist außerdem auch schon bei Kindern unterschiedlicher Altersstufen nachzuweisen (WATERS 1978). Die Erklärung für diesen Effekt ist folgende: die Argumente der Propositionen höherer Ordnung treten in den Propositionen niederer Ordnung wieder auf und stellen daher semantische Beziehungen auf, die als Organisationskerne, in diesem Fall für Texte, fungieren (können).

Die Verarbeitung eines Textes ist nach diesen Ergebnissen also berechtigterweise als ein sequentieller und hierarchischer semantischer Organisationsprozeß zu vermuten (vgl. BOCK 1978, 71); es zeigt sich, daß der oben unter dem Aspekt der Teilfähigkeit aufgeführte letzte Faktor genau diesen Prozeß abbildet, nur unter Fähigkeitsaspekt formuliert als Fähigkeit, der Textstruktur und -gliederung zu folgen.

Um diesen Prozeß auch für längere Texte nachzuweisen, ist allerdings die Beschreibung der Textbasis auf Propositionsebene sehr aufwendig und diffizil: die Auflistung der Propositionen mit entsprechenden Ebenenkategorisierungen erfordert ein Vielfaches an Seiten wie der ursprüngliche Text (vgl. z. B. MEYER 1975). Trotzdem sind auf diese sehr aufwendige Weise auch längere Texte (von ca. 400 bis 500 Worten) in Lern- und Gedächtnisexperimenten untersucht worden, z. B. eben von MEYER (1975): sie konnte das oben berichtete Ergebnis von KINTSCH u. a. über das leichtere Behalten von Propositionen aus höheren Textebenen auch für ganze Textabschnitte sichern. Sie konstruierte Texte, in denen ein und derselbe Abschnitt auf unterschiedlicher Ebene der Argumentestruktur vorkam: auf hoher Ebene der Text-/Argumentestruktur wurde er besser behalten als auf niederer (MEYER 1975, 107ff.).

Mit solchen Texten, die in größere Abschnitte einzuteilen sind, kommen – zumindest von der textuellen Oberflächenstruktur her – auch globalere Textstrukturen ins Blickfeld. Es entstand daher relativ bald das Bedürfnis, auch hinsichtlich der tiefenstrukturellen Textbasis, d. h. auf Propositionsebene, eher globale Textstrukturen, sog. Makrostrukturen, zu explizieren (vgl. van DIJK 1972; 1977a; 1980, 41ff.). Im Gegensatz zu solchen Makrostrukturen werden die bisher besprochenen propositionalen Strukturen von Sätzen bzw. Satzsequenzen

Mikrostrukturen genannt. Makrostrukturen bestehen vor allem aus sog. Makropropositionen, das sind übergeordnete, inklusive Propositionen, die durch semantische Transformationen abzuleiten sind; diese semantischen Transformationen werden von van DIJK Makroregeln genannt. Er hat vier solcher Makroregeln expliziert (vgl. van DIJK 1980, 45ff.): 1. AUSLASSEN; 2. SELEKTIEREN; 3. GENERALISIEREN; 4. KONSTRUIEREN oder INTEGRIEREN.

Erläuterung:

1. Die Makroregel ‚Auslassen‘ bedeutet, daß irrelevante, nichtessentielle Informationen ausgelassen werden können. ‚Irrelevant‘ bezieht sich auf die Interpretation des gesamten Textes; nichtessentiell sind z. B. Propositionen, die zufällige oder nicht-inhärente Merkmale bezeichnen.

Beispiel:

Mikrostruktur: Die Klausur fand in der letzten Übungsstunde des Sommersemesters an einem strahlend sonnigen Vormittag statt.

Makrostruktur: Die Klausur fand in der letzten Übungsstunde des Sommersemesters statt.

2. Die Regel ‚Selektieren‘ führt auch zu Auslassungen von Informationen, aber von Informationen anderer Art: nämlich solchen, die Bedingungen, Bestandteile, Präsuppositionen oder Folgen einer nicht-ausgelassenen Proposition sind.

Beispiel:

Mikrostruktur: Susanne stand am Klausurtag morgens zeitig auf, wusch sich, frühstückte und fuhr mit der Straßenbahn zum Institut.

Makrostruktur: Susanne fuhr zum Institut.

3. Die Regel ‚Generalisieren‘ läßt – im Unterschied zur Regel ‚Auslassen‘ – auch essentielle Informationen, z. B. essentielle Merkmale von kognitiven Konzepten aus, jedoch so, daß die in der Mikrostruktur thematischen Konzepte in ein gemeinsames Oberkonzept integriert werden; Generalisierung impliziert daher normalerweise Abstraktion.

Beispiel:

Mikrostruktur: Hinter Susanne kam ihr Kommilitone Peter angelaufen; Heinz und Michael eilten aus dem benachbarten Café herbei; das letzte Mitglied der Arbeitsgruppe, Anita, wurde von ihrem Verehrer im Porsche vorgefahren.

Makrostruktur: Die Studenten strömten ins Institut.

4. Die Regel ‚Konstruieren oder Integrieren‘ faßt eine vorliegende Kette von Mikropropositionen in einer Proposition zusammen, die in der bisherigen Textbasis noch nicht vorhanden ist, aber als Makroproposition einen Sachverhalt ausdrückt, für den z. B. die Sequenz der Mikropropositionen normale Bedingungen, Komponenten oder Konsequenzen darstellen.

Beispiel:

Mikrostruktur: Susanne ging in den Übungsraum, in dem die Klausur durchgeführt wurde; sie nahm einen Fragebogen in Empfang, zückte ihren Bleistift und begann die Fragen zu beantworten.
Makrostruktur: Susanne nahm an der Klausur teil.

Diese Makroregeln können natürlich ihrerseits wieder auf Makropropositionen angewendet werden, wodurch Makropropositionen auf der jeweils nächsthöheren Ebene abgeleitet werden können (d. h. die Makroregeln sind rekursiv; vgl. van DIJK 1980, 53ff.). Die psychologische Relevanz dieser Makrostrukturen und Makroregeln hat man vor allem mit Hilfe von Zusammenfassungen dargebotener Texte untersucht: sinnvolle Zusammenfassungen müssen per definitionem eine Zusammenstellung derjenigen Propositionen sein, die für den vorliegenden Text den höchsten strukturellen Wert besitzen; unter dem oben schon explizierten Hierarchie-Aspekt sind das natürlich vor allem Makropropositionen. Daher kann man vermuten, daß Zusammenfassungen „gewissermaßen die textuelle Manifestation der Makrostruktur eines Textes" (van DIJK 1980, 205) abbilden. Und in der Tat lassen sich die in Zusammenfassungen aufgenommenen Propositionen mit Hilfe der beschriebenen Makroregeln aus der (mikropropositionalen) Basis des zusammengefaßten Textes ableiten. Noch aussagekräftiger aber ist der Vergleich zwischen Zusammenfassungen und freien Wiedergaben aus dem Langzeitgedächtnis (d. h. nach einer längeren Zeit zwischen Textdarbietung und Behaltensprüfung): denn unter der skizzierten Hierarchieperspektive ist vorauszusagen, daß sich im Langzeitgedächtnis am stabilsten die Makrostruktur eines Textes erhält, während unbedeutende Detailinformationen, d. h. also Mikropropositionen auf niederen Hierarchieebenen, relativ schnell verloren gehen. Wenn Makrostrukturen für den Verarbeitungs- und Behaltensprozeß eine relevante Rolle spielen, müssen sich also Zusammenfassungen eines Textes unmittelbar nach der Textverarbeitung und Erinnerungsprotokolle von Versuchspersonen längere Zeit nach der Textvorlage relativ stark ähneln. Und dies ist in der Tat der Fall: bei entsprechenden empirischen Überprüfungen zeigt sich, daß die Propositionen, die in allen oder den meisten der Erinnerungsprotokolle vorkommen, auch in allen bzw. den meisten Zusammenfassungen genannt sind. RUMELHART stellte z. B. eine Übereinstimmungskorrelation zwischen den Propositionen der Zusammenfassungen und der entsprechenden Erinnerungsprotokolle von $r = .87$ fest (RUMELHART 1977, 299).

Mit diesen globaleren Inhaltsstrukturen, wie sie durch die Makroregeln generiert werden können, sind aber die strukturellen Aspekte von Texten noch nicht erschöpft. Wie in der Literaturästhetik und Literaturwissenschaft seit langem bekannt, gibt es natürlich auch mehr formale Unterschiede zwischen Texten: diese eher formalen Unterschiede sind kennzeichnend für bestimmte Texttypen, wie z. B. Erzählungen versus Argumentationen. Für die Modelle, die sich akzentuierend eher auf die Textform beziehen, führt van Dijk den Begriff der Superstruktur ein (1980, 128ff.). Die am häufigsten untersuchte Manifestation einer solchen Superstruktur ist die sog. ‚story grammar‘ (Geschichtengrammatik). Von solchen Geschichtengrammatiken gibt es eine Mehrzahl unterschiedlicher, z. T. sehr komplexer Versionen (vgl. z. B. Rumelhart 1975 u. a.), so daß sie – wie auch Bock betont – ‚kaum noch überschaubar‘ sind (1978, 61). Die bisher einfachste Version stammt von Bower (1976) und Thorndyke (1977). Die ‚Grammatik‘ ist ein System von Ersetzungsregeln, mit denen sich ein Text in seiner sequentiellen und hierarchischen Gliederung generieren läßt:

(1) story → setting + theme + plot + resolution	(1) Geschichte → Hintergrund + Thema + Handlung + Lösung
(2) setting → characters + location + time	(2) Hintergrund → Charaktere + Ort + Zeit
(3) theme → (event) + goal	(3) Thema → Ereignis + Ziel
(4) plot → episode	(4) Handlung → Episode
(5) episode → subgoal + attempt + outcome	(5) Episode → Unterziel + Lösungsversuch + Ergebnis
(6) attempt → event/episode	(6) Lösungsversuch → Ereignis/Episode
(7) outcome → event/state	(7) Ergebnis → Ereignis/Zustand
(8) resolution → event/state	(8) Lösung → Ereignis/Zustand
(9) subgoal/goal → desired state	(9) Unterziel/Ziel → erwünschter Zustand
(10) characters/location/time → state	(10) Charaktere/Ort/Zeit → Zustand

Abb. 7: ‚Story grammar‘ (nach Thorndyke 1977)

Mit Hilfe dieser ‚Grammatik‘ hat Thorndyke die propositionale Textbasis zweier Geschichten strukturiert. Um den Einfluß der Geschichtengrammatik auf die kognitive Verarbeitung nachzuweisen, hat er seinen Vpn 4 Versionen der beiden Geschichten dargeboten: a. die Geschichte in der ursprünglichen Form, d. h. korrekten ‚Grammatik‘; b. die Propositionen, die das Thema der Geschichte bildeten (nach Regel (3) die Propositionen des thematischen Ereignisses und Ziels), wurden von der zweiten Stelle (die sie nach Regel (1) innehaben) an den Schluß versetzt (‚narrative-after-theme-version‘) c. die Thema-Propositionen wurden völlig weggelassen (‚narrative-no-theme-version'); d. die Propositionen wurden in der richtigen Reihenfolge, doch ohne Angabe der kausalen, finalen etc. Relationen gegeben („description'). Sowohl bei einer anschließenden Einschätzung der Verständlichkeit als auch bei einem Behaltenstest zeigte sich: die veränderten Geschichten waren weniger verständlich und konnten auch schlechter behalten werden (wobei auch zwischen der Version mit hintangestelltem Thema und derjenigen ohne Thema noch einmal ein Abfall bestand; THORNDYKE 1977, 87ff.). Diese Ergebnisse machen deutlich, daß das Textverstehen auch bei einem fiktionalen (literarischen) Text als sequentiell gegliederter Organisationsprozeß zu rekonstruieren ist. Auch in bezug auf die Geschichtengrammatiken ist also eine psychologische Wirksamkeit bei der Verarbeitung und dem Behalten von (Erzähl-)Texten anzusetzen. Das unterstellt natürlich, daß es bei Unterschieden zwischen der erwarteten narrativen Superstruktur und der im konkreten Einzelfall eventuell vorliegenden Geschichtengrammatik zu Schwierigkeiten bei der Textverarbeitung kommt. Dies konnten KINTSCH & GREEN (1978) nachweisen: sie gaben ihren Vpn 4 Geschichten aus dem Decamerone (deren Superstruktur der von amerikanischen Studenten erwarteten Geschichtengrammatik entsprach) und 4 Geschichten alaskischer Indianermythen (deren Superstruktur davon abwich) zum Lesen. Obwohl auf der Ebene der einzelnen Sätze Verständlichkeit, Vorstellbarkeit, Fremdartigkeit etc. als vergleichbar eingeschätzt wurden, ergaben sich für die Zusammenfassungen der Geschichten durch die Studenten bedeutsame Unterschiede (Expertenrating): die Zusammenfassungen der Decamerone-Geschichten waren durchwegs besser als die der Indianer-Geschichten. Die kognitive Repräsentierung einer Geschichtengrammatik beim Leser nennen HOPPE–GRAFF & SCHÖLER ‚Geschichtenschema' (1980, 5). In welchem Ausmaß und mit welchem Gewicht textlinguistisch explizierte Geschichtengrammatiken kognitionspsychologisch bei der Textverarbeitung, d. h. als Geschichtenschemata, wirksam werden, läßt sich derzeit noch nicht abschließend feststellen: das liegt z. T. an den konkurrierenden ‚Grammatik'-Modellen, die z. B. in bezug auf den wichtigen Hierarchieaspekt ganz unterschiedliche Ebenen-Zuordnungen für einzelne Textteile vornehmen, wie BLACK & BOWER (1980, 232) kritisieren. BLACK & BOWER gehen daher von der alternativen Annahme aus, daß Leser Geschichten als ein Protokoll einer Problemlösung auffassen und daher vor allem unter der Perspektive des hierarchischen Übergangs von einem Zustand in einen anderen verarbeiten (1980, 236ff.). Das bedeutet, daß Handlungen (in Geschichten) vor allem unter dem Aspekt analysiert und behalten werden, ob sie angezielte Zustände herbeiführen oder nicht; daraus folgt, daß erfolgreiche Handlungen und besonders solche, die in einer *Handlungs*hierarchie an höherer Stelle stehen, am besten behalten werden. Entsprechende empirische Untersuchungen konnten diese Annahmen bestätigen (BLACK & BOWER 1980, 238ff.).

Mit diesem Beispiel von BLACK & BOWER sind aber bereits Superstrukturen thematisiert, die mehr das – auch inhaltliche – Weltwissen des Textlesers berücksichtigen. Für diese Organisationseinheiten, die das Vorwissen des Lesers in den Prozeß der Textverarbeitung einbringen, ist in letzter Zeit vor allem das Konzept des Schemas spezifiziert worden (vgl. RUMELHART 1977; ANDERSON 1978).

Erläuterung:

Mit dem Begriff des Schemas wird eine abstrakte Repräsentation von bedeutsamen Zusammenhängen in einem bestimmten Realitätsbereich gemeint, die aufgrund von Erfahrungen als typisch angesehen werden; dabei kann es sich um die konzeptuelle Abbildung von Gegenständen, Zuständen, Ereignissen oder Handlungen handeln (vgl. RUMELHART 1977, 266ff.; MANDL et al. 1980, 48f.). Schemata können entsprechend unterschiedlich komplex und abstrakt sein; auf jeden Fall halten sie aber für die relevanten Aspekte offene Stellen (sog. ,slots') bereit, die bei der Verarbeitung eines entsprechenden Textes durch entsprechende Textteile (z. B. Makropropositionen) aufgefüllt werden. So verfügt z. B. der Deutsche über ein Schema für ,Urlaub', in dem offene Stellen für Jahreszeit, Reise, Unterbringung, Erholung etc. vertreten sind.

Bei komplexeren Schemata, die sich auch auf typische Handlungs- bzw. Ereignisabfolgen in bestimmten Situationen beziehen, spricht man in Nachfolge von SCHANK & ABELSON (1977) von scripts bzw. plans. Scripts beschreiben also z. B. stilisierte alltägliche Situationen.

Beispiel:

Als Beispiel explizieren SCHANK & ABELSON (1977, 43) das Script ,Restaurant': Festbestandteile des Scripts sind der Name (hier: Restaurant), die Spezifizierung (z. B. Hotelrestaurant), die Requisiten (wie Tische, Speisekarte, Menüs, Rechnungen, Geld etc.), die Mitspieler (Rollen: wie Gast, Besitzer, Kellner etc.), die Eingangsbedingungen (wie Hunger und Geld beim Gast) und das Resultat (wie weniger Geld beim Gast, mehr Geld beim Besitzer, kein Hunger beim Gast). Bestimmte Bestandteile sind für die Konstituierung des Scripts zentral und unverzichtbar (hier z. B. die Rolle des Kellners): fehlen solche zentralen Bestandeile, muß das Script ausgetauscht werden (z. B. das Script ,Restaurant' durch das Script ,Schnellimbiß').

Die Relevanz solcher Scripts für die Textverarbeitung läßt sich sowohl für die unmittelbare Textrezeption (z. B. längere Lesezeit für

script-inkompatible Sätze: DEN UYL & OOSTENDORP 1980) als auch für
die Speicherung der Textsemantik (z. B. besseres Behalten einer Spei-
senreihenfolge innerhalb des ‚Restaurant'-Scripts als innerhalb eines
Scripts ‚Supermarkt-Einkauf'; SCHANK & ABELSON 1977) nachweisen.

Als eine flexiblere Variante des Schemabegriffs ist das Konzept des
‚Rahmens' (‚frame') expliziert worden (vgl. MINSKY 1975; WINOGRAD
1977). Unter ‚Rahmen' wird vor allem konventionell festgelegtes
Weltwissen verstanden; d. h. Rahmen-Wissen bezieht sich nicht nur
auf z. B. physische, biologische, psychologische etc. Gesetzmäßigkeiten, sondern besonders auch auf Regelmäßigkeiten, Konventionen,
Normen, Handlungen etc. im sozialen Bereich (vgl. van DIJK 1980,
169). Beispiele für die Rahmen-Konzeption sind ‚Essen im Restaurant', ‚Reisen mit dem Zug', ‚Einkaufen' etc.; dabei werden aber im
Unterschied zum Schema-Konzept nicht nur feste oder notwendige
Konstituenten postuliert, sondern auch eine Anzahl von ‚variablen
Schlüssen' (van DIJK 1980, 170); wie z. B. daß man im Zug gut wissenschaftliche Bücher lesen kann, daß man auf einer Zugfahrt nette
Leute kennenlernen kann etc. Je nachdem, welches Weltwissen in
dieser Art als Rahmen bei der Rezeption von Texten aktualisiert
wird, werden Texte mit unterschiedlichen Voreinstellungen verarbeitet; FREDERIKSEN hat nachgewiesen, daß solche unterschiedlichen
Rahmeneinstellungen zu Unterschieden in der rezipierten Textsemantik vor allem hinsichtlich der erschlossenen und abgeleiteten Informationen führen (1975a).

All die genannten Strukturen, von der Ebene der Mikroproposition-
nen über die Makropropositionen und Superstrukturen bis hin zum
Weltwissen, sind verschiedene Modelle für die Abbildung eines und
desselben Prozesses: nämlich des Textverstehens als hierarchisch-se-
quentieller semantischer Organisation.

1.2.4. Kognitive Konstruktivität als Theorierahmen

Mit FREDERIKSEN (1977) lassen sich die skizzierten Ansätze aufteilen
in solche, die mehr die textgeleitete und solche, die mehr die sche-
mageleitete Verarbeitungskomponente akzentuieren; die mikro- und
makropropositionellen Rekonstruktionen dienen mehr zur Erforschung des Texteinflusses auf den Verarbeitungsprozeß, während
Story-Schemata, Scripts etc. (s. o.) mehr den Einfluß des Vorwissens
auf die Textverarbeitung abbilden. Da textgeleitete und schemagelei-
tete Verarbeitungsprozesse nicht als unabhängig voneinander ablau-
fend angesetzt werden, manifestiert sich hierin – wiederum – die

Wechselwirkung zwischen Text und Leser. Für beide Komponenten der Textverarbeitung allerdings zeigen die mitgeteilten bisherigen Forschungsergebnisse, daß von einer aktiven kognitiven Konstruktivität des Lesers auszugehen ist, daß Textrezeption nicht (nur) passives Aufnehmen (Decodieren) der Textsemantik, sondern aktive Text*verarbeitung* ist. Das gilt auch, wenn man sich auf die Decodierung dessen, was der Autor eines Textes meint („intentional view') konzentriert: auch hier sind Schlußfolgerungen (Inferenzen) über das unmittelbar, direkt im Text Ausgesagte hinaus unvermeidbar und unverzichtbar (s. o. u. CLARK 1978). Daß gerade diese inferentielle Ebene der Textverarbeitung immer mehr in den Mittelpunkt der Forschung rückt (vgl. MANDL et al. 1980, 53), ist ein (weiterer) Indikator dafür, daß die Annahme einer kognitiven Konstruktivität beim Textverstehen aufgrund der bisherigen Forschungsergebnisse als übereinstimmender Theorierahmen akzeptiert wird.

Um diesen Theorierahmen des kognitiven Konstruktivismus für das Textverstehen noch einmal inhaltlich zu veranschaulichen, möchte ich zwei paradigmatische Aussagen zitieren, mit denen die Autoren diese theoretische Position (des Konstruktivismus) komprimiert verdeutlichen. HÖRMANN zieht am Schluß eines Überblicks über die Forschungsentwicklung zum ‚Vorgang des Verstehens' die Konsequenz: „Wir *erfassen* im Vorgang des Verstehens nicht nur Information, wir *schaffen* auch Information, nämlich jene Information, die wir brauchen, um die Äußerung in einen sinnvollen Zusammenhang stellen zu können." (1980, 27) Und CLARK resümiert: „Comprehension, in short, calls on people's general capacity to think – to use information and solve problems." (1978, 320).

Die bisherige Forschungsentwicklung rechtfertigt es daher meiner Meinung, für die Verarbeitung größerer Textteile genauso wie für die fähigkeitsorientierte Perspektive der Messung und Verbesserung von Textverständnis die Kernannahmen der konstruktivistischen Erklärungsperspektive anzusetzen. Diese Kernannahmen sind im Gegensatz zu den oben angeführten behavioristischen (vgl. TREIBER & GROEBEN 1976, 34):

– daß die propositionale Recodierung sprachlicher Information dem verarbeitenden Subjekt als universale Disposition zur Verfügung steht (universalistische contra konnektionistische Annahme);

– daß jede Informationsverarbeitung in Zusammenwirkung mit anderen kognitiven Prozessen und Teilsystemen zu sehen ist (holistische contra reduktionistische Annahme);

– daß kognitive Verarbeitung zielgerichtet-konstruktiv ist und mechanistisch-kausale Erklärungsprinzipien daher inadäquat sind (intentionalistische contra mechanistische Annahme);

– daß zur Erkenntnis solcher konstruktiver Verarbeitungsstrategien auch der Weg der Introspektion fruchtbar ist und nicht um jeden Preis experimentell-empiristische Nachweise gefordert werden müssen (introspektionistische contra empiristische Annahme).

Damit ist eine Erklärungsperspektive umrissen, die als theoretischer Rahmen nicht nur für die Zusammenfassung der bisherigen Forschungsergebnisse, sondern auch für die weitere Forschung und Forschungsanwendung im Bereich von Textverständnis/Textverständlichkeit fungieren kann. Eine komprimierte Form der Zusammenfassung bietet die folgende Graphik über die Prozeßebenen des (Text-)Verstehens, die in ihrer Grundstruktur auf KINTSCH (1977, 34) zurückgeht und um die neueren Aspekte (Superstrukturen; Scripts, Frames) erweitert wurde (vgl. Abb. 8):

Die Graphik faßt alle bisher besprochenen Prozeßebenen zusammen; zusätzlich dazu sind am Anfang auch noch die Prozesse der Wahrnehmungsanalyse bis hin zur Wortidentifikation benannt, die ich einleitend (s. o. 0.1.) dem Bereich der *Lese*psychologie zugeordnet und daher nicht weiter behandelt habe. Die gestrichelten Pfeile symbolisieren, daß an dieser Stelle Wissensteilmengen aus einem externen Speicher, hier dem Langzeitgedächtnis (LTM = long-term memory), in den Verstehensprozeß einfließen. Die gebogenen Pfeile auf der linken Seite symbolisieren, daß die entsprechenden Prozeßebenen sowohl von unten nach oben als auch von oben nach unten durchlaufen werden können, d. h. daß sowohl ‚bottom-up‘- als auch ‚top-down‘-Prozesse ablaufen. Als bottom-up-Prozesse sind z. B. die Recodierungs- und Elaborationsprozesse der semantischen Analyse oder die Inferenz- und Elaborationsprozesse der pragmatischen Analyse, die nach den skizzierten Makroregeln ablaufen, anzusehen; top-down-Prozesse liegen z. B. vor allem beim Einfluß des extralinguistischen Wissens (Schemata, Scripts, Frames etc.) vor.

Während diese hierarchischen, mehr strukturellen Aspekte des Textverstehens zumindest in den Grundzügen durch die neuere Forschung ausgearbeitet wurden, ist die Frage, wie der konkrete Verstehensprozeß im einzelnen in bezug auf solche strukturellen Ebenen abläuft, noch relativ unbearbeitet (vgl. auch die Kritik von HOPPE–GRAF & SCHÖLER 1980, 11ff. an der Leistungsfähigkeit von Geschichten-Grammatiken und -Schemata). Das relativ elaborierteste, noch hypothetische Modell ist das der zyklischen Verarbeitung von KINTSCH & van DIJK (1978): nach diesem Modell geht das Verstehen längerer Texte in Zyklen vor sich, innerhalb derer die oben skizzierten verschiedenen Ebenen ganz oder teilweise durchlaufen werden. Innerhalb eines Verarbeitungszyklus werden zunächst in einem Arbeitsgedächtnis eine bestimmte Anzahl von Propositionen (je nach

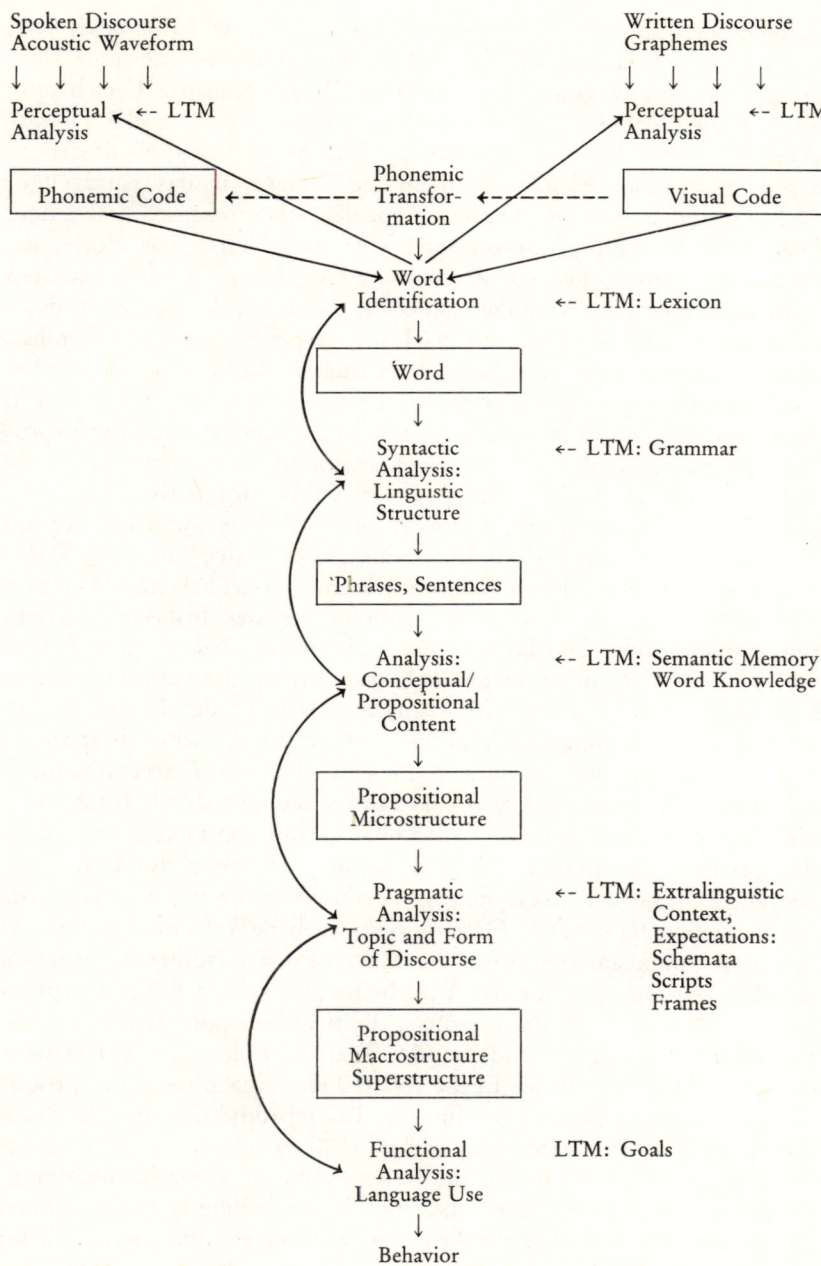

Spoken Discourse
Acoustic Waveform

↓   ↓   ↓   ↓

Perceptual   ← LTM
Analysis

Phonemic Code

Written Discourse
Graphemes

↓   ↓   ↓   ↓

Perceptual   ← LTM
Analysis

Visual Code

Phonemic
Transfor-
mation
↓
Word
Identification   ← LTM: Lexicon
↓
Word
↓
Syntactic   ← LTM: Grammar
Analysis:
Linguistic
Structure
↓
Phrases, Sentences
↓
Analysis: ← LTM: Semantic Memory
Conceptual/   Word Knowledge
Propositional
Content
↓
Propositional
Microstructure
↓
Pragmatic   ← LTM: Extralinguistic
Analysis: Context,
Topic and Form   Expectations:
of Discourse   Schemata
                           Scripts
                           Frames
↓
Propositional
Macrostructure
Superstructure
↓
Functional   LTM: Goals
Analysis:
Language Use
↓
Behavior

Abb. 8: Prozeßebenen des Textverstehens (nach KINTSCH 1977, 34)

Bekanntheits- und Komplexitätsgrad zwischen 2 und 20) analysiert, vor allem in Hinblick auf ihre Kohärenz (Kohärenzkriterium: Wiederholung von Argumenten und/oder Propositionen). Gleichzeitig werden die Propositionen hierarchisch organisiert (s. o. die Hierarchieebenen von Mikropropositionen). Die hierarchisch oben stehenden Propositionen haben vor allem die Chance, in das Kurzzeitgedächtnis und dessen beschränkte Kapazität übernommen zu werden. Die Selektion dieser Propositionen wird auch durch das Vorwissen (Schemata, Scripts, Frames, Zielsetzung etc.) beeinflußt. Im nächsten Verarbeitungszyklus wird dann überdies versucht, die neuen Propositionen mit den im Kurzzeitgedächtnis gespeicherten zu verbinden, d. h. Kohärenz auch mit diesen herzustellen. Im Erfolgsfall werden wiederum hierarchisch hochstehende Propositionen ausgewählt und in den Kurzzeitspeicher überführt. Nach jedem Zyklus wird der postulierte Kohärenzgraph ins Langzeitgedächtnis übernommen, wobei die Zyklen natürlich beim geübten Leser völlig automatisch ablaufen. Schwierigkeiten treten auf, wenn in einem Zyklus zwischen den im Arbeitsspeicher befindlichen Propositionen und den aus dem Kurzzeitgedächtnis abgerufenen keine Kohärenz herstellbar ist: dann sind entweder Inferenzen oder Umorganisationen der bisherigen Kohärenzgraphen nötig. Das Durchlaufen von immer wieder neuen Zyklen bis zum Textende führt letztendlich also zum Aufbau einer möglichst kohärenten Wissenstruktur im Langzeitgedächtnis des Lesers. Dieses zyklische Verarbeitungsmodell impliziert bereits die schon besprochenen elaborativen und reduktiven Prozesse bei der Textverarbeitung: elaborative Prozesse sind z. B. die Hinzufügungen durch Inferenzen, die Umorganisation etc., die eine Konstruktion von zusätzlicher, über die Textbasis hinausgehender Information von seiten des Lesers bedeuten. Reduktive Prozesse dagegen reduzieren die von der Textbasis (und gegebenefalls durch Elaboration) gegebene Information wieder: hier sind vor allem die durch die Makroregeln postulierten Prozesse anzuführen. Dieses zyklische Verarbeitungsmodell der Textrezeption ist zu ergänzen durch die Prozesse, die bei einer potentiellen *Textreproduktion* anzusetzen sind: da die Textsemantik ja im Langzeitgedächtnis vor allem auf der Ebene relativ hierarchiehoher Makropropositionen behalten wird, sind für die Textreproduktion in der Regel rekonstruktive Prozesse notwendig, um zu einem differenzierten Textkorpus zu kommen. Für die Rekonstruktion hierarchieniedrigerer Propositionen aufgrund der behaltenen hierarchiehohen Propositionen durch den Leser sind dann Prozesse anzusetzen, die zu den beim Aufsteigen zu Makropropositionen ablaufenden komplementär sind: also die Anwendung von umgekehrten Makroregeln.

Erläuterung:

van DIJK führt als relevante Prozesse solcher umgekehrter Makro-Regeln an (1980, 202):
1. Hinzufügen: Umkehrung der Makro-Regel Auslassen.
2. Partikularisierung: Umkehrung der Makro-Regel Generalisierung.
3. Spezifizierung: Umkehrung der Makro-Regel Konstruktion (bzw. Integration).
Dabei lassen sich 4 Varianten unterscheiden:
„a. das Spezifizieren von normalen Merkmalen von Dingen und Personen (aufgrund des Rahmens);
b. das Spezifizieren von normalen Bedingungen für eine Handlung oder ein Ereignis;
c. das Spezifizieren von normalen Komponenten oder Teilereignissen einer Handlung oder eines Ereignisses;
d. das Spezifizieren von normalen Folgen, Resultaten oder Implikationen einer Handlung oder eines Ereignisses."

Die empirische Überprüfung dieses zyklischen Verarbeitungsmodells und der rekonstruktiven Prozesse bei der Textreproduktion ist allerdings über die ersten Anfänge noch nicht hinausgekommen (vgl. KINTSCH & van DIJK 1978).

Damit ist ein Grund genannt, warum die Erklärungsperspektive des kognitiven Konstruktivismus oben lediglich als Theorierahmen bezeichnet und eingeführt worden ist. Ein noch wichtigerer Grund dafür liegt allerdings in den Problemen, die die propositionalen Text- und Verarbeitungsmodelle sowohl von der Präzision als auch besonders von der Ökonomie her für eine technologische Anwendung der Forschung aufweisen. Denn der kognitive Konstruktivismus ist ja nicht von der neueren Textwissenschaft und Gedächtnispsychologie erfunden worden; vielmehr hat er eine alte – wenn auch z. T. zwischenzeitlich durch die Herrschaft behavioristischer Theorien verschüttete – Tradition in der Psychologie: von der Schema-Theorie des Gedächtnisses von BARTLETT (1932) bis zur kognitiven Lerntheorie bedeutungsvoller Textmaterialien von AUSUBEL (1963; s. u. II.3.2.). Die theoretischen Begriffe dieser klassischen Modelle, z. B. der Schema-Begriff bei BARTLETT oder aber auch die hierarchische Konzeptstruktur nach AUSUBEL, sind allerdings z. T. vor allem intuitiv und d. h. nicht optimal präzise expliziert (vgl. SEIDENSTÜCKER & GROEBEN 1971). Demgegenüber schreiben sich die Vertreter propositionstheoretischer Modelle einen Präzisions- und Explikationsgrad ihrer Konstrukte zu, der erst eigentlich eine explizite Theoriebildung mit Erklärungskraft ermöglicht. Hier ergibt sich allerdings ein erstes Dilemma: die maximal intersubjektiven, präzise explizierten Beschrei-

bungs- und Rekonstruktionsmodelle auf mikropropositionaler Ebene
sind z. B. für die Anwendung entsprechender Forschung außerhalb
von Grundlagenexperimenten praktisch unbrauchbar, weil zu unökonomisch; die Auflistung der Propositionen mit entsprechenden Ebenenkategorisierungen etc. erfordert z. T. ein Vielfaches an Seiten wie
der ursprüngliche Text (s. o. und die explizierten Textbasen bei
KINTSCH 1974; 1975; oder bei MEYER 1975). Für technologisch um-
setzbare Forschung, beim Textverstehen z. B. die Umsetzung der
Forschung innerhalb von Unterrichtsprozessen, ist aber unverzichtbar, daß schon die Beschreibung der Variablen möglichst eine Kom-
plexitätsreduktion, nicht eine Komplexitätssteigerung leistet. Wo dies
von den Beschreibungs- und Rekonstruktionsmodellen des propositionstheoretischen Ansatzes geleistet wird, nämlich auf der Ebene von
Makropropositionen, Schemata etc., ist aber auch die Präzision ersichtlich eingeschränkt. Das manifestiert sich z. B. schon darin, daß
allein van DIJK im Laufe von nur drei Jahren mehrere Explikationsva-
rianten für seine Makroregeln aufgestellt hat (vgl. SCHNOTZ et al.
1980, 9). Grundsätzlich ist überhaupt die Vielfalt der bisher bereits
vorgeschlagenen Modelle, die hier nicht im einzelnen zu besprechen
sind (vgl. den Vergleich von CLARK, GIBSON, KINTSCH, MEYER, FREDE-
RIKSEN, SCHANK, RUMELHART und WOODS durch BEAUGRANDE 1981),
ein Indikator dafür, daß deren intersubjektive Präzision bei weitem
nicht so groß ist, wie es den einzelnen Autoren aus der Perspektive
jeweils nur ihres Modells erscheint. So kritisieren z. B. MANDL et al.
(1981, 15) bereits den Schema-Begriff wegen seiner begrifflichen
Überziehung (qua „Konzept, Datenstruktur, Plan oder Programm,
Erwartungs- oder Hypothesenstruktur usw.") als ‚Deus ex machina'.
Selbst auf mikropropositionaler Ebene ergeben sich bei konkreter
Anwendung der Modelle Schwierigkeiten für die Intersubjektivität
und damit für die Präzision. BALLSTAEDT et al. geben im Rahmen
einer Untersuchung zur Wirksamkeit hierarchischer Textstrukturen
Beispiele dafür (1980, 25f.):

„Wann können verschiedene Worte als lexikalische Varianten desselben
Konzepts angesehen werden? Sind in unserem Text die Worte ‚Mensch' und
‚Person' Synonyme oder sollen sie verschiedene Konzepte in der Tiefenstruktur vertreten? Dies kann nur durch Berücksichtigung des semantischen Kon-
textes entschieden werden, in dem sie jeweils auftreten. Das bedeutet aber,
daß der Konstrukteur der Textbasis eigene Verarbeitungsprozesse zu Rate
ziehen muß. Ein zweites Beispiel bilden die in deutschen Texten häufig
auftretenden Nominalkonstruktionen. Sie können gleichsam als verkrüppelte
Verbalkonstruktionen interpretiert werden, d. h. den Nomina entsprechen
tiefenstrukturell Verben. Im obigen Beispielsatz haben wir deshalb statt ‚in

Anlehnung an' in der Textbasis das Verb ‚sich anlehnen an' als Prädikat eingeführt. Auch dieses Problem zeigt, daß der Konstrukteur einer Textbasis ohne naive Sprachkompetenz und Hermeneutik, d. h. aber eigene Verarbeitungsprozesse, nicht auskommt." ... „Bei der *Hierarchisierung* längerer Texte treten *weitere Probleme* auf. So kommt in unseren Texten mehrfach der Fall vor, daß in einer Proposition zwei Argumente wiederholt werden. Wo soll man diese Propositionen anhängen? ... Bezüglich der Hierarchisierung stellt sich wie im Verfahren von KINTSCH auch bei MEYER das Problem, die richtige *Hierarchiespitze* (hier: ‚top-level-structure') zu bestimmen. Da hier keine genauen Regeln angegeben werden, muß dies weitgehend intuitiv erfolgen." (BALLSTAEDT et al. 1980, 29).

Gerade der anwendungsrelevante Aspekt der Hierarchieebene von Propositionen impliziert also Einbußen von Intersubjektivität und Präzision für die Explikation der wissenschaftlichen Modelle. Man muß daher für die neuere experimentelle textwissenschaftliche Forschung das Dilemma konstatieren: wo sie (in ihren Begriffen, Modellen etc.) präzise ist, ist sie unökonomisch; wo sie ökonomisch(er) wird, wird sie auch unpräzise(r). Gerade für anwendungsrelevante Forschung aber ist eine ökonomie-orientierte Konzentration auf größere, umfassendere Analyseeinheiten unverzichtbar. Da in diesen Bereichen auch bei den propositionstheoretischen Modellen noch keine zureichende theoretische Explizitheit der Konstrukte vorliegt, kann man den kognitiv-konstruktivistischen Erklärungsansatz eben nur als Theorierahmen ansetzen, wenn man nicht praxisrelevante instruktionspsychologische Problembereiche puristisch ausschließen will.

Unter dieser Voraussetzung allerdings sind Berührungspunkte zwischen der experimentellen Text- und Gedächtnispsychologie sowie der klassischen kognitiven Lern- und Instruktionspsychologie durchaus möglich und zu erwarten.

Ein erstes Beispiel für eine solche Berührung bietet die Untersuchung von MEYER (1975) dort, wo sie inklusivere Einheiten wie z. B. ‚Gedankenschritte' oder ‚inhaltliche Konzepte' zum Gegenstand der Untersuchung macht (‚idea units' bzw. ‚content units', die z. T. intuitiv expliziert werden): es handelt sich dabei um (Ober)Begriffe, die im Text an hoher Stelle der Argumentationsstruktur stehen und, obwohl sie nur in jeweils einem Wort repräsentiert werden, innerhalb des durch den Text vorgegebenen Gedankengangs eine Reihe untergeordneter, spezifischerer Begriffe/Konzepte mit umfassen. Auch für solche Konzepte (Gedankeneinheiten) konnte MEYER sichern, daß die Ideen der höheren Ebenen (im vorliegenden Text) besser behalten werden als solche einer niedrigeren Ebene. Damit ist, wie MEYER auch selbst vermerkt (1975, 178), die Verbindung zur kognitiven Lerntheorie, z. B. der von AUSUBEL, geschlagen: gerade in AUSUBELs Lerntheorie ist schon frühzeitig (1963) die Bedeutung hochinklusiver kognitiver Konzepte für das Verstehen, Lernen und Behalten von sprachlich-bedeutungsvoller Information behauptet worden; Lernen ist nach ihm generell ein Prozeß der Subsumption von (faktueller) Information in umfassendere kognitive Konzepte (vgl. u. II.3.2.).

Wenn man von der Gegenstandsperspektive ausgeht, kann man daher sagen: es konvergieren derzeit bisher getrennt verlaufende theoretische Entwicklungsrichtungen, und zwar die Sprach- und Gedächtnispsychologie sozusagen von ‚unten‘ (vom Wort und der Proposition) herkommend auf der einen Seite und die quasi von ‚oben‘ (von komplexeren Konzepten) ausgehende Lerntheorie auf der anderen Seite. Sie konvergieren vor allem in der übereinstimmenden Perspektive der konstruktiven Aktivität, die durchgängig für die verstehende Verarbeitung sprachlicher Informationen anzusetzen ist. Erst eine sinnvolle Verbindung dieser Forschungstraditionen wird eine präzise, integrative Theorie schaffen, die auch für komplexere, umfassendere Analyseeinheiten eine optimale Präzision und experimentelle Erklärungskraft bietet. Zwar ist die Theorieentwicklung bisher noch nicht so weit fortgeschritten, doch kann, wie skizziert, die kognitiv-konstruktivistische Erklärungsperspektive zumindest als Theorierahmen auch und gerade für die instruktionspsychologisch relevante technologische Forschungsanwendung angesetzt werden: denn die theoretische Perspektive des Sinnverstehens (von sprachlichem Material) als Sinn*konstruktion* ist durch die sprach- und gedächtnispsychologische Grundlagenforschung der letzten Jahre empirisch überzeugend fundiert worden. Desgleichen sind die in jahrzehntelanger Forschungsarbeit herauskristallisierten Teilfähigkeiten des Textverständnisses durch die Beschreibung und Erklärung analoger Basisprozesse des Textverstehens untermauert worden. Der Terminus ‚Theorierahmen‘ bedeutet allerdings auch, daß für die Anwendung dieser theoretischen Erklärungsmodelle in der Praxis, z. B. die Messung und Verbesserung von Textverständnis, die Analyseeinheiten größer angesetzt werden, als dies bislang in der Grundlagenforschung üblich ist. Es werden daher in den folgenden Abschnitten durchaus auch noch umfassendere, komplexere Analyseeinheiten behandelt, selbst wenn diese noch nicht direkt oder exakt (z. B. innerhalb eines propositionstheoretischen Modells) erforscht sind.

Zusammenfassung in Fragen:

– Welche Teilfaktoren des Textverstehens resultieren aus den induktiv vorgehenden Forschungen (subjektiven Analysen und Faktorenanalysen)?

– Sind bei der auditiven Textrezeption andere Fähigkeiten erforderlich als bei der visuellen?

– Welche Befunde sprechen dafür, daß der Leser beim Verstehen von Wörtern und Sätzen nicht nur passiv rezipiert, sondern aktiv konstruiert?

– Läßt sich eher das Subjekt oder das Prädikat eines Satzes als dessen psycholinguistisches Organisationszentrum ansehen?

– Welche Befunde sprechen dafür, daß für das Textverstehen auch das Wissen über außersprachliche Realität erforderlich ist?

– Wie lassen sich das Merkmals- und das Netzwerkmodell des Gedächtnisses miteinander in Einklang bringen?

– Warum werden syntaktische Merkmale eines Textes eher vergessen als semantische?

– Worin zeigt sich, daß das Verarbeiten eines Textes ein *hierarchischer* Organisationsprozeß ist?

– Welche Befunde sprechen für die psychologische Relevanz der Makroregeln?

– Inwiefern unterscheiden sich die Superstrukturen ‚Geschichtengrammatik‘ und ‚Schema‘ voneinander?

– Welches sind die Kernannahmen der konstruktivistischen Erklärungsperspektive (im Gegensatz zur behavioristischen)?

– Mit welchem bislang noch hypothetischen Modell läßt sich der konkrete Verstehensprozeß abbilden?

– Worin besteht das methodische Dilemma der neueren experimentellen textwissenschaftlichen Forschung?

2. Messung des Textverständnisses

Die Messung des Textverständnisses rekurriert nur indirekt auf die skizzierten kognitiv-aktiven Prozesse des Textverstehens: und zwar indem sie deren Zusammenfassung in der Struktur der Teilfähigkeiten als Gegenstand ansetzt, den es zu messen gilt. Da es sich bei diesen Teilfähigkeiten durchwegs um die Verarbeitung von sprachlich-sinnvollem Material handelt, kommen zur Überprüfung des Verständnisses grundsätzlich folgende (auch in der Gedächtnispsychologie verwendete) Operationen in Frage: Reproduzieren, Wiedererkennen, Einsetz- und Ergänzungsverfahren. Da beim Textverständnis (s. Definition oben) die auf die Textbedeutung selbst bezogenen Gedächtnisprozesse, zumindest die Langzeit-Prozesse, nicht thematisch sind, entfällt in einem Großteil der Fälle die Operation des ‚Reproduzie-

rens', weil diese doch zumeist langfristigere Gedächtnisleistungen mit
umfaßt. Die meisten Verfahren zur Messung des Textverständnisses
basieren daher auch auf den Grundoperationen des Wiedererkennens
bzw. des Einsetzens/Ergänzens. Für jede Grundoperation gibt es im
Bereich der Messung des Textverständnisses eine häufig angewendete
und relativ umfassend erforschte Testmanifestation: auf dem Wiedererkennen basieren die Tests mit Hilfe von Mehrfach-Wahl-Antworten
(,multiple-choice-Tests'), um Einsetz- und Ergänzungsprozesse handelt es sich bei dem Verfahren der sog. ,cloze procedure'. Das folgende Kapitel soll diese Verfahren darstellen und dabei folgende
Fragen beantworten:

WELCHE(S) TESTVERFAHREN SIND (IST) BESSER ZUR MESSUNG DES TEXT-
VERSTÄNDNISSES GEEIGNET? Diese Frage nach der Gültigkeit der Messung (die Frage, ob der Text mißt, was er messen soll) wird sich
daran entscheiden, ob das eine oder andere Verfahren nachgewiesen-
ermaßen u. U. andere Aspekte der kognitiven Verarbeitung mißt, als
von der Begriffsexplikation des Textverständnisses her angezielt ist.

SIND DIE VERFAHREN ZUR MESSUNG DES VERSTÄNDNISSES VON INFORMA-
TIONSTEXTEN AUCH FÜR LITERARISCHE TEXTE BRAUCHBAR? Wenn man
davon ausgeht, daß literarische Texte im Regelfall noch komplexer
sind als Informationstexte, ergibt sich das Problem, ob die zur Messung des Textverständnisses herangezogenen Verfahren beibehalten
werden können oder zu erweitern bzw. verändern sind. Dabei wird
auch zu diskutieren sein, daß die intersubjektive Festlegung des jeweiligen Kriteriums, d. h. der Inhalte, die als Verständnis gelten sollen,
bei literarischen Texten in sich problematisch ist.

Über diese Verfahren und sprachlichen Materialien hinweg werden
sich bestimmte methodologische Fragen durch das Kapitel ziehen.

SOLLEN DIE TESTS AUF EINE BESTIMMTE NORM (WIE ALTER, KLASSEN-
STUFE) ODER AUF EIN ABSOLUTES ZIELKRITERIUM BEZOGEN SEIN? Es ist die
Unterscheidung zwischen normorientierten vs. lehrzielorientierten
Tests; wir werden die jeweiligen Vor- und Nachteile kurz ansprechen
und die Konsequenzen für die Messung des Textverständnisses daraus
ziehen.

SIND FÜR DIE UNTERRICHTLICHE PRAXIS DIE GLEICHEN MESSVERFAHREN
EINZUSETZEN WIE FÜR FORSCHUNGSZWECKE? Das ist zunächst einmal die
Frage, ob der Praktiker, z. B. der Lehrer, immer auf formell entwik-
kelte und geprüfte Meßverfahren zurückgreifen muß oder ob er sich
nicht auch selbst möglichst objektive Tests zusammenstellen kann
(sog. informelle Tests); darüber hinaus stellt sich das gleiche Problem
aber auch für praxis- und anwendungsorientierte Forschung selbst.

2.1. Standardisierte Tests mit Mehrfach-Wahl-Antworten

CARROLL hat (1972, 15f.) in einer Übersicht 7 Operationen zusammengestellt, auf deren Grundlage Verständnistests konzipierbar sind
und entwickelt wurden: a. Wiedergabe (Reproduktion) des Inhalts (in
Teilen oder ganz); b. subjektive Einschätzungen des (eigenen) Verständnisses; c. Aussagen über z. B. die Äquivalenz mit einem anderen
Text; d. nicht-verbale Antworten auf den Text: z. B. Befolgung von
Handlungsanweisungen; e. fehlende Teile des Textes ersetzen; f.
Beantwortung von Fragen über den Textinhalt; g. Wiedererkennen
von Textinhalten (teilweise oder ganz).

Von diesen grundsätzlichen Möglichkeiten ist aber die Mehrzahl,
aus unterschiedlichen Gründen, weniger bis kaum brauchbar. Für die
Operation der Wiedergabe (Reproduktion) wurde schon oben angeführt, daß sie im Vergleich zu dem angezielten Verstehensprozeß zu
viel und weitreichende Gedächtnisprozesse impliziert. Bei subjektiven
Einschätzungen ist – eben durch subjektive Einflußfaktoren – immer
die Reliabilität und Validität des Verfahrens gefährdet, so daß man
auf sie nur zurückgreifen sollte, wenn keine objektiveren Meßverfahren möglich sind.

Begriffserklärung:

Reliabilität (Zuverlässigkeit) bezeichnet in der Testtheorie (vgl. LIENERT
1969) das Maß, in dem ein Test immer dasselbe mißt (unabhängig davon, *was*
er mißt).

Validität (Gültigkeit) bezeichnet das Maß, in dem ein Test mißt, was er
messen soll. Ein Test, der Textverständnis messen soll und stattdessen verbale
Kompetenz und Eloquenz mißt (aus der heraus z. B. die Vp sich selbst
Textverständnis zuschreibt oder nicht), ist nicht valide. Dabei ist die Reliabilität nach klassischer Testtheorie notwendige, aber nicht hinreichende Bedingung für die Validität; d. h.: selbst wenn der Test immer zuverlässig verbale
Eloquenz mißt, ist er doch nicht valide (als Test für Textverständnis); wenn
er andererseits (unreliabel) einmal Eloquenz, das andere Mal Textverständnis
mißt, kann er schon wegen dieser Unzuverlässigkeit nicht valide sein.

Die Operationen c. und d. sind vor allem wegen ihrer Unpraktika-
bilität kaum für Verständnistests geeignet: in den seltensten Fällen
beinhalten Texte Handlungsanweisungen bzw. ist es unproblematisch,
den Leser auch noch mit der Verarbeitung eines zweiten (Vergleichs-)
Textes zu belasten. Das Erraten (Einsetzen) von fehlenden Textteilen
nun (e.) ist die Operation, die bei Meßverfahren der sog. cloze procedure verwendet wird (die ich im folgenden Abschnitt besprechen
werde). Die als erste entwickelten Verständnistests auf der Grundlage

von Mehrfach-Wahl-Antworten fassen praktisch die Operationen f.
und g. zusammen: es werden Fragen zum Textinhalt gestellt, die aber
nicht eigenständig (und mit eigenen Worten) beantwortet werden
müssen; vielmehr werden Antwortmöglichkeiten vorgegeben, von
denen die richtige wiederzuerkennen (und dann anzukreuzen) ist.
Von dieser Art der Verständnistests sind in Amerika eine kaum mehr
überschaubare Anzahl entwickelt und für praktisch alle Klassenstufen
standardisiert worden. Ich nenne nur die nach DAVIS (1966, 182)
bekanntesten: Cooperative English Test: Reading Comprehension
(1940), Davis Reading Test (1962), Nelson-Denny Reading Tests
(1960), Iowa Silent Reading Tests (1943). In all diesen Tests wird ein
für die jeweilige Klassenstufe im Schwierigkeitsgrad repräsentativer
Text zum Lesen vorgegeben, an den sich Mehrfach-Wahl-Antworten
über den Textinhalt anschließen. Die Auswertung der Tests ist durch
die Mehrfach-Wahl-Antworten optimal objektiv; die Tests sind praktisch durchwegs in Bezug auf Altersstufe bzw. Klassenstufe standardisiert, geeicht: d. h. für jedes individuelle Testergebnis kann man
ablesen, welche Position der Proband innerhalb der Alters-/Klassen-
verteilung einnimmt – wie bei einem Intelligenztest. Z. T. sind diese
Verständnistests auch Teile von Intelligenztests innerhalb der Testteile
zur verbalen Intelligenz.

Die Mehrfach-Wahl-Antworten werden dabei zu jeder der oben
dargestellten Teilfähigkeiten entwickelt; also mindestens zu den abschließend festgestellten vier nach SPEARITT (1972), meistens aber zu
einigen mehr, je nach der theoretischen Position des Testautors. Ich
gebe als Beispiel einige Fragen und Mehrfach-Wahl-Antworten von
RYSTROM aus der Entwicklung des RYSTROM Reading Comprehension
Tests (1970, 147). Textgrundlage war eine Geschichte von SLOBOD-
KINA: Caps for sale (vgl. u. Abb. 9).

Im endgültigen Test wird natürlich jede Kategorie (qua Teilfähigkeit) durch mehrere multiple choice-Fragen abgedeckt. Innerhalb der
Entwicklung eines solchen Tests werden dann die üblichen, von der
klassischen Testtheorie vorgesehenen Analyseschritte durchgeführt
(vgl. LIENERT 1969) wie: Itemanalyse, Reliabilitäts- und Validitätsun-
tersuchungen, Eichung (Standardisierung). Der (unkorrigierte) split-
half-Reliabilitätskoeffizient des RRCT z. B. beträgt .64; die Validität
wurde durch einen Vergleich mit dem California Reading Test abge-
schätzt, der entsprechende Korrelationskoeffizient ist .86 (RYSTROM
1970, 150).

Eine solch formelle Testentwicklung ist natürlich sehr aufwendig
und bisher im deutschen Sprachbereich auch nicht in vergleichbarer

(Kenntnis von Wortbedeutungen)   Die Waren sind:
                                              a. Mützen   b. Nahrung   c. Tiere   d. Kinder

(Erinnern von Einzelfakten)   Der Hausierer verkaufte Mützen:
        a. in verschiedenen Farben   b. in verschiedenen Formen   c. alle in einer Farbe

(Textgliederung)   Die Sätze der Geschichte sind im folgenden vertauscht. Schreib
                            eine 1) auf die Linie vor den Satz, der nach der Geschichte der
                            erste sein muß; eine 2) vor den Satz, der der zweite sein muß;
                            eine 3) vor den Satz, der der dritte sein muß:

_____ a. Der Hausierer legte sich für eine lange Zeit schlafen.

_____ b. Er griff nach den Mützen auf seinem Kopf, um zu sehen, ob sie
           gerade saßen.

_____ c. Er setzte sich unter einen Baum um auszuruhen.

(Schlußfolgerungen)   Warum trägt der Hausierer seine Waren auf dem Kopf?
                            a. damit die Leute sie sehen können
                            b. damit sein Rücken nicht ermüdet
                            c. damit er sich vorbeugen kann

(Bewertung)   Die Geschichte ist vermutlich eine
                            a. wahre Geschichte   b. traurige Geschichte   c. erfundene Ge-
                            schichte

Abb. 9: Beispiel für multiple choice-Fragen (aus der Entwicklung des
RYSTROM Reading Comprehension Test; 1970, 147)

Weise (wie in den USA) durchgeführt worden. Allerdings lassen sich
entsprechende Tests nach dem beschriebenen Prinzip der Mehrfach-
Wahl-Antworten auch informell herstellen, d. h. vom Lehrer selbst
auf der Grundlage der von ihm gewählten Lektürestoffe konstruieren;
solche informellen Tests sind dann nicht an einer repräsentativen
Stichprobe, sondern nur am Leistungsstand der jeweiligen Klasse
normiert (vgl. KLAUER et al. 1972, 16).

KLAUER hat (1979) Strategien angegeben, mit deren Hilfe auch der Lehrer
selbst lehrtextbezogene Mehrfach-Wahl-Antworten-Tests herstellen kann.
Dazu muß der Lehrtext zunächst in einen sog. Basaltext umformuliert werden: dabei „handelt es sich um die Darstellung eines Sachverhalts in möglichst einfachen, schmucklosen Aussagen" (KLAUER 1979, 5). Für die Herstellung der Mehrfach-Wahl-Aufgaben gelten dann folgende Regeln:
   α Unterstreiche ein Wort / eine Wortgruppe des Satzes
   β Füge in Klammern drei Varianten hinzu
oder:
   α Unterstreiche zwei Wörter / Wortgruppen des Satzes
   β Füge jeweils in Klammern eine Variante hinzu
Beispiel für die erste Möglichkeit: *Kolumbus hat Amerika (Australien,
Philippinen, Grönland) entdeckt.*
Kolumbus hat Amerika entdeckt (kartiert, erobert, verfehlt).

Beispiel für die zweite Möglichkeit: *Kolumbus (Magellan) hat Amerika (Australien) entdeckt.*

Kolumbus (Magellan) hat Amerika entdeckt (erobert). (KLAUER 1979, 11f.).

Das wichtigste ist natürlich die Herstellung der Varianten; dafür expliziert KLAUER zwei Strategien:

γ^1 Bestimme die Varianten aus dem Kontext

γ^2 Bestimme die Varianten aus der Verneinung.

Die oben angeführten Beispielsätze repräsentieren die Kontextstrategie; ein Beispiel für die Verneinungs-Strategie ist:

Eine liberale (totalitäre, autoritäre, feudale) Ordnung verstärkt (schwächt ab, läßt unbeeinflußt) den Zustrom zu den Elitegruppen. (KLAUER 1979, 13).

KLAUER hat außerdem empirisch gesichert, daß Lehrerstudenten nach relativ kurzfristiger Instruktion die Anwendung dieser Strategien zur Herstellung von Mehrfach-Wahl-Aufgaben zufriedenstellend beherrschen.

Grundsätzlich können (wie auch bei den formellen – standardisierten – Verständnistests) je nach theoretischem oder praktischem Interesse informelle Tests für bestimmte Teilfähigkeiten entwickelt werden. So differenzieren z. B. PETTIT & COCKRIEL (1974) zwischen Testaufgaben für ,wörtliches' vs. ,schlußfolgerndes' Textverstehen. Bei der Überprüfung des schlußfolgernden Verstehens (,inferential reading comprehension') werden auch Aufgaben wie die folgenden gestellt: eine passende Überschrift für einen Abschnitt finden; Charakterzüge der Hauptperson ableiten; die Ziele der handelnden Personen angeben; Ursache- und Folgerelationen herausfinden etc. (PETTIT & COCKRIEL 1974, 67f.). Unabhängig davon, ob es sich um formelle oder informelle Tests handelt, läßt sich auf jeden Fall mit dem Prinzip der multiple choice-Messung eine befriedigende Objektivität der Messung erreichen.

Problematisch aber ist bei formellen wie informellen normorientierten Tests die Normierung; im Bereich der Testung von Fähigkeiten wird üblicherweise die Normalverteilung angesetzt: d. h. die Leistungen streuen in folgender Weise um einen Mittelwert (gilt auch für Noten von normalverteilten Leistungen; vgl. ZIELINSKI 1974a, 897): 10% sehr gute Leistungen, 23,3% gute Leistungen, die mittleren 33,3% sind als befriedigend einzustufen, dann folgen 23,3% ausreichende Leistungen und die letzten 10% werden als mangelhaft klassifiziert. Der Nachteil solcher Normierung ist (u. a.), daß auf jeden Fall Versager festgestellt werden (mangelhafte Leistungen) und die Verbesserung der eigenen Leistung für den einzelnen Schüler nur in Konkurrenz zum Mitschüler möglich ist (es muß ein anderer den zu überwindenden schlechten Platz in der Leistungsverteilung einnehmen; vgl. ZIELINSKI 1974b, 905f.). Dies gilt für formelle und informelle normorientierte Tests gleichermaßen. In einem sinnvollen Unterricht aber besteht für viele Fertigkeiten/Fähigkeiten das Ziel, daß jeder Lernende diese Fertigkeiten erreichen soll (BLOOMS mastery learning-Konzept; 1971); das gilt auch und gerade für das Ziel des Textverständnisses. Unter diesem Aspekt ist es viel sinnvoller, Tests und andere Meßverfahren auf ein explizites Lernkriterium bzw. Lehrziel zu beziehen. Man spricht dann von kriteriumsorientierten bzw. lehrzielorientierten Tests (im Gegensatz zu den normorientierten, abgekürzt LOTs vs. NOTs). Lehrzielorientierte Tests haben den Vorteil, daß sie nicht Schüler mit- (bzw. gegen-)einander vergleichen, sondern die Leistung des einzelnen Schülers in Relation zum absoluten Lehrziel; es läßt sich also für den einzelnen Schüler der Abstand seiner Leistung bis zum Erreichen des Textverständnisses feststellen. Dabei ist allerdings nicht rigoristisch zu verfahren und absolute Fehlerlosigkeit zu verlangen; ein Erreichen des Lernkriteriums ist nach den bisherigen Erfahrungen schon etwa bei 80% richtig gelöster Testaufgaben anzusetzen (ZIELINSKI 1974b, 909; zur Methodik der Entwicklung lehrzielorientierter Tests vgl. KLAUER et al. 1972; 1977). In Bezug auf eine gesamte Klasse z. B. ist es dann möglich, daß alle Schüler das Lernkriterium (hier also z. B. Textverständnis) erreichen. Obwohl die multiple choice-Tests des Textverständnisses in Amerika zunächst praktisch ausschließlich als normorientierte Tests entwickelt worden sind, lassen sich multiple choice-Fragen natürlich auch als lehrzielorientiertes Meßverfahren konzipieren und einsetzen. Bei Forschungsarbeiten (etwa zur Frage, durch welche Lehrstrategien man das Textverständnis verbessern kann) ist sowieso vor allem der Abstand zum absoluten Kriterium (Textverständnis) relevant, kaum die Relation zu anderen Vpn, Bezugs- oder Normgruppen. Aber auch für die didaktische Aufgabe der Verbesserung des Textverstehens ist eine lehrziel-/kriteriumsorientierte Testung in den meisten Fällen sinnvoller, weil sie für den Lernenden motivational konstruktiver wirkt und differenzierter einsetzbar ist; welche Differenzierungen dabei besonders wichtig sind, werden wir im Laufe dieses Kapitels nach Besprechung der verschiedenen Meßverfahren zusammenfassend thematisieren.

Auch für die lehrzielorientierte Fassung von multiple choice-Tests zum Textverständnis ist allerdings zu fordern, daß das Meßverfahren valide ist, also in der Tat das Textverständnis mißt. Lange Zeit ist man davon ausgegangen, daß solche multiple choice-Fragen aus logischen Gründen Inhaltsvalidität besitzen, d. h. ‚selbst das bestmögliche Kriterium für das zu untersuchende Merkmal darstellen' (LIENERT

1969, 260). Aus logischen Gründen deshalb, weil die Fragen in der
Regel ja die durch den gelesenen Text gegebene Information abdek-
ken; inhaltliche Validität in der Version der logischen Validität ist so
augenscheinlich (trivial), daß an und für sich eine empirische Untersuchung unterbleiben kann (LIENERT 1969, 261). Wie überall in der
empirischen Wissenschaft aber kann man solche Sicherheit durch das
Aufstellen und den Nachweis von Alternativhypothesen erschüttern,
in unserem Fall z. B. Hypothesen darüber, wie eine Beantwortung
der Testfragen auch ohne Textverständnis möglich ist. Eine Konkretisierung dieser Hypothese ist möglich unter Rückgriff auf die verschiedenen Teilfähigkeiten und deren Verhältnis zueinander: wenn die
Beantwortung der Fragen z. B. ausschließlich durch schlußfolgerndes
Denken möglich wäre, dann würde man das sicherlich nicht als valide
Testung des Textverständnisses ansehen.

Beispiel:

Für eine solche hypothetische Möglichkeit gibt es zwei konkrete Versionen: einmal können die angebotenen Antwortalternativen nicht völlig gleich-
wahrscheinlich sein, so daß man durch allgemeines Kombinieren die richtige
Antwort erraten kann (vgl. PYRZAK 1972, 64f.). Das ist m. E. z. B. bei dem
oben angeführten RYSTROM Lesetest bei der Frage ‚Warum trägt der Hausierer
seine Waren auf dem Kopf?' der Fall; da es sich um Mützen handelt, könnte
er sie durchaus auch so in einem Beutel tragen, daß er sich vorbeugen kann
und auch sein Rücken nicht ermüdet. Antwort a) ist also die wahrscheinlich-
ste. Allerdings muß man dazu wissen, daß es sich bei der Ware um Mützen
handelt; das aber geht aus der zweiten Frage unseres Beispiels hervor (so daß
im übrigen durch Frage 2. auch die Frage 1. automatisch beantwortet wird).
Hier wird die zweite Möglichkeit für die oben aufgestellte Alternativhypothese deutlich: da die verschiedenen Fragen möglichst den gesamten Textinhalt abdecken sollen, kann man durch In-Beziehung-Setzen der Items durch
schlußfolgerndes Denken einen in sich kohärenten Textsinn konstruieren.
Wie läßt sich nun diese Alternativhypothese empirisch überprüfen? Die
radikalste Version ist sicherlich, Vpn die multiple choice-Fragen beantworten
zu lassen, ohne ihnen den dazugehörigen Text zum Lesen zu geben: sie
können dann ja kein Textverständnis haben. Der Vergleich zwischen ihren
Antworten und denen von Vpn, die den Text gelesen haben, müßte dann
einen Rückgang der richtigen Antworten auf den reinen Zufallswert zeigen.
Bei im Schnitt 4 bis 5 Antwortalternativen sind das 20–25%. Wenn man
davon ausgeht, daß die Vpn mit Textkenntnis 100% der Fragen richtig
beantworten, dann könnten die Vpn ohne Textkenntnis nur 20–25% der
richtigen Antworten der Vpn mit Textkenntnis ebenfalls (durch Zufall) richtig
haben; setzt man – s. o. – als Erreichen des Kriteriums Textverständnis schon
80% an, dann könnten die Vpn ohne Textkenntnis durch Zufall 25–31% der
Antworten der Textleser ebenfalls richtig beantworten. Diesen Vergleich der
Testbeantwortung von Textlesern vs. Nicht-Lesern haben WEAVER & BICKLEY

(1967) durchgeführt. Vielleicht können Sie sich selbst auf eine Voraussage
festlegen: wieviel Prozent der richtigen Antworten von Textlesern erreichen
Vpn, die den gleichen multiple choice-Test ausfüllen, ohne den zugrundeliegenden Text je gesehen zu haben?
   ca. 30% – 40% – 50% – 60% – über 60%?
   Und besonders: von welchem Wert ab würden Sie sagen, daß der Test
wohl weniger das Textverständnis als vielmehr überwiegend schlußfolgerndes
Denken mißt?

In der Untersuchung von WEAVER & BICKLEY erreichten Vpn, die
den zugrundeliegenden Text nie zu Gesicht bekommen hatten, sage
und schreibe siebenundsechzig Prozent der richtigen Antworten der
Textleser. In einer nachfolgenden Untersuchung konnte TUINMAN
(1972/73) nachweisen, daß es nicht nur textunabhängige Items (Fragen) gibt, sondern daß die Vpn auch die entsprechenden (dazugehörigen) Textabschnitte nur oberflächlich überflogen. Er schließt daraus,
daß textunabhängige Fragen standardisierte multiple choice-Tests zum
Textverstehen durchaus bedeutsam invalidieren. Zwar hat PYRZAK
einen speziellen Trennschärfe-Index für solche Mehrfach-Wahl-Ant-
worten-Instrumente entwickelt (1972, 66), doch scheint mir die Über-
gewichtung des schlußfolgernden Denkens kaum völlig vermeidbar,
solange die Testfragen den Text relativ vollständig abdecken sollen.
Nach den bisherigen Erfahrungen und methodenkritischen Untersuchungen wird man daher die Validität der (standardisierten) multiple
choice-Tests zum Textverständnis kritisch beurteilen müssen: Vermutlich messen sie nicht spezifisch genug die Prozesse und Teilfähigkeiten des Textverstehens, sondern mehr übergeordnete (übergreifende) Faktoren der (verbalen) Intelligenz (wie schlußfolgerndes Denken etc.).

2.2. Cloze procedure

   Auf dem Hintergrund dieser Kritik ergibt sich die Frage, inwieweit
denn die andere Grundoperation des Ergänzens bzw. Einsetzens von
Textteilen zur Messung des Textverständnisses (besser) geeignet ist.
Das bekannteste und am häufigsten verwendete Meßverfahren auf der
Grundlage von Einsetz/Ergänzungsprozessen ist die sog. cloze procedure; sie wurde von TAYLOR (1953; 1956) entwickelt. Dabei wird
jeweils das fünfte Wort in einem Text ausgelassen, und die Vp hat die
fehlenden Worte, also ein Fünftel des Textes, einzusetzen. TAYLOR
selbst hat das Verfahren angewandt, ohne daß die Vp den Text

kannte, d. h. zu lesen bekommen hatte; die resultierenden Werte (Anzahl der Einsetzungen beim ersten Lesen) hat er als Maß für die Lesbarkeit des Textes angesehen. Das Verfahren ist dann aber auch in der Sprach- und Gedächtnispsychologie mit Erfolg angewendet worden: dabei bekommt die Vp zunächst den vollständigen Text zu lesen und anschließend (in bestimmtem Zeitabstand) die Version mit den Auslassungen zum Einsetzen der richtigen Worte vorgelegt. Das Ausfüllen wird dabei durch die sprachlichen Determinationen aus dem vorliegenden Kontext erleichtert; das Verfahren erfordert also eine konstruktive kognitive Aktivität der Vp auf mittlerem Niveau, die nicht ganz so groß ist wie bei der freien Wiedergabe, eindeutig größer aber als beim bloßen Wiedererkennen. Wenn der Einsetztext relativ bald nach dem vollständigen, gelesenen Text gegeben wird, kann man die Ergebnisse als Indikator für das Textverständnis ansehen (je größer die Zeitspanne wird, desto mehr wird die cloze procedure zu einem Behaltenstest; vgl. GROEBEN 1978, 55ff.).

Nähere Angaben zur Technik: die mittlerweile äußerst umfangreiche Literatur zur Technik der cloze procedure faßt POTTER nach einem Literaturüberblick in folgenden methodischen Festlegungen zusammen (1968, 39): Es sollten nicht mehr als 20% der Worte ausgelassen werden; die Länge des Textes sollte mindestens 250 Worte betragen; bei längeren Passagen ist auch die Auslassung von einem pro 12 Worten bzw. 20 Worten ausreichend (auch dann müßten aber mindestens 50 Worte ersetzt werden); als Kriterium für das richtige (eingesetzte) Wort ist exakt das ausgelassene Wort am besten; die Zulassung von Synonymen führt nicht zu einem Informationsgewinn, sondern nur zu geringerer Auswertungs-Objektivität und größerem Auswertungs-Zeitaufwand; für spezielle Fragestellungen ist die Konzentration auf bestimmte grammatikalische Klassen oder Inhalts- vs. Funktionsworte etc. möglich (vgl. auch GROEBEN 1978, 56f.).

Für den praktischen Arbeitsaufwand bedeutsam ist noch ein Ergebnis von ANDERSON (1971): ursprünglich ging man davon aus, daß man nicht einfach in einem vorliegenden Text die entsprechenden Worte löschen und durch einen Strich ersetzen könnte: die unterschiedliche Länge der Striche könnte Hinweise auf das richtige Wort geben, die zu einem (über das ‚wahre' Textverständnis hinausgehenden) Anstieg richtiger Einsetzungen führen. ANDERSON hat jedoch gesichert, daß konstant lange Striche zu keinem signifikant anderen Ergebnis führen als unterschiedlich lange. Man muß danach also für eine cloze procedure den Text nicht neu schreiben, sondern kann die auszulassenden Worte löschen (gegebenenfalls in die Lücke einen Strich auf dem Zeilenboden zur Aufforderung des Einsetzens machen) und diesen Auslassungstext den Probanden als Verständnistest geben.

Auf diese Weise angewandt, hat das Verfahren der cloze procedure eine befriedigende Reliabilität aufzuweisen; wird sie – allerdings selten – in einschlägigen Untersuchungen mitgeteilt, so bewegt sie sich überwiegend in dem Bereich zwischen .75 und .97 (split half-Reliabilität; POTTER berichtet in seiner Übersicht von nur einer Untersuchung, in der Reliabilitätskoeffizienten von .84 bis hinunter zu .33 vorkamen, nämlich DEUTSCH 1964; vgl. POTTER 1968, 9, 11f., 31). Hinsichtlich der Validität ist zunächst nach der Übereinstimmung mit den schon bestehenden (standardisierten) multiple choice-Tests gefragt worden. POTTER gibt (1968, 6) folgende Übersicht von Untersuchungen zur Übereinstimmung von cloze-Tests und multiple choice-Tests des Textverständnisses:

Untersuchung	Versuchs-personen	multiple choice-Test	Korrela-tionen
Jenkinson (1957)	High School	Cooperative Reading C 2	
		Wortkenntnis	.78
		Verständnis	.73
Rankin (1957)	College	Diagnostic Survey	
		Story Comprehension	
		(Verständnis ganzer Geschichten)	.29
		Wortkenntnis	.68
		Verständnis einzelner Abschnitte	.60
Fletcher (1959)	College	Cooperative Reading C 2	
		Wortkenntnis	.63
		Textverständnis (Ausmaß)	.55
		Textverständnis (Geschwindigkeit)	.57
Hafner (1963)	College	Michigan Vocabulary Profile	.56
Ruddell (1963) (5 cloze-Tests)	Elementary School (Grundschule)	Stanford Achievement Verständnis einzelner Abschnitte	.61 – .74
Weaver & Kingston (1963) (2 cloze-Tests)	College	Davis Reading	.25 – .51
Greene (1964)	College	Diagnostic Reading Survey	.51

Tab. 2: Untersuchungen zur Übereinstimmung von cloze-Tests und multiple choice-Tests des Textverständnisses (nach POTTER 1968, 6)

Seit Mitte der 60er Jahre hat sich besonders BORMUTH um die methodologische Überprüfung der cloze procedure gekümmert (vgl. bes. BORMUTH 1964; 1965; 1967; 1968a; 1969). Auch die von ihm berichte-

ten Korrelationskoeffizienten mit multiple choice-Tests rangieren in
der Höhe zwischen .70 und .90 (vgl. BORMUTH 1968a, 42ff.). Allerdings geht schon aus der Tabelle oben hervor, daß die Übereinstimmung für einzelne Dimensionen besser ist als für andere: eine relativ
gute Übereinstimmung besteht in den Dimensionen Wortkenntnis,
Faktenverständnis, Entdecken von Beziehungen und Ziehen von
Schlußfolgerungen (HAFNER 1966, 416; s. auch BICKLEY et al. 1970).
Will man multiple choice-Tests durch die cloze procedure ersetzen,
ist allerdings am wichtigsten zu wissen, welche Prozentzahlen richtiger Einsetzungen welchem Prozentanteil richtig beantworteter Mehrfach-Wahl-Antworten entsprechen. Dies hat BORMUTH in zwei Untersuchungen (1967; 1968b) anhand einer Regressionsanalyse zu bestimmen versucht; seine Ergebnisse wurden in einer Replikation von
RANKIN & CULHANE (1969) überprüft. Bei den multiple choice-Tests
wurden als Kriterium in der Regel 90% oder 75% richtige Antworten
angesetzt; dem entsprechen in den genannten drei Untersuchungen
folgende Prozentzahlen richtig ergänzter Worte in der cloze procedure (Tabelle nach RANKIN & CULHANE 1969, 197):

Vergleichbare Prozentzahlen der cloze procedure

Kriterium	Bormuth (1967)	Bormuth (1968b)	Rankin & Culhane (1969)
75%	38	44	41
90%	50	57	61

Tab. 3: Relationen zwischen den Ergebnissen von cloze-Tests und multiple
choice-Tests (nach RANKIN & CULHANE 1969, 197)

RANKIN & CULHANE schließen aus diesen Ergebnissen, daß für
Kriterienwerte von 75–100% (im multiple choice-Test) die Prozent-
entsprechungen aus den Untersuchungen von BORMUTH (1968) und
ihnen selbst als valide anzusehen sind. Dabei geht BORMUTH davon
aus, daß das Kriterium von 90% richtigen Mehrfach-Wahl-Antworten
anzeigt, daß das Textmaterial zu eigenständigem Studium/Lernen
geeignet ist (für den Lernenden, der dies Kriterium erreicht). Das
Kriterium von 75% kennzeichnet Texte, die als Unterrichtsmaterial
brauchbar sind, bei deren Verständnis und Verarbeitung also z. B. der
Lehrer helfend eingreifen kann (BORMUTH 1968b, 44). Nach dem, was
wir oben zur realistischen Festsetzung von Kriterien gesagt haben,
wird man in der Praxis u. U. die Prozentsätze sogar noch geringer
ansetzen können.

Aber auch die z. T. gute Übereinstimmung mit den (standardisierten) multiple choice-Tests garantiert ja für die cloze procedure nicht,
daß hier automatisch eine Inhaltsvalidität vorliegt. Auch für die cloze
procedure ist daher die oben geschilderte Versuchsanordnung angewandt worden, in der man eine Testung ohne Textkenntnis mit einer
nach dem Lesen des Textes vergleicht; d. h. also überprüft, wieviel
Informationszuwachs (engl. ‚information gain‘) sich im zweiten Test
manifestiert. Schon TAYLOR hat in dieser Art Versuche durchgeführt
und dabei eine reliable und valide Messung entsprechender Informa-
tionszuwächse festgestellt (vgl. POTTER 1968, 38). Spätere Untersuchungen von COLEMAN dagegen ergaben überhaupt keinen signifikanten Unterschied zwischen cloze-Tests mit und ohne Textkenntnis.
Auch in der Untersuchung von COLEMAN & MILLER (1968) ergab sich
nur ein Informationszuwachs von 1.85% zwischen beiden Testungen;
die Korrelation zwischen den beiden Testungen war .93. COLEMAN &
MILLER erklären das damit, daß bei der cloze procedure von beiden
Seiten sprachliche Kontextdeterminationen aus dem umgebenden Text
für das Erraten der richtigen Worte hilfreich sind, so daß auch ohne
vorhergehendes Lesen des Textes eine vergleichbare cloze-Leistung
erreichbar ist (1968, 374). Der Unterschied zwischen den beiden
Testungen (und damit der Informationszuwachs) wird größer, wenn
man die Kontextdeterminationen auf eine Richtung beschränkt, also
nur von links nach rechts zuläßt: das geschieht in dem von SHANNON
(1951) zuerst entwickelten Ratespiel, in dem ein Text Einheit für
Einheit (Buchstaben, Silben oder Worte) von links nach rechts erraten
wird; mit dieser Methode ergibt sich ein Informationszuwachs von
38.9% zwischen Testung ohne und mit Textkenntnis; die Korrelation
zwischen beiden betrug nur .57. Dieses ‚Ratespiel‘ Wort für Wort
von links nach rechts wird ‚progressive cloze procedure‘ genannt;
diese ist also für die Dimensionen des Textverständnisses, die nicht
akzentuiert schlußfolgerndes Denken umfassen, sensibler. BORMUTH
seinerseits hat den Informationszuwachs zwar mit der klassischen
cloze procedure untersucht, dabei die erhaltenen Daten aber auf den
Ausgangswert richtiger Einsetzungen zurückbezogen: er stellt fest,
daß bei einer Ausgangsleistung von bis zu 25% richtigen Einsetzungen
(im ersten Test ohne Textkenntnis) durch das Lesen/Verarbeiten des
Textes praktisch überhaupt kein Informationsgewinn erzielt wird –
der Text ist für den Leser zu schwer. Ein bedeutsamer Informationszuwachs wird erst ab ca. 35% richtiger Einsetzungen im cloze-Test
ohne Textkenntnis erzielt: also bei Texten, die für den Leser von
mittlerer Schwierigkeit sind (BORMUTH 1969). Damit ist aber schon die

Textschwierigkeit bzw. -verständlichkeit mit ins Blickfeld genommen, die wir später gesondert behandeln wollen (vgl. zum Methodischen den nächsten Abschnitt 2.3. und insgesamt Teil II).

Insgesamt muß man nach den vorliegenden Ergebnissen den Schluß ziehen, daß auch die cloze procedure das aktuelle Textverständnis nicht in der Gewichtung der postulierten Teilfähigkeiten mißt, wie sie oben für das Textverstehen angesetzt wurden. Auch (bzw. gerade) bei der cloze procedure ist durch die vorliegende Textkohärenz der sprachlich-semantische Kontext so stark wirksam, daß durch Schluß-folgerungen etc. auch ohne Textkenntnis nahezu gleich häufig richtige Einsetzungen erzielt werden können wie nach der Lektüre des Textes. In die Werte der cloze procedure fließen ersichtlich Merkmale des Lesers (Fähigkeit des Textverstehens) und des Textes (Textschwierig-keit bzw. -verständlichkeit) gemeinsam ein; sie zu trennen, ist das methodische Problem (s. o. progressive cloze procedure). Die mögli-che Trennung ergibt dann Ansatzpunkte auch und gerade für die Messung der Textverständlichkeit (vgl. nächster Abschnitt). Aber auch zur (validen) Messung des Textverständnisses sind Modifikatio-nen, Weiterentwicklungen der klassischen cloze procedure empfeh-lenswert; BORMUTH weist z. B. darauf hin, daß die (auszulassende) Einheit bei der Grundoperation des Ergänzens/Einsetzens ja nicht auf Worte festgelegt ist, daß man also auch z. B. Satzteile oder ganze Sätze auslassen kann (1968b, 41). Noch unterhalb dieser Komplexi-tätsebene, innerhalb der Wortkategorie, liegt eine Unterscheidung, die man m. E. unbedingt fruchtbar machen sollte: die zwischen Funk-tions- und Inhaltsworten (nach EPSTEIN 1962).

Begriffserklärung: Funktionsworte sind z. B. Artikel, Konjunktionen, Prä-positionen etc.; sie dienen zur (bes. grammatischen) Strukturierung von Sätzen, haben keine ‚Referenz'-Bedeutung (= Bezug auf außersprachlich Reales); es gibt nur wenige, die aber sehr häufig auftreten.
Inhaltsworte bilden ‚sozusagen das Fleisch der Sprache' (HÖRMANN 1967, 253), es sind Worte mit ‚Referenz'-Bedeutung, von denen es eine praktisch unerschöpfliche Anzahl gibt, die aber jeweils nur relativ selten vorkommen.

Nach dem Gewicht, das wir oben (1.2.) innerhalb des Prozesses des Textverstehens für die Semantik, auch und gerade die Referenz-Semantik, festgestellt haben, sollte man m. E. cloze procedure nicht mechanisch auf jedes 5. Wort eines Textes ausrichten, sondern nur auf die Inhaltsworte beschränken (vgl. GROEBEN 1978, 56f.). Denn bei Funktionsworten sind Zufallstreffer (ohne Textkenntnis) natürlich sehr viel häufiger als bei Inhaltsworten (empirisch nachgewiesen für Artikel vs. Substantive von TUINMAN et al. 1975, 161); ein Indikator dafür ist auch, daß Lückentexte mit vielen Inhaltsworten signifikant weniger richtige Einsetzungen ermöglichen als solche mit vielen Funktionsworten (vgl. MRAZEK 1979, 217f.).

2.3. Weiterentwicklung der Rate- und Wahlverfahren

Eine Weiterentwicklung der cloze procedure, die diese Beschränkung auf Inhaltsworte aufweist, ist die sog. ‚Removal of Information Procedure' (RIP) von TUINMAN (1971) (Auslaß-Methode). Der Autor setzt die Vp praktisch an die Stelle des Wissenschaftlers, der eine Art cloze-Test auf der Grundlage von Inhaltsworten entwickelt: die Probanden sollen diejenigen Worte (Substantive, Verben, Adjektive) unterstreichen, die in einem cloze-Test am schwierigsten auszufüllen wären. Die Reliabilität dieses RIP-Tests war in der Untersuchung von BLANTON & TUINMAN .73 (1971, 972); hinsichtlich der Validität wurde der RIP von TUINMAN und Mitarbeitern bisher hauptsächlich zur Überprüfung des Informationsgehalts bestimmter Wortarten (z. B. Adjektive) in bestimmten Satzpositionen benutzt, also eher zur Bestimmung von strukturellen Textmerkmalen, weniger zur Messung von Textverständnis. Grundsätzlich aber ist m. E. eine Anwendung für die Erhebung des Textverständnisses durchaus möglich, dazu wären allerdings noch weitere Untersuchungen nötig.

Explizit auf das Textverständnis ausgerichtet ist die Weiterentwicklung der multiple choice-Tests, die CARVER (1970) mit dem ‚chunked reading test' (CRT) vorgelegt hat. Er versucht dabei, die oben besprochenen Nachteile des Mehrfach-Wahl-Antworten-Verfahrens zu vermeiden; die Grundidee ist auch hier eine Umkehrung des Prinzips der multiple choice-Tests: bei diesen ist die richtige Antwort aus 4 bzw. 5 Möglichkeiten anzukreuzen, bei dem CRT ist ein falscher, veränderter Satzteil im Kontext von 4 korrekten Satzteilen herauszufinden. Die Prozedur ist konkret die folgende: ein Text wird in Satzteile unterteilt; dabei wird für den Verständnistest einer von fünf Satzteilen (über Satzgrenzen hinweg) so verändert, daß auch die veränderte Satzsequenz einen in sich kohärenten, nur eben neuen, vom ursprünglichen Text abweichenden Sinn ergibt; der Proband muß dann den ersetzten Satzteil ankreuzen.

Beispiel (nach CARVER & DARBY 1971, 35 in dt. Übersetzung): Gelesener Text: Die Ansichten des Laien über Computer und deren Leistungsfähigkeit verleihen dieser Erfindung den Status eines unfehlbaren und unparteiischen Lehrers. Es ist durchaus möglich, daß die Zukunft diese Einschätzung bestätigt, aber zur Zeit ist es wichtig festzustellen, was Computer nicht können, auch wenn kein wichtigerer Grund vorliegt als das eine Ziel: eine realistische Bewertung zu erreichen. Computer können keine Entscheidungen treffen, die nicht vorher vom Menschen programmiert wurden.

Verständnis-Test:

1. (A) Die Ansichten des Laien
   (B) *über zukünftige Lehrmaschinen*
   (C) und deren Leistungsfähigkeit
   (D) verleihen dieser Erfindung
   (E) den Status

2. (A) eines unfehlbaren
   (B) und unparteiischen Lehrers.
   (C) Es ist durchaus möglich,
   (D) daß die Zukunft
   (E) *eine veränderte Lage bringt,*

3. (A) aber zur Zeit
   (B) ist es wichtig festzustellen,
   (C) was Computer nicht können,
   (D) *denn der Lehrer als Person ist wichtiger*
   (E) als das eine Ziel:

4. (A) *immer neue Maschinen zu konstruieren.*
   (B) Computer können keine
   (C) Entscheidungen treffen,
   (D) die nicht vorher
   (E) vom Menschen programmiert wurden.

Abb. 10: Beispiel für einen ‚chunked reading test‘ (nach CARVER & DARBY 1971, 35 in dt. Übersetzung)

Das Beispiel zeigt deutlich, daß in dieser Form der Mehrfach-Wahl-Antworten schlußfolgerndes Denken allein (ohne Kenntnis bzw. Verständnis des ursprünglichen Textes) nicht mehr zur richtigen Beantwortung ausreicht. Dadurch, daß der ersetzte (falsche) Satzteil herausgefunden werden muß und der Testtext ebenfalls einen in sich kohärenten (allerdings abweichenden) Sinn ergibt, sind zur Beantwortung mit großer Wahrscheinlichkeit mehr und in ausgewogener Weise beteiligte kognitive Prozesse und Teilfähigkeiten notwendig, so wie sie oben (Kap. 1.) für das Konstrukt Textverständnis abgeleitet wurden. Dies bestätigt sich auch anhand der empirischen Ergebnisse, die CARVER in seinen Untersuchungen sichern konnte: im Vergleich zu klassischen multiple choice-Tests zeigte sich, daß die CRT-Werte im Vergleich zu standardisierten (klassischen) Verständnistests weniger stark auf Faktoren wie Wort- und Grammatik-Kenntnis zurückgehen (CARVER 1970, 145), sondern stärker auf den unmittelbaren Verarbeitungsprozessen des je speziellen Textsinns einschließlich der (kurzzeitigen) Gedächtnisprozesse beruhen. Auch der Vergleich zwischen CRT-Ergebnissen auf der Grundlage von Textkenntnis und solchen ohne Textkenntnis (Versuchsanordnung des ‚Informationszuwachses‘) ergibt im Gegensatz zu den oben berichteten Werten von WEAVER & BICKLEY eine eindeutige Verbesserung: wenn man das Ergebnis von WEAVER & BICKLEY (1967) so formuliert, daß sich bei Nichtlesern eines Textes nur ein Abfall von 33% richtiger Antworten im multiple choice-Test im Vergleich zur Leistung der Textleser ergibt, so ist der entsprechende Wert für den chunked reading-Test: 54% geringere Leistung, wenn der Ursprungstext nicht gelesen wurde (CARVER & DARBY 1971, 40). Der CRT mißt also den beim Lesen eines Textes verarbeiteten und aufgenommenen (verstandenen) Sinn eindeutig valider als die klassischen multiple choice-Tests (CARVER & DARBY 1971, 33).

Die wichtigste Weiterentwicklung der cloze procedure ist das, was im Englischen ‚progressive cloze procedure‘ genannt wird, d. i. das Erraten eines Textes Zeichen für Zeichen von links nach rechts (s. o. 2.2.). Entsprechend dem Grundmuster, dem ‚Ratespiel‘ von SHANNON (1951) wird der Vp nach jedem Raten gesagt, wie das richtige Zeichen im Text lautet. Die Vp hat also den Text von Anfang bis zum Zeichen, das zu erraten ist, vorliegen; dadurch kann sie die von links nach rechts gerichteten Kontextdeterminationen für den Rateprozeß nutzen. Wenn ein Text ohne vorheriges Lesen erraten wird, so ist die Anzahl der richtig geratenen Zeichen ein Indikator dafür, was der Proband schon von vornherein von dem Inhalt/Gegenstand weiß, über den der Text handelt (COLEMAN & MILLER 1968, 375). Im Vergleich dazu läßt der Prozentsatz der richtig geratenen Zeichen nach dem Lesen desselben Textes die durch die Verarbeitung des Textes hinzugewonnene Information (Informationszuwachs) erkennen. In der Untersuchung von COLEMAN & MILLER (1968, 376) betrug der Informationszuwachs 38,93%; 33,7% der Zeichen wurden ohne vorheriges Lesen des Textes richtig geraten, 72,7% nach dem Lesen. Will man es parallel zu den Ergebnissen formulieren, die oben über den CRT berichtet wurden, so ergibt sich: das Erraten ohne Textkenntnis ergibt einen Abfall der richtigen Antworten um 54%. Man kann also auch die ‚progressive cloze procedure‘ als valides Meßverfahren für das Textverständnis im Sinn der durch kognitive Verarbeitung des Textes gewonnenen Informationen ansehen.

Im deutschen Sprachraum ist dieses Rateverfahren besonders differenziert und exakt weiterentwickelt worden, und zwar von WELTNER; allerdings weniger zur Messung des Textverständnisses als vielmehr zur Messung der Schwierigkeit des Textes, also der Textverständlichkeit. Dazu muß man auf den theoretischen Kontext des Ratespiels von SHANNON zurückgehen: SHANNON hat das Ratespiel innerhalb informationstheoretischer Fragestellungen zur Abschätzung der Redundanz des Englischen entwickelt.

Begriffserklärung: Redundanz ist in der Informationstheorie der Gegenbegriff zu Information. Information bezeichnet in der Informationstheorie

(z. T. abweichend von der Alltagssprache) das Neue an einer Mitteilung (und nur dieses).

Beispiel: Wenn eine Sekretärin ihren Chef morgens noch einmal ‚informiert‘, daß er heute mittag einen Termin mit seiner Ehefrau zum Einkaufen hat, dann ist dies informationstheoretisch nur dann eine Information für ihn, wenn er diesen Termin zwischenzeitlich vergessen hat und der Inhalt der Mitteilung ihm also neu ist. Redundanz als der Gegenbegriff zur Information bezeichnet nicht-Neues, also Wiederholungen, Weitschweifigkeit etc.; natürliche Sprachen haben, um gegen Störungen im Kommunikationskanal relativ gefeit zu sein, eine erhebliche Redundanz: nach der genannten Untersuchung von SHANNON (für das Englische) z. B. 70% (für das Deutsche gilt nach KÜPFMÜLLER 1954 der gleiche Wert). Wenn sich die Berechnung der Information nicht auf objektiv (mathematisch-statistisch) feststellbare Wahrscheinlichkeiten gründet, sondern auf subjektive Erwartungen, durch Rateprozesse erschlossene subjektive Wahrscheinlichkeiten etc., dann spricht man von subjektiver Information. Die quantitative Messung der Information geschieht in bit: d. i. die Abkürzung von ‚binary digits‘ (binäre Ziffern); ein bit bezeichnet die Information, die in einer alternativen Frage, zu beantworten mit Ja (1) oder Nein (0), enthalten ist.

Psychologisch entspricht dem Informationsausmaß der Überraschungswert, den eine Mitteilung/Nachricht für den Rezipienten, ein Text für den Leser hat. Die Überraschung kann dabei sowohl durch den mitgeteilten (neuen, unbekannten) Inhalt als auch durch die sprachliche Form (syntaktische, stilistische Information) zustandekommen. Der Informationswert umfaßt also semantische, syntaktische, stilistische Dimensionen. Je mehr der Leser von dem im Text behandelten Gegenstand bereits weiß, je mehr er die verwendete sprachliche Form kennt und erwartet, um so geringer ist die Information für ihn, um so einfacher, verständlicher ist der Text für ihn – und umgekehrt. Die (subjektive) Information kann man also als Maßzahl für die Verständlichkeit eines Textes ansehen; und folglich das Verfahren des sukzessiven Erratens von Zeichen (progressive cloze procedure) eines Textes, der noch nicht gelesen wurde, als Messung der Textverständlichkeit ansetzen.

Genau mit diesem Ziel hat WELTNER das Ratespiel von SHANNON weiterentwickelt und vereinfacht. Bei SHANNON mußte die Vp jeden Buchstaben erraten und zwar so lange, bis sie den richtigen getroffen hatte; auf diese Weise war die subjektive Information zu berechnen. WELTNER vereinfachte das Verfahren zunächst auf Buchstabenebene folgenderweise: er ließ Vpn zur Berechnung des Informationswertes nach einem Verzweigungsschema raten; gleichzeitig führte er ein verkürztes Rateverfahren durch, bei dem die Vp nur einmal raten muß und dann den richtigen Buchstaben gesagt bekommt: man mißt

mit den richtig erratenen Zeichen so die Redundanz (erster Ordnung). Diese Redundanz hat WELTNER dann anhand einer Regressionsanalyse mit den Informationswerten der vollständigen Schätzung
verbunden (1964; 1965; 1967). Im folgenden hat er die Rateeinheit
über Silben (1969) bis zu Worten vergrößert (1970); aus den Prozentwerten der bei einem solchen sukzessiven Ratevorgang richtig erratenen Worte (Redundanz) läßt sich mit Hilfe der WELTNERschen Regressionsgleichung (1970, 154ff.) die subjektive Information des Textes für den jeweiligen Leser berechnen. Die Berechtigung für die
Anbindung der vereinfachten Verfahren an die präziseren über eine
Regressionsgleichung basiert auf den relativ hohen Korrelationen
dieser Verfahren untereinander: das genaue Verfahren mit Angabe
von Erwartungswahrscheinlichkeiten, das Verfahren mit Benutzung
eines Verzweigungsschemas und die vereinfachten Verfahren mit der
Vorhersageeinheit Buchstaben sowie Worte korrelieren im Durchschnitt mit r = .82 miteinander (vgl. WELTNER et al. 1971). Da man
diese progressive cloze procedure bei längeren Texten auch auf Zu-
fallsstichproben ohne Verminderung der Validität beschränken kann
(WELTNER 1970), ist dieses Rate-Verfahren heute für die empirische
Forschung durchaus praktikabel und ökonomisch.

Weitere Vereinfachungen sind bisher noch nicht überzeugend erfolgreich
gewesen: so hat HAGER versucht, ebenfalls über eine Regressionsgleichung die
einfache cloze procedure mit dem WELTNERschen Rate-Verfahren zu verbinden; er kommt zu folgender Regressionsgleichung: H_{sub} = 23,9 C_{LSV} − 0,4;
dabei ist C_{LSV} (LSV = ‚Lücken-Schließ-Verfahren‘, d. h. cloze procedure):

$\dfrac{\text{N Wörter, falsch}}{\text{N Wörter, total}}$ Der Nachteil dabei ist, daß die cloze procedure ein mehrfa-
ches an Vpn erfordert im Vergleich zum WELTNERschen Rate-Verfahren; Versu-
che zur Reduzierung der Vpn-Anzahl sind bisher fehlgeschlagen (HAGER 1979).

KROEBEL (1971) hat versucht, die subjektive Information aus einer genauen
Protokollierung der Lesezeit pro Wort abzuleiten; er erhält zwar eine relativ
hohe Korrelation seiner Daten mit denen des WELTNERschen Rate-Verfahrens
(CC = .79), doch ist die Validität seiner Regression fraglich, da dieselben
Vpn den Rate-Test und den Lese-Test durchführten (mit einigen Tagen
Abstand; KROEBEL 1971, 264).

Für die Praxis des Unterrichts z. B. bleibt jedoch auch das Verfahren der vereinfachten progressive cloze procedure wohl doch etwas zu
aufwendig, zumal es ja eine permanente Rückmeldung (des richtigen
Wortes) nach jedem Ratevorgang erfordert. Dennoch lassen sich aus
den dargestellten Ergebnissen der methodenüberprüfenden Untersuchungen folgende Konsequenzen ziehen:

– Nach dem derzeitigen Forschungsstand messen die klassischen standardisierten Tests zum Textverständnis (multiple choice-Tests) und auch die einfache cloze procedure das Textverstehen nicht optimal in bezug auf das Zusammenspiel der angezielten Teilfähigkeiten; vielmehr ermöglichen sie es den Prozessen des schlußfolgernden Denkens zu stark, an die Stelle der Verarbeitung und Speicherung des Textsinns zu treten, so daß auch ohne Textkenntnis, praktisch nur aus der *Test*kenntnis heraus, relativ hohe Prozentsätze richtiger Antworten möglich sind. Diese Nachteile werden durch die Weiterentwicklungen der beiden klassischen Verfahren weitgehend vermieden: den ‚chunked reading Test‘ nach CARVER und sukzessive Rateverfahren (besonders in der Vereinfachung nach WELTNER). Diese beiden Verfahren können heute als die besten bezeichnet werden, die für Forschungsarbeiten zur Verfügung stehen. Dabei ist das Rateverfahren zur subjektiven Informationsmessung, wenn es ohne vorherige Textkenntnis des Probanden angewandt wird, besonders zur Messung der Textverständlichkeit geeignet.

Ob diese Verfahren auch für die pädagogische Praxis (z. B. des Unterrichts) optimal sind, ist damit noch nicht gesagt. Zumindest an einem Punkt aber sind Testverfahren für die Forschung und pädagogische Praxis gleichermaßen zu konzipieren: als kriteriums- oder lehrzielorientierte Tests. Die klassischen standardisierten multiple choice-Tests des Textverständnisses weisen durchaus die üblichen Nachteile normorientierter Tests (vgl. ZIELINSKI 1974a; KLAUER et al. 1972) auf, z. T. durch die suboptimale Validität in erhöhtem Ausmaß:

– Normorientierte Tests schaffen durch den Vergleich mit der Alters- bzw. Klassennorm und die Unterstellung der Normalverteilung unvermeidbar ‚Versager‘; eine Verbesserung des individuellen Testwerts ist nur in Konkurrenz zu den ‚Mit‘-Probanden möglich;

– eine Standardisierung (Eichung an einer repräsentativen Stichprobe von Probanden) ist nur möglich, wenn der Test relativ undifferenziert auf allgemeine (Teil)Fähigkeiten abzielt und die Voraussetzungen der individuellen Ausbildung unberücksichtigt läßt;

– da die normorientierten Tests keinen Bezug auf die Ausgangssituation der bisherigen Lerngeschichte des Probanden nehmen, gibt ein solcher Test kaum Hinweise auf fehlende oder unzureichende Lernvoraussetzungen; er eignet sich mehr zur Selektion als zur Förderung des Lernenden.

Im Gegensatz dazu bieten kriteriumsorientierte Tests pädagogische Vorteile, die es nahelegen, ihnen den Vorzug zu geben (außer in den wenigen Fällen, in denen ausschließlich Selektion das Ziel der Testanwendung ist), zu diesen Vorteilen gehören vor allem (vgl. ZIELINSKI 1974b; KLAUER et al. 1972):

– Der Vergleich mit dem (absoluten) Lehrziel-Kriterium ermöglicht es im Prinzip jedem, das Kriterium zu erreichen; eine Verbesserung der individuellen Leistung ist ohne Konkurrenz zu Mitlernenden möglich;

– besonders eine informelle Herstellung von kriteriumsorientierten Tests kann auf das Curriculum Bezug nehmen und differenziert feststellen, welche Lernvoraussetzungen (z. B. Vorkenntnisse aus dem bisherigen Curriculum) der einzelne Lerner besitzt oder aber nicht besitzt;

– dadurch erlauben kriteriumsorientierte Tests sowohl eine Evaluation des Unterrichts als auch einen individualisierteren (mehr auf Vorkenntnisse des Einzelnen bezogenen) Unterricht (Stichwort: ‚innere Differenzierung‘);

– unter motivationalen Aspekten können bei kriteriumsorientierten Tests die Fortschritte des Schülers auch auf die Ausgangsleistung bezogen werden; selbst wenn das Kriterium (Lehrziel) nicht erreicht wird, ist so noch ein (den Schüler motivierender) Fortschritt feststellbar.

Diese pädagogischen Vorteile sollten nicht nur bei der Verwendung von Textverständnistests in der unterrichtlichen Praxis berücksichtigt werden, sondern auch bereits durch entsprechende Konzipierung in der Forschung eingebracht werden. Strategien und Methoden zur Herstellung kriteriumsorientierter Tests werden differenziert dargestellt von KLAUER et al. (1972; 1977); BORMUTH behandelt besonders die Entwicklung von Testitems zur Testung der kognitiven Verarbeitung und Speicherung von Texten (1970).

Je differenzierter und komplizierter allerdings die Strategien und Anforderungen zur Herstellung kriteriumsorientierter Tests werden, desto unpraktikabler wird ihre Anwendung bei der Herstellung informeller Tests durch den einzelnen Lehrer; da die Entwicklung der in der Forschung verwendeten Tests des Textverständnisses in Richtung immer differenzierterer, aufwendigerer Verfahren gegangen ist, erhebt sich die Frage, ob solche Verfahren auch für die informelle Praxis der Überprüfung von Textverständnis (z. B. im Unterricht) geeignet sind. Doch diese Frage wollen wir erst entscheiden, wenn wir die Messung des Verständnisses literarischer Texte behandelt haben.

2.4. Verständnis literarischer Texte

Die Sprache von wissenschaftlichen oder Sachbuch-Texten, von informierenden Texten insgesamt, ist auf Kommunikation ausgerichtet, auf möglichst ungestörte Übermittlung bestimmter, fest umrissener Informationen an den Leser. Für literarische Sprache gilt dies sicherlich nicht im gleichen Ausmaß. Auf der Grundlage der ‚hermetischen Lyrik‘ des 20. Jahrhunderts (FRIEDRICH 1956; KESTING 1965) ist sogar eine Ästhetiktheorie entwickelt worden, die literarische Sprache als Gegenpol zur informierenden Sprache ansetzt: als nicht-kommunikativ, vieldeutig (polyvalent), assoziativ aufgeladen, tendenziell alogisch etc. (vgl. GROEBEN 1972a, 145ff.). Auch wenn man diese extreme Polarisierung als Position einer speziellen Ästhetiktheorie ansieht, so läßt sich doch die Behauptung rechtfertigen, daß ein ‚Spielraum‘- oder ‚Polyvalenz‘-Faktor (SCHMIDT 1971) notwendiger Bestandteil literarischer Texte ist. Auch aufgrund von Ergebnissen der experimentellen Ästhetik läßt sich nachweisen, daß ästhetische Objekte (literarische Texte) immer eine Integration von zwei gegenläufigen Polen darstellen: Spielraum und Bestimmtheit, ästhetische Normerfüllung und Normverletzung, Entropie und Redundanz (vgl. GROEBEN 1977; BERLYNE 1974a). Der Spielraum-Faktor ist daher durchaus als entscheidender Unterschied zwischen nicht-literarischen und literarischen Texten anzusehen. Auf diesem Hintergrund ergeben sich für die Messung des Verständnisses von literarischen Texten die Fragen:

SIND ZUR MESSUNG DES VERSTÄNDNISSES LITERARISCHER TEXTE DIE GLEICHEN MESSVERFAHREN BRAUCHBAR WIE BEI INFORMATIONSTEXTEN? und

IST DIE FESTLEGUNG DES ZIELKRITERIUMS (TEXTVERSTÄNDNIS) VERGLEICHBAR EINDEUTIG ODER WIRD SIE DURCH DIE SPEZIFISCHEN MERKMALE DER LITERARIZITÄT BEEINTRÄCHTIGT?

Um diese Fragen anzugehen, läßt sich zunächst danach fragen, ob der Prozeß des Lesens/Verstehens bei literarischen Texten ähnlich wie bei Informationstexten abläuft. Die komplexeste (empirische) Untersuchung zu diesem Problem hat WILLENBERG (1978) vorgelegt. Er geht (in der Theorie) davon aus, daß sich der Leser dem Text ‚in einer Schrittfolge annähert‘ (29); als erste Bedingung setzt er ein ‚Interesse an der imaginären Szenerie und der Thematik‘ an. Von der Intensität des Interesses hängt die Differenziertheit der wahrnehmenden Verarbeitung ab: dabei werden primär ‚Personen als Handlungsträger‘ wahrgenommen (33), dann Beziehungen zwischen den Personen sowie zwischen räumlichen und zeitlichen Details (‚Bühne‘, 34). Eine tiefergehende Verarbeitung läuft über die emotionalen imaginativen

Strukturen der Person, durch die auch Bewertungen, wunschvolle Projektionen, Abwehr etc. dem (jeweiligen) literarischen Text gegenüber determiniert werden (29). Und von diesem wiederum hängt natürlich die Auswahl bestimmter Inhalte, Ideen etc. für das Langzeitgedächtnis sowie die Wirkung im eigenen Lebenshorizont ab (29). Die Überprüfung dieser Hypothesen hat WILLENBERG mit einer Vielzahl von Instrumenten vorgenommen: freie Assoziationen, einer Art Tiefeninterview (sensu HOLLAND 1973; 1975), Aufzeichnungen von Diskussionen (in einer Schulklasse), Befragung nach ‚Inhalten, Bewertungen, Sprache' (1978, 43) z. B. auch durch Projektionsgeschichten (vgl. S. 59f.) und Analyse von Wiedergaben (Nacherzählungen; 1978, 53ff.). Die berichteten Daten sind allerdings so stark mit Interpretationen durchsetzt, daß mir eine differenzierte Nachprüfung nicht möglich erscheint. Es seien daher nur die wichtigsten Ergebnisse der Studie von WILLENBERG angeführt (ohne daß damit die zureichende empirische Fundierung in jedem Einzelfall behauptet sein soll) (vgl. 1978, 177ff.):

– Das Interesse am Text orientiert sich zunächst an den Figuren der Handlung;
– das Interesse an der Thematik (des Textes) wird über die Figuren aufgebaut, das gilt besonders für negative Aspekte: eine Abwehr zentraler Figuren bewirkt eine Antipathie gegen den Text/das Buch;
– ‚wenn der Leser in die fiktionale Welt eintritt und tiefergehendes Interesse entwickelt, dann liest und versteht er auch Texte, die über sein bisheriges *sprachliches Niveau* hinausgehen';
– Leser mit differenzierterem Wortschatz rezipieren genauer, detaillierter, flexibler (das gilt auch für die Dekodierung von Metaphern);
– der Umfang des sprachlichen und bildlichen Materials, das der Leser verarbeitet, hängt von seiner allgemeinen, sinnlichen Imaginationskraft ab;
– in Bezug auf die (längerfristige) Wirkung von Texten zeigt sich, daß Bewertungen nach längerer Zeit mehr durch die Lebensumstände als durch die Rezeption von Texten determiniert werden.

Die Ergebnisse sprechen nicht dafür, daß einzelne Teilfähigkeiten des Textverstehens, die oben für nicht-literarische Texte berichtet wurden, bei literarischen Texten etwa nicht nötig seien; höchstens scheint es so, daß bestimmte Fähigkeiten hinzukommen oder aber stärker gewichtet sind: so wäre es theoretisch durchaus erklärbar, wenn die Imaginationsfähigkeit beim Verstehen literarischer Texte eine größere Rolle spielt als bei nicht-literarischen Texten. Es gibt also von der Untersuchung des Verstehensprozesses (bei literarischen Texten) her keine Hinweise, daß die Messung des Textverständnisses grundsätzlich anders sein müßte als bei Informationstexten. Die

Ergebnisse von WILLENBERG sprechen darüber hinaus an einer Stelle sogar positiv dafür, daß die Messung des Textverständnisses bei literarischen und Informationstexten strukturparallel vorgehen kann: weil die Perspektive der Wahrnehmung und Verarbeitung des Textsinns von der je individuellen Alltagswelt und Wirklichkeitssicht (Erfahrung) des Lesers abhängt. D. h.: der Leser rezipiert den literarischen Text in der Regel nicht in der ganzen literarischen Bedeutungsvielfalt (Polyvalenz), sondern gleicht ihn an seinen Erfahrungshorizont an, ein Prozeß, den STEINMETZ (1974, 58) anschaulich ‚Normalisierung‘ des Textsinns genannt hat. Diese Normalisierung ist überzeugend in den empirischen Rezeptionsanalysen von EGGERT et al. (1974; 1975) nachgewiesen worden.

Beispiel:

> EGGERT et al. haben Unterrichtsgespräche über literarische Texte in einer 10. Klasse mitprotokolliert (und z. T. durch Einzelinterviews vertieft). Einer der literarischen Texte war die ‚Paradoxe‘ „Von der Überlegung“ von H. v. Kleist; sie propagiert die These ‚Erst handeln, dann denken!‘ (in einer Rede, die ein Vater seinem Sohne hält). Die Rezeption der Schüler allerdings konstituiert eine völlig entgegengesetzte Textbedeutung: ‚Erst denken, dann handeln‘ (EGGERT et al. 1975, 76ff.). Selbst bei genauerer Textanalyse sahen die Schüler zwar ein, daß einzelne Textteile eher eine These des ‚Nachher-Denkens‘ propagieren, sie hielten aber dennoch an ihrer Bedeutungskonstitution fest, indem sie die entsprechenden Textteile kurzerhand für ‚ironisch‘ erklärten. Die von EGGERT et al. angeführte (hypothetische) Erklärung ist, daß Jugendliche in unserer Gesellschaft praktisch nur die Aufforderung zum Vorher-Denken hören und daher die entgegengesetzte These – noch dazu aus väterlichem Mund – für völlig undenkbar halten.

Dieses – zugegeben – relativ extreme Beispiel von ‚Normalisierung‘ des literarischen Textes macht zumindest eines deutlich: daß das Textverstehen in der Regel auch bei literarischen Texten nicht deren (potentielle) assoziative Mehrschichtigkeit abbildet, sondern zur Konstituierung einer (‚normalisierten‘) Textbedeutung führt. Diese müßte sich nun eigentlich mit den gleichen Erhebungsinstrumenten feststellen/messen lassen wie beim Verständnis nichtliterarischer Texte.

Allerdings sind viele empirische Untersuchungen anhand literarischer Texte mehr auf die Feststellung von deren spezifischen Merkmalen ausgerichtet als auf das Verständnis der Leser; solche Untersuchungen versuchen vor allem die Bandbreite oder die ‚Amplitude‘ (LÄMMERT 1973, 170) der durch den literarischen Text ermöglichten Konkretisationen/Bedeutungen zu erheben. In dieser Funktion der empirischen Rezeptionsanalyse sind bislang besonders folgende Verfahren eingesetzt worden und haben sich bewährt: freie Assoziation, semantisches Differential (sensu OSGOOD), Paraphrasen (mit anschließender Contentanalyse), cloze procedure und semantisch-hierarchische Konzeptklassifikation (sog. ‚free card sorting‘). Einen systematischen Überblick über diese Methoden und ihre Stellung innerhalb einer empirischen Rezeptionsforschung bzw. Literaturwissenschaft gibt anhand von Untersuchungsbeispielen GROEBEN 1977. Ich will daher zur Verdeutlichung dieser Frageperspektive hier nur ein Beispiel vorstellen, das die schon behandelte Methode der cloze procedure verwendet (und zwar eine Untersuchung von FAULSTICH 1976).

Beispiel:

Damit die Textcharakteristika aus der ausgefüllten cloze-Version rückerschlossen werden können, wird die cloze procedure bei Vpn ohne Textkenntnis eingesetzt (wie oben unter 2.2. entwickelt); bei dem von FAULSTICH untersuchten Text handelt es sich um ein Gedicht von S. Crane:

Original-Text	cloze-Text	Rezeptions-Text
I stood upon a high place,	I stood ____ a high ____,	I stood *on* a high *mountain,*
And saw, below, many devils,	And saw, ____, many devils,	And saw, *below,* many devils,
Running, leaping,	____, leaping,	*Dancing,* leaping,
And carousing in sin.	And ____ in sin.	And *living* in sin.
One looked up, grinning,	____ looked up, ____,	*They* looked up, *laughing,*
And said: "Comrade! Brother!"	And said: "____ ____!"	And said: *"Join us!"*

Abb. 11: Beispiel für Rezeptionsanalyse mittels cloze procedure
(nach FAULSTICH 1976)

Die Grundstruktur des Gedichts, nämlich ‚Bild eines Gegensatzes und dessen Aufhebung‘ (nach FAULSTICH), wird von der Rezeptionsversion nicht völlig erfaßt: durch das ‚lockende Moment‘ des ‚Join us!‘ wird die Gleichheit des Betrachters auf der Höhe und der vielen dort unten, die ‚Gleichheit des Sündenzustandes unterschlagen‘ (o. c., 85). FAULSTICH schließt daraus, „daß der gesamte Text den (befragten) Lesern" (anglistische/amerikanistische Literaturwissenschaftler der BRD) auch heute noch „etwas Unerwartetes, etwas ‚Neues‘ zu sagen imstande ist" (o. c., 92).

Für die Erhebung des Textverständnisses könnte im Prinzip (wie bei den nicht-literarischen Texten) die cloze procedure nach Lesen eines Textes eingesetzt werden; allerdings sind für das einfache Grundverfahren (Auslassung jedes 5. Wortes) die gleichen Einschränkungen der Validität zu erwarten wie oben für nicht-literarische Texte

berichtet. Erschwerend käme m. E. hinzu, daß bei literarischen Texten die Frage, ob synonyme Worte als korrekte Einsetzungen zuzu-
lassen sind, erneut aufzugreifen wäre, weil die literarische Wortwahl
doch häufig recht stark von der alltagssprachlichen abweicht; methodische Untersuchungen zu diesen Problemen anhand literarischer
Texte wurden aber bislang m. W. nicht durchgeführt. Eine weitere
Möglichkeit, bei der dieses Problem allerdings auch auftauchen
würde, ist die Auslassung von größeren Einheiten: ganzen Satzteilen,
Sätzen oder sogar Textabschnitten. Da mit dem Einsetzen-Lassen
solcher größerer Textabschnitte aber neben dem diagnostischen Ziel
meistens auch eine didaktische Zielsetzung verbunden ist, kommen
wir später unter dem Aspekt der Verbesserung des Textverstehens
darauf zurück (s. u. 3. u. 4).

Bei dem anderen klassischen Verfahren der Verständnis-Messung,
den Mehrfach-Wahl-Antworten, ergibt sich für literarische Texte das
Problem, gleich wahrscheinliche Antwort-Alternativen zur richtigen
Antwort zu finden: denn diese Alternativen müßten ja auch in der
ästhetischen Form kongenial sein, damit nicht nur über ästhetische
Sensibilität eine Auswahl der richtigen Antwort (über Elimination der
ästhetisch minder guten) möglich wäre. Auf diesem Hintergrund
bietet sich die auch im Unterrichtsgespräch dominierende informelle
Verfahrensweise der ‚offenen‘ Frage an – einer Frageform also, die
keine Antwortalternativen vorgibt, sondern eine aktive, eigenformu-
lierte Antwort des Lesers erfordert.

Beispiel:

KÜPPERS (1980) hat auf diese Art innerhalb von Examensarbeiten das Verständnis von kurzen Prosa- und Lyriktexten auf verschiedenen Klassenstufen
untersuchen lassen. Die Fragen überprüften das einfache Sinnverständnis
genauso wie das Ziehen von Schlußfolgerungen innerhalb des Texthorizonts
und das Übertragen des Gedankenganges auf die eigene Wirklichkeit; so
waren z. B. Fragen zur Äsopschen Fabel ‚Vom leichtsinnigen Anschwärzen‘
(Text im Anhang):
1. War der Wolf der Freund des Fuchses? ... 5. Warum verschwand wohl
der Fuchs am Ende so schnell im Gebüsch? ... 7. Wo könnte etwas ähnliches
geschehen wie in der Geschichte? (KÜPPERS 1980, 58ff.). Bei Frage 1) waren
die richtigen Antworten über die Schuljahre 3 bis 5 etwa gleich verteilt. Bei
Frage 5) wurden diejenigen Antworten als richtig klassifiziert, die zeigten,
daß der Fuchs als Betrüger durchschaut worden war; hier ergab sich folgende
Verteilung der richtigen Antworten über die Schuljahre: 3. Schuljahr: 12 (N
= 52); 4. Schuljahr: 34 (N = 73); 5. Schuljahr: 28 (N = 67). Zwischen dem
3. und 4. Schuljahr ergibt sich also ein bedeutsames Ansteigen des Textverständnisses (signifikantes Chi-Quadrat; Berechnung N. G.). Ähnliches gilt

für die Antworten auf die Frage 7): hier ist die Übertragung der ‚Botschaft'
der Geschichte über den Bereich der Märchen und Fabeln hinaus auf die
menschliche Realität allerdings erst Fünftklässlern möglich. In ähnlicher
Weise ist auch das Verständnis von Gedichten und längeren Prosastücken
durchaus erfolgreich untersucht worden (KÜPPERS 1980, 62ff.). KÜPPERS unterscheidet als Ergebnis dieser Untersuchungen drei Niveaus von Textverständnis, die von einem ‚vordergründigen, inhaltlichen Verständnis' aus eine
immer tiefere kognitive Verarbeitung (einschließlich Schlußfolgerungen etc.)
beinhalten (1980, 97f.).

Formal handelt es sich bei dieser Vorgehensweise um offene Fragen
in Kombination mit einer contentanalytischen Bewertung der Antworten; dabei wurden die contentanalytischen Kategorien hier besonders auf die Klassifikation der Antworten als ‚richtig' oder ‚falsch' hin
ausgerichtet (definiert). Solche offenen Fragen werden in der Praxis
des Schulunterrichts natürlich in der Regel nicht schriftlich an jeden
einzelnen gerichtet, sondern mündlich an alle Schüler gleichzeitig.
Auch für in diesem Kontext erfolgende Antworten, also praktisch ein
Unterrichtsgespräch, im optimalen Fall eine Gruppendiskussion, ist
eine contentanalytische Auswertung möglich.

Beispiel:

HÜHN & KÜNNE haben (1978) englische (‚triviale') Frauenliteratur und
deren Rezeption in solchen Unterrichtsgesprächen/Gruppendiskussionen untersucht; dafür haben sie ein inhaltsanalytisches Klassifikationsschema entwik-
kelt, das folgende Kategorien enthält (HÜHN & KÜNNE 1978, 145; die einzelnen Definitionen innerhalb der Kategorien sind mit Beispielen auf den Seiten
davor (117ff.) nachzulesen; vgl. Tab. 4):

Tabellarische Zusammenstellung der Auswertungskategorien

Erste Dimension:	Wahrnehmungshaltung	
Ober-Kategorien:	Illusionistische Wahrnehmungshaltung	Distanzierte Wahrnehmungshaltung
Kategorien:	(1) plot and character (2) Autor und Stil (3) Sinnhorizont	(1) plot and character (2) Autor und Stil (3) Sinnhorizont (4) Pauschale Hinweise auf den Text
Zweite Dimension:	Aussagen über den Leser	
Kategorien:	(1) plot and character (2) Autor und Stil (3) Sinnhorizont	(4) Pauschale Text-Leser-Bezüge (5) Andere Texte (6) Ohne Textbezug
Dritte Dimension:	Gattungsmäßige Einordnung	
Kategorien:	(1) plot and character (2) Autor und Stil (3) Sinnhorizont (4) Leser	(5) Pauschale Klassifizierung (6) Klassifizierung anderer Texte (7) Definitionsversuch ohne Textbezug

Vierte Dimension:	Persönliche Wertung		
Ober-Kategorien:	Mit persönlicher Wertung	Enthaltung von einer Wertung	Ohne persönliche Wertung (keine Subkategorisierung)
Kategorien:	(1) plot and character		
	(2) Autor und Stil		
	(3) Sinnhorizont		
	(4) Bewertung des Lesers		
	(5) Pauschale Bewertung des Textes		
	(6) Bewertung anderer Texte		
	(7) Wertende Aussagen ohne Textbezug		

Tab. 4: Inhaltsanalytisches Klassifikationsschema (nach HÜHN & KÜNNE 1978, 145)

Ein vergleichbares (inhaltsanalytisches) Auswertungssystem für ‚Antworten auf Literatur‘, das noch mehr die Wertungen des Lesers thematisiert, haben PURVES & RIPPERE (1974) entwickelt.

Solche Modelle führen aber schon wieder von der Testung des individuellen Textverständnisses weg, und zwar an zwei Punkten: zum einen erlauben sie keine eindeutige Festlegung der individuellen Einzelleistung, zum anderen enthalten sie keine expliziten, präzisen Angaben dazu, was als ‚richtiges‘ Verständnis anzusetzen ist und was nicht. Hierin liegt aber eine grundsätzliche (und vermutlich die größte) Schwierigkeit bei dem Versuch, das Verständnis *literarischer* Texte zu testen. Bei relativ einfachen, nicht-komplexen (Prosa)Texten (wie z. B. der oben besprochenen Äsop-Fabel) ist die Festlegung des ‚richtigen‘ (vom Text her vorgezeichneten) Verständnisses noch ziemlich eindeutig und unproblematisch möglich; je mehr aber der ‚Spielraumfaktor‘ und damit die Polyinterpretabilität in einem literarischen Text an Gewicht gewinnen, umso problematischer wird die Festlegung eines richtigen Verständnisses (oder auch mehrerer). Die Suche nach dem richtigen Textverständnis oder der ‚adäquaten Rezeption‘ ist eine Frage, die m. E. auch in der bisherigen Literaturwissenschaft zu konvergierend behandelt worden ist (ausführliche Kritik in GROEBEN 1977, 136ff.). Lesen ist nach einem immer wieder zustimmend zitierten Ausspruch von SARTRE (1974, 169) ‚gelenktes Schaffen‘ (création dirigée); die klassische Literaturwissenschaft aber fragt vor allem nach der ‚Lenkung‘ des Lesers durch den Text, nach der *einen* dem literarischen Text angemessenen Rezeption/Interpretation. Dabei wird ganz übersehen, daß ein Textverständnis, das dem literarischen *Kunst*werk angemessen ist, gerade in der ‚création‘ nichtnormierter Textbedeutungen bestehen kann: bei Berücksichtigung des Spielraumfaktors schreibt der literarische Text u. U. gerade nicht *eine* adäquate Rezeptionsversion vor, sondern ermöglicht eine Fülle von Sinnkonstituierungen, ja erfüllt seine ästhetische Funktion vielleicht gerade in der Ermutigung zu einer Vielfalt von Sinnkonstitutionen (s. o. ‚Amplitude'). Auf diesem Hintergrund aber muß die Festsetzung *eines* richtigen Textverständnisses, wie es die Messung/Testung des Verständnisses ja erfordert, auf jeden Fall willkürlich erscheinen.

Beispiel:

COOPER berichtet (1972) über (amerikanische) Tests, die speziell zur Messung ästhetischer Sensibilität und Bewertung (‚appreciation') in Bezug auf literarische Texte entwickelt wurden. Unproblematisch ist die Festlegung des ‚richtigen' Verständnisses natürlich bei einfachen Unterscheidungsaufgaben: wenn der Proband benennen soll, welcher Text(auszug) Prosa und welcher Lyrik ist (z. B. WILLIAMS et al. 1938). Bei einem anderen Aufgabentyp soll der Leser den (ästhetisch) besten Text aus drei Textproben herausfinden; der beste Textauszug wird dabei in der Regel von den Testautoren aus einer eingeführten Anthologie entnommen (im Englischen z. B. Oxford Book of Prose), der mittlere von einem ‚Autor beschränkter Qualität' und der schlechteste aus ‚Massen-Zeitschriften'. Wenn man bedenkt, wie radikal sich ästhetische Wertungen im Laufe der Zeit ändern können (vgl. SCHULTE–SASSE 1976), dann wird die Problematik dieser naiv auf derzeit gerade geltende Ästhetikvorstellungen zurückgreifenden Festsetzung des ‚richtigen' Verständnisses, der ‚richtigen' Wertung unmittelbar einsichtig. Das Problem wird m. E. auch nicht dadurch entschärft, daß man anerkannte literarische Texte nimmt und bewußt eine ‚inferiore' Version herstellt (wie z. B. in RIGGS ‚Poetry Judgment Test' 1942): auch hier hängt die Einschätzung der Inferiorität zu großen Teilen von dem ästhetischen ‚Erwartungshorizont' des Lesers ab (JAUSS 1970). So überrascht es auch nicht, daß schon die Reliabilität solcher Tests z. T. sehr gering ist (unter .70) und die Übereinstimmung mit (anderen) Verständnis-Tests bisher nicht über .50 geht (COOPER 1972, 18f.).

Für die Literaturwissenschaft ist die Konsequenz aus diesen Schwierigkeiten relativ eindeutig: man sollte nicht mehr nach *der* richtigen Rezeption/Interpretation suchen, sondern nach der Grenze fragen, bis zu der eine potentiell sehr große Vielfalt von rezipierten Textbedeutungen (Rezeptionsamplitude) akzeptierbar ist; diese Grenze ist unter Rückgriff auf Beschreibungs- und Analyseverfahren der materialen Textstruktur (z. B. textlinguistische Analyse) festlegbar (vgl. GROEBEN 1977, 140ff.). Für die Erhebung/Messung des Textverständnisses ist die Konsequenz etwas problematischer: ähnlich wie bei Kreativitätstests stößt die klassische Testtheorie hier an Grenzen. Denn für eine möglichst objektive, reliable etc. Messung ist immer die Auszeichnung *einer* richtigen Antwort nötig; unter dem Aspekt

des Spielraumfaktors von literarischen Texten ist aber gerade eine
solche positive Auszeichnung gegenstandsadäquat nicht sinnvoll, ja
z. T. nicht zulässig. Der Gegenstand (literarischer Text) führt also
letztlich zu einer Veränderung der Fragestellung: nicht mehr die
einfache, möglichst eindeutige Feststellung von Textverständnis ist
ihm gegenüber angemessen, sondern mehr die Entwicklung eines
flexiblen, kritischen und d. h. argumentativ begründeten Textverstehens (s. u. 3).

Zusammenfassend muß man daher in Bezug auf die Messung des
Verständnisses literarischer Texte sagen: daß sich auch hier die gleichen methodischen Schwierigkeiten einer objektiven und validen
Messung zeigen wie beim Verständnis von Informationstexten; daß
die Literarizität der Texte zu zusätzlichen Schwierigkeiten führt: zum
einen ist die inhaltliche Festlegung des Probanden auf eine Antwort
problematisch (bei Mehrfach-Wahl-Antworten z. B.; bei cloze procedure entsprechend das Problem der Synonyma) – das führt gegebenenfalls zur Bevorzugung offener Fragen (mit anschließender kategorisierender Auswertung); zum anderen wird die Festlegung *eines*
richtigen Verständnisses u. U. dem Gegenstand nicht gerecht – das
führt zur Veränderung der Problemsicht, aus der heraus dann mehr
nach einer Erhebung und sogar Förderung von Rezeptionsvielfalt
bzw. der Begründung von Rezeptionsvarianten gefragt wird.

2.5. Konsequenzen

Im zusammenfassenden Rückblick erweist sich die Messung des
Textverständnisses also als gar nicht so unproblematisch, wie sie zu
Anfang der einschlägigen Forschung erschien. Die bisherige Forschung hat zwar insgesamt mindestens so viele Probleme aufgeworfen
wie praktikabel gelöst, doch sind mittlerweile sowohl die Möglichkeiten als auch die Grenzen der Messung von Textverständnis erkennbar. Die Konsequenzen sind dabei allerdings z. T. für Forschung vs.
praktischen Unterricht sowie Informationstexte vs. literarische Texte
verschieden.

Die erste Stufe der Testentwicklung, die Konzipierung von Verständnistests analog zu klassischen normorientierten Tests (wie z. B.
Intelligenztests), ist im Prinzip nur für das (didaktisch seltene) Ziel
der Selektion von Probanden brauchbar; für alle anderen pädagogischen Zielsetzungen ist die Entwicklung lehrzielorientierter Tests
angezeigt (ANDERSON 1972, 164); dies gilt gleichermaßen für die Mes-

sung in der Forschung wie im Unterricht, für die Konzipierung formeller wie informeller Tests.

Gerade die klassischen standardisierten Tests aber zeigen auch eine erste Grenze der klassischen Testtheorie für die Messung von Textverständnis auf: wie oben besprochen ist testtheoretisch die Reliabilität eine notwendige· Bedingung für Validität. Eine Erhöhung der Reliabilität führt daher potentiell zu einer Verbesserung der Validität, keinesfalls zu einer Verschlechterung (LIENERT 1969). Bei der Messung des Textverständnisses tritt aber z. T. genau das Gegenteil auf: Reliabilität wird verbessert durch eine Erhöhung der Anzahl von Testfragen (LIENERT 1969, 242ff.), bei Verständnistests wächst aber gerade dadurch die Kohärenz der Testfragen untereinander, die eine Beantwortung des Tests auch ohne Textkenntnis ermöglicht. Wenn eine Erhöhung der Reliabilität eine Verminderung der Validität bedeutet, dann erreicht die klassische Testtheorie ihre Grenze (vgl. auch AMELANG & BARTUSSEK 1970). Für die Forschung kann man diese Gegenläufigkeiten durch relativ komplexe, raffinierte Weiterentwicklungen aufheben: für Informationstexte konnten wir oben den Verständnistest von CARVER und sukzessive Rateverfahren (progressive cloze procedure) als bislang beste Meßverfahren des Textverständnisses feststellen. Aber insgesamt ist an der einschlägigen Forschung zu kritisieren, daß sie viel zu wenig explizite Informationen über die Entwicklung und Merkmale der Testverfahren mitteilt (vgl. die Zusammenstellung von ANDERSON 1972, 166); FARR & TUINMAN haben (1972) die wichtigsten methodologischen Fragen zusammengestellt, die in bezug auf die Entwicklung eines Tests mindestens gestellt und beantwortet werden sollten. Für die unterrichtliche Praxis aber sind die in der Forschung optimalen Verfahren meistens zu komplex und aufwendig; es ist daher durchaus berechtigt, im Unterricht auch die einfacheren offenen Fragen (mit anschließender kategorisierender Auswertung/Bedeutung) einzusetzen: besonders bekannt und viel besprochen sind dafür die sog. W-Fragen: *Wer, Was, Wo, Wann, Wie,* und *Warum?* (vgl. HARRIS 1970, 419f.) Allerdings sollte man bei der Formulierung darauf achten, daß nicht nur ‚buchstabengetreues' Memorieren (z. B. sinnfreies Auswendiglernen) zur richtigen Beantwortung ausreicht (vgl. SMITH 1969, 253f.).

Eine zweite Grenze der Testtheorie wird besonders durch literarische Texte mit großem Gewicht auf dem ‚Spielraumfaktor' gezogen: die Festlegung eines richtigen Verständnisses erscheint hier dem Gegenstand nicht angemessen oder zumindest problematisch. An dieser Stelle bieten auch lehrzielorientierte Tests keine Verbesserung der

Situation: denn auch gegen sie kann eingewandt werden, daß sie eine
Operationalisierung von Lehrzielen erfordern und daß gerade diese
Operationalisierung (beim Verständnis polyvalenter literarischer
Texte) Schwierigkeiten mache, daß u. U. schwerer operationalisier-
bare Lehrziele bei lehrzielorientierten Tests zu kurz kommen (vgl.
ZIELINSKI 1974b, 914). Die Konsequenz kann nur in einer Veränderung der Fragerichtung liegen: der *Begründung* von Verständniswei-
sen muß ein größeres Gewicht zukommen (s. u. 4. kritisches Verste-
hen/Lesen).

Betrachtet man nun diese benannten Grenzen einer objektiven,
reliablen und validen Messung des Textverständnisses, so könnte sich
die Frage erheben: warum eine so ausführliche Darstellung der Forschungsentwicklung, wenn am Schluß doch nur der Verweis auf
altbekannte Verfahren der Unterrichtspraxis steht? Die Antwort:
zunächst einmal erschöpft sich das Resümee ja nicht in diesem Verweis; für die Forschung über das Verständnis von Informationstexten
konnten durchaus zufriedenstellende Meßverfahren benannt werden.
Der Lehrer ist in der Lage und auch aufgefordert, deren Prinzip,
soweit praktikabel, für die Entwicklung informeller, lehrzielorientierter Tests zu nutzen. Zum zweiten ist es wichtig (und m. E. ergiebig),
die Grenzen von Testverfahren explizit, präzise und mit Begründung
zu kennen: die Kenntnis solcher Grenzen impliziert ja nicht, daß man
Ziele wie beispielsweise die Steigerung der Objektivität aufgeben
muß. Der Lehrer sollte es also auch in der Unterrichtspraxis anstre-
ben, die Objektivität seiner Feststellungen zu steigern, indem er z. B.
auch bei W-Fragen den einzelnen Schülern Fragen vergleichbarer
Schwierigkeit gibt (oder aber solche, die in ihrem Schwierigkeitsgrad
bewußt individualisiert, d. h. den Voraussetzungen des einzelnen
Schülers angepaßt sind); indem er die kategoriale Bewertung der Antworten so weit und explizit wie möglich *vorher* festlegt (damit er
nicht von seinen möglichen Voreinstellungen gegenüber dem einzelnen Schüler in der Bewertung beeinflußt wird) etc. Und zum dritten
bedeutet die Feststellung von Grenzen hier auch eine Aufforderung
zu ihrer Überwindung: in bezug auf das Verständnis literarischer
Texte bedeutete dies z. B. eine adäquatere, neue Operationalisierung
dessen, was als ‚Verständnis‘ (einschließlich der Begründung von
Rezeptionsvariationen) anzusetzen ist; das ist eine Aufgabe, die sich
der Forschung wie der Praxis stellt und nur in gemeinsamer (z. B.
literaturdidaktischer) Anstrengung geleistet werden kann.

Doch sind dies schon Anforderungen für zukünftige Entwicklun-
gen. Aus den skizzierten methodologischen Schwierigkeiten ergeben

sich auch Konsequenzen in bezug auf die Bewertung der bisherigen
Forschung, z. B. der zur Verbesserung des Textverstehens durch
bestimmte didaktische Methoden (vgl. die beiden nächsten Kapitel).
Diese Untersuchungen sind, je nach ihrem Entstehungsdatum, zu
einem großen Teil mit Hilfe von Meßverfahren (des Textverständnisses) durchgeführt worden, die nach den oben dargestellten methodologischen Ergebnissen nicht sehr valide sind. Das bedeutet, daß von
vornherein eine gewisse Uneinheitlichkeit bei den Ergebnissen solcher
Experimente zur Verbesserung des Textverstehens zu erwarten ist;
Falsifikationen von Hypothesen können unter dieser Voraussetzung
auch an der Invalidität der verwendeten Meßverfahren (des Textverständnisses) liegen. Hinzukommt, daß bei einer Vielzahl von Untersuchungen klassische Prinzipien der Versuchsplanung nicht oder nur
unvollkommen berücksichtigt wurden: wie Parallelisierung der Gruppen, Kontrolle von nichtthematischen Bedingungen, Eliminieren von
Störbedingungen (wie ungleiche Kompetenz der am Versuch beteiligten Lehrer etc.; vgl. LEVIN 1970, 129f.). Dies sind die Gründe,
warum ich bei der im folgenden dargestellten Verbesserung des Textverstehens sowohl i. e. S. empirische Untersuchungen als auch weniger systematische Erfahrungen aus der Unterrichtspraxis relativ
gleichgewichtig heranziehen werde (vgl. auch ANDRESEN & ROBINSON
1967, 104ff.).

Zusammenfassung in Fragen:

– Auf welchen grundlegenden Operationen beruht die Verständnismessung
durch multiple choice-Tests?
– Wie ist es zu erklären, daß man in multiple choice-Tests zum Textver-
stehen relativ erfolgreich abschneiden kann, ohne den zugrundeliegenden
Text gelesen zu haben?
– Wie konstruiert man einen cloze procedure-Test?
– Worin zeigt sich, daß die cloze procedure sowohl Leser- als auch Text-
merkmale mißt?
– Durch welche Methoden kann man die Messung von Lesermerkmalen
und die Messung von Textmerkmalen bei der cloze procedure voneinander
trennen?
– Welchen Vorteil hat der chunked reading-Test gegenüber normalen
multiple choice-Tests?
– Auf welchen informationstheoretischen Grundlagen beruht die progres-
sive cloze procedure?
– Worin besteht die Vereinfachung des SHANNONschen Ratespiels durch
WELTNER?
– Welches sind die Nachteile normorientierter Tests?
– Worin bestehen die pädagogischen Vorteile kriteriumsorientierter Tests?

– Läuft der Verstehensprozeß bei literarischen Texten anders ab als bei Informationstexten?

– Was bedeutet ‚Normalisierung des Textsinns‘?

– Wie kann man multiple choice-Tests so modifizieren, daß sie der Messung des Verständnisses literarischer Texte besser gerecht werden?

– Warum ist es bei literarischen Texten so schwierig (oder gar unmöglich), Kriterien für ‚richtiges Textverständnis‘ aufzustellen?

– Inwiefern kann bei der Messung des Textverständnisses eine Erhöhung der Reliabilität unter Umständen zu einer Verringerung der Validität führen?

– Wie kann der Lehrer in der Unterrichtspraxis die Objektivität seiner Textverständnis-Messungen erhöhen?

3. Verbesserung des Textverstehens (I): Schnellesen – adaptives Lesen

Unter didaktischer Perspektive ist es wichtig, die Dimensionen des Textverständnisses und ihre Messung zu kennen als Ausgangsbasis zur Verbesserung des Textverstehens. Diese Verbesserung selbst läßt sich wiederum unter zwei Gesichtspunkten betrachten: dem quantitativen und dem qualitativen. Die Diskussion wird allerdings zeigen, daß diese Aspekte nicht unabhängig voneinander betrachtet werden können; vielmehr ist die Frage wichtig, ob eine Steigerung der Quantität (und damit Schnelligkeit) des Lesens ohne eine Verminderung der Qualität möglich ist; die Antwort auf diese Frage ist nur unter Rückbezug auf unterschiedliche Lektürekategorien und -merkmale möglich. Die dabei thematischen Unterscheidungen beziehen sich aber nur auf die größere Kategorie der Informationstexte; in bezug auf literarische Texte ist das mögliche Ziel ‚Schnellesen‘ so inadäquat, daß es unter dieser Perspektive nicht behandelt wird. Dieses Kapitel wird also versuchen, in bezug auf das Verständnis von Informationstexten folgende Fragen zu beantworten:

Von welchen Kriterien bzw. Zielen ist bei der Verbesserung des Textverstehens auszugehen?

Wie weit lässt sich die quantitative Leseleistung (Schnellesen) ohne qualitative Verschlechterung steigern?

Welche Optimierungen von Quantität und Qualität des Lesens sind für unterschiedliche Lesestoffe und -ziele vorzuschlagen (adaptives Lesen)?

3.1. Kriterienproblematik

Die Frage nach dem Ausmaß der Verbesserung des Textverständnisses erscheint auf den ersten Blick unproblematisch: eine solche Verbesserung kann ja letztlich nur in der möglichst vollkommenen Beherrschung der ‚intellektuellen Basisprozesse' bestehen, die oben für das Verstehen von Texten herausgearbeitet wurden, eine möglichst umfassende und vollständige Realisierung der Teilfähigkeiten des Textverständnisses. Dies ist prinzipiell natürlich richtig, doch für praktische Entscheidungen spielt der quantitative Aspekt dabei eine ausschlaggebende Rolle: bei welchen (quantitativ festzustellenden) Leistungen soll von einem unzureichenden Textverständnis die Rede sein, von einem verbesserbaren, zu entwickelnden – und wann von dem Erreichen des Ziels ‚Textverständnis'? Wir haben diesen quantitativen Aspekt oben schon bei der Diskussion der lehrzielorientierten Konzipierung von Tests behandelt (für Mehrfach-Wahl-Antworten-Tests sowie die cloze procedure). Diese quantitativen Aspekte der Ausgangs- und Zielsituation sind jetzt unter der Perspektive des Verbesserns von Textverständnis noch einmal anzusprechen und differenzierter zu diskutieren; dabei wird sich zeigen, daß nicht die einfache Festsetzung von Ausgangs- und Zielkriterien, sondern die Begründung dieser Festlegung problematisch ist.

BELDIN hat (1970) in einem Überblicksreferat die Entwicklung und Begründung solcher Festlegungen von Leseniveaus (‚levels') dargelegt; nach seiner Darstellung hat als erster KILLGALLON (1942) eine kriteriale Festlegung versucht (vgl. BELDIN 1970, 74f.):

– Niveau des selbständigen Lesens (‚basal reading level'): Verständnis von mindestens 90%
    (Stilles Lesen gekennzeichnet durch:
      1. Entsprechende Verständnisrate (über 90%)
      2. Kein Nachgehen der Worte/Sätze mit dem Finger etc.)
– Niveau strukturell vorhandener Lesefähigkeit: Verständnis von mindestens 75%.
– Niveau, das zur Verbesserung des Lesens im Unterricht befähigt (‚instructional level'): Verständnis von mindestens 50%
    (Maximaler Quotient von Wahrnehmungsfehlern: 1 Fehler auf 14 Worte (ca. 7%))
– Frustrations-Niveau der Lese(un)fähigkeit (‚frustrational level'):
Verständnis von 20% oder weniger
    (Wahrnehmungsfehler: 1 Fehler auf 10 Worte)

Diese Prozentsätze waren für multiple choice-Fragen oder informelle Einschätzungen seitens des Lehrers gedacht. Wie schon oben

(2.2.) berichtet, wurden (besonders von BORMUTH) entsprechende Prozentsätze für die Verständnis-Testung anhand der cloze procedure empirisch gesichert; sie seien hier zur Erinnerung bzw. Vollständigkeit noch einmal angeführt (nach DOWING 1976, 75):

Niveau des selbständigen Lesens („independent level'): 58% – 100%
Unterrichtsbefähigendes Niveau („instructional level'): 44% – 57%
Frustrationsniveau („frustrational level'): 0% – 43%

Nach den Untersuchungen zur Validität dieser Meßverfahren verwundert es nicht, daß die Forschung und auch praktische Unterrichtserfahrung darauf hinweisen, daß (besonders durch standardisierte Testwerte) das Leseniveau der getesteten Probanden (Schüler etc.) überschätzt wird (KELLY 1970, 112): die bei der Testung zu stark ins Gewicht fallenden Prozesse des schlußfolgernden Denkens dürften dafür verantwortlich sein. Vergleichbare Überschätzungen können auch durch die Verwendung von bekannten Lesestoffen zustandekommen (SUMMERS & HUBRIG 1966, 401). Für validere bzw. mehr praxisgebundene Meß-/Erhebungsverfahren zum Textverständnis ist also, wie oben bei der Lehrzielkriterien-Diskussion schon vorgeschlagen, eine Senkung der Prozentsätze um 5–10% sinnvoll.

Allerdings ist nicht die bloße Festlegung von Kriteriums-Prozentsätzen das Hauptproblem, sondern mehr deren Begründung. Die Benennung des Niveaus enthält implizit einige empirische Behauptungen, die als Begründungen brauchbar sind: Das Niveau des selbständigen Lesens impliziert, daß der Leser ohne fremde Hilfe im Prinzip alle Texte (des ihm angemessenen Schwierigkeitsgrades) lesen kann; beim unterrichtsbefähigenden Niveau ist gemeint, daß der Leser mit unterrichtlichen Hilfen zu einem befriedigenden Textverständnis gelangt und auch einen entsprechenden Lernfortschritt im Bereich der Lese- bzw. Verstehensfähigkeit erzielt; auf dem Frustrationsniveau dagegen ist die Fähigkeit des textverstehenden Lesens (in bezug auf einen gegebenen Text) so gering, daß der Haupteffekt von Lesebemühungen Frustration ist, die auch durch unterrichtliche Hilfen (beim Festhalten an dem gegebenen Text bzw. seinem Schwierigkeitsniveau) nicht überwunden werden kann: es ist also unmittelbar kein zureichendes Textverständnis und kein Lesefortschritt zu erzielen.

Beim ersten Niveau (dem des selbständigen Lesens) ist diese Kriteriumsexplikation praktisch nur eine Benennung des quantitativen Werts: wer 90% der Testfragen beantwortet (ohne Hilfe), beweist eben dadurch, daß er den Text selbständig verstehen kann. Die Niveauexplikation ist also aus logischen Gründen (d. h. analytisch) korrekt. Bei den übrigen beiden Niveaus aber enthalten die Benennungen Behauptungen über Wirkungen, die empirisch zu überprüfen wären: ob bei 50% richtiger Mehrfach-Wahl-Antworten unterrichtliche Hilfen zu einem adäquaten Textverständnis verhelfen oder nicht, müßte durch Daten belegt werden; gleiches gilt für die Wirkung der Frustration bei bestimmten Prozentsätzen richtiger Antworten (bzw. entsprechenden Prozentwerten von cloze-Einsetzungen). Hier wird nun aber von BELDIN in seinem Sammelreferat festgestellt, daß diese Behauptungen lediglich aufgrund von pädagogischen Erfahrungen im Unterricht aufgestellt wurden (1970, 75f.). BORMUTH formuliert sogar, daß diese Kriterien auf nichts anderem als ,mündlicher Überlieferung und willkürlicher Entscheidung' basieren (1969, S–4). Einen Ansatz zur Überprüfung zumindest des ,instructional level' hat COOPER (1952) vorgelegt: indem er nachgewiesen hat, daß Schüler mit mittleren Verständniswerten in der Tat den größten Lernfortschritt im Lesen durch die Hilfen des Unterrichts erreichten (vgl. BELDIN 1970, 78). Da es sich jedoch nur um *eine* Untersuchung handelt, die zudem noch methodologische Kritik auf sich gezogen hat (POWELL 1969), ist die Forschungslage eindeutig unbefriedigend. Andererseits sollte man auch nicht unterschätzen (worauf BELDIN explizit verweist), daß sich die Niveaueinteilungen zumindest in der schulischen Praxis bewährt haben (BELDIN 1970, 77). Allerdings ist eines schon an den Beispielen und Formulierungen deutlich geworden: zumindest innerhalb einer noch nicht völlig abgeschlossenen Leseentwicklung wird man die Niveaus immer auf bestimmte Schwierigkeitsgrade von Texten zurückbeziehen müssen. Hier muß man in der Praxis berücksichtigen, daß Lesen immer eine Interaktion von Leser und Text ist. Sowohl die Leistung des Lesenden als auch die unterrichtliche Hilfestellung ist von den verwendeten Textmaterialien und deren Schwierigkeitsgrad abhängig. Die Unterrichtspraxis wird also im Einzelfall immer auf die Einschätzung der Textschwierigkeit zurückgreifen müssen; diesen Aspekt der Textschwierigkeit qua Lesbarkeit oder Verständlichkeit werden wir ausführlich und differenziert erst im Teil II behandeln. Die prinzipielle Struktur des Zueinander von Lesefähigkeit und Textschwierigkeit ist aber schon hier anzugeben, besonders unter dem Aspekt der Individualisierung der didaktischen Hilfe gegenüber dem einzelnen Leser/Lernenden zur Verbesserung des Textverstehens; KLINGBERG hat diese Relation in einer einfachen Grafik veranschaulicht (1973, 124; vgl. Abb. 12).

Individualisierung im Unterricht z. B. würde in bezug auf die Verbesserung des Textverstehens nach dieser Strukturierung auf jeden

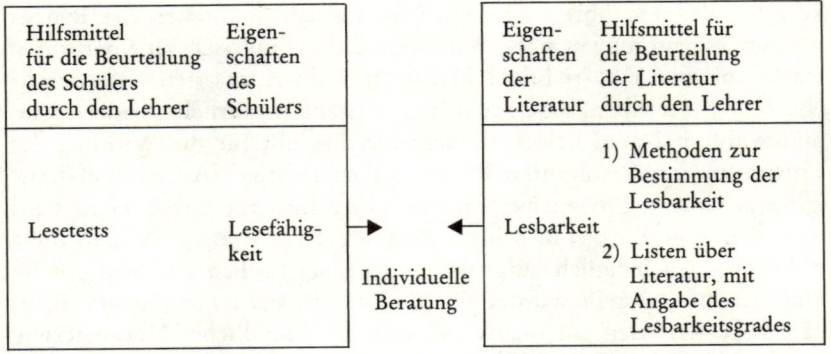

Abb. 12: Relation von Lesefähigkeit und Textschwierigkeit (nach KLINGBERG 1973, 124)

Fall bedeuten: Festlegung von Niveaus des selbständigen Lesens, des unterrichtsbefähigenden Lesens etc. unter Rückbezug auf die bisherige Lesegeschichte und auf die Schwierigkeitsgrade von Texten, die je nach Alters- oder Klassenstufe zu fordern sind. Um solche Zuordnungen valide und differenziert leisten zu können, ist allerdings, wie aus den oben berichteten Untersuchungen hervorgeht, noch eine Fülle empirischer Forschung nötig. Bei der gegenwärtigen Forschungslage kann man die berichteten Leseniveaus für die Unterrichtspraxis nur als regulative Zielideen vorschlagen, die aufgrund von Unterrichtserfahrung konkreter ausgefüllt und mit dem Schwierigkeitsgrad von Texten in Verbindung gebracht werden müssen (zur Abschätzung des Schwierigkeitsgrades von Texten vgl. Teil II.).

Die Schwäche der relativ willkürlichen (bzw. nur unterrichtspraktisch fundierten) Festsetzung des Kriteriums weist auch das einzige entsprechende Konzept eines Leseniveaus auf, das im deutschen Sprachraum entwickelt worden ist; es ist dies das Konzept der ‚Buchreife‘ von BAMBERGER (1973, 147). Darunter ist die Fähigkeit des selbständigen Lesens von Büchern zu verstehen. Bei der Feststellung der Anzahl von ‚buchreifen‘ Schülern in österreichischen Grund-/ Hauptschulen hat BAMBERGER allerdings nicht für jede Klassenstufe (wie in Amerika zumeist üblich) den Schwierigkeitsgrad der Textvorlage, die still zu lesen war, geändert; vielmehr hat er für die Schuljahre 2 bis 4 einen Text (Feld: ‚1414 geht auf Urlaub‘) und für die Schuljahre 5 bis 8 einen zweiten (Mischler: ‚Masken des Goldes‘) gegeben. Auf der Basis dieser Texte stellte er in einer Untersuchung an 4188 Vpn folgende Prozentsätze von ‚buchreifen‘ Schülern auf den einzelnen Klassenstufen fest (BAMBERGER 1973, 147):

2. Schj.	3. Schj.	4. Schj.	5. Schj.	6. Schj.	7. Schj.	8. Schj.
26%	43%	66%	36%	45%	65%	70%

Die Festlegung der ‚Buchreife' erfolgte hier ausschließlich nach dem Tempo des Stillesens; wo genau das Kriterium (die Anforderung) für ‚Buchreife' nach BAMBERGER liegt, geht nur implizit aus der Kombination der Prozentzahlen mit der folgenden Tabelle der Leistungen der Schüler auf den einzelnen Klassenstufen hervor (BAMBERGER 1973, 148):

Diagnose der Lesefertigkeit im Stillesen
(Dauer: 30 Minuten)

Seiten	2. Schst. Schüler	%	3. Schst. Schüler	%	4. Schst. Schüler	%	5. Schst. Schüler	%	6. Schst. Schüler	%	7. Schst. Schüler	%	8. Schst. Schüler	%
1	2	0,3	2	0,3										
2	4	0,5												
3	12	1,6	2	0,3			1	0,2	1	0,2				
4	15	2,0	3	0,5			2	0,4	2	0,4			2	0,4
5	38	5,2	12	1,9	1	0,2	11	0,2	5	0,9	2	0,4	2	0,4
6	47	6,4	17	2,7	5	0,8	20	3,6	4	0,7	2	0,4		
7	51	7,0	29	4,7	8	1,2	26	4,7	11	2,0	6	1,2	2	0,4
8	62	8,5	21	3,4	14	2,2	46	8,3	24	4,4	9	1,7	7	1,2
9	45	6,2	33	5,3	27	4,2	50	9,1	29	5,3	15	2,9	19	3,3
10	89	12,2	48	7,7	29	4,5	54	9,8	40	7,3	25	4,8	19	3,3
11	50	6,8	43	6,9	24	3,7	41	7,4	49	8,9	27	5,2	22	3,8
12	51	7,0	56	9,0	30	4,7	39	7,1	49	8,9	27	5,2	28	4,9
13	51	7,0	35	5,6	36	5,6	34	6,2	37	6,7	28	5,4	23	4,0
14	28	3,8	39	6,3	45	7,0	27	4,9	50	9,1	42	8,1	46	8,0
15	28	3,8	16	2,6	25	3,9	28	5,1	31	5,6	35	6,8	51	8,9
16	38	5,2	31	5,0	32	5,0	31	5,6	36	6,5	35	6,8	42	7,3
17	17	2,3	38	6,1	39	6,1	22	4,0	40	7,3	37	7,1	41	7,1
18	20	2,7	26	4,2	35	5,4	18	3,3	30	5,4	30	5,8	43	7,5
19	16	2,2	28	4,5	34	5,3	13	2,4	25	4,5	32	6,2	19	3,3
20	9	1,2	27	4,3	20	3,1	12	2,2	16	2,9	27	5,2	17	3,0
21	12	1,6	13	2,1	25	3,9	12	2,2	11	2,0	17	3,3	24	4,2
22	5	0,7	14	2,3	28	4,4	12	2,2	12	2,2	12	2,2	19	3,3
23			12	1,9	20	3,1	7	1,8	12	2,2	13	2,5	13	2,3
24	10	1,4	12	1,9	18	2,8	7	1,3	6	1,1	13	2,5	20	3,5
25	4	0,6	7	1,1	16	2,5	5	0,9	8	1,5	10	1,9	13	2,3
26	9	1,2	8	1,3	20	3,1	5	0,9	4	0,7	8	1,5	14	2,4
27			3	0,5	13	2,0	3	0,5	2	0,4	11	2,1	14	2,4
28			3	0,5	15	2,3	4	0,7	4	0,7	4	0,8	15	2,6
29	4	0,5	14	0,3	14	2,2	1	0,2	2	0,4	7	1,4	6	1,0
30	7	1,0	6	1,0	27	4,2	2	0,4	2	0,4	9	1,7	20	3,5
31	5	0,7	2	0,3	7	1,2	4	0,7	4	0,7	11	2,1	17	3,0
32	3	0,4	22	3,5	37	5,8	9	1,6	5	0,9	24	4,6	17	3,0
Su.:	732		622		644		546		551		518		575	

Tab. 5: Diagnose der Lesefertigkeit im Stillesen (nach BAMBERGER 1973, 148)

Die von BAMBERGER angegebene Prozentzahl ‚buchreifer‘ Schüler
wird erreicht, wenn man die Prozente von 32 Seiten bis 15 Seiten
aufsummiert; das Kriterium für Buchreife ist also eine Leseleistung
von 15 oder mehr Seiten bei 30 Min. Stillesen. Auch diese Kriterien-
festlegung wird nicht durch empirische Untersuchungen über z. B.
Frustrationswirkungen bei Leseleistungen unterhalb des Kriteriums-
wertes empirisch abgesichert; allerdings wird man wohl auch hier von
einer Begründung durch Erfahrungen der Unterrichtspraxis ausgehen
können. BAMBERGERS Pilot-Studie wurde mit freiwilligen und daher
vermutlich besonders guten Lehrern durchgeführt; der Prozentsatz
der ‚buchreifen‘ Schüler war in einer anschließenden Repräsentativ-
Testung (27311 Schüler) niedriger: nur etwa 40%. Auch das Kriterium der Buchreife ist also beim gegenwärtigen Forschungsstand nur
als regulative Zielidee einzuführen, die durch Erfahrungen der Unterrichtspraxis (sowie auf Dauer weitere Forschung) konkretisiert und
begründet werden muß.

3.2. Verbesserung der Sinnerfassung

Die Verbesserung des Lesens als Textverstehen von den suboptimalen Ausgangsniveaus hin zum optimalen (Ziel-)Niveau des selbständigen Lesens umfaßt natürlich im Prinzip alle didaktischen Aspekte, auf
die sich Lese- und Literaturunterricht bezieht. Eine umfassende Darstellung aller Instruktionsstrategien und Lehrtechniken von Lese- und
Literaturdidaktik an dieser Stelle zu geben, ist selbstverständlich nicht
möglich. Ich möchte daher so vorgehen, daß ich die wichtigsten
didaktischen Aspekte und Probleme des Verbesserns von Textverständnis anhand von Beispielen anspreche; diese Beispiele sollen
allerdings so weit wie möglich praktische Techniken und Strategien
zur Verbesserung des Textverständnisses darstellen.
Die Begriffserläuterung von Lesen qua Textverständnis (oben 1.1.)
hat ergeben, daß beim Textverstehen die Fähigkeit zur Sinnerfassung
schon vorausgesetzt wird. Dementsprechend ist hier auch nicht die
Entwicklung des Sinnerfassens z. B. im Erstleseunterricht zu diskutieren. Dennoch sind Aspekte der (direkten, unmittelbaren) Sinnerfassung auch für die Verbesserung des Textverständnisses von Belang:
wenn z. B. die Quantität (Schnelligkeit) des Lesens gesteigert werden
soll, kommt es darauf an, daß die Sinnerfassung nicht leidet, daß die
Fähigkeit der Sinnerfassung also relativ stabil ist. Dieses Problem der
Stabilisierung des (unmittelbaren) Sinnerfassens ist m. E. das erste (am

wenigsten komplexe) didaktische Problem des ‚weiterführenden Lesens' (BRAUN 1971).

Die Stabilisierung der Sinnerfassung kann und sollte – entsprechend der ersten der oben (1.) herausgearbeiteten Teilfähigkeiten – bei der Kenntnis von Wortbedeutung ansetzen. Der Unterricht zum weiterführenden Lesen sollte eine Differenzierung und größere Sicherheit des Wortschatzes anzielen und erreichen. Innerhalb des Erstleseunterrichts wird zur Entwicklung des Wortschatzes oft das Mittel der Veranschaulichung eingesetzt (Bilder, Szenen, Spiele, audiovisuelle Hilfen: Film, Fernsehen; vgl. DECHANT & SMITH 1977, 242). Bei der Weiterentwicklung des Wortschatzes sind durchaus komplexere Verfahren, die auf der sprachimmanenten Ebene verbleiben, angezeigt.

Beispiel:

Begriffserläuterungen selbst geben bzw. Synonyme/Antonyme finden (vgl. DECHANT & SMITH 1977, 245); dabei ist allerdings zu beachten, daß eine Bearbeitung von Einzelworten ohne textuelle Einbettung nicht so erfolgreich ist, wie wenn man den Kontext und seine Redundanz zur Bedeutungsfindung mit einsetzt (BRAUN 1971); z. B. nach BRAUN:
Statt Einzelwortmethode:
Was bedeutet: aktuell? Differenzen? Wonslik? utopisch?
Satzmethode:
Was bedeuten die kursiv gesetzten Worte?
Gestern war die Nachricht noch *aktuell*, heute spricht man schon nicht mehr darüber.
Auch zwischen den besten Freunden kann es *Differenzen* geben.
Kannst du mir einen *Wonslik* leihen? Die Spitze meines Wonsliks ist abgebrochen.
Schreibt prima.
Der Mondflug galt früher als *utopisch*, heute ist er Wirklichkeit. (BRAUN 1971), 16.

Die nächst-komplexere Ebene ist die Stabilisierung des Lesens in Sinnschritten; hier kann man innerhalb des weiterführenden Lesens diejenigen Techniken, die der Lehrer im Erstleseunterricht zur Unterstützung des Lesens in Sinnschritten für den Schüler/Lernenden anwendet, von diesem selbst ausführen lassen.

Beispiel:

Kennzeichnung von Sinnschritten innerhalb eines Satzes/Satzteils:
The Boy / is going / to the store / for some milk. (oder:)
The boy is going to the store for some milk. (oder:)
The boy is going to the store for some milk. (HARRIS 1970, 416).

Wichtiger noch ist die Kategorisierung von Sinnschritten auf der
Ebene ganzer Sätze bzw. über Satzebenen hinaus, wie sie ja durchaus
in den heutigen Sprachbüchern bereits in Aufgaben vorgegeben wird
(vgl. BRAUN 1971, 23f.). Auf all den Ebenen lassen sich dann gegebenenfalls (ähnlich wie beim RIP-Test von TUINMAN) die sinntragenden
Wörter unterstreichen (wie es WINKLER mit einer Differenzierung in
‚schwere und überschwere‘ Worte vorschlägt: 1970, 859f.).

Generell läßt sich der über den einzelnen Satz hinausgreifende
Kontext einholen, indem man z. B. den Lernenden ‚Bedeutung anti-
zipieren und voraussagen‘ läßt (DECHANT & SMITH 1977, 243). Als
Manifestation dieser Regel ist auch die cloze procedure anzusehen,
wenn sie angewendet wird, bevor der Text einmal gelesen wurde.
Daher ist die cloze procedure auch (in mehreren Untersuchungen) als
Mittel zur Verbesserung des Textverstehens eingesetzt (und überprüft)
worden. Die Ergebnisse sind uneinheitlich: einerseits ergab sich ein
bedeutsamer Anstieg des Textverständnisses und der Leseleistung
(BLOOMER 1962), dann gab es nicht-signifikante Verbesserungen
(GUICE 1969) oder aber auch gar keine Unterschiede zu einer Kontrollgruppe ohne Training (SCHNEYER 1965; vgl. auch HAFNER 1966).
Allerdings ist zu berücksichtigen, daß die Verbesserung ebenfalls mit
der (dafür nicht optimal validen, s. o. 2.2.) cloze procedure gemessen
wurde. Man kann daher wohl davon ausgehen, daß die cloze procedure als Instruktionsmittel vergleichbar effizient ist wie andere Methoden des Arbeitens mit Lesebüchern (STEWART 1968). Es wird
vermutlich auch hier auf den spezifischen, für die Unterrichtssituation
und die Lerner-Gruppe adäquaten Einsatz ankommen: z. B. durch
die Wahl größerer Einheiten zum Ergänzen/Vorhersagen (Satzteile,
Sätze oder sogar Textabschnitte; ich komme unten beim kritischen
Lesen [4.] darauf zurück).

Die cloze procedure stellt indirekt an den Leser die Frage, welche
Textbedeutung in einem bestimmten Kontext zu antizipieren ist. In
der Unterrichtspraxis sind direkte Fragen das häufigste Mittel, um die
Verarbeitung des Lesers während oder nach dem Lesen zu steuern
bzw. zu vertiefen. Diese Steuerung besteht darin, daß Fragen eine
Zielrichtung oder Rahmenstruktur für die Aufnahme und Verarbeitung des Textsinns geben können und sollen (engl. ‚purpose‘; vgl.
DOWING 1976, 21); die so spezifizierte Steuerungsfunktion ist auch
das Kriterium, an dem die Brauchbarkeit von Fragen zu messen ist.

Daß Fragen eine solche Steuerungsfunktion mit dem Effekt der
Verbesserung des Textverständnisses erfüllen können, haben z. B.
GRANT & HALL (1968) nachgewiesen: sie gaben einen Text über die

Regierungsform der Schweiz zu lesen und stellten davor eine relativ allgemeine Frage, die für die zentralen Inhalte des Artikels sensibilisieren sollte: ‚In welchen Aspekten unterscheidet sich die schweizerische Regierungsform von der unsrigen und in welchen ist sie gleich?‘ Es zeigte sich, daß insgesamt eine Verbesserung des Textverständnisses durch diese (vorgestellte) Frage erzielt wurde – im Vergleich zu Schülern, die den Text ohne (Vor-)Frage lasen. Allerdings ist die Wirksamkeit je nach den Voraussetzungen der Leser unterschiedlich: bei Schülern, für die der Text auf ‚Instruktionsniveau‘ lag, ergaben sich starke Verbesserungen; Schüler, die den Text bereits selbständig lesen konnten, stellten sich vermutlich schon selbst eine zielführende Frage und profitierten von der vorangestellten Frage daher praktisch nicht (o. c., 500).

Für die Praxis noch wichtiger aber sind Fragen, die nach dem Lesen zu einer Vertiefung der Verarbeitung des Textsinns verhelfen bzw. beitragen sollen. Solche Fragen sollten sich natürlich nicht nur auf das bloße ‚wörtliche‘ Verstehen (‚literal comprehension‘) erstrekken, wie dies Fragen zum Wiedererkennen oder zur einfachen Wiedergabe des Textsinns tun. Vielmehr sollten die darüber hinausgehenden Ebenen der semantischen Verarbeitung angesprochen, nahegelegt und unterstützt werden; GUSZAK hat für diese auf tiefere Verarbeitung abzielenden Fragen folgende Kategorien aufgestellt (1967, 98ff.):

– Übertragung: z. B. Übertragung von einem Abstraktheitsniveau auf ein anderes (Umsetzung abstrakter Gedanken in konkrete Beispiele; langer Mitteilungen in kurze etc.);

z. B. von einer symbolischen Form in eine andere (Worte in Bilder und umgekehrt; Worte in Dramatisierungen etc.)

z. B. Übertragung von einer Verbal-Form in eine andere (Umschreibung, Erläuterung von Metaphern, Symbolen etc.)

– Vermutungen, Voraussagen, Antizipationen: schlußfolgerndes Denken (s. o.);

– Erklärungen: das Zusammenbringen von bestimmten Textteilen innerhalb einer Ursachenstruktur;

– Bewertung: Qualitätseinschätzungen hinsichtlich z. B. der Wahrscheinlichkeit der Ereignisse, der (moralischen) Akzeptierbarkeit, der möglichen Identifikation etc., also Bewertung von Form und Inhalt.

Das Problem für den Lehrenden besteht darin, daß natürlich (einfache) Fragen zum Wiedererkennen oder der Wiedergabe des Textsinns sehr viel leichter zu finden und zu stellen sind als (komplexere) Fragen, die eine tiefere semantische Verarbeitung produzieren oder zumindest unterstützen. Empirische Untersuchungen (in amerikanischen Schulen) zeigen denn auch, daß Fragen, die sich nur auf das ‚wört-

7*

liche' Verstehen von Texten beziehen, im Unterricht unvergleichlich häufiger sind als komplexere Fragen.

Beispiel:

In der Untersuchung von GUSZAK (1967, 100) ergab sich folgende Verteilung von Fragen in den genannten 6 Kategorien in den Schuljahren 2, 4 und 6:

Schuljahr	Wiedererk.		Wiedergabe		Übertragung		Vermutung		Erklärung		Bewertung		Total	
	N	%	N	%	N	%	N	%	N	%	N	%	N	%
2.	108	12,3	584	66,5	2	0,2	50	5,7	33	3,8	101	11,5	878	100
4.	118	16,5	351	48,4	4	0,6	50	6,9	54	7,4	148	20,4	725	100
6.	26	10,2	121	47,6	6	2,4	20	7,9	46	8,1	35	13,8	254	100
Total	252	13,5	1056	56,9	12	0,6	120	6,5	133	7,2	284	15,3	1857	100

Tab. 6: Verteilung textbezogener Lehrerfragen auf einzelne Fragekategorien
(nach GUSZAK 1967, 100)

Man sieht, daß die komplexeren Fragekategorien mit steigender Klassenstufe etwas zunehmen, dennoch liegt ihre Gesamt-Häufigkeit im Vergleich zu den beiden einfachen Kategorien ‚Wiedererkennen' und ‚Wiedergabe' eindeutig niedriger, d. h. weniger als die Hälfte aller Fragen fallen in die Kategorien ‚Übertragung' usw.; die größere Häufigkeit der einfachen Fragen kann daher nicht ausschließlich darauf zurückgeführt werden, daß die Lehrer jüngeren Schülern keine schwereren Fragen zumuten wollen. Ein bedeutsamer Faktor dürfte auch die Schwierigkeit für den Lehrer darstellen, komplexere Fragen zu finden.

Vergleichbare Ergebnisse werden auch aufgrund von anderen Kategorisierungssystemen für die Fragen erzielt (GALL berichtet von 11 verschiedenen solcher Kategorisierungssysteme; 1972, 345). Die Tatsache, daß Lehrer viel zu häufig einfach nach Fakten fragen, ist in Amerika seit 1912 (erste Untersuchung von STEVENS 1912) immer wieder nachgewiesen worden (vgl. Überblick bei GALL 1972, 349ff.). Einen zwingenden Grund, der erlauben würde, für das deutsche Schulsystem mit gänzlich anderen Ergebnissen zu rechnen, gibt es m. E. nicht. Daher sollte eine richtige Fragetechnik auf jeden Fall auch spezifisch innerhalb der Lehrerausbildung trainiert werden; dazu bieten sich ‚Gruppen-Diskussionen (der Lehrerstudenten und Mentoren), Unterrichtsbeobachtungen mit entsprechenden Beobachtungssystemen, Selbstanalysen, Supervision und Minikurse' (innerhalb eines Microteaching-Ansatzes; vgl. OLIVERO & BRUNNER 1973) an. Das erste entsprechende Programm zur Verbesserung des Frageverhaltens hat HOUSTON 1938 entwickelt; mit diesem und parallelen Programmen ließen sich durchaus entsprechende Verbesserungen der Fragen von Lehrern im Unterricht erzielen und empirisch sichern (vgl. ALLEN & RYAN 1969; BORG et al. 1970).

Innerhalb solcher Trainings sind dann natürlich auch Frage-Antwort-Sequenzen herauszuarbeiten und antizipierend zu strukturieren (wie es z. B. GUSZAK 1969 tut). Dabei ist es jedem Lehrer geläufig, daß und wie er dem Lernenden Hilfen geben kann, wenn dieser nicht auf Anhieb eine (oder die richtige) Antwort findet (durch Erläuterung der Frage, durch zusätzliche Hinweise etc.; vgl. GUSZAK 1969, 113). Wichtiger ist aber sicherlich, daß der Lehrende zur Vertiefung der Verarbeitung des Gelesenen von vornherein aufeinander aufbauende Fragesequenzen vorbereitet; GUSZAK schlägt z. B. folgende Arten solcher Sequenzen vor (1969, 115):

– Wiederaufnahme einer Steuerungsfrage: Rückgriff (u. U. spezifizierend) auf eine vor dem Textlesen gestellte Frage, die zur Steuerung der Textverarbeitung dienen sollte;
– Begründung: die Antwort des Lesenden auf eine Frage soll belegt werden durch Rückgang auf den Text (formal: Wiedergabe-Frage nach einer richtig beantworteten Frage zur Übertragung, Vermutung etc.);
– Rechtfertigung: Frage nach einer Erklärung für eine Antwort auf eine Vermutungs- und Bewertungsfrage;
– Beurteilung: Frage nach der Bewertung einer Antwort auf eine Erklärungs- etc. Frage.

Dieses Ziel der tieferen semantischen Verarbeitung des Textsinns ist besonders auch bei den sog. W-Fragen zu beachten: *Wer, was, wo, wann, wie, warum?* (vgl. ANDRESEN & ROBINSON 1967, 104ff.; HARRIS 1970, 419f.). Solche Fragen tendieren etwas dazu, nur das ‚wörtliche‘ Textverständnis abzufragen (SMITH 1969, 253). Dies gilt m. E. besonders, wenn man W-Fragen nur in Bezug auf einzelne Sätze stellt.

Beispiel (nach HARRIS 1970, 419):
– Ein Pferd kann schnell laufen. Was kann ein Pferd (tun)?
– Wir wurden von einem der Diener geweckt, der beunruhigt schien. Wie fühlte sich der Diener?: ängstlich / glücklich / ärgerlich / enttäuscht.

W-Fragen sollten daher m. E., um nicht eine tiefere semantische Textverarbeitung zu behindern, möglichst immer in bezug auf den ganzen Text oder zumindest längere Textabschnitte formuliert werden (vgl. AGHTE 1965, 92).

Der Leser erfaßt den Sinn des gesamten Textes, indem er die wichtigsten strukturellen Aspekte des Textes möglichst aktiv be- bzw. herausarbeitet: Hauptgedanken (engl. ‚main ideas'), Fakten- oder Detailinformationen und die Textstruktur (‚organization'). Die dafür hilfreichen Techniken sind praktisch Anwendung der oben (1.2.) dargestellten Prinzipien der reduktiven und elaborativen Kodierung sowie der Prinzipien, die bei der Messung des Textverständnisses verwendet werden (Mehrfach-Wahl-Antworten, Einsetz-, Ergänzungsverfahren etc.). Eine Zusammenstellung der in der Unterrichtspraxis bewährten Techniken zur besseren Erfassung des Gesamtsinns eines Textes geben HARRIS (1970) sowie DECHANT & SMITH (1977).

Beispiele (nach HARRIS 1970, 426ff. und DECHANT & SMITH 1977, 254ff.):

Erfassen des Hauptgedankens:
– Auswählen der besten Überschrift für einen Text oder Textabschnitt (aus einer Anzahl vorgegebener Überschriften);
– Erfinden einer guten Überschrift für einen Text etc. (in den eigenen Worten des Lesers);
– eine Zusammenfassung des Textes lesen und voraussagen, was der Text enthalten wird;
– Erfinden einer Überschrift für den Text in Form einer Schlagzeile für eine Zeitung;
– Zusammenfassen des Textes in einer Ein-Satz-Zusammenfassung;
– Herausfinden/Unterstreichen von Schlüsselworten und Schlüsselsätzen aus dem Text;

Erfassen der Fakten-/Detailinformation:
– Einsetzen von falschen Sätzen in einen Textabschnitt, die vom Leser (nach Lektüre des Originaltextes) zu identifizieren sind;
– Auswählen von Sätzen aus einer größeren vorgegebenen Anzahl nach Lektüre eines Textes unter dem Aspekt, ob die Sätze mit dem Text übereinstimmen oder nicht;
– Herausarbeiten von Haupt- und Nebengedanken, deren Struktur in einer Grafik dargestellt wird;

Erfassen der Textstruktur:
– den roten Faden eines Textes herstellen, z. B. durch eine geordnete Reihenfolge von Überschriften, Untertiteln etc.;
– Darbietung von unverbundenen Informationen, die in eine richtige (sinnvolle) Reihenfolge gebracht werden müssen;
– Klassifizierung und Strukturierung von (Teil-)Informationen nach bestimmten Aspekten: Abstraktheit/Konkretheit, Vergleichbarkeit/Kontrast, zeitliche Reihenfolge, Ursache/Effekt etc.;
– Zusammenfassungen herstellen, Exzerpte, Unterstreichungen etc.

Diese komplexeren Hilfsmittel zur Stabilisierung der Sinnerfassung (bei der Verarbeitung eines längeren Gesamttextes) schlagen schon die

Verbindung zu den Verarbeitungstechniken des adaptiven Lesens, auf die wir unten (3.4.) noch genauer (im einzelnen) eingehen werden.

3.3. Schnellesen

Auf der Grundlage einer stabilen Fähigkeit der Sinnerfassung läßt sich dann das nächste Problem thematisieren: die (quantitative) Steigerung der Verarbeitung von gelesener Information, praktisch gesprochen: das schnellere Lesen. Mehr Lesestoff in gegebenen Zeiträumen zu verarbeiten, ist heute ein nahezu unumgängliches Ziel eines jeden, der mit Informationstexten zu tun hat; denn das Wissen (und damit auch der publizierte Lesestoff) wächst nicht nur kontinuierlich, sondern beschleunigt an (vgl. KÄRTNER 1972). So sind z. B. derzeit knapp 90% aller Wissenschaftler tätig, die in der Geschichte der Menschheit gelebt haben (KLAGES 1968); zwar muß diese Exponentialfunktion wie jede Wachstumskurve irgendwann auch abflachen, doch derzeit verdoppelt sich das Wissen noch in immer kürzeren Abständen (vgl. GROEBEN & WESTMEYER 1975, 157ff.; ZIELKE 1968, 11f.). Eine Verbesserung der Lesegeschwindigkeit ist daher auch und gerade für den erwachsenen Leser innerhalb seiner Berufsausübung (in der Wissenschaft genauso wie in der Wirtschaft) von großer Attraktivität. Die Möglichkeiten und Grenzen solcher Verbesserung werden auch hier vom Ausgangs- und maximalen Zielniveau der Lesegeschwindigkeit bestimmt; ZIELKE hat (1968, 14f.) aufgrund von Erfahrungen in Lesekursen folgende Werte unter dem Aspekt der Lektürekategorie bzw. Leserkompetenz zusammengestellt (vgl. auch BRAUN 1971, 105):

Durchschnittliche Lesegeschwindigkeit von Erwachsenen nach Lektürekategorien:

– Leichtes Lesen	250 wpm (Wörter pro Minute)	Unterhaltungslektüre, einfache Zeitungsartikel, Werbedrucksachen
– Normales Lesen	180 wpm	lange Zeitungsartikel, Berufslektüre, Geschäftskorrespondenz
– Sorgfältiges Lesen	135 wpm	Fachartikel mit neuen Informationen, ‚unvertraute Abhandlungen‘
– Schwieriges Lesen	75 wpm	technische Texte, Texte mit Daten, Formeln, fremdsprachliche Texte

Durchschnittliche Lesegeschwindigkeit je nach der Lesekompetenz:

– Durchschnitt des erwachsenen (ungeübten) Lesers	90–160 wpm
– Durchschnitt des geübten Normallesers (selbstgeschneiderte Technik)	200–250 wpm
– Durchschnitt des geschulten Lesers (Lesekurs)	500 wpm
– Perfekter Leser (Maximum)	900 wpm

Tab. 7: Lesegeschwindigkeit in Abhängigkeit von Lektürekategorie und Lesekompetenz (nach ZIELKE 1968, 14f.)

Bei diesen (Ziel-)Daten ist natürlich immer impliziert, daß das Verständnis des gelesenen Textes nicht leidet; ernstzunehmende Trainings und Untersuchungen zum Schnellesen setzen daher auch immer das 75%-Kriterium des Textverständnisses (in einem multiple choice-Test) an, gehen also davon aus, daß zumindest 75% von Mehrfach-Wahl-Fragen zum Textinhalt richtig beantwortet werden können (HILL 1968, 622). Ob unter dieser Voraussetzung allerdings ein Maximum von 900 wpm beim Lesen neuer Texte rein physiologisch möglich ist, ist immer wieder umstritten: STROUD z. B. setzt die Grenze bei 500 wpm an (1956), im Gegensatz zu SPACHE (1962), der 800–900 wpm für erreichbar hält. Aufgrund der Erfahrungen mit Lesetrainings herrscht allerdings Einigkeit darüber, daß der durchschnittliche Leser seine ‚Leserate' um 25–50% verbessern kann, ohne einen Abfall in der Qualität des Textverständnisses hinnehmen zu müssen (HARRIS 1970, 480).

Historisch wurden Lesetrainings in den Jahren 1945–1960 zuerst in Amerika innerhalb von College-Programmen zur Verbesserung der Lesefertigkeit/-fähigkeit entwickelt und durchgeführt; seit Anfang der 60er Jahre sind sie dann auch für die Fortbildung im Bereich der Wirtschaft/Unternehmen angepaßt und eingeführt worden und haben von hier aus ihren großen Bekanntheitsgrad erlangt (vgl. HILL 1968, 621f.).

Die Trainings-Programme gehen vom Wahrnehmungsprozeß des Lesens aus und versuchen diesen zu verbessern; dabei sind vor allem die Augenbewegungen untersucht worden, deren Fixationen, Regressionen etc.; ZIELKE hat die durchschnittlichen Augenbewegungen und -halte an einem Beispiel verdeutlicht (1968, 78; vgl. u. Abb. 13).

Die Trainingsprogramme zum schnelleren Lesen versuchen besonders (u. a.), Regressionen auszuschalten, die Fixationspunkte pro Zeile drastisch zu reduzieren (d. h. die Blickspanne zu vergrößern) sowie das sog. Subvokalisieren abzugewöhnen (vgl. ZIELKE 1968, 66ff.). Die ausgearbeiteten Lesekurse setzen dazu eine Fülle von Instrumenten (wie Tachistoskop, Film und Television) ein; aber auch für das Selbststudium und -training gibt es (auch im Deutschen) bewährte Bücher (z. B. AGHTE 1965; OTT 1972; ZIELKE 1967). Diese Bücher bieten auch eine Fülle von Übungsaufgaben und Übungsmaterial, das für einschlägiges Training unbedingt vonnöten ist; ich gebe im folgenden nur Beispiele für die wichtigsten Techniken zur Steigerung des Lesetempos, die man auch z. B. in einem normalen Unterricht aufbauen kann (und sollte), ohne differenzierter auf Übungsmaterialien eingehen zu können.

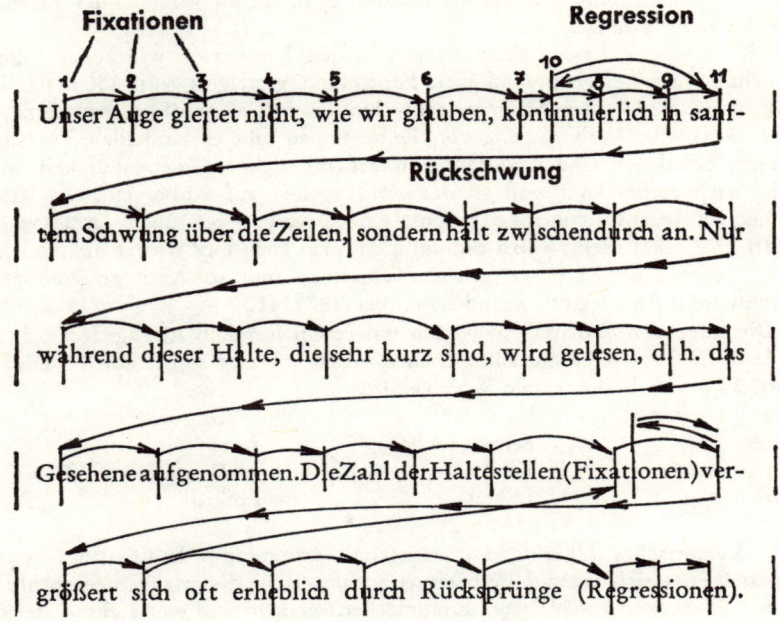

Abb. 13: Augenbewegungen und -halte beim Lesen (Zielke 1968, 78)

Beispiele:

– Erweiterung der Blickspanne: in den Lesekursen werden dazu vor allem Aufgaben mit Hilfe des Tachistoskops geboten (eines Projektions- bzw. Filmapparats, der die kurzzeitige Darbietung von immer längeren Zeileneinheiten erlaubt; die kurzzeitige Darbietung kann zwischen $1/5$ bis $1/50$ sec. variiert werden). Bei den Lehrbüchern zum Selbststudium wird diese Technik durch eine sog. Blitzkarte approximiert, mit deren Hilfe man Zeilen relativ kurzzeitig auf- bzw. abdecken kann. Dabei werden als Übungsmaterial Zeilen geboten, die sich sukzessive z. B. von einem Wort auf die volle Zeilenlänge verbreitern (vgl. Zielke 1967, 62). Auf diese Weise soll erreicht werden, daß Zeilen, die ohne solche Übung mit 7–9 Fixationen gelesen werden, danach nur noch 3 Haltepunkte erfordern (vgl. Aghte 1965, 52ff.). Dahrendorf führt für den Frontalunterricht die Möglichkeit an, daß man kurze Sätze auf Karten schreibt und diese dann kurz hochhält, so daß jeder Schüler nur einen Blick darauf werfen kann (1968, 13). Die Wirksamkeit solcher Übungen ist empirisch nicht ganz eindeutig gesichert: in vollständigen Lesekursen ist ein Abfall der Fixationsrate normalerweise zu erreichen (z. B. bei Hollingsworth 1966 für erwachsene Leser von 77 auf 58 Fixationen pro 100 Worte); wenn man allerdings die einzelnen Techniken trennt, dann erweist sich gerade die tachistoskopische Technik als praktisch unwirksam (Braam & Berger

1968, 350). Es kommt also auf die Einbettung in ein konvergierendes Arsenal von Trainingstechniken an.

– Kontrollierte Lesegeschwindigkeit: in den Lesekursen wird über Filmprojektion die Lesegeschwindigkeit kontrolliert gesteigert, von 150 wpm in Schritten von 30 wpm-Steigerung bis hin zu 540 wpm (BRAAM & BERGER 1968, 348). Zur Verhinderung von Regressionen gibt es zusätzlich Vorrichtungen, bei denen eine Abdeckung in der angezielten Geschwindigkeit von links nach rechts läuft und so das Zurückgehen auf vorhergehenden Text unmöglich macht (‚controlled pacing‘, o. c., ebda.; vgl. auch DECHANT & SMITH 1977, 283). Beim Selbststudium kann man auch hier wieder die Abdekkung durch eine Karte vergleichbar einsetzen und so Antiregreßübungen durchführen; BRAUN gibt folgendes Beispiel (1971, 110):

‚Die folgenden Wortreihen werden mit einem leeren Blatt abgedeckt. Lies Zeile für Zeile – ohne zurückzuschauen – und schreibe sofort auf das Deckblatt, ob a oder b zum ersten Wort gehört.‘

	a	b
fahren	Schreibtisch	Auto
sich verlaufen	im Wald	im Wohnzimmer
schreiben	Diktat	Fußball
:	:	:

– Kursorisches (Überblicks-)Lesen (engl. ‚skimming‘): damit ist ein Lesen angezielt, das sich einen Überblick verschafft, d. h. die wichtigsten inhaltlichen Perspektiven eines Textes auszumachen versucht und eine Rahmenstruktur des (adäquaten) Textverständnisses aufbaut (DECHANT & SMITH 1977, 284; vgl. auch ZIELKE 1968, 126ff.). Maschinell unterstützt wird kursorisches Lesen eingeübt durch den EDL Skimmer: ein Lichtpfeil wandert die Zeilen einer Seite in der angezielten Geschwindigkeit (1,5 min pro Seite oder 800–1000 wpm) hinunter und steuert so die Lesegeschwindigkeit (DECHANT & SMITH ebda.). Im Selbststudium kann man zunächst einsetzen mit Lesen ‚im Telegrammstil‘ (AGHTE 1965, 59): wie beim Verfassen eines Telegramms sich auf die sinntragenden (informativen) Worte konzentrieren (z. B. weitgehende Vernachlässigung von Funktionsworten oder redundanten Inhaltsworten). Auf die Dauer sollte man über die Verbreiterung der Blickspanne dann (wie beim EDL Skimmer) eine Zeile mit *einer* Augenfixation erfassen (können) und Textseiten Zeile für Zeile ‚vertikal‘ lesen (AGHTE 1965, 235).

– Selektives Lesen (engl. ‚scanning‘): damit ist das extrem schnelle Überfliegen eines Textes gemeint mit der Absicht, eine bestimmte Detailinformation zu finden, eine bestimmte (eventuell schon bekannte) Stelle (wieder) aufzuspüren (z. B. ein Zitat etc.; DECHANT & SMITH 1977, 284). Selektives Lesen impliziert weniger Textverständnis als kursorisches Lesen, weil es nicht auf eine Erfassung des Gesamtsinns des Textes (nicht einmal in groben Zügen) ankommt (DOWNING 1976, 81). Bei dieser Leseeinstellung ist mit einer Blickspanne von mindestens 30 Zeichen und einer Fixationszeit von höchstens ⅙ sec eine ‚Lese‘geschwindigkeit von bis zu 2000 wpm möglich (ZIELKE 1967, 150; er nennt diese Geschwindigkeit sinnvollerweise ‚Selektionsgeschwindigkeit‘). Dafür ist auch besonders das periphere Sehen (zur Vergrößerung der Blickspanne) zu trainieren (z. B. ZIELKE 1967, 151ff.).

Die Wirksamkeit von Lesekursen, die diese Trainingstechniken einsetzen, konnte mehrfach empirisch gesichert werden; allerdings gibt es einige Spezifizierungen, die doch auf Grenzen der Methoden zur Verbesserung der Lesegeschwindigkeit hinweisen: wenn man die Wirksamkeit der einzelnen Techniken vergleicht, so zeigt sich, daß die wahrnehmungsorientierten Techniken zur Erweiterung der Blickspanne und Erhöhung der Lesegeschwindigkeit (controlled pacing) nur in Verbindung mit den mehr kognitiv orientierten Techniken des kursorischen bzw. selektiven Lesens wirksam sind (BERGER 1968, 594f.). Außerdem muß die höhere Leserate auch nach einem Trainingskurs weiter geübt werden, sonst gehen die Fortschritte wieder verloren: in einer Untersuchung von MORTON war die Verbesserung der Lesegeschwindigkeit (bei Postbeamten) von 54% unmittelbar nach dem Training auf 33% nach 6 Monaten gesunken, bei manchen sogar auf den ursprünglichen Wert (vgl. WRIGHT 1972, 277). Zudem hält die Steigerung des Textverständnisses bei weitem nicht mit der Steigerung der Geschwindigkeit mit: WITTY et al. (1959, 127) erzielten bei der Geschwindigkeit einen Zuwachs von 48%, beim Verständnis nur 6% (es wurde also mehr gelesen, das Gelesene aber nicht so gut verarbeitet). Es verwundert daher nicht, wenn HAMMILL nach einem Überblick über 25 empirische Untersuchungen zu dem Schluß kommt, daß Training visueller Prozesse allein nicht zu einer Verbesserung der Quantität des Textverständnisses führt (1972, 556).

Damit ist doch wieder das Verhältnis von Quantität und Qualität, von Lesegeschwindigkeit und Textverständnis problematisch; die Techniker des Schnellesens gehen praktisch durchwegs davon aus, daß zwischen beidem ein positiver Zusammenhang besteht – wie z. B. in der ersten Untersuchung zu dieser Frage von TINKER (1939), der einen Korrelationskoeffizienten von .30 errechnete. Diese Unterstellung, daß mit der Steigerung der Lesegeschwindigkeit automatisch auch das Textverständnis verbessert wird, hat sich aber durch nachfolgende Untersuchungen nicht bestätigen lassen, z. T. ergab sich überhaupt kein Zuwachs an Textverständnis (z. B. BERGER 1968, 592; HIMELSTEIN & GREENBERG 1974); bisweilen ergab sich sogar ein signifikanter Abfall des Textverstehens (vgl. COFFMAN & PARRY 1967; McCONKIE et al. 1973, 7). WITTY et al. führen daher alle Feststellungen eines Zusammenhangs radikal auf Invalidität der Meßverfahren zurück (1959, 123). Man kann auch differenzierter davon ausgehen, daß bei manchen Lesestoffen ein positiver, bei anderen dagegen ein negativer Zusammenhang zwischen Lesegeschwindigkeit und Textverständnis besteht (HARRIS 1970, 481); so konnten z. B. BLOMMERS & LINDQUIST

(1944) nachweisen, daß bei mathematischen und naturwissenschaftlichen Texten gilt: je schneller der Schüler liest, desto weniger versteht er.

Daraus folgt zweierlei: zunächst einmal ist ausschlaggebend, was wir eingangs schon im Hinblick auf die Reihung unserer Unterkapitel angeführt haben – die Erhöhung der Lesegeschwindigkeit ist nur sinnvoll, wenn zuvor eine stabile Basis der Fähigkeit zur Sinnerfassung (beim Leser) vorhanden ist (vgl. HARRIS 1970, 484). Zum zweiten ist zu beachten, daß sich auch unter dieser Voraussetzung nicht jeder Lesestoff zum schnelleren Lesen eignet: bei schwierigem, informationsdichtem Lesematerial führt rigides Schnellesen zu ungenügendem Textverständnis (WRIGHT 1972, 276; KLEINSCHMIDT 1976, 230). Eine sinnvolle Erhöhung der Lesegeschwindigkeit ist daher nur unter der Voraussetzung ihrer Flexibilität je nach Lesestoff denkbar (HILL 1968, 624f.); gerade hier aber scheint die größte Schwäche zumindest untrainierter Leser zu liegen: sie lesen rigide immer mit derselben Geschwindigkeit (vgl. MCDONALD 1960). Ein auf das oberste Ziel ,Textverständnis' ausgerichtetes Training der Lesegeschwindigkeit wird also vor allem die Flexibilität der Lesegeschwindigkeit zu üben haben, die auch durchaus veränder- und verbesserbar ist (BRAAM 1963). Solche Flexibilität ist allerdings kaum zu erreichen mit Hilfe von Instrumenten/Maschinen, die vor allem auf den physiologischen Prozeß der Wahrnehmung abzielen, sondern durch kognitive Einstellung auf und Anpassung an unterschiedliche Lesestoffe und Leseabsichten; d. h. innerhalb eines flexiblen Lesens sind Techniken wie das kursorische oder selektive Lesen bewußt und gezielt zu entwickeln und einzusetzen je nach dem Leseziel und Lesestoff. Es kommt nicht einfach auf die Steigerung der Lesegeschwindigkeit an, sondern auf das Beherrschen unterschiedlicher Geschwindigkeiten und deren bewußten, flexiblen Einsatz; diese Flexibilität ist das Hauptmerkmal des adaptiven Lesens.

3.4. Adaptives Lesen

Ein Lesen, das je nach Lesestoff und -ziel unterschiedlich abläuft, wird gewöhnlich ,differenziertes Lesen' genannt (vgl. BAMBERGER 1973, 132). BAMBERGER führt z. B. zehn verschiedene Formen an, in die sich das Lesen ausdifferenzieren läßt (1973, 133):

Beispiel:
1. das überfliegende Lesen,   3. das unterhaltende Lesen,
2. das informierende Lesen,   4. das einprägende Lesen,

5. das utilitaristisch auswählende Lesen,   8. das distanzierte Lesen,
6. das studierende bzw. erarbeitende Lesen,   9. das schöpferische Lesen,
7. das kritische Lesen,   10. das Korrekturlesen.

In dieser Aufstellung aber werden die beiden Zieldimensionen der Differenzierung, nämlich Leseabsicht und Lesestoff, miteinander konfundiert; z. B. wird das distanzierte Lesen definiert als das ‚kritische Lesen von Dichtungen‘ (o. c., 137). Dadurch aber wird m. E. nicht genügend klar, daß auch hier der Leser die Freiheit hat, aktiv zu wählen: mit welcher Leseabsicht er an welchen Stoff herangehen will. Allerdings müssen für eine adäquate Textrezeption dann ‚Lesemethode und -geschwindigkeit an die Leseintention und die Natur des Textmaterials‘ angepaßt sein (DECHANT & SMITH 1977, 262). Um diese aktive Anpassung an Leseziel und -absicht stärker zu betonen, nenne ich solches Lesen adaptiv. Die Fähigkeit zu adaptivem Lesen ist nach einhelliger Meinung der Leseforscher das Hauptmerkmal des guten Lesers; daß diese These, die schon um 1920 aufgestellt wurde (vgl. RUSSEL & FEA 1975), nicht nur ein Wunsch ist, sondern zutreffend die Wirklichkeit abbildet, konnte SMITH (1961) anhand empirischer Erhebungen zeigen.

Beispiel:

SMITH gab Informationstexte zum Lesen mit zwei verschiedenen Instruktionen: einmal sich einen Überblick zu verschaffen, das andere Mal besonders Detail- und Fakteninformationen aufzunehmen. Die guten Leser adaptierten ihre Lesemethode an das Ziel und konzentrierten sich im ersten Fall auf die Hauptgedanken, im zweiten exzerpierten und wiederholten sie die relevante Fakteninformation. Die schlechten Leser achteten unabhängig vom Leseziel rigide vor allem auf Detailinformationen (vgl. ARTLEY 1966, 78).

Diese Ergebnisse konnten auch in nachfolgenden Untersuchungen immer wieder gesichert werden (über die GOLINKOFF 1975/76 zusammenfassend berichtet hat). Der gute Leser verfügt also über verschiedene Lesetechniken und ist in der Lage, diese planvoll-intentional je nach Fragestellung und Lesestoff einzusetzen (GOLINKOFF 1975/76, 654).

Als erste, grundlegende Voraussetzung eines adaptiven Lesens ist also eine explizite Leseabsicht nötig. Wie wir oben bei der Behandlung der Sinnerfassung (3.2.) gesehen haben, manifestiert sich ein solches Leseziel (‚purpose‘) in Fragestellungen, die vor dem Lesen an den Text herangetragen werden. Ihre strukturierende Dynamik führt dazu, daß der Text besser, umfassender, tiefer verstanden wird (vgl. o. GRANT & HALL 1968; s. auch DANFORD 1974). In den genannten Untersuchungen wurde allerdings die strukturierende Leseintention durch Fragen des Lehrers vorgegeben; ein selbständiges adaptives

Lesen erfordert es, daß der Leser selbst das Leseziel setzt und d. h.:
die zielführenden Fragen an den Text eigenständig entwickelt. Das
didaktische Ziel muß also sein, den Schüler z. B. in die Lage zu
versetzen, selbst Fragen zu stellen (wie es BOND & TINKER 1972 konsequenterweise fordern; vgl. DOWNING 1976, 21). Dies im Unterricht
zu üben, ist besonders möglich, wenn man Techniken zur Stabilisierung der Sinnerfassung als zum direkten Fragen hinführende Strategien verwendet: z. B. Überschriften finden, Zusammenfassungen,
Illustrationen herstellen etc. (s. o. 3.2.).

Beispiel:

SMITH hat 1973 auf diese Weise in 15 Schulstunden das eigenständige Fragen
der Schüler vor dem Lesen eines Textes eingeübt: in der Tat waren die Schüler danach (signifikant) besser in der Lage, sich selbst zielführende Fragen für
die Textlektüre auszudenken. Zwar konnte in dieser Untersuchung keine
resultierende Verbesserung des Textverständnisses gesichert werden, aber das
kann an der u. U. invaliden Testung eines standardisierten multiple choice-
Tests liegen (vgl. o. 2.1.).

Eine optimale kognitive Verarbeitung von Informationstexten kombiniert diese Fragestrategie mit anderen, bei der Sinnerfassung bereits
angesprochenen Techniken. Die bekannteste, integrierte Konzeption
solcher Studiertechniken („study skills') ist die sog. SQ3R-Methode
nach ROBINSON (1961); sie faßt die einzelnen Techniken in einer plan-
voll-strukturierten Abfolge zusammen. Im einzelnen ist unter SQ3R
folgendes zu verstehen (vgl. NAEF 1971, 30, die es die ‚5-Punkte-
Methode' nennt):

Erläuterung:

Survey   – Überblick gewinnen, durchsehen
Question – zielführende, strukturierende Fragen an den Text stellen
Read   – Lesen (mit möglichst eigen-aktiver Strukturierung)
Recite   – Aufsagen, in Erinnerung rufen, sich vergegenwärtigen
Review   – Repetieren, noch einmal durchsehen

– Beim Überblick-Gewinnen (survey) sind vor allem diejenigen Informationen auszuwerten, die in den relativ schnell aufzuarbeitenden Textteilen enthalten sind, wie: Titel(-blatt), Inhaltsverzeichnis, Vorwort,
Einleitung, Nachwort, insbesondere (wenn vorhanden) Zusammenfassungen, Literaturverzeichnis und Register (vgl. MÜLLER 1973, 514ff.).

– Die strukturierenden Fragen (question), die der Leser vor Beginn
des Lesens an den Text herantragen sollte, können von den relativ
einfachen W-Fragen (EPSTEIN 1968, 125) bis zu den oben besprochenen komplexeren Fragen reichen, die bereits ein bestimmtes Ziel der
kognitiven Verarbeitung explizit vorgeben.

– Die strukturierende Wirkung der Fragen weist wieder darauf hin, daß sinnvolles Lesen und Textverstehen nicht als passives Rezipieren, sondern als aktive Sinnaneignung aufzufassen sind; auf eine solche Charakterisierung des Lesens (read) laufen alle besprochenen theoretischen und empirischen Ergebnisse zum Textverstehen hinaus. Das bedeutet vor allem, daß die Textinformationen in das kognitive System des Lesenden eingearbeitet werden. Dafür ist die Decodierung der vorliegenden Textstruktur und -gliederung eine notwendige, aber nicht hinreichende Voraussetzung; diesem Zweck dienen Unterstreichungen und das Exzerpieren (vgl. KULHAVY et al. 1975). Im Exzerpieren (vgl. STANDOP 1975, 11ff.; WEENER 1974) können sich allerdings auch schon eigene Strukturierungen, Gewichtungen etc. manifestieren. Zu dieser eigenständigen Strukturierung gehört natürlich auch das Adaptieren der Lesegeschwindigkeit und -genauigkeit an das Leseziel (s. o., vgl. DECHANT & SMITH 1977, 265), daher führt ,Note Taking' beim Hören nicht zu einer Verbesserung des Textverständnisses (AIKEN et al. 1975; PETERS 1975). Eine maximal gedrängte Zusammenfassung der Textstruktur(ierung) ist durch eine grafische Aufzeichnung der Haupt-Konzepte möglich: dabei sind die Relationen zwischen den Konzepten grafisch zu veranschaulichen, eine konstruktive Anwendung des Prinzips, das auch beim Verstehen von Karten, Grafiken etc. wichtig ist (DECHANT & SMITH 1977, 268ff.). Für HANF (1971) ist ein solches ,mapping' eine Technik der ,Überführung von Lesen in Denken'. Als Beispiel sei die grafische Zusammenfassung eines Texte ,Nach einem Verkehrsunfall' von ZIELKE (1967, 242) angeführt:

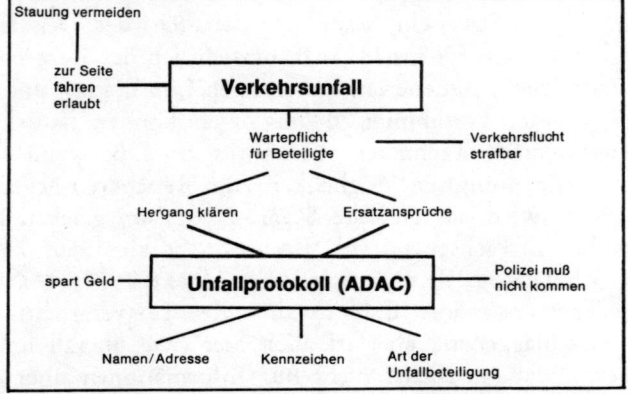

Abb. 14: Grafische Zusammenfassung eines Textes (,Nach einem Verkehrsunfall') von ZIELKE (1967, 242)

– Beim Rekapitulieren (recite) ist eine der wichtigsten Dimensionen die aufgewendete Zeit, die ebenfalls vom Lernstoff und Lernziel abhängt: beim Auswendiglernen von Vokabeln, einzelnen Regeln etc. sollte z. B. auf diesen Schritt der Textverarbeitung 90–95% der insgesamt aufgewendeten Zeit entfallen (vgl. NAEF 1971, 38). Bei Lese- und Lernstoffen, die in ein schon strukturiertes Wissenssystem eingebaut werden können, ist bei weitem nicht so viel Zeit zum Rekapitulieren nötig: dennoch wird die dazu nötige Zeit auch hier meistens (z. B. in Prüfungsvorbereitungen) erheblich unterschätzt; denn auch in diesem Fall sollte der Schritt ‚Rekapitulieren‘ etwa 20–30% der für die Textverarbeitung aufgewendeten Zeit umfassen (MORGAN & DEESE 1957; vgl. NAEF 1971, 39). Aus dem Ziel der eigenständigen, aktiven Textverarbeitung folgt natürlich konsequent, daß dieses Rekapitulieren auf jeden Fall mit den eigenen Worten des Lesenden (ohne mechanisch-wörtliche Anbindung an den gelesenen Text) erfolgen sollte (EPSTEIN 1968, 126).
– Auch das Repetieren (review) sollte möglichst aktiv durchgeführt werden. Das Optimum stellt hier m. E. die Arbeit des Wissenschaftlers dar, der in der Lehre oder in wissenschaftlichen Publikationen das von ihm Gelernte in immer neuen Kontexten, unter neuen Zielperspektiven darstellt und aufarbeitet (allerdings gibt es m.W. dazu keine empirische Untersuchung). Im Regelfall wird das Repetieren jedoch aus einer kurzen Wiederholung der vier vorhergehenden Schritte bestehen (NAEF 1971, 39f.).
Die empirischen Überprüfungen der Wirksamkeit solcher Studientechniken zeigen, daß einzelne Techniken, wenn sie ohne Abstützung durch andere verwendet werden, kaum Wirkung für eine bessere Textverarbeitung bzw. ein stabileres Behalten der Wissensinhalte haben (vgl. WILLIAMS 1968, 628: z. B. hinsichtlich des Einzelvergleichs von Unterstreichen, Repetieren, Exzerpieren [‚outlining‘] und Zusammenfassen). Unter bestimmten Bedingungen können natürlich auch isoliert angewendete Techniken wirksam sein: z. B. wenn kurz vor einer Behaltensprüfung die Möglichkeit zum Repetieren gegeben wird (CREWE 1969). Wird das gesamte SQ3R-Programm gelehrt, läßt sich allerdings bei Erwachsenen (vgl. ROBINSON et al. 1966, 75ff.) und auch bei Schülern ab dem 7. Schuljahr (HARRIS 1970, 441) ein Zuwachs an Textverständnis, d. h. Qualität der Textverarbeitung nachweisen. Ausschlaggebend aber ist auch hier (wie überall im Bereich des Lernens), daß möglichst nicht nur Informationen über die Studientechniken gegeben werden, sondern daß diese aktiv vom Leser (Lerner) eingeübt werden (NIPLE 1968; Überblick bei DANSERAU 1978, 7ff.).

Ein dem SQ3R-Ansatz ähnliches System von Textverarbeitungsstrategien neueren Datums stellt das sog. MURDER-Schema von DANSERAU et al. (1979) dar (das Schema ist nach den Initialen der unten aufgeführten Arbeitsschritte benannt). Er unterscheidet folgende primäre Lernstrategien (als sekundäre Strategien werden Techniken bezeichnet, die eher dem selbstgesteuerten Lernen zuzuordnen sind, vgl. u. III.):

– setting the *m*ood to study: motivationale Vorbereitung zur Textverarbeitung bzw. Lernen aus Texten durch Konzentrationsübungen etc.;

– reading for *u*nderstanding: Herausfinden der wichtigen bzw. schwierigen zentralen Ideen und Konzepte;

– *r*ecalling the material: freie Wiedergabe in eigenen Worten durch Paraphrasieren, Netzwerke herstellen, Analyse der Schlüssel-Konzepte etc.;

– to *d*igest the material: Einordnung der Informationen in das eigene Wissen durch Korrigieren, Erweitern etc. des wiedergegebenen Materials;

– *e*xpanding knowledge: Übertragen des Wissens vor allem durch Selbst-Befragung (self-inquiry);

– *r*eviewing mistakes: Fehleranalyse besonders aufgrund von Testaufgaben.

Die empirische Überprüfung dieses Schemas hat z. B. ergeben, daß im Bereich der Material-Wiedergabe die Technik des Netzwerke-Bildens effektiver ist als die des Paraphrasierens (bzw. anschauliche Vorstellungen bilden – imagery –) und Analyse der Schlüssel-Konzepte (DANSERAU et al. 1979, 68ff.).

Allerdings ist die Forschung zu den verschiedenen Aspekten der Studientechniken noch bei weitem nicht umfassend genug; MALLINSON nennt z. B. (1968, 234) an offenen Fragen u. a.: wie weit kann durch Unterricht und die Medien das Übernehmen von Fachausdrücken (Fremdworten) in den aktiven Wortschatz erleichtert/unterstützt werden? Inwieweit können moderne grafische Darstellungs-/Gestaltungsmittel für die Darbietung von Sachinformationen nutzbar gemacht werden?

Die offenen Fragen machen deutlich, daß einschlägige Studientechniken für Informationstexte oder Sachbücher unabhängig vom Sachgebiet relevant sind. Das bedeutet aber nun nicht, daß diese Techniken unabhängig vom sog. Sachunterricht (in der Schule z. B.) gelehrt werden sollten, sondern im Gegenteil: daß sie anhand der unterschiedlichsten Sachgebiete an allen Informationstexten eingeübt werden sollten. Denn zur adäquaten Verarbeitung von Sachbüchern sind praktisch all jene Techniken notwendig und brauchbar, die oben unter den Aspekten der Sinnerfassung, der Anpassung von Lesegeschwindigkeit an den Lesestoff und der Studierfähigkeiten („study skills') abgehandelt wurden (SHEPHERD 1969, 153f.; STEVENS 1969, 137ff.). Gerade eine solche integrierte Konzeption von Sachunterricht und Lesedidaktik aber wird bislang in unserem (amerikanischen wie deutschen) Schulsystem viel zu wenig durchgeführt. Dabei ist die optimale Wirksamkeit der Übung von Textverarbeitungs-Techniken anhand konkreter Sachtexte nicht nur lerntheoretisch plausibel, sondern auch empirisch gesichert (DUBOIS 1969). Wenngleich vor allem die Kenntnis von Fachausdrücken (meist Fremdwörtern) als erste Voraussetzung zur adäquaten Verarbeitung vieler Sachtexte vordringlich erscheint und daher auch zuerst erforscht wurde, sollte sich die Integration des Leseunterrichts mit dem Sachunterricht nicht darauf beschränken (AMES 1971, 56). Hinsichtlich der weitergehenden Studientechniken kann sich natürlich bald die Notwendigkeit ergeben, daß ein Spezialist in der Lesedidaktik mit einem Spezialisten im Sachfach zusammenarbeitet; in der Tat konnte ADAMS (1965) nachweisen, daß ein solches ‚team teaching‘ die größten Lerneffekte bei den Schülern bewirkte (sowohl im Hinblick auf die Sachkenntnis als auch die Lesekompetenz; vgl. AMES 1971, 55). Im gemeinschaftlich abgehaltenen Unterricht verbinden sich die Kompetenz des Fachlehrers (Sachunterricht) und des Lesedidaktikers (Deutschlehrer) in optimaler Weise.

Beispiel:

Die Verbindung manifestiert sich z. B., wenn die Konzeptstruktur eines Textes gemeinsam herausgearbeitet wird; SHEPHERD gibt (1969, 156f.) ein Beispiel, in dem der Abstand zum Rand die Hierarchie der Begriffe signalisiert (wie oben unter 1.2.3. bei der Prädikat-Argument-Struktur von Texten):

Biosphäre
   Ökologie
      Nahrungskette –
         Allesfresser/Fleischfresser/Pflanzenfresser/
         Parasiten/Räuber/Produzenten
   Photosynthese
      Chlorophyll
      Atmung

In dieser oder ähnlicher Art und Weise sind im Prinzip alle bisher besprochenen Techniken der kognitiven Textverarbeitung, in unterschiedlicher Gewichtung je nach dem Fachgebiet und damit Lesematerial, in den Sachunterricht integrierbar und in ihm zu üben (vgl. STEVENS 1969, 139ff., die eine je spezifische Aufstellung für Literatur-, Sozialwissenschaft, Mathematik, Naturwissenschaft, Wirtschaftswissenschaft und Technisches Werken gibt). Dazu gehört auch, daß innerhalb des Sachunterrichts immer wieder eine Überprüfung und Bewertung/Rückmeldung der Fähigkeit des Schülers zu adäquater kognitiver Verarbeitung von Informationstexten erfolgt; DECHANT & SMITH geben dafür vor allem folgende zwei Möglichkeiten an (1977, 323):

– Einführen einer Check-Liste zur Selbstbewertung, Bewertung von mündlichen und schriftlichen Referaten durch die Klasse selbst, Bewertung von Exzerpten und Zusammenfassungen durch den Lehrer;
– Einführen von Fragestunden, in denen die Schüler selbst (bzw. Schülersprecher) den Lehrer zu behandelten Sachtexten fragen können und seine Antworten bewerten.

Eine solche Integration von Lese- und Sachunterricht stellt m. E. die optimale Vorbereitung des Schülers auf die Informationsflut (auch und gerade die gedruckte) unserer heutigen Arbeits- und Berufswelt, aber auch des Freizeitbereichs dar; dieser Unterricht sollte daher viel intensiver durchgeführt werden als das bisher in unserem Schulsystem der Fall ist. Auf der Grundlage einer so erworbenen Lesekompetenz im Bereich der Informationsliteratur könnte diese Lektürekategorie auch viel besser ihre mögliche Funktion für eine Stabilisierung der Lesemotivation erfüllen.

Zusammenfassung in Fragen:

– Warum ist es problematisch, ‚Leseniveaus‘ anhand bestimmter Prozentsätze bei Verständnistests festzusetzen?
– Warum sollte man bei der Festsetzung von Leseniveaus von der Interaktion zwischen Lesefähigkeit des Schülers und Textschwierigkeit ausgehen?
– Warum ist die Stabilisierung der Sinnerfassung eine Voraussetzung für die Verbesserung des Lesens?
– Mit welchen Methoden läßt sich das Lesen in Sinnschritten verbessern?
– Mit welchen Fragetechniken kann der Lehrer eine tiefere semantische Verarbeitung eines Textes bewirken?
– Warum ist schnelleres Lesen heute für viele Menschen wichtig?
– Welche Lesetechniken werden in den Trainingsprogrammen zum schnelleren Lesen geübt?
– Welche Beziehung besteht zwischen der Steigerung der Lesegeschwindigkeit und der Verbesserung des Textverständnisses?
– Was bedeutet adaptives Lesen?
– Welche Schritte umfaßt die SQ3R-Methode?
– Was soll durch die vor dem Lesen eines Textes formulierten Fragen bewirkt werden?
– Welche Techniken fördern die aktive Sinnaneignung beim Lesen?
– Was spricht für eine Integration von Leseunterricht und Sachunterricht in der Schule?

4. Verbesserung des Textverstehens (II): kritisch-kreatives Lesen

Die bisher besprochenen Aspekte der Verbesserung von Textverständnis haben wiederum konsequent auf das theoretisch zentrale Merkmal des Textverstehens geführt: die kognitiv-konstruktive Aktivität des Lesers in der planvoll-konstruktiven Anpassung der Lesetechnik an Lesestoff und -ziel. Dies ist aber nicht das mögliche Maximum an kognitiver Aktivität, zu der der Leser in der Lage ist und die das Ziel einer optimalen Textverarbeitung darstellt. Die Eingliederung der kognitiven Inhalte in das jeweilige individuelle Wissenssystem des Lesers erfordert ein noch darüber hinausgehendes Maß an noch komplexerer kognitiver Aktivität. Auch hier ist Textverstehen nicht passive Aneignung, vielmehr wählt der Leser aktiv aus, was er in sein Kognitionssystem übernimmt; er modifiziert gegebenenfalls Konzepte des Textes und/oder des eigenen Wissenssystems oder leistet konstruktiv neue Konzeptintegrationen. Eine solche konstruktive Aktivität impliziert daher, daß der Text kritisch abwägend, bewertend verarbeitet wird: dies ist (in einer ersten Begriffsumschreibung) der Sinn des kritischen Lesens.

Die Berechtigung für eine gesonderte Thematisierung des kritischen Lesens liegt u. a. darin, daß in mehreren empirischen Untersuchungen nur geringe Korrelationen (unter .30) zwischen der generellen Lesefähigkeit und spezifischen Scores für kritisches Lesen gefunden wurden (vgl. RUSSEL & FEA 1975, 901).

Viele Forscher (besonders in den USA) heben von dieser qualitativ höheren Stufe der kognitiven Textverarbeitung noch einmal die Ebene des kreativen Lesens ab; unter dem Aspekt der Konstruktivität des Lesens scheint mir diese Abgrenzung aber nicht nützlich: ‚kritische' kognitive Verarbeitung eines Textes bedeutet, daß das Kritisierte mit alternativen Zielvorstellungen konfrontiert, an alternativen Zielvorstellungen bewertet wird; darin liegt m. E. schon ein kreativer Akt. (Die Kreativität der Verarbeitung würde allerdings behindert, wenn man an diese alternativen Zielvorstellungen noch darüber hinausgehend hohe Anforderungen an Explizitheit und Vollständigkeit stellen würde.) Kritisches Lesen ist somit stets auch kreatives Lesen; aus dieser Fassung des Begriffs folgt, daß diese höchste Stufe des aktiv-konstruktiven Verständnisses sowohl in bezug auf Informations- als auch literarische Texte zu konzipieren, zu beschreiben und zu entwickeln ist.

Auf dem Hintergrund einer solchen Begriffexplikation versucht dieses Kapitel daher, folgende Fragen zu beantworten:

WELCHE TEILFÄHIGKEITEN BZW. (ZIEL-)DIMENSIONEN SIND SPEZIELL FÜR DAS KRITISCHE LESEN ANZUSETZEN?

AUF WELCHE DIMENSIONEN AN LITERARISCHEN UND NICHT-LITERARISCHEN TEXTEN BEZIEHT SICH VOR ALLEM DIE KRITISCH-KREATIVE TEXTVERARBEITUNG?

MIT WELCHEN METHODEN IST DAS KRITISCH-KREATIVE LESEN ZU ENTWIKKELN, ZU UNTERSTÜTZEN UND ZU FESTIGEN?

4.1. Dimensionen des kritischen Lesens

Wie beim Textverständnis generell ist auch beim kritischen Lesen versucht worden, das Konstrukt unter dem Aspekt der (Teil-)Fähigkeiten bzw. Fertigkeiten auszudifferenzieren; dabei können auch hier die intellektuellen Basisprozesse, die diesen Fähigkeiten zugrundeliegen, als Zieldimensionen des kritischen Lesens angesehen werden, d. h. stellen bei entsprechend präziser und konkreter Definition praktisch die Lehrziele für die Verbesserung des kritischen Textverstehens dar.

Betrachtet man das kritische Lesen im Rahmen der oben diskutierten Ebenen/Dimensionen des Textverständnisses generell, so ist es sicherlich in den Basisprozessen der tieferen kognitiven Verarbeitung bereits enthalten (und ist jetzt nur differenzierter, näher zu betrachten und zu analysieren).

Beispiel:

HUCK unterscheidet z. B. (1968) drei Ebenen des Textverständnisses, von denen eine das kritische Lesen ist:

1. ,wörtliches' Lesen (,literal reading'): Verstehen der Bedeutung von Worten, Ideen, bzw. Sätzen im Kontext;

2. interpretierendes Lesen: nicht-direkt im Text ausgesagten Sinn aufnehmen;

3. kritisches Lesen: Bewertung der Qualität, Genauigkeit und Echtheit des Gelesenen.

In dieser Form ist das, was kritisches Lesen genannt wird, praktisch schon vollständig von den allgemeinen Fähigkeiten ,schlußfolgerndes Denken während des Lesens' und ,Identifizierung (und Bewertung) der Intention des Textes' abgedeckt (vgl. o. 1.1.: SPEARRITT 1972).

Eine stärkere Differenzierung und damit eine größere Spezifität der möglichen (intendierten) Teilfähigkeiten erreicht man, wenn man die Parallelität zum kritischen Denken als Heuristik benutzt; auf diese Weise kommt SIMMONS (1965) zu folgenden 5 intellektuellen Prozessen, die er für kritisches Denken und Lesen gleichermaßen ansetzt (vgl. DECHANT & SMITH 1977, 321):

Beispiel:

1. Sammeln und Strukturieren von Daten sowie das Aufstellen von Hypothesen anhand von Daten;
2. korrekter Gebrauch von logischen Regeln und Verstehen von Beweisverfahren;
3. Kritik des Denkens;
4. Verstehen von Propaganda- und Werbe-Techniken;
5. Problemlösen.

Diese Dimensionen sind allerdings stark uneinheitlich in bezug auf Allgemeinheit und Abstraktheit; sehr spezifischen Fertigkeiten wie ,korrekter Gebrauch von Schlußregeln' stehen sehr allgemeine Fähigkeiten wie ,Problemlösen' gegenüber. Auf diesem Hintergrund ist es verständlich, daß einige Forscher es überhaupt für sinnvoller halten, die Dimensionen des kritischen Lesens als ,Haltung' zu konzipieren und anzugeben (vgl. BAMBERGER et al. 1972, 54). BAMBERGER et al. geben 5 solcher ,allgemeiner Haltungen' als Explikation des Begriffs kritisches Lesen an (o. c., ebda):

Beispiel:

1. Die Fragestellung gegenüber Stoff und seinem Autor.
2. Das Auswerten des persönlichen Hintergrunds und der Entwicklung einer Wertskala für kritische Stellungnahmen.
3. Die Fähigkeit, vorschnelle Entscheidungen oder persönliche Gefühle zurückzustellen, bis das Ganze gründlich verstanden ist.
4. Die Fähigkeit zur logischen Analyse, zur Unterscheidung von Fakten und Meinungen, und zur Feststellung von Ausbesserungen und Verzerrungen.
5. Die Beurteilung der Grundlagen, Ansichten und Absichten des Autors.

Abgesehen davon, daß auch hier wieder ,Fähigkeiten' vorkommen (3. und 4.), ist besonders unter dem Aspekt der Brauchbarkeit auch als (operationalisiertes) Lehrziel noch eine stärkere Differenzierung und Konkretisierung anzustreben; in dieser Richtung zielt die Aufstellung von ,Fertigkeiten des kritischen Lesens', die WOLF et al. (1968) vorgelegt haben; empirisch wird ihre Unterteilung durch Expertenratings und Beobachtungen im Unterricht (1968, 450).

Beispiel:

Fertigkeiten des kritischen Lesens nach WOLF et al. (1968, 450ff.):

I. Analyse und Bewertung von informierendem und ‚Propaganda'-Material

A. Bedeutungsaspekte
   1. Unterscheiden zwischen vagen und präzisen Begriffen
   2. Unterschiede zwischen denotativer und konnotativer Bedeutung erkennen
   3. Überredungstendenzen an Merkmalen wie Leerformeln, Rückgriff auf Autoritäten etc. erkennen
   4. Bewertung der Effektivität des Wortgebrauchs auf dem Hintergrund der Intention des Autors

B. Logische Struktur
   1. Erkennen und Bewerten der Gültigkeit von Behauptungen/Thesen
      a. Überprüfung der Validität eines Arguments hinsichtlich der Korrektheit der Schlußverfahren
      b. Klassifizierung von Ober- und Unterbegriffen etc.
      c. Richtiger Gebrauch von Quantifikatoren wie ‚alle, manche, niemand' etc.
      d. Implizite Prämissen und Schlußfolgerungen erkennen
   2. Erkennen und Bewerten der Zuverlässigkeit von Information
      a. Wege zum Testen der Zuverlässigkeit entdecken
      b. Erkennen der Begründung von Voraussetzungen und Konklusionen
      c. Erkennen von materialen Argumentationsfehlern, z. B. unzulässige, vorschnelle Generalisierungen, falsche Ursachenzuschreibungen, post-hoc-Erklärungen, falsche Analogien etc.
      d. Erkennen von unlogischen Argumentationen in ‚Propaganda'-Texten (wie dogmatischer Rückgriff auf Autoritäten, Emotionalisierung, band wagon-Effekte etc.)
      e. Erkennen und Bewerten unterschiedlicher Kategorien von Informations- und Propaganda-Texten
      f. Unterscheiden zwischen objektiver und subjektiver Begründung (‚evidence')
      g. Bewertung der Zuverlässigkeit der Information

C. Authentizität (Echtheit) des Geschriebenen
   1. Feststellen der Begründetheit der Information oder Aufschiebung der Bewertung
   2. Vergleich von Informationen aus verschiedenen Quellen und Feststellung der Übereinstimmung oder des Widerspruchs
   3. Erkennen von Autoritäten als Informationsquelle und Bewertung nach nicht-dogmatischen Kriterien
   4. Bewertung der Qualifikationen des Autors
   5. Absichten und Ziele des Verlegers erkennen

II. Analyse und Bewertung von literarischen Texten

A. Literarische Form
  1. Merkmale verschiedener literarischer Formen erkennen, wie phantastische, historische, biographische Literatur etc.
  2. Unterscheiden von verschiedenen Formvarianten, z. B. bei phantastischer Literatur: Märchen, Mythen, Science Fiction, moderne Phantastik etc.
  3. Entwicklung von Kriterien zur Beurteilung von literarischen Formen
  4. Gattungsmerkmale erkennen (Lyrik, Prosa, Drama)
  5. Entwicklung von Kriterien zur Beurteilung von Literarizität generell

B. Analyse der Bauformen (Komponenten) literarischer Texte
  1. Identifizierung und Bewertung von Charakteren
     a. Unterscheiden zwischen Beschreibung von Charakteren und Charakterentwicklung
     b. Die Verfahren erkennen, mit denen der Autor seine Charaktere aufbaut
     c. Kriterien zur Beurteilung der Charakterdarstellung entwickeln
     d. Kritischer Vergleich der Charakterdarstellung in zwei verschiedenen Texten
  2. Identifizierung und Bewertung der Handlungsstruktur
     a. Erkennen der Handlungsstruktur, z. B. kumulativ, episodisch, parallel etc.
     b. Erkennen der Handlungsentwicklung: Exposition, Klimax, Lösung etc.
     c. Erkennen der Methoden zur Darstellung des Höhepunkts, Ungewißheit, Überraschung, Anschaulichkeit und Tiefe der Bilder etc.
     d. Erkennen und Bewerten spezieller Techniken wie Rückblenden etc.
  3. Identifikation und Bewertung des Hintergrundes/Schauplatzes
     a. Erkennen der Hintergrundaspekte Zeit und Ort
     b. Verstehen der Beziehungen zwischen Handlungsstruktur und Charakterentwicklung
  4. Identifizierung und Bewertung des Themas
     a. Unterscheiden zwischen Thema und Handlung
     b. Vergleich von Themen verschiedener Texte
     c. Bewertung der Themadarstellung

C. Literarische Techniken (‚devices‘)
  1. Identifikation und Bewertung des literarischen Sprachgebrauchs
     a. Interpretation und Bewertung bildhafter Sprache: Metaphern, Vergleich, Personifikationen etc.
     b. Bewertung des Einsatzes von Dialog und wörtlicher Rede
     c. Bewertung des literarischen Stils
     d. Interpretation und Bewertung von Symbolen
  2. Identifizierung und Bewertung der ausgedrückten Stimmung (‚mood‘)
     a. Erkennen der im literarischen Text ausgedrückten Stimmung
     b. Erkennen von Spielarten des Humors: slapstick, Übertreibung, Überraschung, Anachronismus etc.
     c. Erkennen von Satire und Ironie

3. Identifizierung und Bewertung der Erzählerperspektive
   a. Erkennen der Erzählerperspektive
   b. Herausfinden, wie eine Geschichte aus einer anderen Perspektive zu erzählen wäre
   c. Vergleich von Texten mit verschiedenen Erzählerperspektiven

Diese Teilfähigkeiten sind zum größten Teil so konkret operationalisiert, daß sie durchaus als Festlegung von Lehrzielen für einen Unterricht des kritischen Lesens dienen können; WOLF et al. setzen diese Ziele bereits für den Unterricht in der Grund- und Hauptschule an. In weiterführenden Schulen sind u. U. noch komplexere Ziele zu ergänzen; Beispiele dafür werden wir weiter unten bei den Methoden zur Verbesserung des kritischen Lesens besprechen.

So differenziert beschriebene Fertigkeiten bieten in einem ersten Schritt (wie auch oben beim Textverständnis allgemein) die Basis für die Entwicklung von Testaufgaben zur Messung speziell des kritischen Lesens. Entsprechend der Fähigkeitsdefinition werden auch bei der Testung (Testentwicklung) zwei Aspekte unterschieden: Analyse von Informations-/Sach-Texten und von literarischen Texten (KING 1968, 180). In bezug auf die Analyse von Sachtexten beziehen sich die Testaufgaben überwiegend auf das, was zusammenfassend ‚logische Fähigkeiten‘ genannt wird (l. c.).

Beispiel:

Testaufgaben zur Messung speziell des kritischen Lesens (nach KING 1968, 180f.)
– Erkennen und Bewerten falscher Analogie(n):
  Ein Junge ist wie ein Baum. Er muß hoch aufgerichtet und gerade stehen.
  Was ist falsch an diesen Sätzen?
1. Bäume sind immer gerade, Jungen nicht.
2. Bäume sind immer gerader als Jungen.
3. Jungen sind nicht so groß (hoch) wie Bäume.
4. Jungen sind Bäume in den meisten Eigenschaften unähnlich.

– Anwendung von Wissen und Beurteilung von Schlußfolgerungen:
  Jeder, der in einer Fernsehschau kommt, ist reich. Kapitän Kangaroo kommt in einer Fernsehschau.
  Wenn diese Sätze wahr sind, was folgt daraus?
1. Kapitän Kangaroo ist reich.
2. Leute, die nicht in einer Fernsehschau kommen, sind arm.
3. Kapitän Kangaroo ist vielleicht reich.
4. Jeder, der in einer Fernsehschau kommt, ist vielleicht reich.

– Bewertung von Fragen:
  John erzählt seiner Mutter über seinen neuen Freund Bill. Seine Mutter fragt: ‚Ist dein Freund ein guter oder böser Junge?‘

Was ist falsch an dieser Frage?
1. Bill kann einmal gut und ein andermal böse sein.
2. Bill kann besser als John sein.
3. Johns Mutter weiß, daß Bill ein guter Junge ist.
4. Bill ist Johns Freund, also ist er ein guter Junge.

Die Testaufgaben für die literarische Analyse geben kurze Geschichten vor; Beispiele wären daher hier zu platzraubend. Die Aufgaben umfassen auch den Vergleich literarischer Inhalte mit der Realität (vgl. u. 4.3. und 4.4.).

Die spezifische Messung des kritischen Lesens ermöglicht es auch, das kritische Lesen und das kritische Denken (empirisch) in Beziehung zu setzen. Von vielen Autoren wird kritisches Lesen nahezu mit kritischem Denken gleichgesetzt (z. B. RUSSEL 1961; ENNIS 1962; LEE et al. 1968; vgl. STAUFFER 1970; NEWTON 1969); ENNIS z. B. vertritt die These, daß kritisches Lesen die Anwendung von kritischem Denken innerhalb des Leseprozesses ist (1962). Dabei wird in Nachfolge zu RUSSELL (1961) für kritisches Denken zumeist ein 3-Faktor-Modell angesetzt: a. Einstellungsfaktor: Fragen und Bewertungen aufschieben zu können; b. Handlungs- oder funktionaler Faktor: Gebrauch von logischen Analysemethoden und Problemlösen; c. Bewertungs-Faktor: Bewertung anhand von Normen, Standards oder Konsensus. Die empirische Überprüfung über das Verhältnis von kritischem Lesen und Denken, zu der FOLLMANN & LOWE 1972/73 einen Überblick geben, zeigt uneinheitliche Ergebnisse: z. T. überlappten sich die beiden Fähigkeiten nur unwesentlich bzw. konnten auf die allgemeinere verbale Kompetenz als übereinstimmendem, zugrundeliegendem Faktor zurückgeführt werden (FOLLMANN & LOWE 1972/73, 165ff.). Allerdings leiden die einschlägigen Untersuchungen auch hier wieder vermutlich unter einer suboptimalen Validität der multiple choice-Tests. Trotzdem ist es in Verbindung mit generellen lerntheoretischen Gesetzmäßigkeiten sicherlich gerechtfertigt, die Konsequenz zu ziehen: eine gute allgemeine Lesekompetenz umfaßt noch nicht automatisch die Fähigkeit zu kritischem Lesen, kritisches Lesen muß spezifisch gelernt und gelehrt werden (KINGSTON 1966, 196); auch die Übertragung (Transfer) des kritischen Lesens von einem Text bzw. einer Textkategorie auf andere Texte, andere Probleme etc. geschieht nicht von selbst (KINGSTON ebda.), der Transfer von kritischem Lesen in Richtung auf kritisches Denken muß explizit und an möglichst variablem Material eingeübt werden – eine Konsequenz, die sich innerhalb der lerntheoretischen Forschung zum Transferproblem immer wieder als unumgänglich erwiesen hat (vgl. WEINERT 1974, 685ff.). Daß ein solches Lernen von kritischem Lesen (und Denken) durch entsprechende Lehrprogramme möglich ist, geht aus Untersuchungen von TABA et al. (1964) sowie COVINGTON (1967) hervor (vgl. STAUFFER 1970, 136f.); dabei konzipiert COVINGTON – wie eingangs schon theoretisch begründet – das kritische Lesen als Ausgangspunkt für kreatives Lesen (und Denken). Die Verbesserung kritischen Lesens wird also unter Transfer-Aspekten letztlich immer auch auf kreatives Denken abzielen (vgl. STAUFFER 1969, 476; s. auch u. 4.4.).

Allerdings sollte man sich nicht darüber hinwegtäuschen, daß eine solche Hochschätzung des Ziels ‚kritisches Lesen' vermutlich zumindest anfangs von Lernenden nicht geteilt wird, d. h. ein Unterricht zur Entwicklung und Stabilisierung von Kritik beim Lesen wird zunächst auf Abwehr bei den Schülern stoßen; aus der Erfahrung des Didaktikers formuliert (DAHRENDORF 1977, 15): „Nachdem sie sich gerade die Fähigkeit zu selbständigem Umgang mit Texten erworben haben, sind sie meist sehr textgläubig und nehmen gern alles für bare Münze, was sie lesen und hören; Zweifel am Inhalt gehört im allgemeinen noch nicht zu ihren Rezeptionsweisen."

4.2. Logische Argumentation

Schon bei den Fertigkeiten der Lehrzielfestlegung und Testung war das kritische Lesen für literarische vs. Informationstexte getrennt betrachtet worden; auch die Methoden zur Verbesserung des kritischen Lesens sind (zumindest akzentuierend) für diese beiden grundlegenden Textkategorien verschieden. Daher werden dieses und das nächste Unterkapitel zunächst Ansätze zur Verbesserung des kritischen Lesens bei Informationstexten behandeln; die Spannbreite solcher Texte reicht dabei von wissenschaftlichen Fachbüchern bzw. (popularisierten) Sachbüchern bis hin zu politischer Rede und auch Werbetexten.

Den ersten wichtigen Ansatzpunkt zur Verbesserung des kritischen Lesens stellt der oben beschriebene Bereich der ‚logischen Fähigkeiten' dar. Bis vor kurzem hätte man hier ausschließlich die logische Propädeutik (vgl. KAMLAH & LORENZEN 1967) ausgewertet; mittlerweile aber sind auch andere (Teil-)Disziplinen mit explizitem Blick auf Verwertbarkeit in der alltäglichen Denkpraxis be- und aufgearbeitet worden, so die Wissenschaftstheorie (vgl. PRIM & TILMANN 1973; GROEBEN & WESTMEYER 1975) sowie vor allem die klassische Rhetorik (KOPPERSCHMIDT 1973) und die Argumentationstheorie (vgl. TOULMIN 1975; GÖTTERT 1978) – letztere hat sich besonders innerhalb der

Philosophie der ‚normalen' (Alltags-)Sprache von der Konstruktion
und Logik künstlicher Sprachen ab- und der Analyse der Umgangs-
sprache und ihrer Argumentation zugewandt (‚ordinary language
school' innerhalb der analytischen Philosophie). Dahinter steht die
Überzeugung, daß auch der ‚Alltags'-Theoretiker grundsätzlich vergleichbar zum Wissenschaftler argumentiert sowie daß die Berücksichtigung von wissenschaftlichen Standards der Argumentation zu
einer Steigerung von Rationalität in der umgangssprachlichen Kommunikation und Argumentation führen kann (vgl. GROEBEN &
SCHEELE 1977).

Einen ersten Aspekt der i. w. S. logischen Kritik stellt die Unterscheidung von Beschreibung und Wertung (deskriptiven vs. präskriptiven Sätzen) dar, die besonders in der Theorie der empirischen Wissenschaften wichtig geworden ist (vgl. Werturteils-Freiheits-Postulat).
Bei Informationstexten der alltäglichen Kommunikation, besonders
solchen, die zu einer bestimmten Meinung/Einstellung überreden
wollen, ist diese Unterscheidung nützlich, um zwischen mitgeteilten
Fakten und Bewertungen, Meinungen des Autors zu unterscheiden
(ROEHLER 1968, 150f.). Zur Übung lassen sich Unterstreichungsaufga-
ben mit der speziellen Aufgabe der Unterscheidung von Beschreibung
vs. Wertung durchführen. Auf der Grundlage der bewertenden Sätze
sind dann anschließend Fragen zu beantworten, wie: ‚Was ist der
Standpunkt des Autors? Ist der Autor voreingenommen?' (‚biased')
etc. (l. c.).

Voreingenommenheit läßt sich u. U. auch daran erkennen, daß die
eigene Position gegen Kritik und Falsifikation unzulässig abgeschirmt,
immunisiert wird, wie der Wissenschaftstheoretiker sagt. Von den
klassischen Immunisierungsstrategien, die besonders der sog. Kritische Rationalismus herausgearbeitet hat (vgl. TOPITSCH 1971), nennt
HUSSONG die drei wichtigsten, die auch im Unterricht des kritischen
Lesens behandelt werden sollten: ‚pseudoempirische Leerformeln,
pseudonormative Leerformeln, Zirkelschlüsse' (1973, 107).

Beispiel:

Unter empirischen Leerformeln versteht man Aussagen, die einen so
totalen oder weiten empirischen Spielraum haben, daß es gar nichts oder fast
nichts gibt, was im Widerspruch zu ihnen stehen kann, d. h. sie falsifizieren
könnte; manche Sprichworte und fast alle astrologischen Voraussagen gehören dazu: z. B. ‚Wenn der Hahn kräht auf dem Mist, ändert sich das Wetter
oder es bleibt, wie's ist.' Zur Dekuvrierung astrologischer ‚Gutachten' läßt
sich auch im Unterricht u. U. ein Verfahren anwenden, das schon frühzeitig

zur Kritik graphologischer Gutachten in der Psychologie eingesetzt worden ist: man nehme eine Schriftprobe (die Geburtsdaten oder dergl. mehr) von jedem Versuchsteilnehmer, händige ihm später ein für alle Versuchsteilnehmer identisches Gutachten aus mit der Information, es sei speziell aufgrund seiner Daten über ihn erstellt worden und bitte jeden, Stellung zu nehmen, ob er sich gut getroffen sieht oder nicht. Wegen des Leerformelcharakters der Aussagen (Vagheit und überzogener Umfang der Begriffe) erkennen sich die meisten in einem solchen Text wieder. Die Aufklärung darüber, daß es sich bei allen nur um ein und dasselbe Gutachten handelt, macht die Verträglichkeit von Leerformeln mit praktisch jeder Realität anschaulich deutlich und sollte gegebenenfalls auch eine Immunität gegenüber solchen Leerformeln bewirken.

Normative Leerformeln sind die analoge Immunisierungsstrategie im Bereich der Wertungen oder Normen. Hussong führt als Beispiel die Regel an: ‚Das Gute tun, das Böse lassen!‘ und das Prinzip der ‚rechten Mitte‘ bei Aristoteles (1973, 108). Normative Leerformeln sind deshalb so gefährlich, weil sie zur Rechtfertigung auch des unmoralischen Handelns benutzt werden können; am überzeugendsten ist es m. E., wenn der historische Nachweis solcher unmoralischen ‚Legitimation‘ mit Hilfe von normativen Leerformeln geführt wird. Ein Beispiel dafür ist die Norm ‚Jedem das Seine‘ (suum cuique), die über dem Eingangstor von Auschwitz stand.

Zirkelschlüsse treten häufig in der Form sog. essentialistischer Leerformeln (gleich Wesens-Definitionen) auf, die eine „Kombination von definitorischen Festsetzungen und vorausgesetzen Wertungen" darstellen können, z. B. „es sei das Wesen der Wirtschaft, der Bedürfnisbefriedigung der Konsumenten zu dienen." (Topitsch 1971, 30).

Die Verbindung von logischer Propädeutik und Argumentationstheorie ergibt eine Vielzahl von Kritikaspekten, die nicht nur für wissenschaftliche, sondern auch für Alltags-Kommunikation wichtig sind und hier besonders für die (schriftliche wie mündliche) politische Diskussion; einen überzeugend praxisorientierten Überblick gibt Naess (1975). Ich führe hier nur einige Aspekte als Beispiel für die Ergiebigkeit dieser Perspektive an.

Beispiele:

Ein Aspekt sind die impliziten Aussagen, die indirekt mit ausgesprochen werden (können). Das beginnt schon bei den ‚Präsuppositionszusammenhängen‘, auf die Göttert (1978, 5) hinweist: so setzt z. B. ‚Er arbeitet gerade langsam‘ voraus: ‚er arbeitet gerade.‘ Keineswegs aber setzt ‚Er lügt nicht gut.‘ voraus: ‚Er lügt nicht.‘ Im Alltagsverständnis setzt es vielmehr eher das Gegenteil voraus: er lügt. Das menschliche Kognitionssystem hat eine starke Tendenz zur dichotomen Kategorisierung (vgl. Herrmann 1965). Das wirkt einerseits durch die schnelle Strukturierung von Informationen positiv in Richtung auf eine Orientierungssicherheit des Individuums, andererseits führt

es auch zu falschen Unterstellungen nach dem biblischen Prinzip: ‚Wer nicht
für mich ist, ist gegen mich.' In politischen Diskussionen wird diese Dichoto-
misierungs-Tendenz häufig benutzt, um dem Gegner implizit Positionen zu
unterstellen, die dieser u. U. gar nicht vertritt: z. B. „Wer sich auf die Freiheit beruft, unterstellt dem Partner zugleich ein Interesse an oder auch nur
Akzeptieren von Unfreiheit. Wer die Bibel zum Zeugen anruft, macht den
Gegner zum Heiden." (GÖTTERT 1978, 84). Solche impliziten Unterstellungen
zu erkennen und nicht mitzumachen, ist sicherlich ein wichtiger Aspekt des
kritischen Lesens/Verstehens, der zu einer Steigerung der Rationalität auch
und gerade innerhalb der politischen Diskussion führen kann.

In gleicher Weise handelt es sich um Unterstellungen, wenn aus einer
These oder Position eines politischen Gegners/Partners Behauptungen abgeleitet werden, die gar nicht zwangsläufig daraus folgen; NAESS gibt als Beispiel
(1975, 185):

„A: Es ist wünschenswert, daß unser Land künftig nach planwirtschaftli-
chen Prinzipien regiert wird.

B: Aus A's Standpunkt geht hervor, daß er nicht davor zurückschreckt,
eine Politik zu empfehlen, die zum Ende unserer freiheitlichen, demokrati-
schen Grundordnung führt, die also zum Verlust der Freiheit unseres Volkes
führt, ganz wie unter Hitler. Aber Freiheit ist ein so wertvolles Gut, daß es
überhaupt nicht in Frage kommt, sie gegen eventuelle wirtschaftliche Vorteile
einzutauschen."

Genauso wenig rational argumentierend ist die tendenziöse Wiedergabe der
Meinungen oder Thesen eines Gegenüber; NAESS führt als Beispiele ‚Zitaten-
schwindel' sowie falsche Darstellung der Gewichtigkeit einzelner Argumente
in der Position des Gegners an (1975, 171f.). Aber auch die Verletzung ganz
einfacher logischer Regeln gehört dazu, z. B. beim Gebrauch von Quantifika-
toren wird dem Gegner oft die Meinung ‚Alle a sind b' zugeschrieben, wenn
er nur gesagt hat: ‚a ist b' oder ‚Etwas ist b' etc. (NAESS 1975, 170): „„Männer
sind besser geeignet zum Priesterberuf als Frauen' wird verdreht zu ‚Jeder
Mann ist besser zum Priesterberuf geeignet als irgendeine beliebige Frau'."
All solche Kniffe und Taktiken sind in einer rationalen Argumentation zu
vermeiden, da sie tendenziös und unsachlich sind; bei einem Leser, der
kritisch lesen kann, sollte sich ein Autor, der solche Taktiken anwendet,
selbst disqualifizieren. Ein häufiger Fall von Unsachlichkeit sind auch ‚Argumente' ad hominem; NAESS gibt folgendes Beispiel (1975, 166):

1. A: Der Leistungssport wirkt zerrüttend und geistig verdummend.
2. B: Es ist ziemlich leicht zu sehen, weshalb A sich so äußert. Er ist ja
         selbst kein Sportler.

… „Mit 2 liegt ein klares Beispiel für Unsachlichkeit vor. B versucht, seinen
Gegner zu verdächtigen, um auf diese Weise auch seine Argumente zu
schwächen. Die Sachlichkeit gebietet, die Argumente unabhängig von der
Person zu beurteilen."

Tendenziöse Darstellung gibt es aber nicht nur bei der Wiedergabe von
Positionen anderer, auch der direkte Bericht über Ereignisse kann so vorein-
genommen sein (im Englischen ‚biased'), daß es sich um eine ‚tendenziöse
Originaldarstellung' (NAESS 1975, 188) handelt. Ein anschauliches Beispiel

bietet der Witz, der die tendenziösen Darstellungen der sowjetischen Presse-agentur persifliert: In Moskau findet eine schwere Rallye statt; alle Wagen fallen aus, nur der russische und amerikanische erreichen das Ziel. Der amerikanische kommt eine Stunde vor dem russischen an. Am nächsten Tag berichtet Tass: Großer Erfolg in der Moskau-Rallye: Amerikaner vorletzter, Rußland belegt ehrenvollen zweiten Platz! Vergleichbar tendenziöse Verren-kungen kann man hierzulande häufig nach Wahlen lesen und hören, wo es, nach den Kommentaren der Parteivorsitzenden zu schließen, fast nur Sieger gibt.

Aber auch wenn jedes einzelne Argument für sich korrekt ist, so gibt es in der Kombination der Argumente miteinander doch wieder erhebliche Fehler-möglichkeiten; deren wichtigste ist der Verstoß gegen die Anforderung der Widerspruchsfreiheit, d. h. die Argumente müssen wechselseitig miteinander logisch vereinbar sein, wenn sie gleichzeitig behauptet werden (NAESS 1975, 136). Das ist natürlich nicht der Fall, wenn jemand auf den Vorwurf, er habe die geliehene Uhr kaputt gemacht, folgende Rechtfertigung vorbringt: Das kann gar nicht sein,
1. weil ich gar keine Uhr von dir geliehen hab;
2. weil ich dir die Uhr längst zurückgegeben hatte, ehe sie kaputt ging;
3. weil die Uhr ja schon kaputt war, als du sie mir geliehen hast.

In alltäglichen Argumentationen kommen solch offensichtliche Widersprü-che zwar kaum vor; aber versteckte Widersprüche, die Präsuppositionen oder impliziten Behauptungen widersprechen, sind gerade in der politischen Argumentation relativ häufig. Als Beispiel mögen die Einwände von F. J. Strauß gegen die Ostverträge 1972/73 dienen, der der sozial-liberalen Bundes-regierung zweierlei vorhielt:
1. seien die Ostverträge ein ‚Ausverkauf deutscher Interessen‘ und 2. wil-lige die Sowjetunion nur ein, um der sozial-liberalen Koalition den Wahlsieg zu ermöglichen.

Außer der Dekuvrierung solcher Argumentationsfehler ist aber auch eine konstruktive Verbesserung der Argumentationsstruktur möglich; dazu gehören m. E. vor allem Techniken zur übersichtlichen Strukturierung von Argumentationskomplexen, die eine abgewogene, rationale Entscheidung erleichtern. NAESS entwickelt sehr differen-ziert zwei Versionen von Argumentations-Übersichten (1975, 134ff.): die pro-et-contra-Übersicht, in der die wichtigsten Argumente für und gegen eine Behauptung aufgeführt werden, ohne daß eine Schluß-folgerung gezogen wird; die pro-aut-contra-Übersicht dagegen mün-det in eine Schlußfolgerung, setzt also voraus, „daß die Argumente gegeneinander abgewogen worden sind.“ In der Struktur solcher Übersichten werden dann noch mehrere Ebenen unterschieden für z. B. Argumente, die direkte Pro-Argumente (1. Ebene) stützen oder widerlegen sollen, oder Argumente für Argumente gegen ein direktes (Pro- oder Contra-) Argument etc. (vgl. NAESS 1975, 140ff.).

Ein kritischer Leser, der die oben behandelten Darstellungs- und Argumentationsfehler erkennen und kritisieren kann, sollte in der Lage sein, unzureichende, tendenziöse, verzerrende Information in Texten als solche festzustellen und dadurch kognitiv unwirksam zu machen. Die Realität beim erwachsenen Leser heute sieht aber ganz anders aus; BRAUN zitiert ein Ergebnis von PLOGSTEDT (1969), daß sich 71% der ständigen BILD-Zeitung-Leser vollständig, aktuell und schnell informiert fühlen (1971, 66). Das ist eine zusätzliche, indirekte Evidenz für die Erfahrung des Unterrichtspraktikers, daß unser Schulunterricht (zumindest bisher) den kritischen Umgang mit Sachtexten viel zu wenig gelehrt hat: „Vor dem Hintergrund solcher Daten und Fakten muß man den Leseunterricht sehen. Hätte der Leseunterricht der letzten Jahrzehnte nur geringfügige Nachwirkungen gehabt, dann wären die hohen Auflageziffern von Boulevardzeitungen, Illustrierten und Groschenheften nicht ohne weiteres möglich." BRAUN führt das darauf zurück, daß hier ein ‚esoterischer' Unterricht versagt hat: „Noch heute hält man es für wichtiger, Dreizehn- und Vierzehnjährige in die Geheimschrift Celans einzuführen, als sie mit den Verführungsmechanismen weitverbreiteter Produkte bekanntzumachen." (BRAUN 1971, 66f.) Die Annahme, daß man durch den Unterricht kritischen Lesens die Auflagenhöhe von persuasiven Texten wird senken können, ist vermutlich überzogen; aber wichtiger ist sicherlich auch die Frage, ob man kritische Einstellung und Analysefertigkeit lehren kann (mit der Folge, daß Verzerrungen in Informationstexten erkannt und somit unwirksam werden). Und hier lassen die Untersuchungen von WOLF et al. (1968) durchaus eine positive Einschätzung zu: sie haben in einer groß angelegten Studie (in mehreren Bundesstaaten der USA) ein Unterrichtsprogramm zur Verbesserung des kritischen Lesens (auf der Grundlage der oben 4.1. zitierten Lehrzielmatrix) durchführen lassen und dabei signifikante Verbesserungen der kritischen Analysefähigkeiten der Schüler sichern können, und zwar vom 7. Schuljahr der Hauptschule ab (1968, 479ff., 488).

Die didaktischen Techniken des Unterrichtsprogramms bestanden über das normale Lesen und Diskutieren hinaus aus folgenden drei generellen Schritten:

– Einführen der Kritik-Dimensionen und -Kriterien durch Diskussion, Illustration und Fragen;
– möglichst selbständige Anwendung der Kriterien durch die Schüler zur Bewertung von vorliegendem Textmaterial;
– darauf aufbauende Schritte wie: selbst Schreiben von Texten, Vergleich von Texten unter den Kriterien und Nachweis von (Argumentations-)Fehlern etc ...

In dieser Form lassen sich praktisch alle oben aufgeführten kritischen Aspekte der logischen Argumentation (von überzogener Verallgemeinerung bis zum Argument ad hominem, die DECHANT & SMITH 1977, 261 in 22 Punkten zusammenfassend benennen) auf alle Arten von Informationstexten, besonders auch persuasive Texte anwenden: von Werbung (z. B. SAILER 1968) bis zu Politikerreden (z. B. PATAI 1975). Dabei ist der Vergleich von Texten zum selben Thema/Gegenstand aus verschiedener (u. U. voreingenommener) Sichtweise eine sehr häufig angewandte Lehrstrategie (vgl. SMITH 1968), die ein sehr hohes Maß an entdeckendem Lernen (vgl. BRUNER 1961; 1966) ermöglicht. Eine für die Analyse von Zeitungen spezifische Technik sei abschließend genannt, die BRAUN (1971, 72ff.) ausführlich bespricht: die Analyse von Schlagzeilen. BRAUN geht dabei von der Untersuchung von MITTELBERG (1967) aus, der folgende rhetorische Typen von Schlagzeilen herausarbeitet (vgl. BRAUN 1971, 73f.):

Beispiel:

1. Superlativ (‚Das raffinierteste Tor der Bundesliga‘)
2. Alliteration (‚Wird der Westen weich?‘)
3. Wortspiel und Anspielung (‚Deutscher Quark ist alter Käse‘)
4. Vergleich (‚Frauen wie im Märchen‘)
5. Polare Ausdrucksweise (‚Schweine billig – Fleisch teuer‘)

Solche (und andere) sprachlichen Merkmale lassen sich mit den schon besprochenen kritischen Aspekten von Zeitungsmeldungen in Verbindung bringen, wenn man folgende Aufgaben/Fragen an die Schüler stellt (BRAUN 1971, 74f.):

1. Sammelt einen Monat die Schlagzeilen der Bild-Zeitung (oder einer anderen Zeitung).
2. Ordnet sie (vgl. oben).
3. Wofür entscheiden sich die Überschriften?
4. Wogegen wenden sie sich?
5. Wird die Entscheidung im zugehörigen Text hinreichend begründet (Verhältnis Schlagzeilen/Text)?
6. Welchen politischen oder gesellschaftlichen Hintergrund haben die Überschriften?
7. Passen die Schlagzeilen zum (möglichen) ‚überparteilichen‘ Charakter der Zeitung?

Insgesamt wird man sicherlich sagen müssen, daß diese kritischen Analysefähigkeiten (der logischen Argumentation) bisher im Schulunterricht viel zu kurz kommen und erheblich mehr in den (Deutsch- wie Sach-)Unterricht aufgenommen werden sollten.

4.3. Bewertung des Realitätsgehalts

Bei der Behandlung der theoretischen Modelle des Verstehensprozesses hatten wir zwei Aspekte der Semantik unterschieden: die sog. Meaning-Semantik, die nur sprachimmanent die Beziehungen von Wortbedeutungen untereinander betrachtet, und die Referenz-Semantik, die den Bezug der Zeichen zu außersprachlicher Realität thematisiert. Die i. w. S. logische Argumentation geht akzentuierend von der Meaning-Semantik aus; wie die theoretische Analyse oben (1.2.) zeigte, ist aber auch der Realitätsbezug der Sprache für das Textverständnis sehr wichtig: und zwar vor allem unter dem Aspekt der semantischen Integration, d. h. auch der Integration der Textbedeutung in das individuelle Kognitions-/Wissenssystem des Lesers. Dabei spielen, wie wir gesehen haben, besonders schlußfolgernde Denkprozesse eine konstituierende Rolle; im letzten Schritt der aktiven Sinnkonstituierung vergleicht der Leser schlußfolgernd den Realitätsbezug des Textes mit seiner eigenen Realitätserfahrung und bewertet ihn vor diesem Hintergrund kritisch. Kritisches Lesen bedeutet unter dem Aspekt der Referenz-Semantik also, daß der Leser an den Text die Frage stellt und beantwortet: WIE WAHRSCHEINLICH, WIE AUSSAGEKRÄFTIG IST DER TEXT IN BEZUG AUF DIE (EIGENE) WIRKLICHKEIT? (vgl. auch SMITH 1969, 256). Diese Frage kann natürlich sinnvoll sowohl für Informations- als auch literarische Texte gestellt werden.

Für diese Bewertung des Realitätsgehalts ist allerdings im ersten Schritt die Fähigkeit nötig, eine adäquate semantische Interpretation zu leisten, d. h. kompetent Schlußfolgerungen zu ziehen; das macht PARSLEY (1969) am Beispiel von Orwell's ‚Animal Farm‘ deutlich, das ohne die Übertragung auf den politisch-menschlichen Bereich verständlicherweise das ‚blödeste Tierbuch‘ ist, das der (jugendliche) Leser überhaupt kennt. Gerade bei literarischen Texten steckt der Realitätsbezug z. T. ‚zwischen den Zeilen‘ (PARSLEY 1969, 122), was ein entwickeltes schlußfolgerndes Denken zur vollständigen Sinnaneignung des Textes voraussetzt. In einer systematischen, empirischen Untersuchung konnten PETTIT & COCKRIEL mit den schon erwähnten spezifischen Testverfahren (vgl. o. 2.3.) sichern, daß über das ‚wörtliche‘ Textverständnis hinaus und auf ihm aufbauend ein einheitlicher Faktor des ‚schlußfolgernden Verstehens‘ existiert (1974); in ihrer Untersuchung luden folgende fünf Skalen (Variablen) hoch auf diesem Faktor:

Erkennen von 1) implizierten Details; 2) impliziten Hauptgedanken (‚main ideas‘); 3) implizierten Wortbedeutungen; 4) implizierten Folgen; 5) impliziten Chrakterzügen.

Aufbauend auf diesen Basisprozessen des schlußfolgernden Lesens lassen sich dann Kritik-Fähigkeiten entwickeln, hier vor allem Kritik am expliziten und impliziten Realitätsbezug der Texte. Die kritisch zu analysierenden Dimensionen des Realitätsbezugs, die für literarische und Informationstexte gleichermaßen gelten (können), sind zumeist die psychologische und soziologische Dimension. WHITE gibt (1976, 224) als Aspekte dieser Dimensionen und damit gleichzeitig als Lehrziele des kritischen Lesens in bezug auf den Realitätsgehalt folgendes an:

Beispiel:

Psychologische Dimension:
A. Feststellen, ob es irgendeinen Bezug zwischen einem Text und dem Leben des Lesers gibt.
B. Ähnlichkeiten zwischen dem Leben und den Texten (auch dem fiktionalen Werk) eines Autors herausfinden.
C. Interpretation der Bedeutung von Symbolen, die im Text verwendet werden.
D. Das Ausmaß bestimmen, in dem eine Figur/Person und ihr Leben realistisch/wirklichkeitsgetreu ist.

Soziologische Dimension:
A. Textteile herausfinden, die in Ton (und Intention) überredend/propagandistisch sind.
B. Bestimmen, ob und gegebenenfalls welche Textabschnitte wirklichkeitsgetreu/repräsentativ sind in bezug auf die im Text thematischen sozialen, politischen und ökonomischen Verhältnisse.
C. Beurteilen, ob die Reaktionen der Personen/Figuren auf bestimmte Probleme, Ereignisse etc. mit den Normen der thematischen Zeit und des behandelten (Kultur)Raums übereinstimmen.
D. Charakterzüge identifizieren, die zur Idealisierung und Heroisierung von Personen eingesetzt werden.
E. Merkmale der Handlung (einer Geschichte) bestimmen, die zum Realitätsgehalt beitragen.
F. Charakterzüge bzw. -typen herausfinden, die für bestimmte soziale Klassen vorbehalten werden.
G. Beurteilen, ob der Autor verschiedene Gesellschaftsschichten/Klassen gleichgewichtig schildert.
H. Analysieren, wie die sozialen, ökonomischen und politischen Verhältnisse der Zeit das Leben der Personen/Figuren beeinflussen.

Sicherlich kann diese Aufzählung von Analyseaspekten bzw. Lehrzielen nicht Vollständigkeit beanspruchen; wir werden unten besonders unter dem Aspekt der ideologiekritischen Analyse literarischer Texte noch komplexere Ziele kennenlernen (4.4.); doch die genannten

9*

Beispiele können einen Eindruck von der Breite möglicher kritischer Beurteilung des Realitätsgehalts von Texten geben.

In bezug auf die Methoden zur Verbesserung der kritischen Lesefähigkeit unter dem Aspekt des Realitätsbezugs bietet sich als erster Schritt die Hinführung durch Lehrerfragen an; hier ist an die Aspekte der Fragetechniken, die für Stabilisierung der Sinnaneignung (o. 3.2.) und des adaptiven Lesens (o. 3.4.) brauchbar waren, anzuknüpfen. Die oben besprochenen W-Fragen können dabei allerdings höchstens eröffnende Funktion haben, insofern als sie dem Schüler implizite Textbedeutungen erschließen können (vgl. CUTTER 1968, 52). Wichtiger sind hier die komplexen Frage-Antwort-Frage-Sequenzen, die schon im Rahmen des adaptiven Lesens besprochen wurden (vgl. o. 3.4.; s. a. MECKEL 1972, 997f.) WOLF et al. konnten in ihrer schon zitierten umfangreichen Untersuchung zur Verbesserung des kritischen Lesens sichern, daß Lehrerfragen, die auf Interpretation, Analyse und Bewertung des Textes ausgerichtet sind, die kognitiv-kritische Verarbeitungstiefe beim Schüler verbessern (1968, 488); dagegen führten faktenorientierte Fragen eindeutig zum Raten bzw. höchstens zu ‚wörtlicher‘ (,literate‘) Textverarbeitung (o. c., 490).

Bei der Bewertung sollte durchaus die Erfahrung, die Wirklichkeitskenntnis des (auch jugendlichen) Lesers als entscheidendes Kriterium eingeführt werden; gerade der jugendliche Leser sollte frühzeitig lernen, daß seine eigene Wirklichkeits-Erfahrung gegenüber der im Text repräsentierten Realität nicht minderwertig ist (vgl. MERRITT 1967). Vielmehr bedeutet kognitiv-konstruktives, kritisches Lesen einen Erfahrungsaustausch zwischen Text und Leser; und Austausch heißt, daß Veränderungen in beiden Richtungen möglich sein müssen: der Leser kann seinen Erfahrungsbereich durch die Wirklichkeitssicht des Textes erweitern, genauso wie die Wirklichkeitsperspektive von der Erfahrung des Lesers aus kritisierbar und damit modifizierbar ist. Kritisches Lesen ist natürlich nicht erreicht, wenn einer dieser Aspekte allein ohne das Korrektiv des anderen realisiert wird; d. h. kritisches Lesen ist nicht die überzogene, vorschnelle, rigide Ablehnung anderer Wirklichkeitsperspektiven; vielmehr ist gerade der kritische Leser in der Lage, sein Urteil zurückzuhalten, bis er die Perspektive des Texts und deren Begründung vollständig erkannt und analysiert hat (DECHANT & SMITH 1977, 60). Besonders beim jungen Leser aber wird man bei der Entwicklung der kritischen Lesefähigkeit zunächst einmal das Selbstbewußtsein der eigenen Lebenserfahrung gegenüber dem gedruckten Text stärken müssen; grundsätzlich ist das sicherlich am ehesten dadurch zu erreichen, daß der (lernende) Leser zumindest teil- bzw. zeitweise die Rolle des Autors übernimmt, d. h. Voraussagen über den Fortgang eines Textes macht, sich in die Figuren des Textes hineinversetzt oder veränderte Versionen des Textes selbst herstellt.

Beispiel:

ADAMS listet (1969, 121) für diese (partielle) Übernahme der Autorrolle durch den Leser folgende konkrete Möglichkeiten auf, die wiederum schon im Grundschulalter einsetzbar sind (komplexere Ansätze s. u. ‚Ideologiekritik‘ 4.4.):

1. Vom Titel her voraussagen, über was der Text handeln wird. Nach dem Lesen Ähnlichkeiten bzw. Unterschiede zwischen Text und Voraussage herausarbeiten.
2. Nach dem Lesen von einigen Textabschnitten Fragen beantworten wie ‚Was wird als nächstes geschehen? Und warum?‘
3. Diskutieren, ob die Illustrationen des Textes korrekt sind: im Vergleich zu Größe, Farbe und Merkmalen der entsprechenden Gegenstände in der Realität.
4. Bewertung der im Text vorkommenden Personen/Figuren: z. B. in bezug darauf, ob man sie zum(r) Freund(in) haben wollte oder nicht.
5. Eine Geschichte vom Standpunkt einer anderen Person/Figur aus erzählen.
6. Moralische Fragen der Geschichte diskutieren, indem man sich an die Stelle bestimmter Personen versetzt: Hätte man genauso reagiert?
7. Einen neuen Schluß der Geschichte erfinden (und schriftlich-mündlich oder zeichnerisch darstellen).
8. Diskutieren, ob bestimmte dargestellte Ereignisse heute und hier auch geschehen können; und warum oder warum nicht?
9. Diskutieren, was vor dem Beginn einer Geschichte geschehen sein mag; und was nach ihrem Ende?
10. Eine Geschichte spielen: entweder so wie sie vom Autor geschrieben ist, oder mit neuen Ereignissen, neuem Schluß etc...

Durch diese Unterrichtstechniken, die den Leser in unterschiedlichem, z. T. wachsendem Ausmaß zum Einnehmen der Autorrolle auffordern, soll das kritische Selbstbewußtsein des Lesers gegenüber dem Text gestärkt werden, Selbstbewußtsein vor allem hinsichtlich des Vergleichs von Text und eigener Wirklichkeitserfahrung. Wenn es gelingt, eine in diesem Sinne kritische Lesehaltung beim Schüler zu evozieren, dann wird das allerdings besonders bei literarischen Texten als Konsequenz haben: die rezipierte Textbedeutung und deren Bewertung wird verschieden sein, je nachdem mit welcher individuellen Wirklichkeitssicht und -erfahrung sie in Austausch tritt (vgl. das Konzept der ‚Normalisierung‘ in 2.4.); d. h. es wird eine mehr oder

weniger große ‚Amplitude' (LÄMMERT, s. o. 2.4.) der Textrezeption
geben. Eine kritische Lesehaltung kann sich nur aufbauen, wenn nicht
gleichzeitig zu den oben genannten Lehrzielen und didaktischen
Strategien die Rezeptionsamplitude (der Klasse) eingeschränkt wird.
Eine solche Einschränkung der Varianz (Streubreite) von Textrezep-
tionen dürfte aber in der Unterrichtspraxis unserer Schulen heute
noch relativ häufig sein. Eine Gefahr für die Rezeptionsamplitude
stellen dabei vor allem zwei Instanzen dar: einmal der Lehrer als
Autoritätsperson (auch und gerade unter dem Aspekt sachlicher
‚Autorität') und zum anderen die Klasse selbst über den Mechanismus
des Gruppendrucks.

HUSSONG weist z. B. zu Recht (1973, 127) darauf hin, daß sich eine
kritische Lesehaltung nur festigen kann, wenn auch ‚der Lehrer selbst
nicht als unfehlbar erscheint'. Das heißt konstruktiv: der Lehrer sollte
sein Textverständnis (gerade bei literarischen Texten, vgl. o. 2.4. die
Frage der ‚adäquaten Rezeption') zunächst einmal als eines von mehreren möglichen ansehen, seine Interpretation zusammen mit den
Schülern klären. Daraus folgt natürlich auch, daß der Lehrer nicht
mit festgeschriebenen Lehrzielen auf der Ebene der Textbedeutung in
den Unterricht kommen sollte (HUSSONG 1973, 127). Hier wird noch
einmal deutlich, was schon bei der Besprechung der Verständniste-
stung (2.4.) als Wechsel der Problemsicht besprochen wurde: der
Lehrer sollte mit den Lehrzielen wegen der ästhetischen Polyvalenz
der literarischen Texte aus der Ebene der *einen* richtigen (‚adäquaten')
Rezeption hinüberwechseln in die Ebene der kritischen Analyse von
Texten und deren Begründung. Dies ist in bezug auf die (Objekt-)
Ebene der Rezeptionsinhalte eine Metaebene, d. h.: auch das möglichst konkrete Definieren von Lehrzielen auf dieser (Meta-)Ebene
sowie ihr optimales Erreichen durch den Unterricht lassen dem Schü-
ler/Leser auf der Objektebene die größtmögliche Freiheit zur individuellen Textverarbeitung. Die Grenzen für diese Individualität werden nur durch die (Meta-)Kriterien der Begründbarkeit der Textrezeption, der lehrzielentsprechenden Analysefähigkeit etc. gezogen;
diese Begrenzung allerdings entspricht dem oben explizierten Begriff
des kritischen Lesens (der ja nicht Willkür erlaubt).

Allerdings ist nicht nur der Lehrer eine Gefahr für diese (anzustrebende) Individualität der Textverarbeitung, sondern auch die Schüler-
gruppe: denn diese übt zur Erreichung ihres konstituierenden Ziels
der Gruppenkohärenz einen Konformitätsdruck aus (vgl. SADER 1976;
IRLE 1975, 457ff.). BRAUN führt ein Beispiel von IRLE (1969) an: ein
Lehrer bringt eine Flasche mit, die er zu Beginn des Unterrichts

öffnet; auf die Frage, ob eine Geruchsabweichung im Raum festzustellen ist, melden sich zuerst Personen aus der ersten Reihe, dann
fortschreitend aus den weiteren bis zur letzten Reihe, obwohl die
Flasche de facto nur Leitungswasser enthält (BRAUN 1971, 54). Dieses
Phänomen der Wahrnehmungstäuschung durch Gruppendruck ist
eine von ASCH (1951) zuerst nachgewiesene und später immer wieder
bestätigte Gesetzmäßigkeit (vgl. IRLE 1975, 457ff.; SADER 1976, 41f.).
BRAUN sieht auf diesem Hintergrund zu Recht die Gefahr, daß die
eigentlich vorhandene Verarbeitungsvielfalt bei der Rezeption von
Texten in einer Klasse nach den ersten Meldungen (vielleicht gerade
noch der fachlich stärksten Schüler – ,opinion leaders' –) durch den
Gruppendruck in sich zusammenfällt. Er schlägt als Techniken, um
dem Meinungsdruck der Gruppe entgegenzuwirken, vor: zunächst
einmal die Schüler dazu anzuleiten, ,ihre Lesebeobachtungen stich-
wortartig festzuhalten, dann sind sie nicht so schnell von ihrer Meinung abzubringen' (BRAUN 1971, 55); zu letzterem trägt auch bei,
wenn der Unterrichtende Nonkonformität gegenüber der Gruppe als
positiven Wert ausdrücklich benennt, begründet und sich auch in
seinem Handeln danach verhält. Außerdem schlägt BRAUN das Kontrastieren vor, z. B. die Konfrontation mit verschiedenen Texten (Zei-
tungsberichten etc.) über ein und dasselbe Ergebnis (wie wir es oben
unter 4.2. schon besprochen haben). Bei Informationstexten ist zur
Stärkung des eigenen kritischen Leseverhaltens diese direkte Textkon-
trastierung brauchbar, bei literarischen Texten kann man eine Ebene
höher gehen und (besonders in höheren Klassenstufen) z. B. unterschiedliche Interpretationen des gleichen literarischen Textes gegeneinander kontrastieren.

Gerade der Bezug zu Gruppen- (und anderen) Normen zeigt, daß
kritisches Lesen in nuce auch immer kreatives Lesen ist: denn indivi-
duelles, originelles Textverstehen ist nicht konformistisch und Non-
konformismus ist eines der wichtigsten Merkmale der kreativen Per-
sönlichkeit und des kreativen Prozesses (vgl. ULMANN 1968, 42ff.).
Dabei sollte natürlich die kreative Textverarbeitung vom Unterrich-
tenden explizit unterstützt und erleichtert werden; hier bieten sich
vor allem literarische Texte als Verarbeitungsgegenstand an, weil sie
schon von ihren Textmerkmalen her kreative Reaktionen evozieren
bzw. zumindest erleichtern (vgl. o. den ,Spielraumfaktor' literarischer
Texte, 2.4.). Die Ästhetik-Dimensionen literarischer Texte weisen
Charakteristika auf, wie sie für kreative Produkte symptomatisch sind
(vgl. ULMANN 1968, 20ff.; GROEBEN 1972a, 63ff.), zumindest potentiell kann dadurch bewirkt werden, daß sich die Rezeption/Textverar-

beitung des Lesers ebenfalls diesen Merkmalen annähert. Das beginnt
z. B. bei der Unabgeschlossenheit/Offenheit des Bedeutungshorizonts
von Worten; ein Aspekt, den man im Unterricht durch das Er- und
Be-Arbeiten von Wortlisten verdeutlichen kann (vgl. RENZULLI &
CALLAHAN 1974, 101). Grundsätzlich ist dieser Aspekt von der Schule
der ‚General Semantics' (z. B. HAYAKAWA 1949) herausgestellt worden, die z. B. empfahl, hinter jedem Wort ein „etc." mitzudenken
(diese Schule hat daher ihr zentrales Zeitschriftenorgan ‚ETC' genannt). LIVINGSTON konnte (1965) sichern, daß Lehrer durch den
Einbau von Prinzipien der Theorie der ‚General Semantics' einen
Zuwachs an kritischer Lesefähigkeit bei den Schülern erreichten.
Grundsätzlich sind besonders jene didaktischen Strategien zur Stärkung des kreativen Lesens geeignet, die möglichst viel eigenständiges
Entdecken bzw. Umgehen mit dem Text beinhalten (vgl. NEBER
1973). Ein maximal kreativer Umgang mit Texten ist sicherlich dann
erreicht, wenn der Leser durch Kombination von Textteilen oder
eigenständiges Schreiben nach herausgearbeiteten Prinzipien neue
Texte selbst schafft (wie es RITZ–FRÖHLICH 1974 auch für Grund-
schulklassen schildert). In diesem Bereich bietet die Literaturdidaktik
eine Fülle weiterer Unterrichtsverfahren (vgl. BEINLICH 1969/70; HEL-
MERS 1972; ULSHÖFER 1970/71; WOLFRUM 1972; s. auch u. 4.4.), die
hier nicht im einzelnen dargestellt werden können. Es sei nur noch
darauf hingewiesen, daß überdurchschnittliche Schüler eine kritisch-
kreative Lesefähigkeit auch durch eigenständige Anwendung solcher
Analyse (und Synthese-)Techniken (Selbstinstruktion) erwerben können (PERRIS 1972).

4.4. Literarischer Stil und Ideologiekritik

Die Dimension des Realitätsgehalts und speziell der Aspekt des
kreativen Rezipierens stellen die Klammer zwischen Informations-
und literarischen Texten dar. So wie die Frage- und Analyseperspek-
tive der logischen Argumentation für nicht-literarische Texte spezifisch ist, erfordern literarische Texte für ein umfassendes kritisches
Lesen die Analyse der literarischen Strukturen, Bauprinzipien, Stilmerkmale. Unter dieser Perspektive ließe sich theoretisch die ganze
Literaturdidaktik auf- und einarbeiten, was allerdings schon aus
Raumgründen unmöglich ist. Ich beschränke mich daher auf einige
wenige Beispiele, die zeigen sollen, wie der (lernende) Leser auch in
diesem Bereich zu eigen-aktiver Analyse angeleitet und damit dem

Ziel der selbständig kritischen Textrezeption nähergebracht werden kann (BRAUN 1971, 96f.).

Anschaulich deutlich werden die Möglichkeiten, aber auch die Notwendigkeit der Analyse literarischer Bauprinzipien z. B. an dem Verhältnis von ‚erzählter Zeit' und ‚Erzählzeit' (G. MÜLLER; vgl. LÄMMERT 1955). Die erzählte Zeit ist die im Text berichtete ‚Realzeit', die Erzählzeit läßt sich an den Seitenzahlen, in denen ein Autor über die entsprechende Realzeit berichtet, messen (vgl. BRAUN 1971, 98); das Verhältnis zwischen beiden rangiert auf einem Kontinuum von Raffung bis Dehnung. Ein differenziertes Beispiel für die didaktische Analyse dieses Verhältnisses gibt STOLPE (1972).

Beispiel:

Dabei geht er von folgender, kurzen Geschichte aus:

Der Elefant

Ein Inder besaß einen Elefanten. Er fütterte ihn schlecht und zwang ihm viel Arbeit auf. Eines Tages wurde der Elefant zornig und stieß mit dem Fuß nach seinem Herrn. Der Inder starb. Da weinte die Frau des Inders, brachte ihre Kinder zum Elefanten, warf sie ihm vor die Füße und sagte: „Hier, Elefant, du hast ihren Vater getötet, töte auch sie!" Der Elefant blickte auf die Kinder herab, griff mit dem Rüssel nach dem ältesten Jungen, hob ihn vorsichtig auf und setze ihn sich auf den Hals. Und fortan gehorchte der Elefant diesem Jungen und arbeitete für ihn.

Das Verhältnis von Erzählzeit und erzählter Zeit ist (auch schon in der Grund-/Hauptschule) analysierbar, indem man mit der Klasse Textabschnitte herausarbeitet und dann die Frage stellt: ‚Wie lange hat das, was in jedem Abschnitt erzählt wird, wohl gedauert?' (STOLPE 1972, 266). Für die oben angeführte Geschichte ergibt sich z. B. folgende Aufstellung (die an die Tafel geschrieben werden kann):

‚Dauer der Geschehnisse, die berichtet werden im

1. Abschnitt: Jahre oder Jahrzehnte
2. Abschnitt: Sekunden oder Minuten
3. Abschnitt: Stunden
4. Abschnitt: Minuten
5. Abschnitt: Jahre oder Jahrzehnte' (STOLPE ebda.)

Beim Vergleich mit der Erzählzeit fällt auf, daß die Ereignisse mit der längsten Realzeit die kürzeste Erzählzeit aufweisen; der Schüler erhält einen anschaulichen Eindruck davon, daß literarische Form keine bloße Abbildung ist, sondern welch enorme Gestaltungsaktivität von seiten des Autors in ihr manifestiert wird.

Auch bei der Analyse solcher mehr formalen (Stil-)Merkmale literarischer Texte wird unter didaktischen Gesichtspunkten vor allem darauf zu achten sein, daß der Lernende möglichst aktiv wird, zumindest teilweise die Autorrolle übernimmt und so in Form des ‚entdek-

kenden Lernens' die Fähigkeit entwickelt, auch formale Textmerkmale (kritisch) zu rezipieren und mit Bedeutung zu versehen.

Ein mittleres (und damit entdeckungsförderndes) Maß an (Leser-)Ak-
tivität erfordern alle Rearrangierungsaufgaben (vgl. WIENOLD 1972);
das Prinzip wurde oben schon bei jenen Textverständnis-Testaufgaben
erwähnt, bei denen einzelne Sätze nach dem Lesen des Textes in die
richtige Reihenfolge zu bringen waren (vgl. o. 2.4.). Man kann nun
auch die Einheiten größer wählen (z. B. ganze Textabschnitte) und
den Lernenden (ohne vorherige Textkenntnis) ein ihm sinnvoll er-
scheinendes Arrangement herstellen lassen (HARRIS 1970, 427f.).

Alle diese didaktischen Prinzipien, die natürlich je nach Textgegen-
stand in unterschiedlichster Weise konkretisiert werden können, haben das Ziel, den Leser zu einer eigenständigen Bedeutungskonstituie-
rung auch der Stil- und Strukturmerkmale von Literatur zu befähigen.
Damit auch diese Fähigkeiten/Fertigkeiten selbständig stabilisiert werden können, schlägt BRAUN (1971, 101f.) folgendes Abkürzungssystem für Bleistiftnotizen am Textrand vor:

P für Perspektive;	O für wichtige Ortsangaben;	$\wedge$ für Höhepunkt;
Pw für Perspektivenwechsel;	$\sim\!\!\!\sim$ für spannende Textstellen;	Met für Metapher;
Bl ← zurückweisend für Rückblende;	$\sim\!\!\!\frown$ Spannung wird gelöst;	Vgl für Vergleich;
→ vorausweisend für Vorausdeutung;		B für Bild.
Zt für wichtige Zeitangabe (erzählte Zeit);		

Abb. 15: Abkürzungssystem für Bleistiftnotizen am Textrand (nach BRAUN
1971, 101f.)

BRAUN selbst weist darauf hin, daß sich weitere Zeichen entwickeln
lassen (besonders für lyrische und dramatische Elemente), je nach
Auswahl der (im Unterricht) behandelten Stilmerkmale.

Die Berücksichtigung der formalen Stilmerkmale literarischer Texte
soll nun allerdings keine inadäquate Form-Inhalts-Trennung bei der
kritischen Textrezeption bewirken; vielmehr bedeutet kritisches Lesen
eine integrierte Analyse formaler und inhaltlicher Aspekte des Textes.
Zum Abschluß sei eine solche integrierende Kritikperspektive besprochen, die überdies auf literarische wie nicht-literarische Texte anwendbar ist und alle bisher behandelten Kritikdimensionen zusam-
menfaßt: von der logischen Argumentation über den Realitätsgehalt
der Texte bis zu den literarischen Stilmerkmalen; gemeint ist die

ideologiekritische Analyse von Texten (z. B. HUSSONG 1973; WENZEL 1973). Dieser Aspekt der kritischen Lesefähigkeit ist vor allem von der deutschen, ideologiekritisch eingestellten Literaturdidaktik ausgearbeitet worden (vgl. z. B. BÜRGER 1973; HOPPE 1976; IDE 1971ff.; 1973; NÜNDEL 1976; WALDMANN 1973), die sich in Nachfolge zur sog. Frankfurter Schule entwickelt hat (vgl. ADORNO 1958; 1967; APEL 1973; HABERMAS 1968).

Begriffserläuterung:

Unter Ideologie wird dabei zumeist ein Ideen- bzw. Überzeugungssystem verstanden, das historisch überholte soziale Verhältnisse zu rechtfertigen versucht (vgl. LENK 1964; HOFMANN 1968) und dabei diese Rechtfertigung dem Bemerken des Lesers entzieht, also verschleiert (HUSSONG 1973, 103).

Die ideologiekritische Analyse von Texten thematisiert sowohl deren logische Argumentationsstruktur als auch den Aspekt des Realitätsgehalts.

Die logische Argumentation kommt z. B. bei der Analyse der Tendenz zur Verschleierung ins Blickfeld; denn ideologische Verschleierungen werden häufig durch eine Vermischung von deskriptiven und präskriptiven Sätzen versucht, von ‚Seins- und Werturteilen‘ (HOFMANN 1968, 60ff.): der Autor wertet nicht klar erkennbar, sondern tut so, als besäße die Sache oder ein Sachverhalt als solche(r) Wert bzw. Unwert; Wertungen werden also mit der Gewißheit von Tatsachen ausgegeben.

Beispiel:

Dabei stellt HOFMANN besonders die ‚begriffsfixierten Wertungen‘ heraus: z. B. ein Streik ‚droht‘, die Preisbindung für den Artikel XY wird ‚gerettet‘ etc.; neben der Sprache der Werbung und des Journalismus bedient sich eben besonders die politische Manipulation und ideologische Rechtfertigung solcher Verschmelzungen.

Der Aspekt des Realitätsgehalts ist thematisch, insofern der Ideologiebegriff auf (historisch überholte) soziale Verhältnisse etc. Bezug nimmt; durch das Moment des Rechtfertigungscharakters von Ideologie ist komplementär dazu allerdings auch noch nach der Funktion des (ideologischen) Textes in bezug auf die gegenwärtig bestehenden sozialen Verhältnisse gefragt.

Beispiel:

EHLERT et al. fassen diesen Doppelaspekt des Realitätsgehalts in folgenden Forderungen für eine ideologiekritische Analyse zusammen (1976, 182f.):

‚Die kritische Methode fordert,
– daß gefragt wird, welche objektive Wirklichkeit der Zeit, der der Text
entstammt, das Werk widerspiegelt;
– daß nach der Funktion des Werkes in der Zeit seiner Entstehung gefragt
wird;
– grundsätzlich, wenn es auch z. Z. erst nur andeutungsweise geleistet
werden kann, daß nach den Entsprechungen und Widersprüchen zwischen
den Strukturen eines Werkes und denen der Zeit, in der es entstand, gefragt
wird;
– daß gefragt wird, welche Funktion die unkritische Übernahme eines
Werkes der Vergangenheit in die Gegenwart haben würde und welche Folgerungen sich daraus für die Umgang mit dem Werk ergeben.'

Die in einem (auch literarischen) Text implizit enthaltenen sozialen
Normen, Wertvorstellungen und Gesellschaftsstrukturen lassen sich
vor allem durch systematische Inhaltsanalysen explizit und direkt
aufweisen. Die Methode der sog. Content-Analyse ist als kommuni-
kationswissenschaftliche Beobachtungsmethode des Inhalts von Texten gerade von der ideologiekritischen Literaturwissenschaft adaptiert
und häufig verwendet worden. Man kann diese wissenschaftliche
Analysemethode aber auch in einfachen Formen innerhalb des Literaturunterrichts zusammen mit Schülern einsetzen, um diesen so einen
Weg zur ideologiekritischen (nachprüfbaren) Analyse von Texten zu
eröffnen.

Beispiel:

WHITE gibt z. B. (1976, 231) ein einfaches contentanalytisches Schema zur
Analyse von Figuren in Western an:

| | Indianer und Pioniere | | | | | |
| | Niedrig | | Mittel | | Hoch | |
	Indianer	Pioniere	Indianer	Pioniere	Indianer	Pioniere
Berufsstand						
Besitz						
Vertrauen						
Friedfertigkeit						

Auf diese Art und Weise lassen sich relativ leicht und gleichzeitig
überzeugend übliche ideologische Voreinstellungen und Verzerrungen
sogar quantitativ verdeutlichen, wie z. B. Voreinstellungen gegenüber

Frauen (Beruf, Intelligenz etc.), gegenüber Minderheiten (s. o.), gesellschaftliche Strukturen und ihre Rechtfertigung (Besitz, Arbeit etc.), Stereotypien bei der Personendarstellung (wie grober Körperbau, drohende Mimik etc. bei Bösewichtern; vgl. Hussong 1973, 183f.) usw.

In Texten, die für den Schulunterricht ausgewählt werden (Lesebüchern), manifestiert sich die Ideologiehaftigkeit häufig darin, daß die Geschichten etc. eine ‚Moral‘ haben, didaktisch im Sinne von ‚missionarisch‘ sind; in Worten der Ideologiekritik: den lesenden Schüler in Richtung auf (u. U. überholte) bürgerliche Wertvorstellungen/Normen ‚sozialisieren‘ wollen (vgl. Hussong 1973, 18). Unter dem Aspekt der möglichst konstruktiven Einübung von Kritik bietet sich zur Auflösung solcher ‚Moralität‘ von Texten auch hier die ‚Gegen‘-Produktion an: die Herstellung von ‚Antitexten‘ (Hussong 1973, 153ff.).

Beispiel:

Wenzel berichtet von dem Erstellen solcher Antitexte, neuer Versionen eines gelesenen Textes am Beispiel der Ballade ‚John Maynard‘ von Th. Fontane (1973, 89ff.): bei der Analyse der Ballade entdecken die Schülerinnen das Schicksal im Sinn von ‚leidvoller Schickung‘ (Duden) als das zentrale Konzept – der Steuermann ‚John Maynard‘ (vgl. Text im Anhang) opfert sich selbst bei Ausbruch eines Feuers an Bord des Schiffes, um die Passagiere bis an Land in Sicherheit zu steuern. Bei der Aufgabe, selbst ‚Schicksal zu spielen‘ und eine abweichende Fassung herzustellen, steht die Möglichkeit im Mittelpunkt, daß die Mannschaft und die Passagiere etwas gegen das Feuer unternehmen, anstatt nur auf den Steuermann zu hoffen. „Übereinstimmend lassen die Schülerinnen den gefährdeten Steuermann auch an sich denken und setzen die Mannschaft in Bewegung, um etwas gegen die drohende Gefahr zu unternehmen. In einer Arbeit wurde das zugespitzt auf die Formel gebracht: ‚Einer gelöscht, einer gesteuert, alle gerettet.‘“ (Wenzel 1973, 90).

Die Ideologiehaftigkeit von Texten kann auch durch parodistische oder ironisierende Bearbeitung und Veränderung der Texte sowohl entdeckt als auch kritisiert werden. So berichtet Hussong (1973, 186f.) vom Kombinieren von Sprichworten, durch das der Leerformel- bzw. ideologisierende Charakter der Spruchweisheiten herauskommt: Z. B. ‚Wer andern eine Grube gräbt, währt am längsten; ehrlich fällt selbst hinein‘ oder ‚Morgenstund ist aller Laster Anfang‘ usw.; unter diesem Aspekt können Persiflagen verfaßt werden bis hin zu ganzen parodistischen Textfassungen (vgl. die Aischylos-Parodie bei Hussong 1973, 154ff.).

Aber auch Schwierigkeiten beim eigenen Schreiben können einen Ansatzpunkt zur Kritik an vorliegenden literarischen Texten bieten; so berichtet HUSSONG (1973, 161f.) von den Schwierigkeiten, die Schüler einer 9. Klasse damit haben, eine Zukunftsvision der Schule zu schreiben: sie transponieren die heutigen Schulprobleme einfach in die Zukunft, erfinden aber nicht ein wirklich neues, strukturell anderes Schulsystem. Die Einsicht in diese Selbstbeschränkung bedeutet dann gleichzeitig eine Sensibilisierung dafür, daß viele Science-Fiction-Erzählungen ebenfalls nur eine Übertragung heutiger Probleme (oder Abenteuer-, Held-, Aktions-Vorstellungen) in die Zukunft sind (z. B. Perry-Rhodan-Serie etc.).

WENZEL hat eine Sammlung von Fragen (für den Schulunterricht schon der Grund- und Hauptschule) aufgestellt, die im Prinzip alle Aspekte des ideologiekritischen ‚gegen-den-Strich-Lesens‘ zusammenfassen (1973, 96f.):

Frageaspekte, Beispiel:

‚Kommen Kinder in der Geschichte vor?
Was erleben sie?
Wie verhalten sie sich dazu?
Kannst du dich in sie hineinversetzen?
Sollst du aus der Geschichte etwas lernen?
Erzählt der Autor ein eigenes Erlebnis?
Welche Gründe bewegten ihn wohl dazu?
Welchen Wert hatte das Erlebnis für ihn?
Läßt sich die Geschichte auf Kinder heute beziehen?
Verfolgt der Autor eine bestimmte Absicht?
Kommt in der Geschichte etwas von Schuld, Reue usw. vor?
Will der Autor erzieherisch wirken?
Hat er seine Moral versteckt oder offen mitgeteilt?
Aus welcher Zeit stammt die Erzählung?
Vergleicht der Autor die frühere mit der heutigen Zeit?
Welche Zeit bewertet er besser?
Könnte die Moral dem Leser heute als überflüssig erscheinen?
Kommen in der Geschichte Autoritätspersonen vor?
Welche Eigenschaften haben sie? Sind sie im Recht?
Sollen sie Kindern als Vorbild dienen?
Unter welchen Voraussetzungen spielt die erzählte Geschichte?
Welche Berufe haben die vorkommenden Personen?
Wieviel Geld haben oder verdienen sie?
Wie benehmen sie sich?
Sind sie von anderen abhängig oder nicht?
Für wen gilt die erkennbare Moral? Wem nützt sie?
Warum steht die Geschichte wohl im Lesebuch?
Welche Wirkung wäre denkbar, wenn viele solcher Geschichten vorkommen?

Wo kommen ähnliche Gedanken (Lehren, Vorschriften) vor?
Was ist gegen die Geschichte zu sagen?
Welche Wünsche von Kindern werden berührt?
Welche Argumente kannst du gegen die Geschichte geltend machen?
Was würdest du stattdessen ins Lesebuch aufnehmen?'

Gerade für die Perspektive der Ideologiekritik ist allerdings besonders zu betonen, daß Kritik auch immer die Fähigkeit zur Selbstkritik einschließen muß (Hussong 1973, 86); das bedeutet u. a., daß es unsinnig ist, die ideologiekritische Analyse so weit zu verabsolutieren, daß der Unterricht nur noch aus Ideologiekritik besteht. Das Risiko einer solchen Verabsolutierung ist allerdings für die ideologiekritische Didaktik schon von ihrem Ansatz her recht groß, weil sich ideologiekritisches Wissen immer als eine Form ‚höheren Wissens' und zudem als notwendig höheres Wissen verstehen muß; an manchen Stellen bzw. zu manchen Zeitpunkten sind daher einzelne ideologiekritische Didaktiker dieser Verabsolutierungsgefahr auch erlegen – was allerdings nicht grundsätzlich dagegen spricht, ideologiekritische Lesefähigkeit beim Schüler zu fördern. Nur müssen bei der Verbesserung des Textverständnisses unter ideologiekritischer Zielperspektive diejenigen Punkte festgehalten und beachtet werden, die Hussong (1973, 189) zu Recht als Forderung aufstellt:
– Die theoretischen Begründungen der kritischen Fragen müssen verstanden werden bzw. dürfen nicht in Vergessenheit geraten, sonst degeneriert kritisches Lesen zum „Abklappern kritischer Fragen";
– ein permanenter Ideologieverdacht im Umgang mit Literatur ist zu vermeiden, weil sonst Ideologiekritik zur ‚bierernsten' Schablone wird, die nicht mehr ernst zu nehmen ist;
– jedes schablonenhafte Vorgehen im Umgang mit Texten ist abzulehnen, weil dadurch Spontaneität behindert würde, andere mögliche Verstehenswege nicht entwickelt würden;
– außer dem Aspekt der Manipulation müssen auch andere Wirkungsperspektiven literarischer Texte in den Blick kommen können.
Auch unter der Perspektive der Ideologiekritik wird, wie schon bei der Bewertung des Realitätsgehalts, deutlich, daß kritisches Lesen die Basis für kreatives Lesen bedeutet. Die besprochenen didaktischen Techniken und Prinzipien wie: Voraussagen machen, neue Textversionen herstellen, Bauformen vorliegender Texte zur Herstellung vergleichbarer oder persiflierender Texte anwenden etc. sind von Smith (1965; vgl. auch Berg & Rentel 1967) explizit als Techniken zur Förderung kreativen Lesens zusammengestellt worden; das Moment des entdeckenden Lernens, der eigenen Aktivität bei diesen

Unterrichtsverfahren bewirkt eine kreative Veränderung oder Anwendung von Texten. TORRANCE (1965) sowie BROWN (1964) benutzten diese Unterrichtstechniken in einem Versuch zur Steigerung des kreativen Lesens und konnten in der Tat eine Verbesserung der kreativen Lesefähigkeit bei Studenten und Schülern sichern (vgl. auch das Sammelreferat von BERG & RENTEL 1967).

Die höchste Stufe der kreativen Textrezeption liegt natürlich vor, wenn der Rezipient selbst, zumindest teilweise, zum Autor wird. Besonders die neuere Literaturdidaktik hat hier Techniken entwickelt, die eine kreative Textrezeption über eine eigene Textproduktion ermöglichen sollen. Als wichtige Kategorien sind hier sog. Verfremdungstechniken zu nennen, die von WERMKE (1981, 19) in drei Schritten besprochen werden:

1. Übung in Verfremdungstechniken;
2. Analogiebildung zu experimentellen Texten;
3. Anwendung von Verfremdungstechniken auf vorliegende Texte.

Beispiele (nach WERMKE 1981, 19ff.):

1. Zu Übungen in Verfremdungstechniken: „Erfinden von Geheimschriften; Namenverbrüderung; Schreibbilder/Ideogramme; Kirmestraum von der ‚8er Bahn'; ... verkehrte Welt im Zoo: ‚Von Kängubär und Eisruh' ... ‚Perspektivenwechsel', der ungewöhnliche Aspekte der Realität und/oder ‚unwirkliche' Konstellationen bis hin zum Nonsens intendiert: Schilderung eines Grasbüschels oder Autokühlers aus der Froschperspektive; Beschreibung einer alltäglichen Situation, als wäre sie die Vorgeschichte zu einem Mord; eine realistische Beschreibung ‚wie selbstverständlich' ins phantastisch Absurde umkippen lassen; ... Veränderung von alltagssprachlichen Wendungen: Sprichwörter zum ‚Richtigstellen' und Verdrehen; Namen von Konsumartikeln rhythmisch in Jamben und Trochäen ordnen: ‚ata, imi dor/placentubex und vim ...'; eine Geschichte von Münchhausen und einem Flugzeug erfinden zu den Wörtern ‚Schäfchenwolken', ‚Wolkenbank', ‚Nebelwand' und ‚Windhose'.

2. Analogiebildung zu experimentellen Texten: Nach der Fibelgeschichte von Günter BRUNO ‚Ein Esel beschimpft eine Lehrerin' (wegen des Wortes ‚Eselsohr') eine Geschichte schreiben mit dem Titel ‚Ein Hase beschimpft einen Jungen' (‚Angsthase'); im Anschluß an die Besprechung von Lautgedichten BALLS und JANDLS ein Weihnachtsgedicht in vierhebigen Trochäen in einer unbekannten Sprache verfassen – es beginnt ‚ore late ole se ...'...

3. Anwendung von Verfremdungstechniken auf vorliegende Texte: ‚Über allen Gipfeln ist Ruh" auf die Konsonanten reduzieren (im Vergleich mit JANDL: ‚Der künstliche Bauch'); ‚Erlkönig' als Musical umschreiben; BICHSEL bzw. HANDKE parodieren; ‚Kabale und Liebe' als episches Theater dramaturgisch bearbeiten ... Comics parodieren; oder: Interviews von alten Leuten über ihre Lebenserinnerungen zu einer Hörspielkollage verarbeiten."

WERMKE weist allerdings nachdrücklich (und m. E. zu Recht) darauf hin, daß solche Techniken nicht zwangsläufig zu kreativer Textverarbeitung führen, sondern auch zu rein funktionalem Imitieren oder Text-Verulken führen können. Es kommt daher darauf an, solche Techniken immer in Reflexion und Bezug zu konkreten Zielsetzungen im Unterricht und in Kombination mit anderen Ansätzen (wie Antizipationen, Anschlußtexten etc.; s. o.) einzusetzen und dabei auf die Angemessenheit von Verarbeitungstechnik und Textsorte bzw. konkretem Text zu achten; dies aber ist weitgehend eine noch zu leistende Aufgabe der Literaturdidaktik und empirischen Rezeptionsforschung (vgl. WERMKE 1981, 29ff.).

Die Tests, mit denen in den oben genannten Untersuchungen die Kreativitätssteigerung gemessen wurde, waren z. T. klassische generelle Kreativitätstests, d. h. es wurden relativ überdauernde Persönlichkeitsmerkmale (Dispositionen) erhoben. Dem liegt die Annahme zugrunde, daß eine Verbesserung der Lesefähigkeit auf lange Sicht durch ständige Interaktion mit Denk- und Einstellungsprozessen zu einem bestimmten Persönlichkeitsbild führen kann. ATHEY hat in einem Sammelreferat zusammengestellt, welche Persönlichkeitsmerkmale in differential-psychologischen (empirischen) Untersuchungen als mit hoher Lesekompetenz zusammenhängend gesichert werden konnten (1970). Danach ist der gute Leser gekennzeichnet durch (ATHEY 1970, 110ff.):

– positives Selbstkonzept: er empfindet sich selbst als wertvoll, leistungsfähig etc. (vgl. z. B. PURCELL 1972);
– Autonomie: er zeigt ein Streben nach Unabhängigkeit, Bereitschaft zur Übernahme von Führungsfunktionen etc. (vgl. z. B. HAKE 1969);
– adäquate Realitätswahrnehmung: er verarbeitet mehr Informationen über die Umwelt und dies adäquater als der schlechte Leser (vgl. z. B. QUAINTANCE 1968);
– Kontrolle gegenüber der Umwelt: er nimmt spontan und kreativ Einfluß auf die Umwelt, verhält sich aktiv-konstruktiv ihr gegenüber;
– Lernbereitschaft: er zeigt nicht nur eine positive Einstellung gegenüber dem Lesen, sondern generalisiert diese Einstellung auf das Lernen allgemein (vgl. z. B. HAKE 1969);
– Angstfreiheit: er zeigt weniger Änstlichkeit (qua Disposition) als der schlechte Leser (vgl. z. B. RAYGOR 1959).

Gerade die zuletzt genannte Untersuchung von RAYGOR (1959) gibt einen empirischen Anhaltspunkt dafür, daß die Idealvorstellung von der Bedeutung des Lesens und der Lesekompetenz nicht nur eine Wunschvorstellung ist: Diese ganz alte Idealvorstellung geht ja davon aus, daß Lesen-Können einen positiven Einfluß auf die Persönlichkeitsentwicklung hat. Und genau dies konnte RAYGOR, zumindest ansatzweise, sichern: in seiner Untersuchung

führte er einen College-Lesekurs durch und stellte parallel zum Ansteigen der
Lesekompetenz ein Absinken von Angstscores und persönlicher Instabilität
fest – also einen sich positiv aufschaukelnden ‚Engelskreis' zwischen Lesekompetenz und Persönlichkeitsentwicklung.

Der adaptive, kritische, kreative Leser ist also insgesamt charakterisiert durch die konstruktive Aktivität, die bereits zu Beginn dieses
Teils als zentral für den Prozeß des Textverstehens aufgewiesen
wurde (vgl. o. 1.2.). Er entspricht damit der Zielvorstellung vom
Leser, wie wir sie eingangs (Teil 0.) skizziert haben. Die zur Erreichung dieses Ziels nötigen Schritte und didaktischen Verfahren konnten hier nur anhand der wichtigsten methodischen Prinzipien besprochen werden; ich hoffe aber, daß diese Prinzipien in Verbindung mit
den dargestellten Beispielen zumindest den Rahmen für eine erfolgreiche Didaktik/Technologie zur Verbesserung des Textverständnisses
aufzeigen: zur Entwicklung des guten Lesers als eines adaptiven,
kritisch-kreativen Lesers.

Zusammenfassung in Fragen:
 – Inwiefern ist kritisches Lesen stets auch kreatives Lesen?
 – Welches sind die wichtigsten Teildimensionen des kritischen Lesens?
 – Welcher Zusammenhang besteht zwischen kritischem Lesen und kriti-
schem Denken?
 – Inwiefern stellt die Unterscheidung von Beschreibung und Wertung
einen Aspekt der logischen Kritik i. w. S. dar?
 – Welches sind die drei wichtigsten klassischen Immunisierungsstrategien?
Nennen Sie auch Beispiele.
 – In welchen Formen können sich Unterstellungen äußern?
 – Welche Arten tendenziöser Darstellung lassen sich unterscheiden?
 – Wie kann man die Argumentationsstruktur eines Textes (über die De-
kuvrierung von Argumentationsfehlern hinaus) konstruktiv verbessern?
 – Welche didaktischen Möglichkeiten gibt es zur Unterrichtung von kriti-
schem Lesen?
 – Was bedeutet kritisches Lesen unter dem Aspekt der Referenz-Semantik?
 – Nennen Sie Beispiele für psychologische und soziologische Dimensionen
des Realitätsbezuges von Texten.
 – Inwiefern bedeutet kritisches Lesen einen Erfahrungsaustausch zwischen
Text und Leser?
 – Wie kann man es erreichen, daß das aus eigener Lebenserfahrung resultierende Selbstbewußtsein des (jungen) Lesers dem Text gegenüber gestärkt
wird?
 – Warum ist es nicht wünschenswert, wenn die Rezeptionsamplitude in
einer Klasse eingeschränkt wird?
 – Was kann der Lehrer tun, um zu verhindern, daß seine Autorität oder
der Gruppendruck zu einer Einschränkung der Varianz der Textrezeption
führt?

– Mittels welcher didaktischer Prinzipien und Methoden können Schüler dazu angeleitet werden, Stil- und Strukturmerkmale literarischer Texte aktiventdeckend zu analysieren?

– Inwiefern ist der Realitätsgehalt eines Textes für eine ideologiekritische Analyse von Interesse?

– Welche Methoden können im Unterricht zur ideologiekritischen Textanalyse eingesetzt werden?

– Wie kann man der Gefahr einer Verabsolutierung der Ideologiekritik gegensteuern?

– Nennen Sie Techniken zur Förderung kreativen Lesens. Welches sind empirisch gesicherte Persönlichkeitsmerkmale von Personen mit hoher Lesekompentenz?

II. TEXTVERSTÄNDLICHKEIT

0. Vorstrukturierung

Der Begriff ‚Textverständlichkeit' ist ebenso wie der Terminus ‚Textverständnis' (s. o. I.0.) als (zumindest) zweistelliger Relationsbegriff einzuführen: d. h. er bezeichnet ein Textmerkmal (1) hinsichtlich einer Person, des Lesers (2). Er stellt eine Verbindung zwischen materialen Textmerkmalen und dem Rezeptionsprozeß des Lesers her; das Konzept der Verständlichkeit geht vom Rezeptionsprozeß des Lesers aus und thematisiert Unterschiede dieses Prozesses, soweit sie auf Textcharakteristika zurückführbar sind. Daraus resultieren zunächst einmal zwei Konsequenzen:

1. Die Operationalisierung des Konstrukts ‚Textverständlichkeit' und d. h. die Messung der Verständlichkeit von Texten sollte immer – mehr oder weniger direkt – am Rezeptionsprozeß des Lesers ansetzen und ihn mit Textmerkmalen verbinden.

2. Im Unterschied zum Konzept des ‚Textverständnisses' wird hier hinsichtlich der praktischen Konsequenzen der Rezeptionsprozeß und damit das Textverständnis als gegeben und nicht (direkt) zu verändern angesetzt: Gefragt wird danach, welches Textverständnis verschiedene Texte bzw. Textmerkmale im Durchschnitt ermöglichen. Damit ist grundsätzlich von den beiden auch hier thematischen Instanzen (Text und Leser) die Textinstanz als die möglicherweise zu verändernde eingeführt. Prinzipiell thematisiert also das Konzept Textverständlichkeit die Anpassung des Texts an den Leser; dies ist die komplementäre Fragerichtung zur Anpassung des Lesers an den Text, wie sie im Teil I. (Textverständnis) verfolgt wurde.

Gerade dieser letzte Aspekt zeigt, daß es sich bei dem Problem der Textverständlichkeit im Vergleich zum Konzept des Textverständnisses methodologisch um einen komplexeren und pragmatisch späteren Forschungsansatz handelt: denn auch hier wird die Messung des Textverständnisses beim und am Leser als erster Schritt vorausgesetzt. Die erhobenen Daten werden lediglich nicht direkt hinsichtlich ihrer Aussagekraft über die Verstehensfähigkeit des Lesers interpretiert, sondern indirekt: indem man nämlich nicht mehr die interindividuellen Unterschiede im Verstehen des Lesers akzentuiert, sondern über diese Verständnisdaten auf die unterschiedlich schwierigen Auslösereize zurückschließt, und d. h. auf die Schwierigkeit des Textes. Das Konzept der Textverständ*lichkeit* baut also im Vergleich zum Konzept des Textverständnisses eine weniger direkte Relation zwischen empirischen Daten und theoretischem Konstrukt auf: Das theoretische und praktische Interesse richtet sich nicht mehr zentral auf das Individuum und seine Fähigkeit des Textverständnisses, sondern auf die vom Individuum verarbeitete Umwelt, hier den Text, auf dessen Qualität mit Hilfe der Verständnisdaten zurückgeschlossen wird. In diesem Rückschließen kommt zum Ausdruck, daß für das Konzept der Textverständlichkeit der Leser und seine Verständnisdaten nicht den zentralen Gegenstand, sondern eher das Medium zur Erlangung der notwendigen Daten (Maßzahlen etc.) darstellen. Das bedeutet praktisch: Die Messung von Textverständlichkeit ist zunächst einmal prinzipiell mit der Messung des Textverständnisses identisch; daher gelten alle im Teil I. (Textverständnis) dargestellten Ergebnisse zu den Meßverfahren auch für den folgenden Teil (II.: Textverständlichkeit). Die erzielten Daten werden unter dem Aspekt der Textverständlichkeit lediglich anders aufgearbeitet (z. B. Durchschnittsbildung) und auf konkrete Texte bzw. spezifische Textsorten zurückbezogen.

Die Bewertung von auf diese Weise festgestellten Verständlichkeitsgraden basiert vor allem auf deren Wirkung: dabei stehen für die Bewertung der Textverständlichkeit noch mehr als für die des Textverständnisses die Behaltenseffekte im Vordergrund. Besonders für den Bereich der Informationstexte wird von dem weitaus überwiegenden Teil der Forschung ein möglichst großer Behaltenseffekt sogar als das einzige Bewertungskriterium für die Verständlichkeit von Texten angesetzt. Eine möglichst unreduzierte Einbettung des Verständlichkeitsproblems in lerntheoretische Zusammenhänge wird jedoch deutlich machen, daß auch motivationspsychologische Aspekte des vom Text und der Textgestaltung ausgelösten Interesses am Textinhalt mit zu berücksichtigen sind. Dennoch wird schon durch diese als Bewertungskriterien anzusetzenden Verständlichkeitseffekte (Behalten und Interesse) deutlich, daß Verständlichkeit für den Bereich literarischer Texte keine bedeutsame Rolle spielen kann. Dies stimmt auch mit literarästhetischen Konzeptionen und Analysen überein, die entweder andere Textcharakteristika in den Vordergrund stellen oder z. T. sogar ‚Schwerverständlichkeit‘ als ästhetisch wertvolles Merkmal literarischer Texte postulieren. Diese Mindergewichtung des Merkmals ‚Verständlichkeit‘ ist für den Bereich literarischer Texte jedenfalls so

eindeutig und übereinstimmend, daß eine Anpassung des Textes an
den Leser unter diesem Kriterium weder propagiert noch erforscht
wurde – lediglich in Bezug auf sog. Trivialliteratur z. B. kritisiert
wird. In der Regel wird für literarische Texte daher höchstens eine
Anpassung des Lesers an den Text – durch Entwicklung des Textverständnisses – verfolgt; die einzige Ausnahme stellt hier das Textverständnis von noch nicht voll kompetenten Lesern, d. h. Kindern und
Jugendlichen, dar. Das Problem der Textverständlichkeit reduziert
sich daher im Bereich literarischer Texte auf die Altersgemäßheit von
Texten für kindliche und jugendliche Leser. Dabei steht auch hier
weniger die Veränderung oder Konstruktion literarischer Texte nach
den Rezeptionsmöglichkeiten der Leser als vielmehr die auswählende
Zuordnung von Texten zu bestimmten Lesergruppen (Altersgruppen
etc.) im Vordergrund.

Für den Bereich nicht-fiktionaler Informationstexte jedoch ist das
Merkmal der Verständlichkeit das theoretisch und praktisch wichtigste Charakteristikum. Allerdings ergibt sich hier die Schwierigkeit,
daß nicht von vornherein die oben (I.2.) beschriebenen Verfahren zur
Messung des Textverständnisses verfügbar waren; in der Zeit vor der
Entwicklung dieser Verfahren hat man sich daher zur Feststellung der
Schwierigkeit von Texten auf solche sprachlichen Textmerkmale konzentriert, die als objektiv feststellbare (z. B. grammatikalische) Kategorien ohne Rückgang auf die Rezeption eines Lesers beobachtbar
und auszählbar waren. Weil aber das konkrete Textverstehen dabei
nicht berücksichtigt wurde, sollen diese Ansätze unter dem Begriff
der Lesbarkeits-Forschung zusammengefaßt werden; für die sprachliche Oberflächenstruktur sind deren Ergebnisse in gewissem Ausmaß
auch heute noch brauchbar. Erst mit der Einbeziehung des konkreten
Lesers und seines Textverständnisses konnten dann die kognitiven
und motivationalen Dimensionen des Konstrukts Textverständlichkeit
relativ übereinstimmend gesichert werden. Diejenigen konkreten
Textmerkmale, die empirisch als für diese Dimensionen spezifisch
gesichert werden konnten, bieten ihrerseits den Ansatzpunkt für eine
praktische Anwendung der Forschung: indem sich Techniken der
optimalen Textgestaltung ableiten lassen. Solche Techniken sind empirisch-experimentell vor allem von der anwendungsorientierten päd-
agogisch-psychologischen Forschung, insbesondere der Instruktionspsychologie, gesichert worden.

Aufgrund des vorliegenden Forschungsstandes muß das Kapitel
daher versuchen, Antworten auf folgende Fragen zu geben:

WELCHE ROLLE SPIELT DAS KONZEPT ‚VERSTÄNDLICHKEIT' FÜR LITERARI-
SCHE TEXTE UND WELCHE KONSEQUENZEN LASSEN SICH DARAUS FÜR DIE
ZUORDNUNG VON TEXT UND LESER (-GRUPPEN) ZIEHEN?

WAS SIND DIE MÖGLICHKEITEN UND GRENZEN EINER AUF DIE SPRACHLI-
CHE OBERFLÄCHENSTRUKTUR KONZENTRIERTEN LESBARKEITSFORSCHUNG?

WELCHE KOGNITIV-MOTIVATIONALEN DIMENSIONEN DER VERSTÄNDLICH-
KEIT VON INFORMATIONSTEXTEN KONNTEN EMPIRISCH GESICHERT WERDEN
UND WELCHE TECHNIKEN DER OPTIMALEN TEXTGESTALTUNG FOLGEN DAR-
AUS?

Eine bestimmte Begrenzung beinhalten alle diese Forschungsfragen:
Sie thematisieren nämlich die generellen Ausprägungen, die generellen
Effekte, die die Verständlichkeit von Texten für den Durchschnitt
bzw. die Mehrzahl der Leser hat. Textverständnis und damit Textverständlichkeit ist zwar immer eine Interaktion zwischen Textstruktur
und Leservoraussetzungen, diese Interaktion wird aber durch die
generelle Frage z. B. nach der Optimierung der Textgestaltung für
alle Leser nicht differenziert abgebildet. Selbst wenn man solche
Wechselwirkungen zwischen Textstruktur und Leservoraussetzung
empirisch sichern kann (vgl. dazu u. a. die Ergebnisse von Kap. 4.),
sind daraus keine Konsequenzen für die allgemeine Optimierung von
Texten ableitbar; denn das Herstellen von unterschiedlichen Textvarianten für verschiedene Lesergruppen und deren Einsatz nach einer
diagnostischen Zuordnung des einzelnen Lesers zu solchen Gruppen
ist aus praktischen Gründen in der Regel undurchführbar. Die Berücksichtigung solcher Wechselwirkungen führt daher über die generelle Perspektive der Textverständlichkeit und deren Optimierung für
die Mehrzahl der Leser unvermeidbar hinaus: und zwar zu der Konsequenz, daß der einzelne Leser selbst die Texte verändern, für sich
aufarbeiten muß; dieses die Aspekte von Textverständnis und -ver-
ständlichkeit integrierende Problem der Textaufarbeitung als selbstgesteuerten Lernens des Lesers behandelt der abschließende Epilog
(III.).

Zusammenfassung in Fragen:

– Worin bestehen die Unterschiede zwischen den Konzepten ‚Textverständnis' und ‚Textverständlichkeit'?

– Inwiefern ist ‚Textverständlichkeit' für den Bereich literarischer Texte
von untergeordneter Bedeutung?

A. Literarische Texte

1. Verständlichkeit als emotional-kognitive Nachvollziehbarkeit

1.1. Verständlichkeit als Un-Kriterium für literarische Texte

Im Bereich der Literaturästhetik und -theorie ist Verständlichkeit von Texten so gut wie ausschließlich hinsichtlich ihres Fehlens diskutiert worden. Am stärksten war diese Diskussion für die moderne Lyrik, für die das Merkmal der ‚Un- bzw. Schwerverständlichkeit‘ lange sogar als konstitutiv angesetzt wurde (vgl. BINGEL 1961; BÖCKMANN 1966; GÜNTHER 1966; HÖLLERER 1966; HOHOFF 1963; SÜSSMANN 1965). FRIEDRICH konzipierte (1956) die ‚Struktur der modernen Lyrik‘, die für ihn in der zweiten Hälfte des 19. Jahrhunderts mit Baudelaire, Rimbaud und Mallarmé begann, u. a. vor allem unter dem Aspekt der ‚Dunkelheit‘ und des ‚Hermetismus‘ (1956, 9f.): „... Kommunikative Wohnlichkeit ist im zeitgenössischen Gedicht vermieden“ (1956, 11). In Nachfolge zu dieser Strukturbestimmung wurde auch für moderne Lyrik in deutscher Sprache relativ übereinstimmend festgestellt, daß sie „hochmütig auf Verständlichkeit verzichtet“ (HOHOFF 1963, 340), „unzugänglich ..., spröde und schwer verständlich“ geworden ist (SUSSMANN 1965, 245), den Leser „in mancherlei Verlegenheiten und Verständnisschwierigkeiten versetzt“ (BÖCKMANN 1966, 63) bzw. zu einer „Kunst für Eingeweihte geworden“ ist (SUSMANN 1965, 245).

Beispiel: Eine empirische Überprüfung dieser vermuteten Schwerverständlichkeit moderner Lyrik auch im Vergleich zu klassischer habe ich 1970 unternommen: Dabei wurden von Gymnasiasten (Unter- und Oberprima) nach der Methode der subjektiven Informationsmessung (vgl. o. I.2.) folgende Gedichte und Vergleichstexte Zeichen für Zeichen erraten:
Goethe: Wiederfinden; Schiller: Der Pilgrim; Brentano: Auf dem Rhein; Eichendorff: Morgengebet; Mörike: Der Jäger; Droste-Hülshoff: Aus den Heidebildern; Storm: Einer Toten; Meyer: Auf dem Canale grande; George: Ihr tratet zu dem herde; Hofmannsthal: Weltgeheimnis; Rilke: Abend; Trakl: Abendland; Heym: Oh weiter, weiter Abend; Benn: Einsamer nie; Brecht: Die Liebenden; Celan: Leuchten; Bachmann: Römisches Nachtbild; Arp: te gri ro ro; Arp, Serner, Tzara: Der serbische Olymp oder der schlecht ermordete Detektiv; Leitartikel ‚Zeit‘ (9/23. Jg. Hamburg 1. 3. 68): Die umstrittene Unterschrift. Die Ergebnisse, zusammengefaßt für die Kategorien Prosa, Klassische vs. Moderne Lyrik und Dadaistische Texte zeigt Abb. 16:

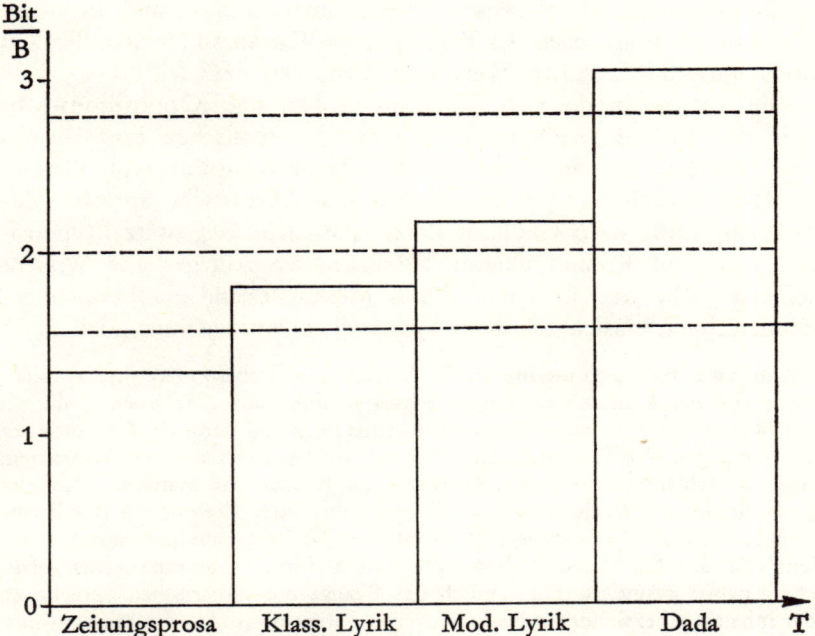

Abb. 16: Subjektive Information von Prosa, Lyrik, Dada (nach GROEBEN
1975a, 211)

Die Untersuchung zeigt: Während nach KÜPFMÜLLER (1954) normales
deutsches Schrifttum eine durchschnittliche Information von 1,95 bit pro
Buchstabe aufweist, ergibt sich für Zeitungsprosa: 1,69 bit pro Buchstabe; für
Klassische Lyrik: 2,19 bit pro Buchstabe, für Moderne Lyrik: 2,59 bit pro
Buchstabe und für dadaistische Texte: 3,46 bit pro Buchstabe. Da sich Verständlichkeit und subjektive Information reziprok zueinander verhalten,
bedeutet das: Lyrik ist in der Tat schwerer verständlicher als auf Kommunikation ausgerichtete Alltagssprache, Moderne Lyrik (von George bis Bachmann) noch einmal weniger verständlich als Klassische Lyrik (von Goethe bis
Meyer); dadaistische Texte sind im Vergleich dazu teilweise unverständlich zu
nennen, da sie unterhalb der Wortebene encodiert sind (vgl. GROEBEN 1975a,
210ff.).

Diese Hypothesen und Befunde zur Struktur der Modernen Lyrik
sind dann auch hinsichtlich anderer literarischer Textsorten (Prosa
etc.) überprüft und zu einer Allgemeinthese der Struktur-Divergenz
von moderner und klassischer Ästhetik verallgemeinert worden (vgl.
besonders JAUSS 1965; KESTING 1965). Auf dem Hintergrund dieser
literaturästhetischen Thesen ist also Verständlichkeit gar nicht als ein

(Ziel-)Kriterium für literarische Texte anzusetzen – und es bleibt allenfalls die Frage nach der Begründung: Warum ist Verständlichkeit für literarische Texte kein Wert, kein Zielmerkmal?

Die Antwort findet sich vor allem in dem sog. ‚Oppositions-Modell‘ der literarischen Sprache, wie es vom russischen Formalismus (vgl. ERLICH 1964) und tschechischen Strukturalismus (vgl. GARVIN 1964) entwickelt worden ist: Danach steht literarische Sprache (Zusammenfassung nach GROEBEN 1972a, 148ff.) in Gegensatz (‚Opposition‘) zur auf Kommunikation ausgerichteten Alltags- und Wissenschaftssprache und ist daher durch Merkmale und Funktionen gekennzeichnet, hinsichtlich derer Verständlichkeit zweitrangig ist.

Und zwar hebt sich die literarische Sprache und insbesondere ihre Verwendung von der kommunikativen Sprachverwendung auf allen Ebenen ab: auf der Wortebene z. B. durch assoziative Aufladung und dadurch Vieldeutigkeit der einzelnen Worte, durch die Identität von Konkretem und Abstraktem (vgl. das fehlende ‚Wie‘ – BENN) oder sogar hermetische Symbolik. Auf der semantischen Ebene der einzelnen Textteile und ihrer Verbindung durch eine ‚polyfunktionale‘ Vertextung (vgl. SCHMIDT 1970; 1971), aus der eine ‚Polyvalenz‘ für den Leser und ‚Polyinterpretabilität‘ für die literaturwissenschaftliche Analyse resultiert. Hinsichtlich des Bezugs der literarischen Sprache zu der inhaltlich bezeichneten Realität ist von Perspektivismus, Funktionalismus, Strukturalismus gesprochen worden. Diese Merkmale bewirken einen destruktiven Effekts auf die alltägliche Realitätswahrnehmung und -verarbeitung. Es läßt sich m. E. zeigen (vgl. GROEBEN 1974), daß eine solche Destruktion notwendige Voraussetzung für den Versuch der Kunst ist, „die durch das Tatsächliche immer wieder aufgehobene Kategorie des Möglichen wiederherzustellen" (HENTIG 1967, 189) und somit nur das komplementäre Merkmal zum Zielkriterium der Potentialität darstellt.

Das Oppositionsmodell von kommunikativer vs. literarischer Sprache geht also von einer bestimmten Funktion von Literatur aus: die Aufgabe von Literatur sei nicht die Abbildung von Realität und damit die Bestätigung der Wahrnehmungs-, Sprach- und Kognitionsstrukturen des Lesers, sondern im Gegenteil die Konfrontation des Lesers mit etwas Ungewohntem – seien es ungewohnte sprachliche Formen, Bedeutungen, Wirklichkeitsbereiche, Sichtweisen oder dergleichen mehr. Will man dieses Oppositionsmodell auf dem gleichen hohen Abstraktionsniveau mit psychologischen Funktionsmodellen in Verbindung bringen, so bietet sich das Gegensatzpaar ‚Assimilation-Akkomodation‘ (nach PIAGET) an: Assimilation bedeutet die Anpassung der Umwelt an die Struktur, die Schemata etc. des Individuums; Akkomodation die dazu komplementäre Anpassung des Individuums an neue Umweltgegebenheiten. Danach besteht die Funktion von

Literatur und literarischer Sprache vor allem darin, vom Leser Akkomodationsleistungen zu verlangen, d. h. sich der Assimilation zu widersetzen. Da die Verständlichkeit eines Textes am größten ist, wenn er ohne Schwierigkeiten assimiliert werden kann, ist Verständlichkeit für literarische Texte unter dem skizzierten Literarästhetik-Modell folgerichtig kein bedeutsamer Wert, auf keinen Fall ein Zielkriterium.

Mit dieser Feststellung könnte man das Kapitel ‚Verständlichkeit literarischer Texte‘ eigentlich abschließen – vorausgesetzt, das zur Begründung herangezogene übergeordnete Ästhetikmodell wäre seinerseits optimal begründet und allgemein anerkannt. Dies trifft aber für die dargestellte extreme Modellkonzeption nicht zu. So ist z. B. der Einwand erhoben worden, daß hier eine spezielle Ästhetiktheorie ungerechtfertigt verabsolutiert wird:

„Zur Grundlage einer für alle Zeiten als gültig gedachten Bestimmung von Ästhetizität wird eine Textbeschaffenheit genommen, die ihr Modell in einer ganz bestimmten, historisch eingrenzbaren Spielart von ‚Literatur‘ hat“ (LINK 1976, 134; vgl. auch INGEN 1974, 110f.).

Diese Vermutung konnte durch weitere Analysen teilweise gerechtfertigt werden: nämlich für jenen Teil des Oppositionsmodells, der über die These der ‚Strukturdivergenz‘ zwischen klassischer und moderner Ästhetik eine literarästhetische und -soziologische Makrobewegung in Richtung auf eine Ästhetik der ‚Negativität‘ postuliert (vgl. GROEBEN 1980, 30ff.). Gerade gegen eine solche Verabsolutierung der Opposition zur Negativität hat z. B. JAUSS (1975) das ‚genießende Verhalten‘ als ‚ästhetische Urerfahrung‘ und hier besonders die Identifikation (‚Bewunderung, Erschütterung, Rührung, Mitweinen‘; 1975, 304) ins Feld geführt. Er versucht, durch literarhistorische Analysen zu belegen, daß verschiedene Muster der Identifikation (z. B. assoziative, admirative, sympathetische, kathartische und ironische Identifikation; 1975, 317) in allen Literaturepochen in phasenhafter bzw. komplementär-antagonistischer Polarität zu beobachten sind; d. h. daß es sich um mikrostrukturelle Abfolgen innerhalb aller Literaturepochen handelt. Das aber würde bedeuten, daß literarische Texte eben nicht nur durch die Konfrontation des Lesers mit Ungewohntem, Anderem, Neuem etc. gekennzeichnet sind. Diese Position wird heute auch von den neueren Ansätzen der hermeneutischen Kunst- (vgl. ECO 1973) und Literarästhetik (insbesondere auch den Nachfolgern des tschechischen Strukturalismus: vgl. LOTMAN 1973; MUKAROVSKY 1970; 1974) vertreten. Danach sind künstlerische Werke immer durch eine Integration von zwei gegenläufigen Polen gekennzeichnet: Spielraum und Bestimmtheit, ästhetische Normverletzung und Normerfüllung, Entropie und Redundanz. Dieses Zweifaktorenmodell des ästhetischen Wertes (und damit auch der Ästhetizität bzw. Literarizität von literarischen Texten) konnte auch durch die empirisch-experimentelle Ästhetik gesichert werden (vgl. GROEBEN 1980, 37ff.).

Beispiel: der ‚hedonistische Wert‘ von (Reiz-)Objekten (operationalisiert durch Präferenzen, Zuwendungs-, Verarbeitungsdauer etc.) kommt nach den Ergebnissen der experimentellen Ästhetik (vgl. BERLYNE 1974a) zustande durch die Auslösung einer nicht zu starken (emotionalen und/oder kognitiven) Erregung (‚arousal‘) bzw. durch den Abbau der Erregung, wenn diese ein unangenehm hohes Niveau erreicht hat. Diese Relation wird abgebildet durch eine inverse U-Funktion (des Verhältnisses zwischen Erregungspotential und hedonistischem Wert; vgl. Abb. 17). Die Form dieser Funktion wird durch zwei antagonistische Verarbeitungsprozesse erklärt, die sich algebraisch aufsummieren: ein System der Genußform Reaktion, Attraktion, Lust, Belohnung (‚reward‘) und eines der Unlust, Überforderung, Ablehnung (‚aversion‘; vgl. Abb. 18).

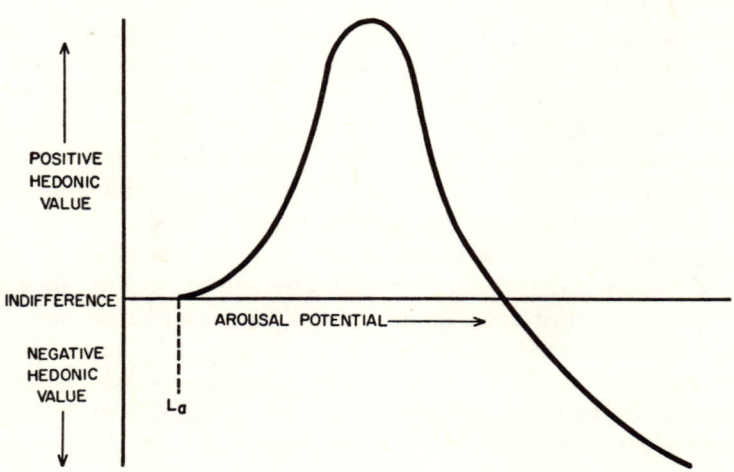

Abb. 17: Relation zwischen Erregungspotential und hedonistischem Wert
(nach BERLYNE 1974a, 10)

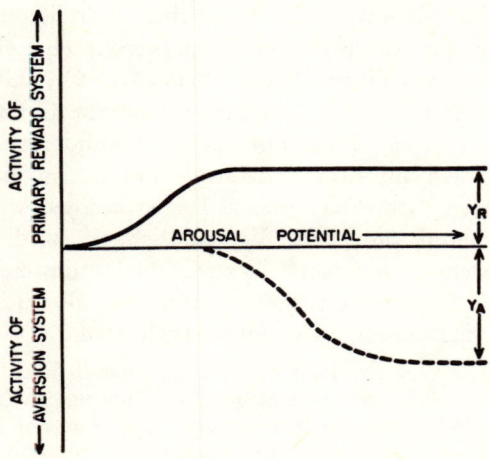

Abb. 18: Relation zwischen Erregungspotential und den Aktivitäten von
Belohnungs- und Ablehnungs-System (nach BERLYNE 1974a, 11)

Dies entspricht auf der Ebene der psychischen Funktionen des Rezipienten
durchaus dem Ästhetikmodell, das auf der Ebene der Textmerkmale die
Integration der komplementären Faktoren von Spielraum und Bestimmtheit,
Entropie und Redundanz ansetzt. Die ‚Spielraum'-Merkmale des Textes
wirken steigernd, die ‚Bestimmtheits'-Merkmale dagegen senkend auf die
emotionale/kognitive Erregung des Lesers; ihre Integration bewirkt im Opti-
malfalle, daß sich diese Erregung nicht zu weit von jenem Bereich entfernt, in
dem der hedonistische Wert maximal ist.

Damit sind die ‚Spielraum'merkmale literarischer Texte (Polyfunk-
tionalität, Polyvalenz etc.), die eine Akkomodation des Lesers erfordern, vor einer Verabsolutierung bewahrt; sie sind allerdings gleichzeitig in polarer Integration mit den Bestimmtheitsmerkmalen (Redundanz, Regularitäten etc.) *als notwendige Bedingung des ästhetischen Erlebens* anzusetzen. Auf der Ebene der grundsätzlichen psychischen Funktionen von Akkomodation und Assimilation ist vor
diesem Hintergrund die Gegenüberstellung von kommunikations-
orientierten und literarischen Texten zu präzisieren: Während für
(nicht-literarische) Kommunikationstexte die Assimilierbarkeit durch
den Leser die primäre (weil notwendige) Bedingung darstellt, ist für
literarische Texte der Spielraumfaktor und d. h. die Funktion in
Richtung auf Akkomodation des Lesers das primäre Merkmal. Assi-

milierbarkeit ist höchstens als zusätzliches Charakteristikum zu berücksichtigen; das gilt um so mehr, als die Leser literarischer Texte diese ohnehin in der Rezeption an ihren gewohnten Lebenshorizont angleichen, d. h. ‚normalisieren' (vgl. STEINMETZ 1974; GROEBEN 1980, 78ff.). Textverständlichkeit ist aus den genannten Gründen also im Bereich der literarischen Texte nur als ein sekundäres Zielkriterium anzusehen – bei den auf Kommunikation und Informationsübermittlung ausgerichteten nicht-literarischen Texten werden wir sehen, daß sich dieses Verhältnis umkehrt: Verständlichkeit wird als primäres Kriterium anzusetzen sein und Textmerkmale, die zu kognitivem Konflikt, Neugierinteresse etc. führen, sind nur als zusätzliche Zielkriterien der Textgestaltung zu verfolgen (vgl. 3. und 4.).

Das eingeschränke Gewicht des Kriteriums ‚Verständlichkeit' hat sich auch in einer größeren empirischen Untersuchung von SCHMIDT & ZOBEL (1980) zu ‚Textkomplexität und Leserverhalten' gezeigt. Die Autoren haben anhand von fünf kurzen Texten zeitgenössischer Autoren (C. WALLNER; G. JONKE; S. J. SCHMIDT; H. HEISSENBÜTTEL; H. DITTBERNER) den Einfluß der Textkomplexität auf die Leserrezeption und vor allem auch die Bewertung der Texte bzw. Einstellung des Lesers gegenüber den Texten untersucht. Interessanterweise haben sie dabei die Textkomplexität bezüglich solcher Merkmale variiert, die zu vergleichbaren Schwierigkeitseinschätzungen führten wie das weiter unten dargestellte Rating-Konzept der Verständlichkeit von Informationstexten (s. unten 3.1.); es handelt sich um folgende Merkmale (vgl. SCHMIDT & ZOBEL 1980, 239):
– auf der Wortebene: Neologismen, Archaismen, Fachausdrücke, Dialektausdrücke, Soziolektausdrücke, Idiolektausdrücke;
– auf der Satzebene: metaphorische Konstruktionen; Ellipsen; Inversionen; relativ hoher Verschachtelungsgrad;
– auf der Textebene: unübliche Anordnung von Textbestandteilen; hoher Redundanzgrad; Referenz-Unterschiede: Möglichkeit, Teilen von Texten mehrere, miteinander unverträgliche Bezugswelten zuzuordnen; fehlende Möglichkeit der emotionalen Identifikation mit bestimmten Elementen eines Textes.
Die Einschätzung der Texte durch Experten nach diesen Merkmalen korrelierte insgesamt relativ hoch mit den Verständlichkeitseinschätzungen nach dem Hamburger Rating-Ansatz für Informationstexte (und zwar zwischen .70 und .80; vgl. SCHMIDT & ZOBEL 1980, 118f.).
Mit Hilfe eines semantischen Differentials wurde sodann die Hypothese geprüft: ‚Die Rezeption eines literarischen Textes wird ... stärker verweigert in dem Maße, in dem sein Komplexitätsgrad ... ansteigt.' (o. c., 121) Diese Hypothese wurde an insgesamt 400 Vpn unterschiedlicher sozialer Schicht (von Arbeitern bis zu Studierenden der Universität Bielefeld) überprüft; obwohl die Autoren also die Hypothese hatten, daß die Textverständlichkeit einen bedeutsamen Einfluß auf die Rezeption und vor allem die motivationale Einstellung zum literarischen Text hat, ergab sich nach Analyse der relevan-

ten Daten des semantischen Differentials die Konsequenz: „Es ergibt sich in keinem Fall die vermutete Übereinstimmung zwischen dem Ansteigen des Komplexitätsgrades der Kommunikate einerseits und einem gleichzeitigen Ansteigen der emotiven Ablehnung der Kommunikate andererseits." (o. c., 152f.) Auch die weiteren Ergebnisse zu den Rezeptionsschwierigkeiten und deren Verarbeitung erhärten die Feststellung, daß die Verständlichkeit bei literarischen Texten nicht nur von Ästhetikexperten, sondern auch vom durchschnittlichen Leser als sekundäres Zielmerkmal angesehen wird: zwar hatte eine sehr große Zahl der Vpn Verstehensprobleme mit den vorgelegten modernen literarischen Texten (und zwar 58,3%; für 57% der Vpn waren die Texte nicht „sinnvoll und zusammenhängend"); dennoch waren die Versuchsteilnehmer in ihrer Bewertung gegenüber den literarischen Texten sehr tolerant: weniger als 10% waren dafür, die Produktion bzw. Verbreitung von solchen Texten, die sie selbst als wenig oder gar nicht sinnvoll erlebten, zu verbieten; 81% gaben an, durch die Lektüre nichts gelernt zu haben, ebenfalls 81% befürworteten dennoch, daß solche Texte veröffentlicht werden sollten (vgl. SCHMIDT & ZOBEL 1980, 212). Insgesamt sprechen all diese Daten dafür, daß die untersuchte Leserstichprobe bei literarischen Texten, zumal modernen, geradezu mit einer eingeschränkten Verständlichkeit rechnete (o. c., 213).

Diese Nachordnung des Merkmals ‚Verständlichkeit' bei literarischen Texten bedeutet, daß für kompetente Leser das Kriterium Verständlichkeit praktisch vernachlässigt wird. Wichtig wird es für noch nicht voll kompetente Leser bzw. Lesergruppen, die über die Berücksichtigung der Assimilierbarkeit von Texten erst an die Möglichkeit des adäquaten Textverstehens, ihre Akkomodation an die literarischen Inhalte herangeführt werden sollen. Dies gilt vor allem für den kindlichen bzw. jugendlichen Leser, so daß das Zielkriterium der Verständlichkeit literarischer Texte von der Forschung vor allem in der konkreten Manifestation der Kind- bzw. Altersgemäßheit von Texten problematisiert und untersucht worden ist.

1.2. Kind- oder Altersgemäßheit literarischer Texte

Die Verständlichkeit als Zielkriterium von literarischen Texten für noch nicht voll kompetente Leser geht von dem übergeordneten Ziel aus, den kindlichen oder jugendlichen Leser in seiner (auch literarischen) Entwicklung zu fördern, zu unterstützen (BAMBERGER et al. 1960, 65). Die klassische pädagogische Konzeption (KERSCHENSTEINER) unterstellt dabei, daß eine solche Entwicklung nur ermöglicht wird, wenn die Struktur des Mittels (jedes literarischen Textes) „ganz oder teilweise der Struktur der geistigen Entwicklungsstufe" des Lesers

„adäquat ist" (Bamberger et al. 1960, 65). Kind- oder Altersgemäßheit literarischer Texte bestünde also in einer vollständigen oder zumindest partiellen Gleichheit von Verarbeitungsmöglichkeiten (auf der Leserseite) und Verarbeitungsanforderungen (von der Textseite her).

Ein Vergleich mit den Ergebnissen der generellen literaturästhetischen Perspektive macht deutlich, daß mit einer solchen Fassung von Verständlichkeit als Altersgemäßheit literarischer Texte für den in der Entwicklung begriffenen Leser die Assimilationsanforderung vermutlich überbewertet ist; denn sie scheint in dieser Konzeption nicht mehr sekundär (zusätzlich) zu sein, sondern zum primären Zielkriterium erhoben.

So ist es auch nicht verwunderlich, daß die neuere Literaturdidaktik gegen diese Gleichheits- oder Übereinstimmungskonzeption kritisch eingestellt ist. Vor allem Geissler hat (1962; 1966) darauf hingewiesen, daß darin eine Verabsolutierung der Identifikationsästhetik vorliegt. Verstehen wird als altersgemäßes Mit- und Nacherleben, abhängig von der eigenen Entwicklungsstufe, unterstellt (Geissler 1966, 208ff.). Wie schon aus dem (literatur-)ästhetischen Zweifaktormodell hervorgeht, ist das nur *eine* mögliche, und nicht einmal die primäre Funktion literarischer Rezeption: potentiell kritische, distanzierte etc. Rezeption, die eine Akkomodations-Funktion erfüllen kann, ist für die literarische Entwicklung als mindestens genau so relevant anzusehen (Geissler 1966, 213ff.). Ein ‚restloses' Verständnis literarischer Texte entspricht sowieso nicht deren (oben expliziertem) ästhetischem Status; und eine Einstellung des kindlichen bzw. jugendlichen Lesers auf eine solche vollständige Verständlichkeit literarischer Texte wäre gerade kein Beitrag zu seiner literarischen Entwicklung (vgl. Geissler 1962, 799ff.). Geissler zieht daraus programmatisch die Konsequenz, daß für die Zuordnung von Texten und Altersklassen des kindlichen bzw. jugendlichen Lesers eine ‚literarische Verfrühung' zu propagieren sei.

Begriffsbestimmung: Unter Verfrühung wird eine Antizipation, ein ‚Vorausgreifen', d. h. das „Herausfordern neuer, bis dahin noch nicht verwirklichter Leistungsmöglichkeiten" (Maier 1976, 134) verstanden. Diese Antizipation läßt sich auf sprachliche Merkmale des literarischen Textes wie auch auf den Textinhalt beziehen (Maier 1976, 128ff. und 136ff.; vgl. im einzelnen unten). Nun kann man dieses Antizipieren natürlich auch überziehen, so daß es nicht mehr pädagogisch-sinnvoll einen Anreiz zur Entwicklung darstellt, sondern nur noch eine Überforderung des sich entwickelnden Lesers; Weber nennt diese ‚pädagogisch illegitime Antizipation' Verfrühung (vgl. Maier 1976, 134), während für Geissler der Begriff der Verfrühung einen positiven Wert besitzt und also die pädagogisch legitime Antizipation bezeichnet. Um den positiven programmatischen Bewertungsaspekt des Begriffs Verfrühung zu bewahren, schließe ich mich zunächst der Begriffsverwendung von GEISS-LER an und kennzeichne die illegitime Antizipation als ,übermäßige, überzogene' (etc.) Verfrühung; letztendlich halte ich diese Unterschiede in der Begriffsverwendung von ,Verfrühung' nicht für besonders gravierend, da ich mit MAIER (1976) diesen Begriff durch das motivationspsychologische Konzept der ,Passung' ersetzen möchte (s. u.).

Das Ziel, das hinter diesem Programm der literarischen Verfrühung steht, ist, dem kindlichen bzw. jugendlichen Leser nicht die reale Welt vorzuenthalten, sondern ihn darauf vorzubereiten (GEISSLER 1962, 797). Der ,Glassturz', den das 19. Jahrhundert mit Hilfe von Kinder- und Jugendliteratur über den nicht erwachsenen Leser gestülpt hat, soll zerstört werden (BINDER 1970, 23); das gilt nicht nur für den Inhalt literarischer Texte, sondern auch für deren künstlerische Gestaltung, für die vor allem WOLGAST (1911) plädiert hat (vgl. BINDER 1970, 24). Damit ist auch schon die Gefahr angedeutet, in der die aktive *Adaption,* d. h. die Anpassung von literarischen Texten an die Interessen, Bedürfnisse, Erlebnisweisen, Kenntnisse etc. des noch nicht voll entwickelten Lesers steht: nämlich daß die Literatur auf diese Weise zu stark an das Kind oder den Jugendlichen angepaßt wird, so daß sie keinen Entwicklungsanreiz, auch nicht für die literarische Entwicklung, mehr darstellt (vgl. GLASER 1948, 3ff.). Nichtsdestotrotz gibt es natürlich eine Fülle solcher adaptierter Kinder- und Jugendliteratur. KLINGBERG unterscheidet in Nachfolge von BRÜGGE-MANN (1966) und DAHRENDORF (1967) dabei folgende Adaptionsformen:

stoffwählende / formwählende / stilwählende / medienwählende Adaption (KLINGBERG 1973, 92ff.).

Die *stoffwählende* Adaption richtet sich vor allem auf die fehlenden Kenntnisse und Erfahrungen, die Interessen und Bedürfnisse sowie Erlebnisweisen des kindlichen oder jugendlichen Lesers aus (KLING-BERG 1973, 94f.). Die Berücksichtigung fehlender Kenntnisse ist sicherlich legitim und sinnvoll, während die Einstellung auf bestimmte als kindlich oder jugendlich festgelegte Interessen, Bedürfnise und Erlebnisweisen am problematischsten ist, da sich diese nicht nur relativ schnell ändern können, sondern in Interaktion mit literarischen und nichtliterarischen Texten ja auch entwickeln sollen. Bei der *formwählenden* Adaption ist m. E. vor allem die eventuell noch eingeschränkte Fähigkeit des Lesers, „ein großes Ganzes zu überblicken" zu berücksichtigen; KLINGBERG gibt dafür z. B. als Mittel an:

‚1. eine geringere Anzahl von in ein und demselben literarischen Werk behandelten Themen und Problemen;

2. eine geringere Anzahl von Abweichungen von der Haupthandlung, u. a. eine geringere Anzahl von rückblickenden Darstellungen' (KLINGBERG 1973, 95).

Mit *stilwählender* Adaption ist bei KLINGBERG vor allem der sprachliche Ausdruck, d. h. also die formal-sprachliche Oberflächenstruktur der literarischen Texte gemeint. Eine Adaption in diesem Bereich zielt also eine Anpassung der sprachlichen Form in bezug auf die sprachliche Kompetenz der Leser bzw. Lesergruppen an.

Beispiel: KLINGBERG selbst hat z. B. verschiedene Autoren, die sowohl Erwachsenen- als auch Kinder- bzw. Jugendliteratur geschrieben haben, hinsichtlich der in diesen Literaturklassen benutzten Sprachform (unter Überprüfung von 15 verschiedenen Sprachvariablen) verglichen. Er kam dabei zu folgenden signifikant unterschiedlichen Charakteristika für Kinder- und Jugendbücher: ‚Verwendung kürzerer Sätze; verringerte Verwendung von schweren und abstrakten Wörtern; eine größere Anzahl von Verben; eine kleinere Anzahl von Substantiven; verringerte Verwendung der Bildersprache' (KLINGBERG 1973, 97). Abgesehen von der Einschränkung bildlicher Sprache werden sich vergleichbare Sprachmerkmale auch für die Lesbarkeit von Informationstexten als relevant erweisen (vgl. u. 2.).

Bei der *medienwählenden* Adaption ist vor allem die im Kinder- und Jugendbuch sehr viel häufigere Illustration zu nennen. Dabei konnte z. B. OTTO (1968) bei Bilderbüchern sichern, daß die Illustrationen in gewissen Grenzen die Kunstströmungen der Zeit mitmachen, allerdings z. B. nicht abstrakte, sondern immer gegenständliche Illustrationen gewählt wurden.

Diese Möglichkeiten der Adaption enthalten natürlich noch keine Regeln, welche Adaption bei welcher Lesergruppe z. B. zu verfolgen sei. So stellt auch KLINGBERG zunächst einmal nur Methoden zur Beschreibung vorhandener Adaptionsformen und -grade zusammen:

„1) Man vergleicht Stichproben aus Erwachsenen- bzw. Kinder- und Jugendliteraturtexten. …

2) Man vergleicht Stichproben aus Texten ungefähr gleichen Typs, die vom gleichen Autor zur ungefähr gleichen Zeit z. T. für Kinder und Jugendliche, z. T. für Erwachsene geschrieben wurden. …

3) Man untersucht, wie ein Bearbeiter vorgeht, wenn er einen Text, der ursprünglich nicht für junge Leser geschrieben wurde, zu einer Ausgabe für sie umarbeitet." (KLINGBERG 1973, 93f.).

Eine Bewertung bzw. konstruktive Anwendung solcher Adaptionen erfordert allerdings ein übergeordnetes motivationspsychologisches Prinzip; dazu eignet sich am besten das von HECKHAUSEN (z. B.

1972) entwickelte Konzept der ‚Passung‘ (vgl. auch MAIER 1976, 118ff.): Dieses Konzept ist im Rahmen der Leistungsmotivations-Forschung entwickelt worden und postuliert, daß Aufgaben, Probleme etc. für das Individuum einen mittleren Schwierigkeitsgrad haben müssen, um optimal zu motivieren. Denn mittelschwere Anreize ermöglichen ein Erfolgserlebnis und vermeiden, so weit möglich, Frustration und Mißerfolge, die bei zu schwierigen Aufgaben, Gegenständen etc. unvermeidlich sind. Überträgt man dieses Prinzip der ‚Passung‘ auf die Zuordnung von literarischen Texten und nicht-erwachsenen Lesern, so bedeutet das also, daß der literarische Text die aktuelle Verarbeitungsfähigkeit des kindlichen oder jugendlichen Lesers ruhig überschreiten kann und soll, allerdings nur in einholbarem Ausmaß. Dabei bleibt es sich gleich, ob das Prinzip der Passung für die Produktion spezifischer Kinder- und Jugendbücher, für die Bearbeitung klassischer Texte in Richtung auf einen nicht-erwachsenen Leserkreis oder aber einfach für die auswählende Zuordnung von vorhandenen Texten zu bestimmten Lesergruppen (nach Lesealter etc.) eingesetzt wird; am häufigsten und daher praktisch am bedeutsamsten dürfte allerdings der Fall sein, wo Eltern, Lehrer oder andere erziehende Bezugspersonen eine solche *Auswahl* von Lesestoffen für Kinder und Jugendliche nach dem Prinzip der Passung vorzunehmen versuchen. Natürlich liegt mit diesem Prinzip nur eine generelle Regel vor, die im Einzelfall hinsichtlich der Feststellung dessen auszufüllen ist, was für den nicht-erwachsenen Leser als entwicklungsbedingtes Leseinteresse, seine Verarbeitungsfähigkeit etc. anzusetzen ist. Hinweise darauf sind dem entwicklungspsychologischen Strang der Leserforschung, nämlich der Forschung zum Lesealter, zu entnehmen.

Exkurs: Die Lesealter-Forschung

Die Konzeption des Lesealters wird Charlotte BÜHLER zugeschrieben (Das Märchen und die Phantasie des Kindes, 1918; ⁴1977); sie besteht darin, daß eine bestimmte Literaturgattung aufgrund von Befragungen und statistischen Erhebungen als für ein jeweiliges Lebensalter vom Interesse her dominierend angesetzt wird. BÜHLER unterstellt dabei eine Strukturparallelität zwischen den Merkmalen der literarischen Texte und der Erlebnisweise der an diesen Texten interessierten kindlichen bzw. jugendlichen Lesergruppen; aufgrund dieser Voraussetzung schließt sie dann von den Texteigenarten auf die psychische Struktur der jeweiligen Entwicklungs‚stufe‘ der kindlichen Phantasie. Der Ansatz entspringt aus den Phasenlehren der klassi-

schen deutschen Entwicklungspsychologie und postuliert für die
Leseentwicklung der Heranwachsenden entsprechend ihrer kognitiven
und emotionalen Reifung eine bestimmte Phasenabfolge. Diese Abfolge umfaßt nach Bühler das Struwwelpeter-, Märchen-, Robinson-,
Helden- und das lyrische bzw. Romanalter:

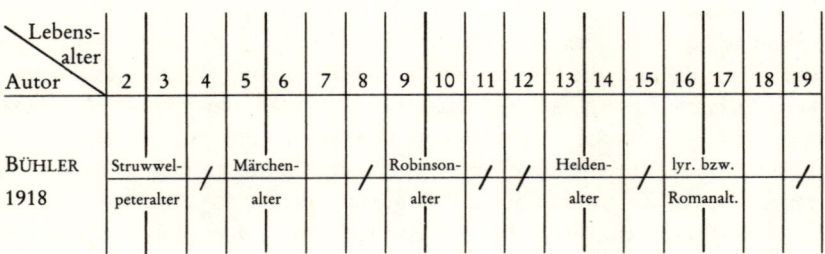

Abb. 19: Phasenabfolge des Lesealters nach Bühler

Der Lesealteransatz hat in dieser methodischen Form jahrzehnte-
lang den Kern der Psychologie des jungen Lesers dargestellt und
immer neue, modifizierte Entwürfe gezeitigt: z. B. durch Quast
(1923), Rumpf (1926), Hölder (1947; 1954), Schliebe-Lippert (1950),
Koch (1959), Krüger (1960), Dale (1965). Die empirische Überprüfung sowie die theoretische Gesamtentwicklung der Entwicklungspsychologie haben jedoch zu einer Veränderung der zentralen Annahmen
geführt; dabei hat sich die methodologische und inhaltliche Kritik
(vgl. Beinlich 1973, 173ff.; Dahrendorf 1975, 220ff.; Klingberg
1973, 164ff.; Maier 1973, 265ff.) auf folgende Argumente konzentriert:

1. Die gesamte Phasenkonzeption mit der Vorstellung von psychologisch notwendig ablaufenden (interindividuell homogenen) Entwick-
lungsstufen basiert auf der Annahme, daß die genetische Dynamik der
Reifung für die Entwicklung größeres Gewicht hat als der Umwelt-
einfluß; diese nativistische Grundannahme ist im Laufe der entwicklungspsychologischen Forschung immer mehr zurückgedrängt worden.

2. Heute geht man von einem erheblichen Gewicht der Umwelt-
einflüsse und damit einer größeren Bedeutung des Lernens im Vergleich zur Reifung aus; das hat sich vor allem auch für die Entwicklung im sprachlichen Bereich (Entwicklungs-Psycholinguistik und
Soziolinguistik) überzeugend zeigen lassen.

3. Folgerichtig sind auch interindividuelle Unterschiede in der Entwicklung wie in der Interessenlage, die von der Lesealterkonzeption vernachlässigt wurden, psychologisch bedeutsam und unbedingt zu berücksichtigen.

4. Unter dem Aspekt des Lernens ist auch die (soziale) Genese von Interessen, Entwicklungsunterschieden und -abfolgen zu thematisieren; unter diesem Aspekt ist die Lesealterabfolge z. T. als Indikator für eine historisch-epochale Kultur- und Lese-Sozialisation aufzufassen und weniger als ein zeitloser anthropologischer Tatbestand.

Daraus folgt, daß die Phasenabfolge von Lesealtern heute höchstens noch als eine heuristische Rahmenkonstruktion angesehen werden kann, die erst in Verbindung mit differential- und sozialpsychologischen Aspekten Hinweise für die Zuordnung von Lesestoffen zu Lesergruppen oder sogar individuellen nicht-erwachsenen Lesern gemäß ihrem Entwicklungsstand geben kann.

Beispiel: Man kann den „offenen Entwurf" von BEINLICH (1965; 1973; 1980; vgl. Abb. 20) als den Versuch einer solchen Rahmenheuristik ansehen, die allerdings noch weitgehend idealtypisch und ohne angemessene Berücksichtigung der Sozialisationsperspektive verfährt (vgl. DAHRENDORF 1975, 196).

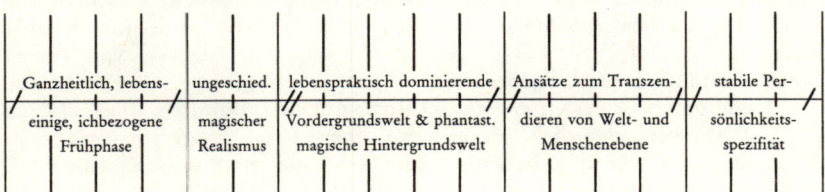

Abb. 20: Offener Entwurf zum Lesealter von BEINLICH

Die Lesealterforschung ist also nicht in der Lage, für den konkreten kindlichen oder jugendlichen Leser die jeweils adäquate oder optimale Literatur anzugeben. Andererseits gibt es natürlich so etwas wie eine Entwicklung der Leseinteressen und Verarbeitungsmöglichkeiten im Laufe der verschiedenen Lebensalter, so daß es auch nicht gerechtfertigt ist, den Lesealter-Ansatz wegen seiner zweifellos vorhandenen Beschränkungen gleich gänzlich aufzugeben. Worauf es ankommt, ist die richtige Anwendung dieses Ansatzes: diese besteht darin, daß man die verschiedenen Lesealter als Rahmenbedingungen heuristisch nutzt, auf deren Hintergrund sich mit Hilfe des Prinzips der Passung eine bestimmte zuordnende Auswahl von literarischen Texten für den konkreten Einzelfall ableiten läßt. Dabei sind neben dem sog. Lesealter also auch Informationen über die Lesefertigkeit, das Entwicklungsniveau etc. des jeweiligen kindlichen bzw. jugendlichen Lesers zu berücksichtigen (vgl. Huus 1968).

Beispiele: Als bedenkenswerte Aspekte werden dabei in der einschlägigen Literatur z. B. die folgenden genannt:
– In bezug auf die sprachliche Gestaltung ist zwar von einer möglichst großen Klarheit und Gegliedertheit (s. o. und z. B. schon Molesworth 1893; Pfeffer 1970, 1042ff.), nicht jedoch unbedingt von übermäßiger Einfachheit auszugehen: denn die passive Sprachkompetenz (sprachliche Verstehensfähigkeit) ist in der Regel gerade beim Kind erheblich größer als die aktive sprachliche Ausdrucksfähigkeit; die passive eilt dieser voraus (vgl. z. B. Grimm 1977; Maier 1973, 133).
– Gerade beim Thema, Inhalt oder Stoff der literarischen Texte ist in der Regel der unmittelbare Anknüpfungspunkt für das Leseinteresse des kindlichen bzw. jugendlichen Lesers zu sehen, das unter den generellen Zielen des ‚Aufhellens der eigenen Lebenswelt und Erschließens von Lebensmöglichkeiten‘ (Pfeffer 1970, 1045) subsumiert werden kann; doch ist wegen der Entwicklungsfähigkeit der Leser besonders auf diesen Inhaltsbereich eine zu starke Festlegung oder Festschreibung möglichst zu vermeiden (Maier 1973, 136ff.; Pfeffer 1970, 1046).
– Hinsichtlich der Komposition oder Handlung ist von Bamberger (1958) eine Reihung von unterschiedlichen Handlungsformen vorgelegt worden, nämlich Kettenhandlung, Rahmenhandlung, Doppelhandlung, verschlungene Handlung, die als zunehmend komplex und schwierig angesehen werden kann (vgl. Pfeffer 1970, 1044f.) und so Hinweise zur Auswahl von Texten für bestimmte Lebensalter geben kann.
– Diese und weitere Kriterien wie Gattung, äußere Form etc. (vgl. Pfeffer 1970, 1053) sind natürlich für einzelne literarische Kategorien (wie z. B. Bilderbücher, Comics, Märchen, Abenteuerbücher etc.) unterschiedlich zu gewichten: Hinweise und Anregungen dazu geben z. B. Erl & Erl (1973).

Eine zuordnende Auswahl einzelner literarischer Texte zu bestimmten Lesergruppen oder sogar einzelnen Lesern nach dem Prinzip der Passung und den aufgeführten Regeln ist auf diese Weise natürlich nur dem literaturdidaktischen Experten möglich. Für den Laien sind daher, besonders in Amerika, ausführliche, kommentierte Bücherverzeichnisse hergestellt worden, die Vorschläge für eine solche Auswahl von literarischen Texten für bestimmte Altersstufen machen. Nur außerordentlich selten werden diese Vorschläge auch empirisch hinsichtlich ihrer Brauchbarkeit überprüft; wenn ein solches empirisches ‚Grading‘ vorgenommen wird, dann mit Hilfe der oben (1.2.) dargestellten Methode der cloze procedure (vgl. z. B. Heatlie & Ramsay 1971; Moyle 1971). In der Regel basieren diese Bücherverzeichnisse jedoch auf hermeneutischen Textanalysen und praktisch-pädagogischer Erfahrung mit diesen Büchern und kindlichen bzw. jugendlichen Lesern. In Amerika gibt es eine Fülle solcher

Verzeichnisse, mit unterschiedlichsten Differenzierungsgraden und Zielsetzungen: so beschränkt sich z. B. LEWIS (1977) auf ‚Fantasy books for children‘; das Standardwerk von ARBUTHNOT & SUTHER-LAND (1972) gruppiert die Bücher in einzelnen Kapiteln wechselnd: z. B. nach dem Inhalt, nach dem Typ des Realitätsbezugs (realistische vs. phantastische Geschichten), nach dem Genre (Biographien etc.) usw. (vgl. ARBUTHNOT & SUTHERLAND 1972, 34ff.). GILLESPIE & LEMBO (1970) geben sogar eine problemorientierte Bücherliste, d. h. wählen nach bestimmten für den nicht-erwachsenen Leser wichtigen Lebensproblemen aus: z. B. ‚mit der Familie zurechtkommen‘ (getting along in the family), ‚Freunde machen‘ (making friends), ‚die lebende Kreatur respektieren‘ (respecting living creatures) ... ‚abstrakt denken lernen‘ (learning to think abstractly).

Im deutschen Sprachraum sind solche Vorschlagslisten von wissenschaftlicher Seite her sehr viel seltener. Ein Beispiel für eine stark popularisierte Version stellt SCHÖNFELDT (1971) dar. Mit literaturwissenschaftlicher und -didaktischer Fundierung hat sich vor allem BAMBERGER in diesem anwendungsorientierten Bereich seit Jahrzehnten engagiert. So hat er z. B. schon 1960 einen ‚Leseplan für die 8 Stufen der Pflichtschule‘ vorgeschlagen.

Beispiel: Dabei sieht er für das 6. Schuljahr vor „Die Heldensagen nach landschaftlichen und historischen Kreisen (LECHNER ‚Herr Dietrich reitet‘), die Volksbücher in guter Bearbeitung (‚Herzog Ernst‘), Sagen um Operngestalten: Lohengrin, Parzival, Freischütz u. a. (in Verbindung mit Radio und Fernsehen!). Balladen, besonders historische, Volkssagen und schwierige Märchen aller Art. Erste Bekanntschaft mit größeren Novellen, wie Stifter's ‚Bergkristall‘, Keller's ‚Spiegel, das Kätzchen‘, die der Lehrer erzählt und z. T. vorliest. ...“ (BAMBERGER 1960, 71)

So problematisch solche Listen auch, besonders aus der historischen Distanz, erscheinen, für die Alltagsarbeit der Lehrer und Eltern sind sie notwendig und verdienstvoll. So gibt das von BAMBERGER geleitete ‚Internationale Institut für Kinder-, Jugend- und Volksliteratur‘ auch ein Jugendbuchverzeichnis von 1000 deutschsprachigen Jugendbüchern und ca. 500 Übersetzungen aus allen Weltsprachen heraus (vgl. BAMBERGER 1967, 7f.). Wichtiger noch erscheint mir die jährliche Auswahlliste des Buchclubs im gleichen Institut, die mit Kurzcharakteristiken von rund 200 Titeln auch ein ‚Ratgeber‘ für den jugendlichen Leser selbst sein will (vgl. BINDER 1970, 32ff.); denn letztes und wichtigstes Ziel der ‚Passung‘ literarischer Texte und in Entwicklung befindlicher Leser dürfte es sein, den jugendlichen Leser selbst zur kompetenten Auswahl der ihn interessierenden und weiterbringenden Literatur zu befähigen.

1.3. Das Sachbuch als Übergang zwischen literarischen und Informations-Texten

Das für Kinder und Jugendliche geschriebene Sachbuch ist nicht völlig mit den normalen Informationstexten für den erwachsenen Leser gleichzusetzen, da es einen fließenden Übergang zwischen literarischen und nichtliterarischen Texten darstellt.

Definition: AUBÖCK definiert in Nachfolge von DODERER diesen fließenden Übergang, den das Sachbuch einnimmt, folgendermaßen: Es „verarbeitet einen wissenschaftlichen Stoff in dichterischer Darstellungsweise aus belehrender Absicht zum Vergnügen des Lesers." (1963, 296)

Diese Verbindung von literarischer Darstellung und wissenschaftlichem Stoff, die das Verständnis gerade des kindlichen bzw. jugendlichen Lesers anzielt, verfolgt das Sachbuch auf allen möglichen wissenschaftlichen Gebieten (Natur-, Sozial-, Kultur- und Geisteswissenschaften; vgl. DODERER o. J., 23) wie auch für Freizeitprobleme etc. (Spiele, Hobbies, Ferien usw.; vgl. GEORGIOU 1969, 415). Bei dem so definierten Sachbuch soll gerade die literarische Darstellungstechnik das ‚trockene' wissenschaftliche Wissen für den noch nicht erwachsenen Leser rezipierbar und d. h.: die wissenschaftlichen Inhalte verständlich machen.

KÜNNEMANN gibt als ‚erklärtes Ziel' dieser Misch- und Übergangsform an: „Wissenschaft und Technik zu humanisieren, d. h., auch die kompliziertesten Zusammenhänge einsichtig zu machen." (1974, 103) Als klassische Beispiele dieses erst im 20. Jahrhundert entwickelten Textgenres führt er an: ‚Mikrobenjäger (Paul de KRUIF), Anilin (SCHENZINGER), 6000 Jahre Brot, Sage und Siegeszug des Kaffees (JAKOBS), Die eisernen Engel (Walter KIAULEHN), Mit dem Fahrstuhl in die Römerzeit (PÖRTNER), Ich suchte Adam, Auf Noahs Spuren (Herbert WENDT), Und die Bibel hat doch recht (KELLER), sowie: Götter, Gräber und Gelehrte (CERAM-MAREK).' (KÜNNEMANN 1974, 105)

Für diese ‚Humanisierung' der Wissensinhalte in Richtung auf eine stärkere Erlebnishaftigkeit werden im Prinzip alle möglichen literarischen Techniken der Darstellung angewandt; so hat z. B. AUBÖCK (1963) im einzelnen untersucht und dargestellt: Bericht, Beschreibung, Schilderung, Erzählung, dialoghafte Handlung, Darstellungsform des Romans, der Novelle, der Biographie etc. Auf der Grundlage dieser literarischen Techniken werden dann z. T. verschiedene Formtypen des Sachbuchs unterschieden: so z. B. bei AUBÖCK das beschreibende, berichtende, erzählende und erlebnishaft gestaltete Sachbuch (1963, 302). Relativ allgemein durchgesetzt hat sich jedoch nur die etwas gröbere Unterscheidung in ein erlebnishaft vs. sachlich gestaltetes Sachbuch (vgl. Doderer o. J., 26ff.; Maier 1973, 170ff.). Dabei wird dem erlebnishaft gestalteten Sachbuch ein eher emotional bestimmter *Erzählstil* zugeordnet, der eine Teilnahme des Lesers an den dargestellten Vorgängen anzielt. Sachlich gestaltet wird ein Sachbuch dann genannt, wenn ein eher nüchtern darstellender *Referatstil* vorliegt, der den Übergang zum Fachbuch schlägt (vgl. Doderer o. c.; Maier o. c.).

Das hinter dem Konzept des Sachbuchs stehende Programm der Verständlichkeitsoptimierung von Informationstexten für kindliche und jugendliche Leser läßt sich insgesamt in den von Doderer (o. J., 35) formulierten Regeln zusammenfassen:

„1. Das Sachbuch muß sachlich richtig sein.
  2. Das Sachbuch darf das zu vermittelnde Wissen nicht ungestaltet anhäufen, sondern muß es auswählen und durch die Form der Darstellung akzentuieren.
  3. Die Form des Sachbuches ist bestimmt durch das erzählerische Nacheinander. Damit unterscheiden sich Sachbuch einerseits und andererseits Lehrbuch und wissenschaftliche Arbeit voneinander.
  4. Der Leser des Sachbuchs muß die Möglichkeit haben, nicht nur Ergebnisse vorgesetzt zu bekommen, sondern an dem Zustandekommen der Ergebnisse sich retrospektiv beteiligen zu können.
  5. Dazu sind nicht nur die Formen der Epik wie Erzählung, Reportage, Abenteuergeschichte usw. geeignet und nötig, sondern auch eine Sprache, die klar und einfach und dem Laien verständlich ist. Es gilt, Abstraktionen in Anschauung umzusetzen.
  6. Das Sachbuch soll durch alle sachliche Vermittlung hindurch erkennen lassen, daß der Mensch der eigentliche Bezugspunkt ist." (vgl. für den amerikanischen Bereich auch die Kriterienauflistung bei Arbuthnot 1969, 282ff.; Georgiou 1969, 423ff.)

Die Wirksamkeit dieser Maximen ist leider empirisch praktisch völlig ungeprüft; es liegt ihnen die Vermutung zugrunde, „daß die Form des erlebnishaft gestalteten Sachbuchs desto unabdingbarer ist, je jünger die Leser sind" (Doderer o. J., 33). Das Sachbuch versucht also, den kindlichen bzw. jugendlichen Leser über die literarische Darstellungstechnik zu interessieren, um auf diese Art und Weise eine Wissensstruktur zu vermitteln; d. h.: die Wissensstruktur als solche wird für nicht genügend motivierend gehalten, so daß sie durch die genannten auf Unterhaltung ausgerichteten Darstellungsprinzipien motivierend gemacht werden soll. Darin liegen nun allerdings, wie die ideologiekritische Literaturdidaktik klarmacht, auch Gefahren: So kann es sein, daß mit diesen auf Unterhaltung ausgerichteten literarischen Darstellungstechniken eine Rezeptionshaltung ausgelöst und eingeübt wird, die gerade die Verarbeitung von Informationen, zumal anstrengenden oder verunsichernden, beeinträchtigt oder auf die Dauer sogar verhindert (vgl. HUSSONG 1974, 383; ROGGE 1980, 147). HUSSONG kritisiert an den literarischen Aufarbeitungstechniken auch, daß sie z. B. den Wissenschaftler als Ausnahmefigur zum Helden stilisieren und so ein Bedürfnis des Lesers nach beruhigenden, abschließenden Antworten, ‚für die die wissenschaftliche Autorität herhalten muß‘, verstärken (o. c., 384). Insgesamt aber ist die Forschungslage hier so unklar, daß man (mit HUSSONG 1974, 387) nur empirische Untersuchungen zur Klärung der verschiedenen möglichen Wirkungseffekte des Sachbuchs (besonders des erlebnishaft gestalteten Sachbuchs) fordern kann. Sicherlich ist für das Sachbuch für Kinder und Jugendliche als Übergang zwischen literarischen und Informationstexten die Verständlichkeit und ihre Optimierung durch literarische Techniken ein zentrales Merkmal; die Art dieser Verständlichkeit und ihre potentielle kognitive und emotionale Wirkung aber können noch keineswegs als geklärt gelten. Immerhin kann man als eine grundsätzliche Hypothese aus den Erfahrungen mit Sachbuchliteratur ableiten, daß es eine Gegenläufigkeit von kognitiven Effekten (Wissensstruktur etc.) und motivationalen Wirkungen (Interesse etc.) geben kann; auf diese potentielle Gegenläufigkeit von kognitiven und motivationalen Aspekten wird auch bei der Betrachtung der Verständlichkeit in Informationstexten ohne literarische Darstellungstechniken zu achten sein.

Bei schwierigeren wissenschaftlichen Inhalten gilt diese Konzeption das Sachbuchs bzw. der Sachliteratur (vgl. RADLER & DIEDERICHS 1978; KREUZER 1980b) auch generell für deren Popularisierung, d. h. Verbreitung beim erwachsenen Leser (also nicht nur beim kindlichen oder jugendlichen Leser). Die Charakteristika des Sachbuchs für den erwachsenen Laien sind im Prinzip analog zu denen des Sachbuchs für Kinder und Jugendliche: wie z. B. ‚höhere Redundanz, emotional getönte und anschauliche Sprache …, dynamisierende Elemente und Vermenschlichung‘ (PÖRKSEN 1980, 33). So zeigt z. B. eine Analyse der allgemeinverständlichen Darstellung der Relativitätstheorie, die EINSTEIN selbst vorgelegt hat (1916), daß dieser hier ein Prinzip anwendet, das auch im Sachbuch für Kinder und Jugendliche praktisch durchwegs eingesetzt wird: nämlich die logische Struktur der Theorie und ihrer Begründung in eine „chronologische und manchmal nur psychologische Abfolge“ umzusetzen (vgl. WETZELS 1980, 18f.). Eine solche historisch-genetische Darstellung einer Theorie durch den Autor dieser Theorie selbst erhält für den Leser besonderes Gewicht, da dieser Autor die Genese, auch die psychische Abfolge der Ideen,

besser als jeder andere kennen muß; hinzu kommt bei EINSTEIN, wie
WETZELS (1980, 21f.) nachweist, ein besonders kompetentes Einsetzen
des Gedankenexperiments als Popularisierungsmittel. Man kann aufgrund dieses und anderer Beispiele (vgl. KREUZER 1980a) feststellen,
daß die Popularisierung wissenschaftlicher Erkenntnisse für eine brei-
tere Leserschicht von erwachsenen Laien genau wie das Sachbuch für
Kinder und Jugendliche vor allem die kommunikativ wirkenden
Merkmale und Funktionen sprachlicher Darstellung stärkt und einsetzt (vgl. PÖRKSEN 1980).

PÖRKSEN zieht diese verallgemeinernde Konsequenz, nachdem er basierend
auf BÜHLER und KAINZ acht Basisfunktionen der Sprache unterschieden hat
(1980, 34ff.): 1. die Funktion der Darstellung und Unterscheidung; 2. Funktion der Gliederung; 3. Funktion der Metasprache – der Verständigung über
den Sprachgebrauch; 4. die Funktion der fragenden und hypothetischen
Erweiterung des gegebenen Horizonts; 5. die Kontaktfunktion; 6. die Aus-
druckfunktion; 7. Appellfunktion; 8. poetische Funktion. Nach Einordnung
der bekannten sprachlichen Merkmale von Sachliteratur kommt er dann zu
der Schlußfolgerung: „Die vier vorwiegend kommunikativen, empfänger-
orientierten Funktionen – Kontakt, Ausdruck und Appell, ‚poetische‘ Form –
gewinnen an Bedeutung und die typisch wissenschaftlichen werden kommunikativ gehandhabt." (PÖRKSEN 1980, 41)

Wenn auch die Beschreibung der Merkmale und Darstellungsmittel
von Sachbuch-Literatur eindeutig und einheitlich ist, so ergeben sich
für die Bewertung dieser Darstellungsweisen doch auch – wie beim
Sachbuch für Kinder und Jugendliche – Kritikansätze: so hält z. B.
FRANKE alle Methoden außer der Visualisierung, also z. B. die Histo-
risierung, die Einbettung in fiktive Rahmenhandlungen etc., für
‚Sackgassen‘ (1980, 47): und zwar weil sie vom eigentlichen Sachwis-
sen ablenken und gerade die zentrale Aufgabe des Sachbuchs nicht
erfüllen können: „die Überwindung der Verständnisschranke" (o. c.,
48). Auch beim Sachbuch für den erwachsenen Leser ist also mit
großer Wahrscheinlichkeit von der oben angeführten Gegenläufigkeit
von kognitiven Effekten und motivationalen Wirkungen auszugehen;
und wenn man als Ziel der Sachliteratur die Popularisierung von
Wissen ansetzt, dann ist natürlich auch darauf zu achten, daß nicht
die Popularisierungstechniken quantitativ und qualitativ übermächtig
werden und so die Wissensvermittlung einschränken oder de facto
unmöglich machen. Die Bewertung, daß die Popularisierungstechniken in der bisherigen Sachbuchproduktion z. T. zum Selbstzweck
(einer weiten Verbreitung des jeweiligen Werks) geworden sind, liegt
auch den Anforderungen zugrunde, die HARIG (1980, 103) an eine
künftige Sachbuchliteratur stellt und die den Pol der Wissensvermitt-

lung gegenüber den Darstellungsmitteln wieder stärker zu gewichten versuchen:

„– Sachlich richtige, fundierte und wissenschaftlich abgesicherte Informationen;

– eine möglichst große Annäherung an den neuesten Stand der wissenschaftlichen Forschung und Diskussion; das setzt eine hinreichende Kompetenz des Autors auf dem betreffenden Sachgebiet voraus;

– eine repräsentative, nicht willkürliche, am Erfolg und Sensationsgehalt des Stoffes orientierte Auswahl und eine Sachdarstellung, die über konkrete Erscheinungen und interessante Details hinweg auf größere Zusammenhänge verweist;

– mehr Offenheit in der Darlegung der Auswahlprinzipien, der Herkunft des Materials und seines Stellenwertes, so daß dem Leser eine Überprüfung des Wahrheitsgehalts der betreffenden Veröffentlichung möglich ist;

– eine durchschaubare, übersichtliche Struktur des Werks, bzw. eine Konzeption nach erkennbaren Kompositionsprinzipien;

– eine unterhaltsame, farbige Darstellung, die letzten Endes voraussetzt, daß der Verfasser über ein gewisses Erzähltalent verfügt und die Sachdarstellung mit einer gelockerten, spannenden oder amüsanten Erzählweise verbinden kann."

Auch dieser präskriptive Entwurf für eine zukünftige Sachbuchproduktion spiegelt (am Beispiel der Sachliteratur) die Spannung wieder, die dem Konzept der Textverständlichkeit zwischen den beiden Polen der Wissensvermittlung und der motivationalen Attraktivität innewohnt.

Zusammenfassung in Fragen:

– Welche Befunde sprechen für die These von der Struktur-Divergenz von moderner und klassischer Ästhetik?

– Welche Funktion hat die Literatur im Sinne des ‚Oppositionsmodells' der literarischen Sprache?

– Was spricht gegen eine Verabsolutierung des Oppositionsmodells?

– Inwiefern legt die empirisch-experimentelle Ästhetik eher ein Zwei-Faktoren-Modell des ästhetischen Wertes nahe?

– Welchen unterschiedlichen Stellenwert hat die Assimilierbarkeit eines Textes hinsichtlich literarischer vs. nichtliterarischer Texte?

– Was spricht dagegen, sich bei der Herstellung oder Auswahl literarischer Texte für Kinder und Jugendliche zu sehr am Ziel der Assimilierbarkeit zu orientieren?

– Welches Ziel steht hinter der Forderung nach ‚literarischer Verfrühung' für Kinder- und Jugendliteratur?

– In welchen Formen kann sich die Adaption von Kinder- und Jugendliteratur äußern?

– Was folgt aus dem motivationspsychologischen Konzept der ‚Passung' für die Zuordnung von literarischen Texten und nicht-erwachsenen Lesern?

– Welchen Wert haben heute die Phasentheorien zum Lesealter?

– Welches sind die Vor- und Nachteile von Vorschlagslisten für Kinder- und Jugendliteratur?

– Worin bestehen die Besonderheiten des für Kinder und Jugendliche geschriebenen Sachbuches?

– Was läßt sich gegen die literarische Darstellungstechnik der Sachbücher für Kinder und Jugendliche einwenden?

– Wodurch zeichnet sich die Darstellungsweise in Sachbüchern für Erwachsene aus?

– Inwiefern scheint eine zu starke ‚Popularisierung' bei Sachbüchern nachteilig?

– Wie sollte (nach HARIG) ein guter Sachbuchtext beschaffen sein?

B. Informationstexte

2. Lesbarkeitsforschung

Im Bereich der Texte, die vor allem Informationen übermitteln wollen, ist ‚Verständlichkeit' das zentrale Zielkriterium für deren Beurteilung und Gestaltung (s. o. 0.): Wie skizziert, setzt ihre Erfassung den Rückgang auf das jeweilige Textverständnis konkreter Leser voraus; d. h., daß auch die einzelnen Merkmale, auf denen die Verständlichkeit des Textes beruht, möglichst direkt auf die Rezeption des Textes durch den Leser bezogen sein sollen. Nun gibt es aber auch die Möglichkeit, solche Merkmale ohne die Voraussetzung einer in sich kohärenten Rezeption möglichst objektiv, quasi von außen, festzustellen, indem man sich auf bestimmte Aspekte der sprachlichen Oberflächenstruktur konzentriert. Dazu gehören z. B. grammatikalische Kategorisierungen von Wortarten (Substantive, Verben, Adjektive, Adverbien etc.), die sich als ‚material-objektive' Textmerkmale bezeichnen lassen (vgl. GROEBEN 1980, 77): Kategorisierung und Klassifikation solcher material-objektiver Merkmale sind auf die materiale Zeichendimension des Textes ausgerichtet und führen aufgrund assoziativer oder anderer Universalien zu intersubjektiv übereinstimmenden Ergebnissen, ohne daß der Rückgriff auf einen vollständigen, in sich kohärenten Textsinn erforderlich ist. Dieser Ansatz für die Beschreibung von Textmerkmalen wird von der sog. Lesbarkeitsforschung (englisch: ‚readability') verfolgt und ist als Vorstufe zur eigentlichen Verständlichkeitsforschung anzusehen. Die Lesbarkeit eines Textes thematisiert also vor allem jene Merkmale der sprachlichen Oberflächenstruktur, die zur Leichtigkeit und Schnelligkeit des Textverstehens im Sinne der Identifizierung der ‚Wort-für-Wort-Bedeutung‘ (‚literal meaning‘) beitragen (vgl. GILLILAND 1968, 25). Als Vorstufe für diese Lesbarkeitsforschung ist wiederum die Thematisierung der graphischen, vor allem typographischen, Merkmale gedruckter Texte anzusetzen. Bei manchen Forschern wird auch dieser Aspekt unter dem Konzept der Lesbarkeit subsumiert; da er allerdings noch mehr als die beschriebene Perspektive der Lesbarkeit sich von dem auf die Textbedeutung ausgerichteten Konzept der Verständlichkeit entfernt, möchte ich diese Behandlung typographischer Aspekte von Texten mit BAMBERGER (et al. 1972, 113) als ‚Leserlichkeit‘ (im Englischen ‚legibility‘) klassifizieren. Die Leserlichkeit stellt dann einen Teilaspekt und zugleich eine Vorstufe zur Lesbarkeit dar, die Lesbarkeit wiederum einen Teilaspekt und eine Vorstufe zur Verständlichkeit von Informationstexten.

Leserlichkeit von Informationstexten

Die Forschung zur Leserlichkeit von Texten hat sich vor allem auf folgende Aspekte der graphischen und typographischen Textgestaltung konzentriert (vgl. BAMBERGER et al. 1972, 115, s. auch MOYLE 1971, 155; ZACHRISSON 1965):

‚1. Drucktype: Form, Breite, Höhe, Stärke etc.;
2. Zeilenlänge: Langzeile, Halbzeile;
3. Zeilenabstand: Durchschuß in ‚Punkten‘;
4. Farbe und Kontrast;
5. Druckanordnung: Wortgruppierung, Randgestaltung, Spaltendistanz, Satzanordnung;
6. Entfernung oder Größe;
7. Beleuchtung und Papierbeschaffenheit.‘

Um die empirisch experimentelle Identifizierung optimaler Gestaltungsmerkmale in diesen sieben Dimensionen hat sich vor allem TINKER (1963; 1965; 1966) bemüht. Er hat dabei die unterschiedlichen Textgestaltungen mit Hilfe folgender Kriteriumsvariablen überprüft (vgl. BAMBERGER et al. 1972, 114f.):

1. Wahrnehmungsgeschwindigkeit (tachistokopische Methode): Minimalzeit, die für das Erkennen einzelner Buchstaben notwendig ist;
2. Entfernungsschwellenwert der Wahrnehmung: Maximaldistanz, bis zu der das Erkennen einzelner Buchstaben möglich ist;
3. Erkennbarkeit im peripheren Lesefeld: bei seitlich erscheinenden Zeichen;

4. Visability meter: Herstellung des minimalen Helligkeitszustandes, bei dem dargebotene Zeichen erkannt werden können;
5. Focal variator-Methode: Herstellung einer minimalen Schärfe, von der ab dargebotene Zeichen erkannt werden können;
6. Lesegeschwindigkeit: Wörter pro Minute (wpm).

Die wichtigsten, anhand dieser Überprüfungsmethoden gesicherten Ergebnisse der typographischen Textgestaltung sind (vgl. BAMBERGER et al. 1972, 116ff.; BURNHILL & HARDLEY 1972, 66f.; CARMICHAEL & DEARBORN 1947, 101–124; MRAZEK 1979, 32–36; HOFER 1972; für Kinder: WATTS & NISBETH 1974):
– Eingeführte Drucktypen sind in der Regel gleich gut leserlich;
– Fett- und Halbfettdruck erhöht die Erkennbarkeit der einzelnen Zeichen, verbessert nicht die Lesegeschwindigkeit, wird von Lesern z. T. als unangenehm empfunden;
– Kursivdruck beeinträchtigt z. T. die Lesegeschwindigkeit, wird von Lesern z. T. nicht als angenehm empfunden;
– ausschließliche Verwendung von Großbuchstaben reduziert einheitlich die Lesegeschwindigkeit (um ca. 12%);
– die Buchstabengröße von 11 Punkt ist am günstigsten, unter 10 und über 12 Punkt wird die Lesegeschwindigkeit beeinträchtigt;
– für den Zeilenabstand (Durchschuß) hat TINKER sog. ‚Sicherheitszonen' aufgestellt, die m. W. von der druckherstellenden Industrie weitgehend erfüllt werden;
– zu lange Zeilen erhöhen die Anzahl der Blickregressionen, zu kurze die Anzahl der Fixationspausen, beide werden außerdem vom Leser als unangenehm empfunden.

2.1. Lesbarkeitsformeln

Die eigentliche Lesbarkeitsforschung beginnt nach KLARE, der 1963 in einem Standardwerk (‚The measurement of readability') einen Überblick über die Lesbarkeitsforschung gegeben hat, mit THORNDIKE 1921: Dieser stellte eine Liste der häufigsten in gedrucktem Material vorkommenden Worte auf (The Teacher's Wordbook), wobei er davon ausging, daß ein Text umso einfacher zu lesen ist, je mehr er häufige und damit bekannte Worte verwendet. Die darauf aufbauende Lesbarkeitsforschung hat vor allem versucht, sog. Lesbarkeitsformeln zu erstellen. Dabei geht sie relativ einheitlich von folgender Methodik aus, die man anschaulich als ‚Fischernetz'-Ansatz kennzeichnen kann:

Es werden eine Fülle von objektiv feststell- und auszählbaren Textmerkmalen untersucht, indem sie mit bestimmten Kriterienvariablen (wie Lesegeschwindigkeit etc.) statistisch in Verbindung gebracht werden; diese statistische Verbindung besteht zunächst in der Berechnung einer Korrelation, sodann bei entsprechend hohen Korrelationskoeffizienten in der Berechnung einer Regressionsformel, die für die empirisch wichtigsten Variablen die funktionale Relation zu dem Index der Lesbarkeit angibt. In einer solchen Lesbarkeitsformel sind also die sprachlichen Textmerkmale die Prädiktor- (Voraussage-)Variablen für die (Ziel-)Kriteriumsvariable der Lesbarkeit. Nach GILLILAND (1971, 150) sind im Laufe der Lesbarkeitsforschung insgesamt 150 unterschiedliche linguistische Variablen als Prädiktorvariablen untersucht worden (von denen sich aber übereinstimmend nur einige als empirisch bedeutsam erwiesen haben; s. u.). Zur Operationalisierung der Lesbarkeit wurden nach KLARE (1963, 35f., 154ff.) vor allem folgende Kriteriumsvariablen einbezogen:

– Experten-Ratings (Einschätzungen z. B. durch Lehrer etc.) hinsichtlich der Textschwierigkeit;
– Lesegeschwindigkeit (Wörter pro Minute: das häufigste zur Validierung der Lesbarkeitsformeln angesetzte Kriterium);
– Verständnistests (vor allem in der neueren Forschung zu den Lesbarkeitsformeln: durchwegs in Anwendung der cloze procedure; s. o. I.2.);
– sowie die Lesbarkeits-Scores früherer, schon validierter Lesbarkeitsformeln.

Die wichtigen Prädiktorvariablen sind am besten aus den erfolgreichen Lesbarkeitsformeln abzulesen. KLARE gibt 1963 insgesamt eine Übersicht über 31 Formeln und Formelvarianten (o. c., 75–80), von denen er die folgenden, unter verschiedenen Aspekten als besonders brauchbar bzw. erfolgreich bewertet:

1. Als präziseste Formel bezeichnet er die Dale-Chall-Formel von 1948 (KLARE 1963, 22); sie lautet: $Xc_{50} = 0{,}1579\,X_1 + 0{,}0496\,X_2 + 3{,}6365$
   Xc_{50} ist der ‚Reading Grade‘ eines Schülers, der die Hälfte einer Serie von Testfragen über einen Text korrekt beantworten kann; X_1 ist die relative Anzahl von Worten, die nicht in der Liste der 3000 häufigsten Worte nach DALE enthalten sind; X_2 ist die durchschnittliche Satzlänge (in Worten) (vgl. DALE & CHALL 1948; KLARE 1963, 60, 78; GILLILAND 1971, 151).
2. Die bekannteste und am häufigsten angewandte Formel ist die ‚Reading Ease‘-Formel von FLESCH (1948; vgl. KLARE 1963, 23): RE (Reading Ease) $= 206{,}835 - 0{,}846$ wl $- 1{,}015$ sl
   Dabei bedeutet wl Anzahl der Silben pro 100 Worte; sl: durchschnittliche Anzahl von Worten pro Satz; der ‚Reading Ease‘-Wert (= ‚Schwierig-

keitsgrad') streut im Englischen in der Regel zwischen 0 und 100, wobei 0 praktisch Unlesbarkeit darstellt, und 100 maximale Lesbarkeit (vgl. KLARE 1963, 58, 78; BAMBERGER et al. 1972, 122). Wegen der relativ großen Häufigkeit von einsilbigen Worten im Englischen sind diese Formeln nur für englische Texte sinnvoll anwendbar, bei deutschen Texten würden sie den Schwierigkeitsgrad (z. B. wegen der im Durchschnitt größeren Wortlänge) erheblich überschätzen (vgl. BAMBERGER et al. 1972, 122; zu Formeln, die für deutsche Texte brauchbar sind, s. u.).

FLESCH hat auch auf der Grundlage solcher material-objektiv feststellbarer sprachlicher Merkmale einen Kennwert für die Interessantheit von Texten entwickelt, der sehr bekannt geworden ist: H. I. (‚Human Interest') = 3,635 pw + 0,314 ps

Dabei bedeutet pw: Anzahl von ‚persönlichen Wörtern' pro 100 Textworte; als persönliche Wörter gelten Hauptwörter mit natürlichem Geschlecht, Pronomina, Pluralwörter etc.; ps steht für: Anzahl von persönlichen Sätzen pro 100 Sätze; als persönliche Sätze gelten direkte Reden, Fragen, Befehle, Bitten, Ausrufe, grammatikalisch unvollständige Sätze und Wendungen, die direkt an den Leser gerichtet sind (vgl. KLARE 1963, 59, 78; BAMBERGER et al. 1972, 122).

3. Die Formel, die am schnellsten und einfachsten zu benutzen ist, ist nach KLARE (1963, 22f.) die FARR–JENKINS–PETERSON-Formel (1951), die eine Vereinfachung der Reading-Ease-Gleichung von FLESCH darstellt:
New Reading Ease = 1,599 nosw – 1,015 sl – 31,517
Dabei bedeutet sl (wie in der Formel von FLESCH) die durchschnittliche Satzlänge in Worten, während nosw die Vereinfachung darstellt: die Anzahl von einsilbigen Worten pro 100 Worte.

4. Ein wichtiger Aspekt der Lesbarkeit ist die Konkretheit bzw. Abstraktheit von Texten; hier hat FLESCH eine Formel zur Messung der Abstraktheit entwickelt (vgl. KLARE 1963, 23, 79), die von GILLIE (1957) vereinfacht worden ist; ein wichtiger Aspekt ist dabei die Definition von abstrakten Hauptwörtern anhand von Prä- bzw. Suffixen, die auch für eine deutsche Weiterentwicklung adaptiert worden ist (s. u.).

Besonders auf der Grundlage dieser bekannten Formeln gibt es zwischenzeitlich auch bereits Computerprogramme, die eine automatische Auswertung von Texten ermöglichen (vgl. WEINTRAUB et al. 1971, 207f.).

Zu diesen und den übrigen bei KLARE berichteten Lesbarkeitsformeln ist im anglo-amerikanischen Sprachraum eine Fülle von empirischen Untersuchungen durchgeführt worden, deren wichtigste Ergebnisse bei KLARE (1963) zusammengestellt sind. Dabei zeigt sich, daß Untersuchungen zur Reliabilität (Zuverlässigkeit) der Formeln praktisch nur für den Reading Ease-Score von FLESCH und dessen Vereinfachung in der FARR–JENKINS–PETERSON-Formel durchgeführt wurden; diese allerdings sind mit Korrelationen um .90 durchaus zufriedenstellend, was auch bei den eindeutigen, objektiv feststellbaren und aus-

zählbaren Kategorien (wie Anzahl der Worte, der Silben etc.) nicht
verwunderlich ist (vgl. KLARE 1963, 106ff.). Problematischer ist hier
der Validitätsaspekt: Dabei sind u. a. drei wichtige Zugangsweisen zu
unterscheiden: 1. ist zu überprüfen, wie gut eine solche Lesbarkeitsformel die Streubreite der Lesbarkeitswerte von Texten abbildet bzw.
voraussagt, auf deren Grundlage sie regressionsstatistisch errechnet
worden ist; 2. kann man überprüfen, inwieweit die Ergebnisse einer
Formel mit den Ergebnissen einer oder mehrerer anderer (Formeln)
übereinstimmen; und 3. ist zu untersuchen, inwiefern die berechneten
Lesbarkeitswerte ein anderes als das zur Aufstellung der Formel
benutzte Außenkriterium (s. o.: Lesegeschwindigkeit, Expertenein-
schätzungen, Verständniswerte etc.) vorherzusagen gestattet (vgl.
KLARE 1963, 111ff.).

  ad 1: Insgesamt korrelieren die durch die einzelnen Formeln berechneten Lesbarkeitswerte mit dem ursprünglichen Lesbarkeitskrite-
rium in der Regel mit höchstens .70; das bedeutet, daß durch die
Lesbarkeitsformeln maximal 50% der Ausgangsvarianz der untersuchten Texte unter dem jeweils gewählten Lesbarkeitsaspekt korrekt
abgebildet bzw. vorausgesagt werden. Das ist im sozialwissenschaftlichen Bereich unter Voraussetzung der inhaltlichen Gültigkeit des
angesetzten Kriteriums durchaus zufriedenstellend; diese Geltung des
Außenkriteriums allerdings ist noch näher zu prüfen (s. u. ad 3).

  ad 2: Der Vergleich einzelner Lesbarkeitsformeln miteinander führt
z. T. zu außerordentlich unterschiedlichen Ergebnissen; die Korrelationen, die z. B. DALE (1963, 23f.) mitteilt, schwanken zwischen .07
und .95 (vgl. auch MRAZEK 1979, 47). Nach KLARE führen besonders
die DALE–CHALL-Formel und der Reading Ease von FLESCH zu vergleichbaren, konsistenten Ergebnissen (1963, 120f.).

  ad 3: Der wichtigste Validierungsaspekt, der auch über die inhaltliche Aussagekraft der Lesbarkeitsformeln am ehesten Auskunft gibt,
ist jedoch die Validierung an Außenkriterien. Hier kommt KLARE
nach einem Überblick über die bisherige Forschung hinsichtlich der
m. E. wichtigsten drei Kriterien Lesegeschwindigkeit, Expertenein-
schätzungen und Verständniswerte (cloze-Tests) zu folgendem zusammenfassenden Überblick (1963, 155; vgl. Tab. 8):

  Die Tabelle zeigt ganz eindeutig, daß die Validierungsuntersuchungen mit dem Außenkriterium der Lesegeschwindigkeit durchaus erfolgreich sind, beim Außenkriterium der Experteneinschätzung aber
bereits fast ein Drittel Validierungs-Fehlschläge zu verbuchen sind
und beim Textverständnis als Außenkriterium gar knapp die Hälfte
der Untersuchungen zu nicht-positiven Evidenzen führt. Diese Er-

Benutztes Kriterium	Anzahl der Untersuchungen mit Ergebnisrichtung:		
	positiv	negativ	unentscheidbar
Lesegeschwindigkeit	6	0	0
Experteneinschätzung	12	2	3
Verständniswerte (cloze-Tests)	11	8	2
Summe	29	10	5

Tab. 8: Übersichtstabelle über Validierungs-Studien (nach Klare 1963, 155)

gebnisse bekräftigen daher noch einmal die Beschränkung des Lesbarkeitsansatzes auf die sprachliche Oberflächenstruktur von Texten, die schon (oben) bei der Darstellung des methodischen Grundansatzes konstatiert werden mußte (zu den Konsequenzen s. u. 2.2.).

Wie schon erwähnt, sind die genannten Formeln an englischen Texten entwickelt worden und daher auch nur für solche Texte gültig. Die Übertragung auf deutschsprachige Texte erfordert empirisch begründete Modifikationen. Eine erste Möglichkeit besteht darin, die Lesbarkeitsformel selbst unverändert zu lassen, dafür aber die Bewertung des Lesbarkeitsindexes zu ändern. Diesen Weg hat Mihm (1973) mit dem Reading Ease-Score von Flesch beschritten. Er wendet diese Lesbarkeitsformel auch auf deutsche Texte an und kommt wegen der größeren durchschnittlichen Wortlänge im Deutschen zu einer Verschiebung in der Bewertung der jeweiligen Reading Ease-Scores (vgl. Gegenüberstellung in Tab. 9):

Reading Ease für deutsche Texte (entsprechender R-E-Score für englische Texte)		Charakteristik	Typischer Text	Mittlere Wortlänge	Mittlere Satzlänge
−20 bis +10	(0–30)	sehr schwer	wissenschaftl. Abhandlung	über 2,20	über 30
+10 bis 30	(30–50)	schwierig	Fachliteratur	1,90	25
30 bis 40	(50–60)	anspruchsvoll	Sachbuch, Roman (z.B. „Buddenbrooks")	1,78	21
40 bis 50	(60–70)	normal	Roman (z.B. „Stiller")	1,70	17
50 bis 60	(70–80)	einfach	Unterhaltungsliteratur (z.B. „Karl May")	1,62	14
60 bis 70	(80–90)	leicht	Heftchenroman	1,54	11
70 bis 80	(90–100)	sehr leicht	Comics	unter 1,45	unter 9

Tab. 9: Reading Ease-Werte und Schwierigkeitsgrad bei deutschen Texten (nach Mihm 1973)

12*

Eine Analyse von fünf Hauptschullesebüchern des neunten Schuljahres mit Hilfe der Lesbarkeitsformel von FLESCH zeigt, daß diese Lesebücher im Schnitt fast 50 Reading Ease-Punkte leichter sind als z. B. politische Informationen in der Tageszeitung (o. c., 121f.). Die Schüler beschäftigen sich also in der Schule (besonders ab dem 6. Schuljahr) mit eindeutig zu leichten Informationstexten, so daß sie für die Anforderungen des späteren Alltagslebens nicht zureichend vorbereitet werden. MIHM weist explizit darauf hin, daß lediglich die BILD-Zeitung einen den Lesebüchern vergleichbaren Reading Ease-Wert von +32 aufweist (o. c., 127).

Die Untersuchung bestätigt im übrigen, daß mit Hilfe solcher Lesbarkeitsformeln die Schwierigkeit literarischer, insbesondere lyrischer Texte nicht gemessen werden kann: deren Reading Ease-Werte liegen durchaus recht hoch, obwohl sie durch „Metaphorik, Chiffrierung der Aussage, Aufhebung von räumlicher und zeitlicher Kontinuität" (o. c., 125) z. T. außerordentlich schwierig sind. Dies ist ein Hinweis auf die Beschränktheit der Lesbarkeitsformeln, wobei sich hier ansatzweise der Bereich identifizieren läßt, den die Lesbarkeitsformeln nicht oder nur unzureichend berücksichtigen: es handelt sich um die Semantik, den Inhalt der Texte.

Eine zweite Möglichkeit der Anpassung an deutschsprachige Texte besteht darin, daß man die wichtigsten sprachlichen Merkmale an einer Stichprobe deutscher Texte auszählt und mit Hilfe der regressionsstatistischen Auswertung eine spezifische Lesbarkeitsformel für deutsche Informationstexte entwickelt. Dieses Vorgehen haben DICKES & STEIWER (1977) gewählt: sie haben 38 Variablen, die sich in den bisherigen Lesbarkeitsuntersuchungen als besonders relevant erwiesen haben, an einer Stichprobe von 60 Texten aus Büchern für Kinder, Jugendliche und Erwachsene ausgezählt und mit entsprechenden Werten eines cloze-Tests, der mit 60 Kindern durchgeführt wurde, korreliert. Die Variablen reichen von ‚Anzahl der Wörter' (1.) über z. B. ‚Anzahl der Verben, die sich auf ein lebendiges Subjekt beziehen' (18.) bis zu ‚Anzahl der Relativsätze und der untergeordneten Umstandssätze' (38.). Über multiple Regressionsanalysen wurden drei Lesbarkeitsformeln errechnet: eine exakte, eine Computerformel und eine ‚Handformel'.

Beispiel: Die Handformel lautet:
Geschätzter mittlerer cloze-Wert = 235,95993 − 73,02100 x Var. 2 − 12,56438 x Var. 1 − 50,03293 x Var. 3.
Dabei sind die drei ersten und relevantesten Variablen folgenderweise definiert:
Variable 1: Log (Anzahl der Wörter/Anzahl der Sätze + 1,0); Variable 2: Log (Anzahl der Buchstaben/Anzahl der Worte + 1,0); Variable 3: Anzahl der unterschiedlichen Wörter/Anzahl der Worte (dieser Index ist als sog.

‚Type Token Ratio' oder Diversifikationsquotient in der sprachpsychologi-
schen Forschung eingeführt; vgl. HERRMANN & STÄCKER 1969, 425).

Die multiple Korrelation der durch die Formel vorhergesagten cloze-Werte
mit den in der Untersuchung original ermittelten cloze-Werten beträgt .866
(vgl. DICKES & STEIWER 1977, 27).

Die angeführten Validierungsuntersuchungen lassen bereits die Anwendungsmöglichkeiten der Lesbarkeitsformeln erkennen. Die direk-
teste und wichtigste Anwendung besteht natürlich in der Einschätzung vorhandener, publizierter Informationstexte im Hinblick auf
ihre sprachliche Schwierigkeit. Die (leser-)psychologischen Forscher
waren hier auch unter dem Aspekt der Selbstanwendung nicht untätig
und haben Lesbarkeitsformeln auch auf Standardtexte der eigenen
Disziplin angewendet (vgl. LEE & BELDEN 1966; GILLEN 1973; HOF-
MANN & VYHONSKY 1975).

Beispiel: GILLEN hat die Reading Ease- und Human Interest-Werte von
34 einführenden Lehrbüchern der Psychologie festgestellt und kommt zu
folgenden Ergebnissen (vgl. Tab. 10):

Autor	Reading Ease-Score	Human Interest-Score
Morris (1973)	53.30	20.44
Hershey and Lugo (1970)	52.62	32.24
Cox (1970)	52.17	18.12
Swift (1969)	50.42	24.28
Deese (1964)	49.90	16.05
Silverman (1972)	47.87	20.34
Hebb (1966)	47.34	12.21
McKeachie and Doyle (1966)	46.84	19.84
Kendler (1968)	46.79	17.86
Morgan and King (1971)	46.78	14.43
Isaacson and Hutt (1971)	45.52	12.27
Kagan and Havemann (1972)	45.46	11.31
Resnick and Sachs (1971)	45.40	20.93
Hilgard, Atkinson, and Atkinson (1971)	44.98	9.83
Sartain, North, Strange, and Chapman (1973)	44.92	11.33
Candland (1968)	44.51	5.89
Gilmer (1970)	44.34	15.52
CRM Books (1972)	43.07	18.26
Whittaker (1970)	42.10	11.39
Vinacke (1968)	41.71	18.42
Wrench (1969)	41.67	9.52
Lana and Rosnow (1972)	41.53	9.08
Kendler and Kendler (1971)	40.82	19.25
Stagner and Solley (1970)	40.80	12.36
Hill (1970)	39.65	6.06
Robinson (1972)	39.47	17.63
Hutt, Isaacson, and Blum (1966)	36.89	16.23

Autor	Reading Ease-Score	Human Interest-Score
Harlow, McGaugh, and Thompson (1971)	36.57	14.22
Kimble and Garmezy (1968)	34.80	6.99
Krech and Crutchfield (1969)	34.54	9.91
Ruch (1967)	34.03	9.94
Aiken (1969)	33.97	3.39
Munn, Fernald, and Fernald (1969)	33.76	11.72
Wallace (1971)	29.87	7.04

Tab. 10: Reading Ease-Werte von Lehrbüchern der Psychologie
(nach GILLEN 1973)

Auf dem Hintergrund der Bewertung z. B. der Reading Ease-Werte durch
FLESCH selbst (s. o. Tab. 9) mögen diese Kennwerte der Lesbarkeit als relativ
schwer erscheinen; sie sind es aber (auf jeden Fall für z. B. deutsche Verhält-
nisse) keineswegs, denn die aufgeführten Lehrbücher werden in der Regel in
Auflagen mindestens um die 20 000 publiziert und finden auch durchaus ihre
Leser. Im Gegensatz dazu sind z. B. auch Einführungsbücher für die pädago-
gische Psychologie im Durchschnitt signifikant schwieriger, wie HOFFMANN &
VYHONSKY (1975) bei der Analyse von 36 Einführungswerken der pädagogischen
Psychologie mit Hilfe der Lesbarkeitsformel von FLESCH festgestellt haben.

Noch konstruktiver ist die Anwendung der Lesbarkeitsformeln, wenn man
die Einschätzung der Textschwierigkeit für die Zuordnung von Texten zu
bestimmten Lesergruppen (z. B. Schulklassen) innerhalb des Leseunterrichts
verwendet. Mit diesem Ziel hat BAMBERGER (1973, 168ff.) die Lesbarkeitsformeln ausgewertet: er hat zehn Merkmale zusammengestellt, die auf den
Ergebnissen der Lesbarkeitsforschung basieren und die er als Beurteilungsdi-
mensionen für die Einschätzung von Texten durch Experten, vor allem
Lehrer, vorschlägt; diese Einschätzung ist so strukturiert, daß jedes Merkmal
zwischen 1 und 10 Punkte erhält; daraus resultiert ein Mittelwert, der für
jedes Schuljahr einen durchschnittlichen Zuwachs von 10 Punkten impliziert,
so daß z. B. ein Text mit 50 Punkten für den durchschnittlichen Leser am
Ende des fünften Schuljahres angemessen wäre, einer mit 100 Punkten für das
Ende des zehnten Schuljahres etc. Diese Werte basieren natürlich nur auf
praktischer Schulerfahrung und sind bislang noch nicht im engeren Sinn
empirisch validiert.

Die konstruktivste Möglichkeit der Anwendung von Lesbarkeitsformeln besteht darin, aus ihnen Anweisungen für das Schreiben,
d. h. die sprachlichen Formulierungen von Informationstexten abzuleiten, wie es z. B. KLARE (1963, 18ff.) vorschlägt. Obwohl die Lesbarkeitsforschung zunächst einmal nur die natürliche Variation vorhandener Informationstexte ausnutzt, implizieren die Formeln doch
immerhin optimale Ausprägungsgrade der relevanten sprachlichen
Merkmale, die auch aktiv bei der Herstellung von Texten angestrebt
werden können. Die Brauchbarkeit und das Gewicht solcher ableitbaren Herstellungsregeln allerdings hängt natürlich von dem Gewicht

und der Geltungsbreite des Aspekts der Lesbarkeit generell ab; bevor die aus der Lesbarkeitsforschung ableitbaren Konsequenzen für die Herstellung von Informationstexten präzise gefaßt werden können, muß zunächst das Lesbarkeits-Konzept hinsichtlich seiner Tragweite bewertet werden.

2.2. Bewertung der Lesbarkeitsforschung

Bei der Darstellung des Lesbarkeits-Ansatzes, seiner Methoden und Ergebnisse, ist schon mehrfach von den Beschränkungen dieser Forschungsperspektive die Rede gewesen. Die wichtigsten Beschränkungen stellt auch (selbst-)kritisch und völlig zu Recht KLARE (1963, 24ff.) fest. Sie beziehen sich darauf, daß Lesbarkeitsformeln nur den Aspekt des *Stils* von Informationstexten erfassen; und dies außerdem in einer zweifachen Beschränkung: zum ersten beziehen sich die Lesbarkeitsformeln nur auf objektive (auszählbare) Textmerkmale. Es gibt aber natürlich darüber hinausgehende subjektive Stilaspekte, die z. B. CARROLL (1960) erforscht hat; und zwar hat er die subjektive Bewertung von Texten anhand von 29 Adjektivpolaritäten eines semantischen Differentials erfaßt und zusammen mit 39 quantitativen Textmerkmalen in einer Faktorenanalyse aufgearbeitet; die resultierenden sechs interpretierbaren Faktoren stellen subjektive Stildimensionen dar und sind (in der Zusammenfassung von MRAZEK 1979, 59):

„I. Allgemeine stilistische Bewertung
  (z. B. gut – schlecht, interessant – langweilig) kein objektiver Parameter lädt in diesem Faktor.
II. Persönlicher Affekt
  (z. B. persönlich – unpersönlich, emotional – rational) korrelierende objektive Parameter sind Personalpronomen, Pronomen und Silbenzahl (negativ).
III. Stilistische Ausschmückung
  (z. B. blumig – platt, wortreich – kurz, komplex – einfach) korrelierende objektive Parameter sind Satzlänge, Variation der Satzlänge, Satzkomplexität und Absatzlänge.
IV. Abstraktionsgrad
  (z. B. subtil – offen, abstrakt – konkret, tiefgründig – oberflächlich) leicht korrelierende objektive Parameter sind Prozentsatz von ‚noun clauses‘ und Prozentsatz von bestimmenden Adjektiven und Pronomen.
V. Ernsthaftigkeit
  (z. B. ernsthaft – leichtfertig, ernst – lustig, männlich – weiblich) leicht korrelierender objektiver Parameter ist Prozentsatz unbestimmter Artikel.

VI. Charakterisierung vs. Erzählung ... Der Faktor ist nur durch objektive
Parameter bestimmt: Prozentsatz von transitiven und intransitiven Verben, verbindenden Verben, Eigennamen."

Darüber hinaus beschränken sich die Lesbarkeitsformeln nicht nur
auf die objektiven Stilcharakteristika, sondern zum zweiten hier
wiederum nur auf deren formale Schwierigkeit; sie vernachlässigen
also inhaltliche Aspekte wie Anschaulichkeit, kognitive Organisation
etc. – bleiben also ohne Bezug zu all jenen Aspekten, die bei der
Rede vom ‚guten Stil' in der Regel mitgemeint sind. Die Lesbarkeitsforschung ist also beschränkt auf den formal-stilistischen Aspekt der
sprachlichen Oberflächenstruktur von Informationstexten.

Diese Beschränkung zeigt sich auch, wenn man die verschiedenen
sprach-statistischen Variablen, die für die unterschiedlichen Lesbarkeitsformeln relevant sind, auf die übereinstimmenden, grundlegenden
Faktoren zu reduzieren versucht; diese Datenreduktion wird durch
die Methode der Faktorenanalyse erreicht. Dabei führen die einschlägigen Faktorenanalysen (vgl. z. B. Brinton & Danielson 1958; Stolurow & Newman 1959) übereinstimmend zu einer Zweifaktorenlö-
sung:

Tab. 11 zeigt diejenigen Variablen, die in der 6-Faktoren-Lösung der
Analyse von Brinton & Danielson für die schlußendlich resultierende 2-
Faktoren-Lösung empirisch relevant sind; aus den hohen (kursiv gedruckten)
Ladungen der Variablen läßt sich ablesen, welche den jeweiligen Faktor (I
oder II) ausmachen:

Language Element	Factor Loadings	
	I	II
Percentage of Structural Words	.66	−.19
Percentage of Easy Words	.91	.02
Words Unknown by 90% 6th Graders	−.88	.19
Percentage of Different Words	−.52	.10
Number Different Hard Words	−.92	−.07
Percentage of Monosyllables	.88	.20
Percentage of Polysyllables	−.82	−.31
Sentence Length in Words	−.33	−.86
Sentence Length in Syllables	−.55	−.83
Number of Simple Sentences	.11	.83
Number of Complex Sentences	−.03	.33
Number of Compound-Complex Sentences	.38	−.35
Number of Explicit Sentences	.20	.74
Number of Asides	−.06	−.22

Tab. 11: Relevante Variablen der Faktorenanalyse von Brinton & Danielson
(1958) und ihre Ladungen auf den beiden ersten Faktoren der 6-Faktoren-
Lösung

Das Ergebnis dieser Faktorenanalysen läßt sich verbal mit KLARE (vgl. 1963, 164ff.; 1971, 244f.) folgenderweise zusammenfassen:

– Die aussagekräftigen Variablen lassen sich unter den beiden Faktoren Wort- und Satzschwierigkeit (bzw. -komplexität) subsumieren;

– von diesen beiden Dimensionen ist der Faktor Wortschwierigkeit bzw. -komplexität eindeutig der (empirisch) gewichtigere;

– die verbleibenden Faktoren zeigen keine genügend klare und übereinstimmende Struktur, als daß sie interpretabel wären (deshalb sind sie im oben abgebildeten Auszug aus BRINTON & DANIELSON 1958 bereits weggelassen).

Damit hat die jahrzehntelange Lesbarkeitsforschung im Prinzip nur das bestätigt, was bereits GRAY & LEARY in ihrem ersten einschlägigen Standardwerk ‚What makes a book readable?‘ (1935) aufgrund von Expertenschätzungen behauptet haben: nämlich die Relevanz eines Wort- und eines Satzfaktors für die Lesbarkeit von Texten. Das bedeutet einerseits, daß die Forschung zur Lesbarkeit von Texten kaum mehr Neues herausfinden kann und daher als relativ erschöpft und abgeschlossen angesehen werden kann. Andererseits heißt das natürlich auch, daß ihre Ergebnisse (mit all ihren Beschränkungen) als relativ gesichert festgehalten werden können. Zieht man die einzelnen, für die beiden Faktoren als relevant nachgewiesenen Variablen mit hinzu, so lassen sich aufgrund dieser Ergebnisse als konstruktive Regeln für das Schreiben von Informationstexten mit einer möglichst lesbaren sprachlich-stilistischen Form folgende Handlungsanweisungen angeben (vgl. KLARE 1963, 18f.; BORMUTH 1968c, 489ff.):

Bei der Wortwahl sollte man auf möglichst geläufige und gebräuchliche Worte zurückgreifen, das sind:

1. Worte, die früh in der Sprachentwicklung gelernt werden;
2. kurze Worte (nach Buchstaben und/oder Silbenlänge);
3. keine Fremdworte bzw. Termini technici;
4. Worte, die für Schriftsprache (nicht mündliche Sprache) gebräuchlich sind;
5. Worte in eingeführter, gebräuchlicher Bedeutung;
6. konkrete, anschauliche Worte eher als abstrakte.

Die Satzkomplexität ist vor allem zu reduzieren durch eine Verwendung möglichst kurzer und grammatikalisch einfacher Sätze, d. h. also ohne komplexe und komplizierte Satzschachtelungen, insbesondere Hypotaxen (untergeordnete Nebensätze).

Diese konstruktiven Ergebnisse zur Optimierung der Lesbarkeit von Texten sind auch für die Perspektive der Verständlichkeit von

Bedeutung, wenn man sich bewußt ist, daß damit nur die sprachlich-stilistische Oberflächenstruktur der Texte abgedeckt wird. Dabei verweisen die Grenzen der Lesbarkeits-Forschung ex negativo auf diejenigen Aspekte, die von einer Forschung zur Verständlichkeit von Informationstexten stärker und umfassender zu berücksichtigen sind:

Als erstes ist hier die konkrete und spezifische Berücksichtigung des Verstehens- und Verarbeitungsprozesses im Leser zu nennen (vgl. KLARE 1963, 17). Die Validierungsuntersuchungen unter Einbeziehung eines über die Lesegeschwindigkeit hinausgehenden Außenkriteriums (s. o.) zeigen ja, daß gerade dieser Rezeptionsprozeß von der material-objektiven Beschreibung der sprachlichen Textmerkmale nur unzureichend abgebildet wird. Eine explizite Gegenüberstellung von Lesbarkeit und Textverstehen bzw. -verarbeiten (z. B. durch SCHWIMMER 1971) erhärtet dies: Die Lesbarkeitsmaße waren als Prädiktoren für das Textverständnis des Lesers weitgehend unbrauchbar. Bei der Untersuchung der Verständlichkeit von Texten ist durch die Anwendung von cloze-Tests bzw. die Erhebung von subjektiven Informationswerten (s. o. I.2.) der Rezeptionsprozeß unmittelbar einzubeziehen; mittelbar zählt dazu auch die Verbindung solcher direkt das Textverstehen abbildenden Meßwerte mit den weiteren Effekten dieser Rezeption, z. B. dem Behaltenserfolg oder dem Interesse an den Texten und Textinhalten (s. o. II.0.; GROEBEN 1978, 148f.; GUTHRIE 1972).

– Aus den Mängeln der bisherigen Lesbarkeitsforschung läßt sich schon jetzt erkennen, daß für die Erforschung der Verständlichkeit die kognitive Inhaltsdimension der Informationstexte eine wichtige Rolle spielen wird (vgl. GILLILAND 1971, 146): KLARE führt die Begrenzung der Validität von Lesbarkeitsindizes, die so gut wie nur für die Lesegeschwindigkeit eine prädiktive Gültigkeit haben, vor allem darauf zurück, daß seit GRAY & LEARY (1935) der Faktor der inhaltlichen Organisation des Materials durch die Lesbarkeitsforschung vernachlässigt worden ist (1963, 188; 1971, 251). Die Erforschung der Verständlichkeit von Informationstexten wird daher über die formal-sprachlichen Stilaspekte der Texte hinausgehen und möglichst differenziert die semantische Struktur und Organisation der Textinhalte berücksichtigen müssen.

– Da der Prozeß der Textverarbeitung als eine Interaktion zwischen Leser und Text anzusetzen ist (vgl. o. II.0.), müssen unter der Perspektive der Verständlichkeit notwendigerweise auch Leservariablen einbezogen werden, vor allem die kognitiven Voraussetzungen der jeweiligen Leser. Wird beispielsweise die unterschiedliche Verständlichkeit eines und desselben Textes für verschiedene Leser erfaßt (vgl. KLARE 1963, 16), ist diese Einbeziehung unumgänglich mitgegeben. Nur durch einen solchen empirischen Rückgriff auf konkrete Verständniswerte kann der zu große Erklärungsabstand überwunden werden, der bei der Lesbarkeitsforschung zwischen Textmerkmalen und Rezeptionswirkung besteht: denn ohne die Berücksichtigung der vermittelnden Prozesse des Textverstehens, der (kognitiven) Textverarbeitung etc. ist es schon vom Ansatz her kaum möglich, den Einfluß von Textmerkmalen auf das am Schluß des Verarbeitungsprozesses stehende Kriterium des Behaltens von Informationen, die der Text mitteilt, befriedigend zu erklären.

Die Erforschung der Verständlichkeit von Informationstexten ist also gegenüber der Lesbarkeitsforschung durch folgende zusätzliche konstitutive Frageperspektiven gekennzeichnet: Berücksichtigung von über die Stilistik hinausgehenden Faktoren wie kognitive Organisation des Textinhaltes auf der Textseite; möglichst direkte Berücksichtigung der kognitiven Verarbeitungsprozesse des einzelnen Lesers; und Verbindung mit Wirkungsaspekten des Rezeptionsprozesses wie Behalten und Interesse (vgl. GROEBEN 1978, 149). Diese Erweiterung der Frageperspektiven für das Verständlichkeitskonstrukt ist in der folgenden Abbildung 21 noch einmal anschaulich graphisch zusammengefaßt:

LESBARKEIT:

Textmerkmale =   Lesegeschwindigkeit
Wort-Merkmale   ⟶   Ratings
Satz-Merkmale   Lesetests

VERSTÄNDLICHKEIT:

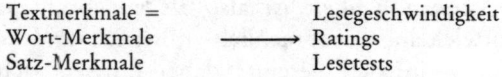

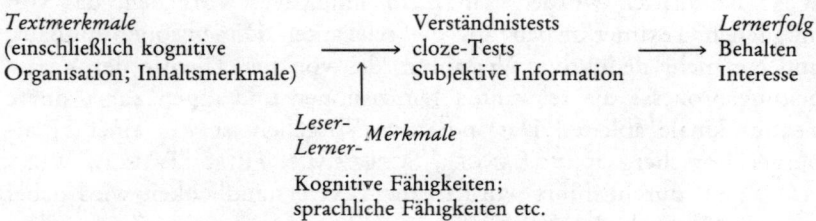

Textmerkmale   Verständnistests   *Lernerfolg*
(einschließlich kognitive   ⟶   cloze-Tests   ⟶   Behalten
Organisation; Inhaltsmerkmale)   Subjektive Information   Interesse
                          ↑
               Leser- *Merkmale*
               Lerner-

Kognitive Fähigkeiten;
sprachliche Fähigkeiten etc.

Abb. 21: Erweiterung der Frageperspektive des Verständlichkeitskonstrukts gegenüber dem Lesbarkeitskonstrukt

Zusammenfassung in Fragen:

– Auf welche Merkmale von Texten zielt die Lesbarkeitsforschung ab?
– Welche Faktoren determinieren die Leserlichkeit eines gedruckten Textes?
– Wie läßt sich ganz allgemein der methodische Ansatz der Lesbarkeitsforschung kennzeichnen?
– Welches sind die wichtigsten Lesbarkeitsformeln, und welche Prädiktorvariablen gehen in sie ein?
– Welche Probleme ergeben sich bei der Validierung von Lesbarkeitsformeln?
– Wie kann man die für die englische Sprache entwickelten Lesbarkeitsformeln an deutschsprachige Texte anpassen?
– Welche konstruktiven Anwendungsmöglichkeiten gibt es für die Ergebnisse der Lesbarkeitsforschung?
– Welche Stildimensionen werden von der Lesbarkeitsforschung nicht erfaßt?
– Welches sind die Ergebnisse faktorenanalytischer Untersuchungen der Lesbarkeitsformeln?
– Welche konstruktiven Regeln für das Schreiben von Informationstexten ergeben sich unmittelbar aus der Lesbarkeitsforschung?
– Welches sind die über die Lesbarkeitsforschung hinausgehenden konstitutiven Dimensionen der Verständlichkeitsforschung?
– Warum sind für das Konstrukt der ‚Verständlichkeit‘ auch Lesermerkmale von Wichtigkeit?

3. Dimensionen der Verständlichkeit

Verständlichkeit ist also als ein Konzept bzw. ein Konstrukt zu entwickeln, das sprachlich-stilistische und kognitiv-inhaltliche Dimensionen in sich vereint; dabei müssen sich diese Dimensionen auf zugeordnete Textmerkmale zurückbeziehen. Zur Aufstellung eines so strukturierten Verständlichkeits-Konzepts sind bisher vor allem zwei Wege beschritten worden: ein mehr induktives Vorgehen, das von möglichen Textmerkmalen aus die relevanten Dimensionen aufbaut, und ein mehr deduktives Verfahren, das von der Theorie der Verarbeitungsprozesse die relevanten Dimensionen und ihnen zugeordnete Textmerkmale ableitet. Das induktive Vorgehen ist von einer Hamburger Forschergruppe (LANGER, SCHULZ VON THUN, TAUSCH, WIECZERKOWSKI) durchgeführt worden: die Textverständlichkeit wird dabei sehr ökonomisch durch Einschätzung (Rating) einzelner Texte erhoben; aufgrund solcher Ratings können einzelne Textmerkmale faktorenanalytisch und d. h. induktiv zu Dimensionen der Verständlichkeit zusammengefaßt werden (s. u. 3.1.; LANGER et al. 1974). Den mehr

deduktiven Weg habe ich selbst beschritten (GROEBEN 1972b; [2]1978):
Dabei wurden aus theoretischen Ansätzen der Sprachpsychologie,
kognitiven Lerntheorie und Motivationspsychologie die relevanten
Dimensionen hypothetisch postuliert und zugehörige Textmerkmale
abgeleitet. Die Messung der Verständlichkeit erfolgt hier durch die
Erhebung subjektiver Informationswerte (s. o. I.2.). Die Ergebnisse
dieser beiden unterschiedlichen Zugangsweisen zur Explikation des
Verständlichkeitskonstrukts bei Informationstexten sind nicht völlig
einheitlich, zeigen aber m. E. doch so große Überlappungen, daß in
den Grundrissen ein relativ gesichertes Konzept von Textverständlichkeit zu explizieren ist (s. u. 3.3.).

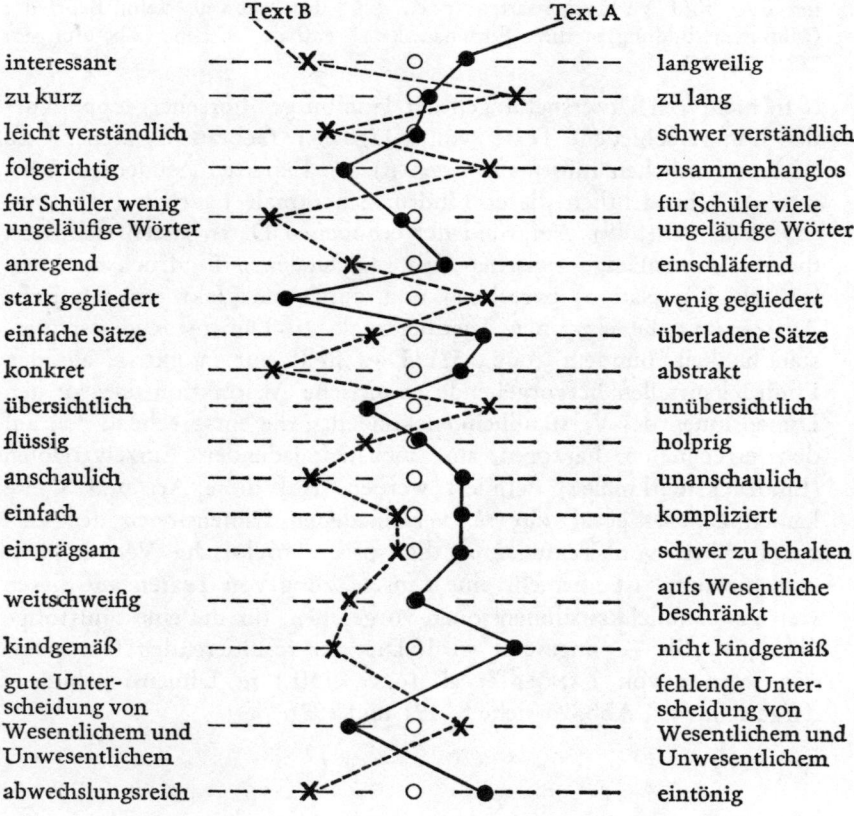

Abb. 22: Einschätzung zweier Texte hinsichtlich relevanter Textmerkmale
(nach LANGER et al. 1974, 50)

3.1. Der induktive Ratingansatz

Der induktive Ratingansatz der Hamburger Forschergruppe (zu-sammenfassend dargestellt in LANGER et al. 1974) geht zunächst von einzelnen konkreten Merkmalen aus, die sich zur Beschreibung und Einschätzung von Texten eignen. Die Sammlung solcher Textcharak-teristika entnehmen die Hamburger Autoren der bisherigen For-schung einschließlich der hermeneutischen Rhetorik und Stilistik (vgl. z. B. die Stilfibel von REINERS 1963). Die 18 wichtigsten dieser in den Hamburger Untersuchungen angesetzten Eindrucksmerkmale zeigt Abb. 22 (s. o. S. 189).

Die Abbildung zeigt die Einschätzung von zwei potentiellen Gesetzestex-ten über fünf Verbrechensarten (o. c., 47f.) durch jeweils zehn Beurteiler (Mittelwertsbildung); die Einschätzskala enthält sieben Abstufungen: 3/2/1/0/1/2/3.

In mehreren Untersuchungen der Hamburger Forschergruppe wur-den nun verschiedene Texte (von alltäglichen Gebrauchstexten bis zu wissenschaftlichen Informationstexten) von Experten (Studenten, Leh-rern etc.) hinsichtlich dieser Eindrucksmerkmale beurteilt (vgl. LAN-GER et al. 1974, 49). Aufgrund der erhobenen Daten lassen sich dann die Zusammenhänge zwischen den verschiedenen Eindrucksmerkma-len (als Korrelation) berechnen und durch eine faktorenanalytische Auswertung die einzelnen Textmerkmale zu Dimensionen der Ver-ständlichkeit ‚bündeln‘ (o. c., 51). Dies stellt eine induktive, aus den Eindrucksurteilen hervorgehende empirische Abstraktion dar: zu den Dimensionen des Verständlichkeitskonzepts, die entsprechend den auf den errechneten Faktoren am höchsten ladenden Einzelvariablen (Eindrucksmerkmalen) definiert werden. Auf diese Art und Weise kamen LANGER et al. zu vier verschiedenen Dimensionen der Ver-ständlichkeit von Texten; für die spätere praktische Verständlich-keits‚messung‘ ist nurmehr eine Einschätzung von Texten auf diesen vier Verständlichkeitsdimensionen vorgesehen, für die eine fünfstufige Skala (+2 bis –2) angesetzt wird. Die vier resultierenden Dimensio-nen werden von LANGER et al. (o. c., 13ff.) in Dimensionsbildern dargestellt (vgl. Abb. 23 siehe S. 191 und 192):

Dimensionsbild

Einfachheit	+ 2	+ 1	0	− 1	− 2	Kompliziertheit
einfache Darstellung						komplizierte Darstellung
kurze, einfache Sätze						lange, verschachtelte Sätze
geläufige Wörter						ungeläufige Wörter
Fachwörter erklärt						Fachwörter nicht erklärt
konkret						abstrakt
anschaulich						unanschaulich

Die Dimension der (sprachlichen) Einfachheit ist, wie die einzelnen Text-merkmale zeigen, praktisch identisch mit dem Lesbarkeitsaspekt (s. o. 2.2.).

Dimensionsbild

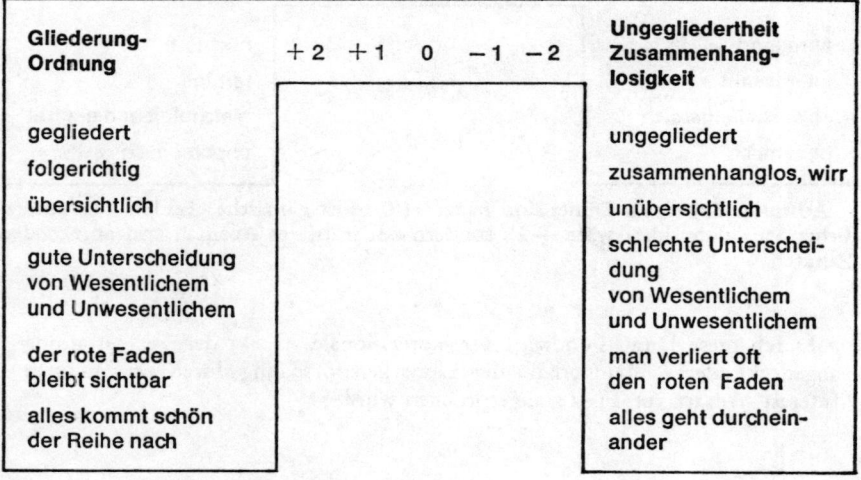

Gliederung-Ordnung	+ 2	+ 1	0	− 1	− 2	Ungegliedertheit Zusammenhang-losigkeit
gegliedert						ungegliedert
folgerichtig						zusammenhanglos, wirr
übersichtlich						unübersichtlich
gute Unterscheidung von Wesentlichem und Unwesentlichem						schlechte Unterschei-dung von Wesentlichem und Unwesentlichem
der rote Faden bleibt sichtbar						man verliert oft den roten Faden
alles kommt schön der Reihe nach						alles geht durchein-ander

Dimensionsbild

Kürze-Prägnanz	+2 +1 0 −1 −2	Weitschweifigkeit
zu kurz		zu lang
aufs Wesentliche beschränkt		viel Unwesentliches
gedrängt		breit
aufs Lehrziel konzentriert		abschweifend
knapp		ausführlich
jedes Wort ist notwendig		vieles hätte man weglassen können

Die Dimensionen Gliederung-Ordnung und Kürze-Prägnanz beziehen sich auf den von der Lesbarkeitsforschung vernachlässigten Bereich des kognitiven Inhalts der Textsemantik.

Dimensionsbild

Zusätzliche Stimulanz	+2 +1 0 −1 −2	Keine zusätzliche Stimulanz
anregend		nüchtern
interessant		farblos
abwechslungsreich		gleichbleibend neutral
persönlich		unpersönlich

Achtung: Bei dieser Dimension bedeutet 0 nicht gänzliches Fehlen von zusätzlicher Stimulanz (dies wäre −2), sondern ein mittleres Ausmaß von anregenden Zutaten.

Durch diese Dimension wird der motivationale Aspekt der Textgestaltung abgedeckt, der z. B. innerhalb der Lesbarkeitsforschung durch den ‚Human Interest'-Ansatz von FLESCH angesprochen wurde.

Abb. 23: Dimensionen der Textverständlichkeit (nach LANGER et al. 1974, 13ff.)

Diese vier Dimensionen werden als weitgehend voneinander unabhängig postuliert; d. h. ein sprachlich einfacher Text kann sowohl gegliedert oder ungegliedert, kurz und prägnant oder weitschweifig, stimulierend oder nicht stimulierend sein etc.; eingeschränkt dürfte diese Unabhängigkeit allerdings bei der Beziehung von Dimension 3 und 4 sein, da zusätzlich stimulierende Textteile diesen auch immer verlängern (o. c., 17).

Die Messung der Verständlichkeit von einzelnen Texten erfolgt dann, wie gesagt, durch eine Einschätzung dieser Texte auf den genannten vier Dimensionen (mit Hilfe der 5-Punkte-Skala) durch Experten (o. c., 18ff.); als Experten wurden durchwegs Beurteiler angesetzt, die in einem von der Hamburger Forschungsgruppe entwickelten Trainingsprogramm (vgl. o. c., 103ff. und u. 4.5.) die Unterscheidung von Texten hinsichtlich der konkreten Eindrucksmerkmale und deren Zusammenfassung zu einem Dimensionsurteil geübt hatten. Die Verständlichkeit eines konkreten Informationstextes wird dann zusammenfassend durch die vier Kennwerte der Dimensionen Einfachheit, Gliederung-Ordnung, Kürze-Prägnanz und zusätzliche Stimulanz angegeben.

Beispiel: SCHULZ VON THUN führt als Beispiel für solche Kennwerte (1974, 128) einen Abschnitt aus einem Originaltext zu Grundlagen der Sexualität und dessen optimierte Version an:

A. Originaltext

Die neueren sozialwissenschaftlichen Theorien der Sexualität wenden sich zunächst gegen die in der älteren Soziologie vielfach vertretene Ansicht, die Sexualität des Menschen stelle ein biologisch in seinem Ablauf so gesichertes Instinktverhalten dar, daß eine Soziallehre der Geschlechtlichkeit in ihr einen präsozial weitgehend festgelegten Verhaltenskomplex einfach aufzunehmen habe oder gar von ihm soziale Beziehungen und Formen in ihrer Struktur deduzieren könne. Die moderne Anthropologie und die auf ihr aufbauenden Kulturlehren, wie sie in einigen Werken (z. B. Margaret MEAD) vorliegen, sehen in der Sexualität wie in anderen biologisch bedingten Antrieben des Menschen eher weitgehend unspezia-

B. Optimierte Textfassung

1. Ansicht der älteren Soziologie: Umwelt spielt keine Rolle

Die Sexualität des Menschen ist durch *Instinkte* festgelegt. Der Soziologe findet ein Natur-Verhalten vor. Das muß er einfach hinnehmen. Er kann sich ausrechnen, wie aufgrund dieser biologischen Gegebenheiten dann die sozialen Beziehungen zwischen Menschen (z. B. Ehe) aussehen werden.

2. Ansicht der modernen Anthropologie: Umwelt spielt entscheidende Rolle:

Die Sexualität ist ein biologisches Grundbedürfnis. Es kann aber wie alle naturgegebenen Triebe auf tausend verschiedene Weisen befriedigt werden. Weil die Art der Befriedi-

lisierte Grundbedürfnisse, die gerade wegen ihrer biologischen Ungesichertheit und Plastizität der Formung und Führung durch soziale Normierung und durch Stabilisierung zu konkreten Dauerinteressen in einem kulturellen Überbau von Institutionen bedürfen, damit die Erfüllung schon des biologischen Zweckes, so im Falle der Sexualität etwa die Fortpflanzung, sichergestellt ist.

gung überhaupt nicht festgelegt ist, muß der Sexualtrieb durch gesellschaftliche Regeln geformt und gelenkt werden. Die Gesellschaft muß sagen: So und so ist es richtig und anständig. Und die Gesellschaft muß Einrichtungen schaffen (z. B. Ehe), in denen der Trieb dauerhaft gesichert ist. Dadurch ist dann auch die Fortpflanzung gesichert, und damit der biologische Zweck der Sexualität erfüllt.

Dimensionsausprägungen (Mittelwerte von fünf Beurteilern, Skalen von –2 bis +2):

Einfachheit	–2.0
Gliederung-Ordnung	–1.8
Kürze-Prägnanz	0.9
zusätzliche Stimulanz	–1.8

Dimensionsausprägungen (Mittelwerte von fünf Beurteilern, Skalen von –2 bis +2):

Einfachheit	1.0
Gliederung-Ordnung	1.5
Kürze-Prägnanz	0.8
zusätzliche Stimulanz	–0.3

Die Bewertung dieser Verständlichkeitsgrade von Texten setzt allerdings die empirische Verbindung mit bestimmten Effekten (z. B. gedächtnispsychologischen) voraus, die als Kriterien für die Optimierung der Textverständlichkeit anzusehen sind. Die Hamburger Forschergruppe hat zur Sicherung solcher Wirkungseffekte in mehreren empirischen Untersuchungen folgende Meßverfahren eingesetzt: cloze-Tests, freie Wiedergabe der Textinhalte, offene Fragen und insbesondere multiple choice-Fragen zum jeweiligen Textinhalt (vgl. LANGER et al. 1974, 52, 69, 83, 95); da diese Testungen z. T. unmittelbar anschließend an die Rezeption der Texte vorgenommen wurden, handelt es sich bei dieser Erhebung nicht nur um im engeren Sinn Gedächtnisleistungen, sondern z. T. sind auch noch Verstehensprozesse involviert – dementsprechend benennen die Hamburger dieses Kriterium auch häufig als Verstehen-Behalten (vgl. z. B. SCHULZ VON THUN et al. 1973, 228ff.). Anhand dieser Wirkvariablen sind sehr unterschiedliche Texte hinsichtlich der Effekte von verschiedenen Verständlichkeitsausprägungen untersucht worden: z. B. Unterrichtsanweisungen im Zusammenhang mit Bildinformationen (LANGER & TAUSCH 1972), Gesetzestexte (LANGER et al. 1973), Aufgabenstellungen im Mathematik- und Geometrieunterricht (STEINBACH et al. 1972), Vertrags- und Erläuterungstexte aus dem Alltag (z. B. Hausratsversicherung, Beratungsblatt für Lohnsteuerzahler: SCHULZ VON THUN 1974), Schulbuchtexte (SCHULZ VON THUN et al. 1973) und wissenschaftliche Veröffentlichungen (SCHULZ VON THUN et al. 1974). Die Variation in den Verständlichkeitsgraden der Texte wurde dabei durchweg so geschaffen, daß vorhandene Originaltexte verbessert wurden und sodann Original und optimierter Text hinsichtlich der oben genannten Effekte an zwei parallelisierten Versuchspersonengruppen überprüft wurden. Der vollständige Versuchsplan all dieser Validierungsuntersuchungen sieht folgenderweise aus (vgl. LANGER et al. 1974, 70):

Gruppe von erwachsenen
Männern und Frauen

wird zufällig
in 2 Hälften geteilt

Gruppe 1	*Gruppe 2*
erhält den Originaltext zum Durchlesen	erhält den optimierten Text zum Durchlesen
wird befragt und getestet	wird befragt und getestet

Für die Original- und optimierten Texte ‚Hausratsversicherung' und ‚Prämiensparen' ergaben sich z. B. für erwachsene (männl. und weibl.) Leser folgende Ergebnisse hinsichtlich der Verständnis- und Behaltensleistung:

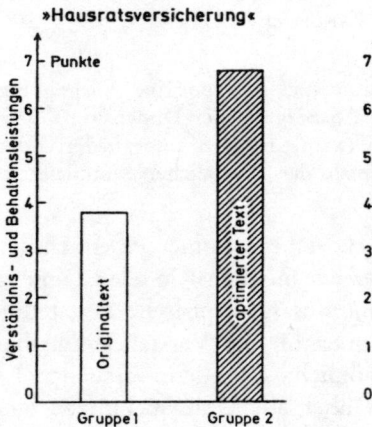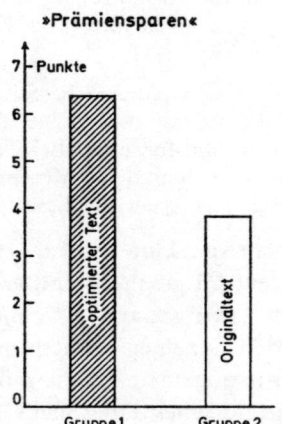

Abb. 24: Verständnis- und Behaltensleistungen für Original- und optimierten Text (nach LANGER et al., 1974, 71)

Vergleichbare überzufällige (signifikante) Verbesserungen von Verständnis-Behalten konnten auch für die übrigen Textsorten bei Schülern, Studierenden, Erwachsenen unterschiedlicher sozialer Herkunft und Schulbildung etc. gesichert werden (vgl. LANGER et al. 1974, 55, 71, 84, 89, 95, 101f.). Aus der Zusammenschau all dieser Ergebnisse läßt sich ableiten, welche Ausprägungsgrade in den einzelnen Dimensionen der Verständlichkeit (innerhalb dieses Ratingansatzes) als Optima anzusetzen sind; LANGER et al. (1974, 24) geben als Optima an (vgl. Abb. 25):

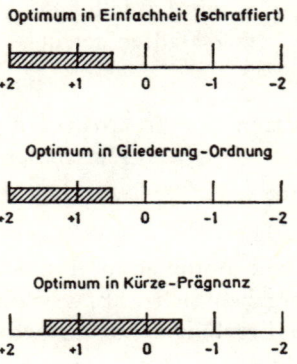

Abb. 25: Optimale Ausprägungsgrade in den Dimensionen der Textverständlichkeit (nach LANGER et al. 1974)

In der Dimension ,zusätzliche Stimulanz' sind positive Ausprägungsgrade nur in Verbindung mit einer hohen Ausprägung der Dimension Gliederung–Ordnung verständnisfördernd. Bei Texten, die eher ungegliedert oder nicht gut geordnet sind, führen die Merkmale der zusätzlichen Stimulanz lediglich zu gesteigerter Verwirrung des Lesers.

Die berichteten Untersuchungen sichern immer einen Unterschied zwischen dem Originaltext und einem möglichst in allen Dimensionen optimierten Text; dadurch ist eine präzise empirische Feststellung des Gewichts der einzelnen Dimensionen für das Verstehen und Behalten eines Informationstextes nicht möglich. Trotzdem versuchen LANGER et al. aufgrund eines Überblicks über alle Untersuchungen eine Gewichtung der einzelnen Dimensionen anzugeben und kommen dabei zu folgenden Festlegungen (1974, 24f.): Die Dimension Einfachheit ist als die ,wichtigste' anzusehen, die Dimension Gliederung–Ordnung ist ‚von erheblicher Bedeutung', während die Dimension Kürze–Prägnanz ‚weniger entscheidend' ist, ‚aber in ihrer Bedeutung häufig unterschätzt' wird; bei der Dimension zusätzliche Stimulanz enthält schon die Dimensionsbenennung die Gewichtung: nämlich daß sie nur zusätzlich (vor allem zur Dimension Gliederung–Ordnung) einzusetzen ist. Mit diesen Festlegungen erfüllt das skizzierte Verständlichkeitskonzept nach LANGER et al. folgende sieben Merkmale bzw. Kriterien:

– Es ist universell: d. h. anwendbar auf Informationstexte aller Art (wissenschaftliche Publikationen, Schulbuchtexte, Zeitungsberichte, Vertrags- und Gesetzestexte);
– es ist erschöpfend: d. h. es erfaßt alle verständnisfördernden Eigenschaften eines Textes; als diese Eigenschaften werden die oben angeführten (18) Eindrucksmerkmale angesetzt;
– es ist meßbar: und zwar durch die Kennwerte der vier Dimensionen (zwischen +2 und −2);
– es ist handlich: und zwar durch das unmittelbare Rating der vier Dimensionen, das nur intuitiv zusammenfassend auf die Eindrucksmerkmale zurückgreift;
– es ist differenziert: d. h. es gibt Hinweise zur Verbesserung des jeweiligen Textes (aufgrund der Kennwerte in den einzelnen Dimensionen und durch Zurückgreifen auf die einzelnen Eindrucksmerkmale bei nichtoptimalen Ausprägungsgraden auf den vier Dimensionen);
– es ist valide: durch den Nachweis der Verbesserung von Verstehen-Behalten bei optimierten Texten;
– es ist trainierbar: durch ein Wahrnehmungs-, Diagnose- und Optimierungstraining (vgl. LANGER et al. 1974, 103ff.; s. u. 4.5.).

Diese optimistische Einschätzung des Ratingansatzes der Verständlichkeit übersieht allerdings einige Probleme und Fragen, die – besonders auf dem Hintergrund der bisherigen Forschung – offenbleiben:
– Die These, daß die sprachliche Einfachheit den wichtigsten Faktor der Verständlichkeit darstellt, ist auf dem Hintergrund der Lesbarkeitsforschung, aus deren Ergebnissen gerade die stärkere Berücksichtigung der inhaltlich kognitiven Aspekte gefolgert worden war, unplausibel; sie widerspricht auch den experimentellen Ergebnissen der Sprachpsychologie zum Verhältnis von Satzform (z. B. Grammatik) und Satzinhalt (vgl. o. I.1.2.2.).
– Die Messung der Verständlichkeit durch ein Expertenrating ist zwar sehr ökonomisch und praktisch, dafür aber auch relativ subjektiv; außerdem bezieht sie sich nur sehr indirekt (vermittelt) auf den Rezeptionsprozeß, insofern als die Experten intuitiv auf ihre eigene Rezeption zurückgreifen und diese (hinsichtlich der Leichtigkeit bzw.

Schwierigkeit) beurteilen. Die oben (I.2.) dargestellten Methoden zur
Messung des Textverstehens bieten u. U. Möglichkeiten an, die eine
bessere Optimierung von Präzision, Objektivität und Praktikabilität
darstellen.

– Die Konfundierung von Verständnis- und Behaltens-Testungen
innerhalb der Validierungsuntersuchungen erschwert eine klare Trennung von Bedingungs- und Wirkungs-Seite: d. h. es kann nicht empirisch exakt – aufgrund von experimenteller Untersuchungen – angegeben werden, welche Relation bzw. Funktion zwischen Textverständlichkeit und z. B. Behaltenskriterien im Hinblick auf Textoptimierung unterstellt werden muß.

– Die motivationale Wirk-Variable (Spaß beim Lesen, Interesse an
den Texten) wird extrem einfach erhoben, und zwar durch jeweils
eine direkte Frage nach diesen motivationalen Wirkungen (vgl. LAN-
GER et al. 1980, 90); dies ist im Vergleich zur Komplexität motivationaler Prozesse natürlich eine etwas reduktionistische Erhebungsweise,
so daß die Validität der Untersuchungen in diesem Bereich zumindest
fraglich ist.

– Schlußendlich erhebt sich die (für die Praxis außerordentlich
wichtige) Frage, ob der Rückgang auf die genannten Eindrucksmerkmale als Ansatzpunkt für konkrete Handlungsanweisungen zur Textoptimierung ausreicht: denn für die praktische Anwendung der Verständlichkeitsforschung zur konkreten Verbesserung der Textgestaltung muß man ja von den Dimensionen des Verständlichkeitskonstrukts zurückgehen auf die konkreten Textmerkmale, die entsprechend dem Aufbau dieses Konstrukts für die Textverständlichkeit
verantwortlich sind – und dafür sind Eindrucksmerkmale u. U. doch
zu unpräzise festgelegte Charakteristika.

Gerade diese problematischen Aspekte des Verständlichkeitskonzepts werden von dem eher deduktiven Ansatz z. T. in anderer Art
und Weise angegangen und gelöst; daher soll über diese offenen
Fragen nicht an dieser Stelle, sondern erst nach Darstellung der theo-
retisch-deduktiven Explikation des Verständlichkeitskonzepts entschieden werden (s. u. 3.3.).

3.2. Theoretisch-deduktive Begründung

Die theoriegeleitete Explikation von Dimensionen der Verständlichkeit habe ich selbst (1972b; ^{2}1978 – im folgenden nach der 2. Auflage
zitiert) vorgelegt. Dabei bin ich mit der hermeneutischen Stilfor-

schung (vgl. REINERS 1963) und der empirischen Lesbarkeitsforschung (s. o.) von den stilistischen Merkmalen der sprachlichen Oberflächenstruktur ausgegangen. Die schon skizzierten Aspekte der Lesbarkeit sind noch durch im engeren Sinn sprachpsychologische Theorieansätze aus den sechziger Jahren zu ergänzen (vgl. GROEBEN 1978, 19ff.): Es handelt sich dabei um psycholinguistische Modelle, die sich in der Nachfolge der Transformationsgrammatik von CHOMSKY (vgl. 1969) auf die grammatikalischen Merkmale von Sätzen und Texten und deren Wirkung für die Verarbeitung und das Behalten dieser Texte konzentrieren. Dabei stehen vor allem Phänomene wie einfache ‚Kern'sätze (deklarative Sätze mit Subjekt und Prädikat), aktive oder passive Formulierung, affirmative oder negative Formulierung, Nominalisierungen und Adjektivierungen, Parataxen und Hypotaxen sowie deren mögliche Kombinationen im Zentrum der Untersuchungen (GROEBEN 1978, 20ff.; vgl. auch u. 4.2.). Diese Aspekte der sprachlichen (auch textuellen) Performanz ergänzen die Ergebnisse der Lesbarkeitsforschung in der Dimension der *sprachlichen Einfachheit*.

Von den Modellen der Informationsverarbeitung (‚information processing') und der Informationstheorie her – besonders im Bereich der Gedächtnispsychologie und kybernetischen Pädagogik – wird die Dimension der *semantischen Redundanz* relevant (o. c., 25ff.), d. h. die Frage, mit wie großer Weitschweifigkeit bzw. Wiederholung die semantische Information (das Neue der Mitteilung) im Text übermittelt wird. Dabei kommt es nicht nur darauf an, daß eine gewisse einprägungsfördernde semantische Redundanz geschaffen wird; vielmehr müssen syntaktische und semantische Information in einer Weise kombiniert werden, daß die Informationskapazität des Kurzzeitgedächtnisses durch entsprechende ästhetische (syntaktische) Informationen ausgenutzt wird und gleichzeitig das Übergehen der (z. T. wiederholten) semantischen Information ins Langzeitgedächtnis garantiert wird (vgl. FRANK 1968). Diese Aspekte der semantischen Redundanz bzw. Informationsdichte entsprechen dem, was man alltagssprachlich mit der Kürze (oder Länge) sowie Prägnanz eines Textes benennen kann.

Das größte Gewicht für die Verständlichkeit erhält bei einem theoriegeleiteten Vorgehen allerdings die Perspektive der *kognitiven Strukturierung* sowohl des Textinhalts als auch (in Interaktion mit diesem) des Kognitionssystems des Lesers. Als die klassische Theorie, die diese beiden Aspekte (Textstruktur und Kognitionsstruktur des Lesers) gleichgewichtig berücksichtigt, ist die kognitive Lerntheorie von AUSUBEL (vgl. 1963; 1968) anzusehen.

Es handelt sich dabei um eine speziell für das (rezeptive) Lernen aus schriftlichen Texten konzipierte Theorie (vgl. GROEBEN 1978, 28ff.): In ihrem Mittelpunkt steht die Annahme eines sog. Subsumtionsprozesses.

Begriffserläuterung: Unter dem Lernen aus Texten versteht AUSUBEL programmatisch ein sinnorientiertes Rezeptionslernen: Sinnorientiertes Lernen ist abzuheben von einem mechanischen Auswendiglernen; schon die Experimente zur reduktiven und elaborativen Codierung von Informationen (s. o. I.1.2.1.) haben gezeigt, daß ein solches sinnausgerichtetes Lernen erfolgreicher ist als das mechanische Auswendiglernen einzelner Items. Für Texte haben das sehr frühzeitig z. B. JONES & ENGLISH (1926) nachgewiesen (vgl. auch das Sammelreferat von WELBORN & ENGLISH 1937), auf die sich AUSUBEL (1963) in diesem Zusammenhang stützt. Als rezeptiv sieht er dieses Lernen insofern an, als er die Existenz einer Kognitionsstruktur beim Leser voraussetzt, in die potentielle neue Informationen eingeordnet (subsumiert) werden können; je mehr der Lernende über Wissen verfügt, umso wichtiger wird nach AUSUBEL folglich das Rezeptionslernen. In dieser Hochwertung des Rezeptionslernens widerspricht er z. B. BRUNER, der das Entdeckungslernen als sehr viel wichtiger propagiert (vgl. die Kontroverse zwischen beiden in AUSUBEL 1968; BRUNER 1961; 1966). Über das anzustrebende Gewicht dieser beiden Lernformen ist hier nicht zu entscheiden, da das Lernen aus Texten zum größten Teil unvermeidbar ein rezeptives Lernen darstellt; die kognitive Lerntheorie von AUSUBEL stellt daher für die hier thematische Fragestellung der kognitiven Strukturierung die brauchbarste Theorie dar. Allerdings ist zu berücksichtigen, daß (nach GUTHRIE 1967) rezeptives Lernen zwar stärker als Entdeckungslernen das Behalten fördert, gleichzeitig aber im Vergleich zum Entdeckungslernen beim Transfer auf neue Probleme weniger gut wirkt; dies ist für die Gewichtung von entsprechenden Textmerkmalen zu berücksichtigen (s. u. 4.).

Der Prozeß der Subsumtion als Eingliederung in übergeordnete kognitive Konzepte geht letztlich auf die Schema-Theorie des Gedächtnisses nach BARTLETT (1932) zurück; dabei wird von BARTLETT auch übernommen, daß dieser Prozeß der Subsumtion ein konstruktiver Akt ist, der also die im Text enthaltenen semantischen Informationen an die eigene kognitive Struktur angleicht (Assimilationsmodell: vgl. BARCLEY 1972) und auf diese Art und Weise destruktiv oder konstruktiv verändert; diese modifizierende Assimilation der Textinhalte beim Subsumtionsprozeß ist auch vor den propositionstheoretischen Experimenten der siebziger Jahre bereits mehrfach nachgewiesen worden (vgl. z. B. DAWES 1966; SULIN & DOOLING 1974): ein sehr anschauliches Beispiel bietet die Untersuchung von KAY (1955). Er ließ eine längere Textpassage lernen und prüfte deren Behalten mehrere Wochen hintereinander (pro Woche einmal); im Gegensatz zu anderen Untersuchungen ermöglichte er jedoch eine Korrektur, indem der Text nach jeder Reproduktion erneut geboten wurde. Erstaunlicherweise wurde aber diese Möglichkeit zur Verbesserung der Reproduktion von den Vpn kaum ausgenutzt; vielmehr ähnelten sich die einzelnen Wiedergaben in hohem Maße und näherten sich im weiteren Fortschreiten sogar immer mehr aneinander an. Dabei war die Übereinstimmung mit dem Originaltext relativ irrelevant (o. c., 93), auch Fehler wurden zum größten Teil unbeirrt immer wieder reproduziert.

Auch auf der Grundlage von Versuchstexten, für die eine Propositions-struktur rekonstruiert worden war, konnten Phänomene gesichert werden, die mit diesem postulierten Subsumtionsprozeß in Übereinstimmung stehen: so verglichen z. B. KINTSCH et al. (1975) Texte, die eine gleiche Anzahl von Worten und Propositionen aufwiesen, aber eine verschiedene Anzahl von hochinklusiven (umfassenden, generellen) Konzepten, die zur Subsumtion der einzelnen Fakteninformationen brauchbar waren. Die Versuchspersonen konnten jene Texte, die eine geringe (bewältigbare) Anzahl von inklusiven kognitiven Konzepten enthielten, besser behalten als jene mit Fehlen solcher Konzepte; übergeordnete Propositionen wurden besonders im Langzeitbehal-ten besser wiedergegeben als untergeordnete Propositionen.

Die Subsumtion ist also nur der dynamische Aspekt der hierarchi-schen kognitiven Struktur des Lesers und Lerners: d. h. daß an der Basis dieser Struktur spezifische Einzelinformationen stehen und darüber immer höher inklusive (umfassendere) Konzepte auf den je spezifischeren aufbauen. Der Subsumtionsprozeß erklärt damit nicht nur das Lernen neuer Informationen, sondern auch das Vergessen: denn die Konzeptionalisierungsdynamik innerhalb der kognitiven Organisation hat zur Folge, daß Einzelinformationen in dem überge-ordneten spezifischen Konzept, spezifische Konzepte in den überge-ordneten inklusiveren Konzepten etc. aufgehen. Dadurch werden z. B. die spezifischen Konzepte immer weniger von dem sie umgrei-fenden inklusiven Konzept unterscheidbar und sinken so irgendwann unter die Schwelle der Verfügbarkeit: sie werden vergessen. Dies kann nur durch Stabilität, Klarheit und Organisiertheit der jeweiligen kognitiven Struktur und d. h. der hierarchisch angeordneten Kon-zepte verhindert werden. AUSUBEL hat in der kognitiven Inhaltsstruk-tur des Textangebotes Bedingungen identifiziert, welche die Dissozia-bilität und Stabilität stärken und somit als Merkmale der kognitiven Gliederung und Strukturierung zur Optimierung der Textverständ-lichkeit eingesetzt werden können (vgl. AUSUBEL 1963; GROEBEN 1978, 32ff.); es sind dies im einzelnen (vgl. zur empirischen Gültig-keit u. 4.3.):

– eine kurze vor den eigentlichen Lerntext geschaltete Darstellung der im Text verwendeten kognitiven Konzepte (sog. Advance Organizer: Vorstruk-turierung);
– sequentielles Arrangieren: ein diskursives Absteigen in der Darstellung von den inklusiven bis zu den speziellsten Konzepten und Fakteninformatio-nen;

– die Hervorhebung der von den kognitiven Konzepten her wichtigsten Worte, Sätze bzw. Argumente;

– eine konzeptübergreifende Zusammenfassung der wichtigsten Punkte eines Textes am Ende, die bedeutsame Ähnlichkeiten und Differenzen zwischen bzw. zu anderen Konzepten aufweist;

– innerhalb des Textes die Angabe von Unterschieden und Ähnlichkeiten zwischen Konzepten und einzelnen Inhalten (faktuellen Informationen) etc.

Die kognitive Lerntheorie von AUSUBEL ist praktisch ausschließlich auf eine Steigerung des Behaltenserfolgs beim Lernen aus Texten ausgerichtet. Um auch den motivationalen Aspekt bei der Rezeption von Texten zu berücksichtigen, war nach einer Theorie zu suchen, die von Reizmerkmalen, d. h. den Charakteristika eines externen Gegenstandes ausgeht; diese Anforderung erfüllt vor allem die Theorie der Neugiermotivation von BERLYNE (1960/74b). Während für die Theorie AUSUBELS die kognitive Gliederung und Strukturierung im Mittelpunkt steht, propagiert BERLYNES Neugiertheorie dagegen den *konzeptuellen Konflikt* (vgl. GROEBEN 1978, 38ff.): dieser besteht für BERLYNE (entsprechend seinem behavioristischen Ausgangspunkt) in einer gleichzeitigen Reaktionsbereitschaft des Individuums zu unvereinbaren Verhaltensantworten. Um diesen Konflikt (und die in ihm manifeste Erregung; ‚arousal‘) aufzulösen, muß der Organismus nach weiteren Informationen suchen, um eine bestimmte Antworttendenz zu präferieren. Je nach der Konfliktursache handelt es sich bei diesem explorativen Verhalten um Wahrnehmungsneugier (z. B. bei Bildern etc.) oder um Wissensneugier (‚epistemische Neugier‘: z. B. bei Texten). Die Gegenstandscharakteristika, die einen solchen kognitiven Konflikt und damit eine Wissensneugier auslösen, nennt BERLYNE ‚kollative‘ Variablen (weil sie z. B. mit bestimmten Voreinstellungen, Erwartungen etc. *verglichen* werden). Die wichtigsten kollativen Variablen sind Neuheit, Inkongruität, Überraschung, Perplexität, Zweifel und Konfusion etc.

Beispiele: BERLYNE & FROMMER haben (1966) ein Experiment mit Märchengeschichten und Bildern für Kindergarten- und Schulkinder durchgeführt, das die kollativen Variablen der Neuheit, Überraschung, Komplexität, Inkongruität und subjektiven Unsicherheit variierte; für jedes Merkmal gab es dabei ein Positiv- und ein Negativbeispiel. In der Kategorie Neuheit handelte es sich z. B. um eine Fabel von ÄSOP (Der Fuchs und der Rabe), einmal mit bekannten Tieren, das andere Mal mit unbekannten Tieren als Hauptcharakteren. Ein Beispiel für die Kategorie Überraschung ist eine Geschichte, in der ein kleiner Junge behauptet, eine Wand zu halten, die in der Tat zusammenfällt, als er davongeht. Die weniger überraschende Geschichte ist die gleiche, nur ohne das außergewöhnliche Ende; vergleichbar sind die übrigen Kategorien konstruiert worden. Das Neugierverhalten der Kinder wurde durch die Anzahl der Fragen, die nach dem Anhören der jeweiligen Geschichte auftraten, gemessen. Es gelang, sowohl den Einfluß der Textmerkmale Neuheit als auch Überraschung zu sichern: neue und überraschende Geschichten führten zu größerer Wißbegier als ihre jeweiligen Gegenpole.

Aufgrund der einschlägigen empirischen Untersuchungen von BERLYNE und Mitarbeitern lassen sich aus der Neugiertheorie folgende Textmerkmale zur Schaffung konzeptuellen Konflikts ableiten (vgl. GROEBEN 1978, 51; s. im einzelnen u. 4.4.):

- Darstellung von Problemen und Konzepten so, daß sich möglichst viele alternative Problemlösungen (und damit widerstreitende Verarbeitungsreaktionen) ergeben;
- alternative Problemlösungen mit möglichst gleichen Wahrscheinlichkeiten für die Alternativen (zur Konfliktmaximierung);
- Neuheit und Überraschung: Neuheit vor allem bei Konzepteigenschaften/-merkmalen, Überraschung im Bereich übergreifender Sinnzusammenhänge;
- Inkongruenz durch Einführung neuer Konzepte mit Widersprüchen zu vorhandenen, schon verfestigten Konzepten;
- Einführung neuer Inhalte und Probleme in Frageform.

Für die empirische Überprüfung wurden diese vier Aspekte der Textverständlichkeit (stilistische Einfachheit, semantische Redundanz, kognitive Strukturierung, konzeptueller Konflikt) in GROEBEN (1978) zu drei Faktoren eines varianzanalytischen Versuchsplans zusammengefaßt: und zwar wurden kognitive Gliederung und konzeptueller Konflikt als zwei gegensätzliche Pole des bipolaren Faktors ‚inhaltliche Strukturierung‘ angesetzt; dies entspricht generellen Ergebnissen zu den Gegenstandsvariablen für intrinsisch motiviertes Lernen (vgl. PORTELE 1975, 220f.) sowie auch den Ergebnissen der Hamburger Forschungsgruppe hinsichtlich der *zusätzlichen* kognitiven Stimulanz. Anhand der oben genannten konkreten Textmerkmale wurden dann Texte hergestellt, die sich unterschieden hinsichtlich der drei Faktoren ‚sprachliche Einfachheit‘, ‚inhaltliche Strukturierung‘ (jeweils auf drei Niveaus ausgeprägt) und ‚semantische Redundanz‘ (mit Ausprägung auf zwei Niveaus). Beim Faktor ‚inhaltliche Strukturierung‘ bestanden die drei Niveaus einmal aus einer Textgestaltung nach den Prinzipien der kognitiven Strukturierung (sensu AUSUBEL), zum anderen nach den Merkmalen des konzeptuellen Konflikts (sensu BERLYNE), und zum dritten aus einer Integration von Merkmalen der kognitiven Strukturierung und des konzeptuellen Konflikts. Als Gegenstand wurde ein einführender Text über Gruppenarbeit gewählt, wobei alle Textvarianten die zentralen gruppendynamischen Konzepte enthiel-

ten; die einzelnen Textvarianten wurden von Mitgliedern des Lehr-
körpers unter Vorgabe der abzuhandelnden Konzepte nach den oben
dargestellten Merkmalshinweisen hergestellt; auf diese Art und Weise
ergab sich ein 3×3×2-Versuchsdesign.

Beispiel: Zur Veranschaulichung sollen die Anfänge dieser Versuchstexte,
die die Gegenpole kognitive Strukturierung (Versuchstext 1) vs. konzeptueller
Konflikt (Versuchstext 2) darstellen, aufgeführt werden (für beide Versuchstexte gilt als Ausprägung der beiden übrigen Faktoren: mittlere sprachliche
Einfachheit und niedrige semantische Redundanz):

Versuchstext 1 (kognitive Strukturierung):

Gruppenarbeit ist in den letzten
Jahren eine immer wichtigere Ar-
beitsform geworden. Es handelt sich
bei Gruppen um eine Organisations-
form von Individuen zur eigenständigen Bewältigung bestimmter Aufgaben. Die Notwendigkeit zur
Gruppenarbeit ergibt sich aus der
zunehmenden Spezialisierung in unserer Gesellschaft. Die Bewertung
ihrer Leistung geschieht unter dem
Aspekt der Produktivität und des
emotionalen Klimas.

Eine *Gruppe* ist definiert als eine
Menge von Individuen, die zur Bewältigung einer Aufgabe eine *Ar-
beitsteilung* vornimmt und die gestellte Aufgabe *gemeinsam* zu lösen
versucht.

Versuchstext 2 (konzeptueller Konflikt):

Eine Boing 707 wird von einem
Piloten, Kopiloten und Navigator
geflogen – im Schrankenwärterhäus-
chen dagegen sitzt oft nur ein Bahn-
beamter. Gruppenarbeit und die Diskussion darüber sind modern, aber
beim Haarschneiden wird man meistens auch nur von einem Friseur
bedient. Soll man diesen von Amerika importierten Trend mitmachen?
Ist Gruppenarbeit der Einzelarbeit
wirklich überlegen?

Da soll z. B. die Länge eines Ti-
sches geschätzt werden; bei einer
Gruppe ist das Mittel aus allen Ein-
zelschätzungen sowieso besser als die
einzelnen Schätzungen. Das liegt
aber an der Addition der Leistungen,
nicht an einer echten Zusammenar-
beit. Gruppenleistung ohne Zusam-
menarbeit ist ein Pseudogruppenef-
fekt. Warum wird dann überhaupt
Gruppenarbeit durchgeführt? Zwei
Möglichkeiten: ...

Als abhängige Variablen wurden Verständlichkeit, Behalten und
Interesse am Text erhoben. Die Messung der Verständlichkeit dieser
Texte wurde bei Abiturienten von 18 Schulklassen im Raume Münster
durchgeführt, und zwar mit Hilfe des oben (vgl. I.2.3.) dargestellten
Rateverfahrens zur subjektiven Informationsmessung (auf der Grundlage von Worteinheiten); der Behaltenseffekt wurde durch einen
cloze-Test (der wichtigsten Inhaltsworte) im Abstand von ein bis
zwei Stunden nach dem Lesen der Texte erhoben, das Interesse (an-

knüpfend an BERLYNE) durch Ankreuzen von Teilproblemen, über die die Schüler weitere Informationen erhalten wollten. Die varianzanalytische Auswertung der Verständlichkeitsmessung ergab, daß der Faktor der inhaltlichen Strukturierung das größte Gewicht (86% der aufgeklärten Varianzanteile) für die Streubreite der Textverständlichkeit aufweist; der Faktor der sprachlichen Einfachheit trägt zwar auch signifikant zur unterschiedlichen Verständlichkeit bei, aber in einem weitaus geringerem Ausmaß (3,5% Varianzanteile); außerdem konnte eine Wechselwirkung zwischen sprachlicher Einfachheit und semantischer Redundanz gesichert werden: das Einführen von Redundanzen hat einen verständlichkeitsfördernden Effekt am ehesten bei einem mittleren Grad von sprachlicher Einfachheit. Für den Behaltenseffekt war dann nurmehr der Faktor der inhaltlichen Strukturierung relevant, und zwar so, daß die kognitive Gliederung (nach AUSUBEL) eher konzeptuelles Lernen ermöglichte, dafür die Merkmale konzeptuellen Konflikts (nach BERLYNE) eher faktuelles Lernen bewirkten. Für ein gleichgewichtig konzeptuelles und faktuelles Lernen, das am ehesten

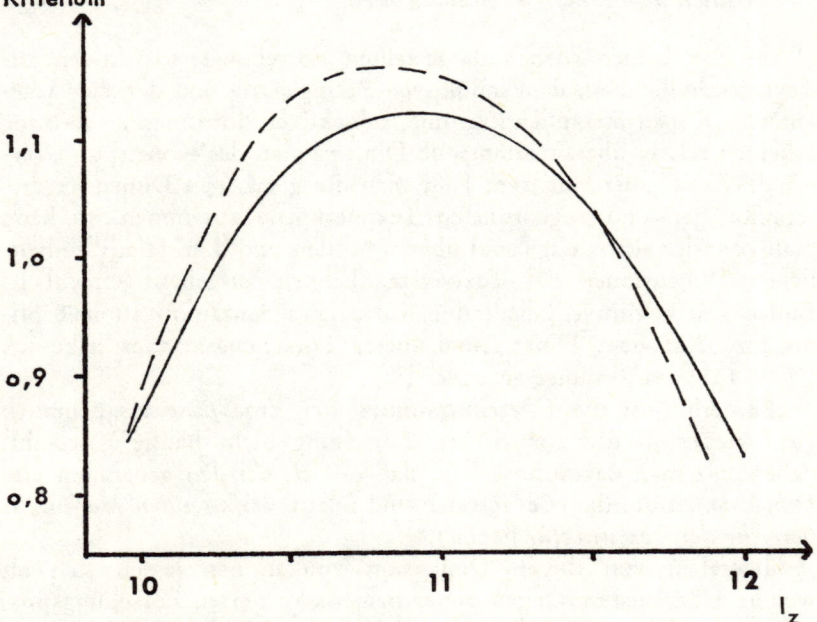

Abb. 26: Beziehung zwischen Behalten/Interesse und Textverständlichkeit; Verständlichkeit gemessen als subjektive Information (I_z) in bit pro Wort, das ‚Kriterium' besteht aus dem Mittelwert der standardisierten Behaltens- und Interessenwerte (nach GROEBEN 1978, 133)

eine Resistenz gegenüber dem Vergessen ermöglicht, ist daher als optimale Inhaltsstruktur die Mischform aus kognitiver Gliederung und konzeptuellem Konflikt zu empfehlen. Für das Interesse am Textinhalt konnten allein keine bedeutsamen Effekte gesichert werden; nur in Verbindung mit dem Behaltenskriterium ergab sich eine im übrigen kurvilineare Beziehung zwischen Behalten/Interesse und der Verständlichkeit von Texten (vgl. Abb. 26, S. 205).

Das bedeutet: Mittlere Verständlichkeitsgrade sind unter dem kombinierten Kriterium des Behaltenserfolgs und der Neugierevozierung für die Textgestaltung am sinnvollsten: Man sollte die kognitive Gliederung nicht so weit treiben, daß die Textverarbeitung keinen oder nur einen sehr geringen kognitiven Anspruch an den Rezipienten stellt. Vielmehr ist es sinnvoll, auch die konfliktevozierende Darstellung zu integrieren, allerdings nur so weit, daß eine eindeutige konzeptuelle Strukturierung des Lesers/Lerners aufrechterhalten bleibt.

3.3. Übereinstimmungen und Unterschiede: Grundzüge eines allgemeinen Konstrukts ‚Verständlichkeit‘

Aus den beiden soeben dargestellten Forschungsperspektiven zur Textverständlichkeit, dem induktiven Ratingansatz und der theoriegeleiteten Konstruktexplikation mit subjektiver Informationsmessung scheinen relativ übereinstimmende Dimensionen des Konstrukts ‚Verständlichkeit‘ zu resultieren. Faßt man die gegebenen Dimensionsbeschreibungen und zugeordneten Textmerkmale zusammen, so kann man von vier sich weitgehend überlappenden und d. h. relativ einheitlichen Dimensionen der Textverständlichkeit ausgehen: sprachliche Einfachheit/kognitive Gliederung/Kürze, Prägnanz/motivationale Stimulanz. Auf dem Hintergrund dieses Forschungsstandes habe ich (1976, 131) das Resümee gezogen:

„Immerhin ist die *Übereinstimmung der Ergebnisse* insgesamt so gut, wie es in der empirischen Forschung nicht häufig geschieht; daher darf man davon ausgehen, daß es sich bei den genannten *vier Dimensionen* um die relevantesten und relativ *umfassenden Merkmalsbereiche der Textstruktur* handelt."

Abgesehen von diesen Dimensionsexplikationen lassen sich als weitere Übereinstimmungen dieser beiden skizzierten Forschungsprogramme festhalten: daß die Textgestaltung vor allem auf das Behalten der Textinhalte einen relevanten Einfluß ausübt, weniger auf das Interesse; außerdem daß die motivierenden, stimulierenden Textgestaltungen nur zusätzlich zu berücksichtigen sind, damit die kognitive

Strukturierung des Lesers/Lerners nicht beeinträchtigt oder gar zerstört wird.

Allerdings enthalten die mitgeteilten Ergebnisse auch einige Gegenläufigkeiten oder z. T. sogar Widersprüchlichkeiten, zumindest jedoch Unterschiede:

– Am auffälligsten ist der Unterschied in der Gewichtung der einzelnen Dimensionen: der Hamburger Ansatz hält die Dimension der sprachlichen Einfachheit für die bedeutendste hinsichtlich der Textverständlichkeit, während bei mir der Faktor der inhaltlichen Strukturierung ganz eindeutig am gewichtigsten ist und die sprachliche Formulierung einen zwar nachweisbaren, aber außerordentlich schwachen Einfluß hat;

– impliziter ist der zweite relevante Gegensatz: im Hamburger Ansatz wird de facto immer davon ausgegangen, daß eine Maximierung der Verständlichkeit auch zu einer Verbesserung des Behaltenserfolgs beim Leser/Lerner führt – es wird also eine lineare Beziehung zwischen Verständlichkeit und Lernkriterium angesetzt; im Unterschied dazu postuliere ich aufgrund der Ergebnisse der subjektiven Informationsmessung und der Behaltenstests ganz eindeutig eine kurvilineare Beziehung zwischen Verständlichkeit und Lernkriterium (s. o. und GROEBEN 1978, 129ff.).

Ausgehend von diesen Unterschieden meldet nun TERGAN (1980) grundsätzliche Zweifel an, ob die beiden dargestellten Verständlichkeitskonzepte zu vergleichbaren Ergebnissen gelangen; er sieht Probleme sowohl hinsichtlich der dimensionalen Struktur der Verständlichkeitskonzepte, der Messung von Textverständlichkeit und der Beziehung zwischen Textverständlichkeit und Lernerfolg (1980, 5). Dabei stützt er sich auch auf eigene empirische Untersuchungen, die (zum ersten Mal) einen direkten Vergleich zwischen dem Rating von Textverständlichkeit und der Messung durch subjektive Informations-Erhebung durchführen.

Beispiel: Und zwar hat er vier Textversionen des sog. ‚Nachtextes‘ zur 16. Studieneinheit des Funkkollegs ‚Beratung in der Erziehung‘ untersucht; diese Versionen waren vom Ansatz her im Inhalt gleich, unterschieden sich aber nach den vier Kennwerten des Hamburger Verständlichkeitsratings (s. u. Tab. 12). Für diese vier Textversionen wurde an 32 Studierenden der Pädagogik und Psychologie (Universität Tübingen) auch die subjektive Information (nach dem von GROEBEN 1978 verwendeten Verfahren; vgl. WELTNER 1970; s. o. I.2.3.) erhoben. Um die beiden Verständlichkeitsmaße in einer Korrelation vergleichen zu können, waren die Kennwerte des Verständlichkeitsratings in einen zusammenfassenden Verständlichkeits-Index zu transformieren: dies geschah durch eine Aufaddierung der Werte in den beiden Dimensionen

Einfachheit und Gliederung-Ordnung (TERGAN 1980, 18). Die resultierenden
Daten zeigt Tab. 12:

	Textversion			
	1	2	3	4
V–Index	– 2,09	– 0,34	0,72	2,84
Rangreihe	1	2	3	4
I$_z$–Wert	7,6110	6,8580	5,6030	8,3640
Rangreihe	2	3	4	1

Tab. 12: Vergleich der Messung von Textverständnis durch Rating und durch
Erhebung subjektiver Information (nach TERGAN 1980, 18)

(Entsprechend den Meßoperationen bedeutet ein hoher positiver V-Index
große Textverständlichkeit; ein hoher (subjektiver) Informationswert indiziert
jedoch niedrige Verständlichkeit; daher hat die höchste Rangposition (4) der
Verständlichkeit bei der subjektiven Information der niedrigste Iz-Wert, beim
V-Index der höchste Wert).
Die Rangkorrelation zwischen diesen beiden Rangreihen ergab einen nicht-
signifikanten negativen Zusammenhang von –.20. Vergleichbar unergiebig
blieb die Korrelation mit verschiedenen Lernerfolgskriterien (Mehrfach-Wahl-
Aufgaben und cloze-Tests): die meisten Korrelationen waren nicht signifikant
und auch unter Berücksichtigung eines möglichen kurvilinearen Zusammenhangs (der ja vom Korrelationskoeffizienten unterschätzt wird, weil dieser
Linearität voraussetzt) war in den meisten Fällen der Anteil der nichtaufge-
klärten Varianz höher als der Anteil der aufgeklärten (o. c., 21). TERGAN
schließt aus diesen Ergebnissen und einem Vergleich der beiden Verständlichkeitskonzepte hinsichtlich der von ihnen postulierten Textmerkmale, daß:
– die beiden Verständlichkeitskonzepte (Ratingansatz vs. subjektive Informationsmessung) Unterschiedliches messen;
– der Einfluß der Textverständlichkeit auf den Lernerfolg fraglich ist;
– auch die Dimensionen des Verständlichkeitskonstrukts zwar ähnlich
benannt, aber unterschiedlich expliziert sind (o. c., 22ff.).

Diese Einschätzung, daß die beiden Verständlichkeitskonzepte weder theoretisch noch empirisch vergleichbar sind, erscheint mir auf
dem Hintergrund der dargestellten Übereinstimmungen zu pessimi-
stisch; überdies kann sie u. U. auch destruktiv wirken, indem schon
geleistete Forschungsarbeit – z. T. vorschnell – wegen verbliebener
Divergenzen als irrelevant vernachlässigt wird. Es ist daher m. E.
nicht nur legitim, sondern sinnvoll und konstruktiv, zunächst einmal
nach Möglichkeiten zu suchen, die vorliegenden Forschungsergebnisse
zu integrieren. Allerdings ist zuzugeben, daß eine solche Integration
zumindest grundsätzliche Lösungsmöglichkeiten für die zentralen

offenen Fragen bzw. Probleme anbieten können muß (vgl. zu diesen Lösungsmöglichkeiten ausführlicher GROEBEN 1976; 1981a). Dabei sind folgende Fragen, zumindest ansatzweise, zu beantworten:

1. Wie verhalten sich die verschiedenen Messungen der Verständlichkeit zueinander, und ist mit ihrer Hilfe ein Einfluß auf den Lernerfolg abzubilden?

2. Welches sind die Dimensionen der Verständlichkeit und vor allem: Wie ist die Gewichtung von sprachlicher Einfachheit im Vergleich zu kognitiver Gliederung?

3. Welche Bedeutung und welche Geltungsbreite hat der motivationale Aspekt der (Interesse-)stimulierenden Textmerkmale?

4. Bieten die in den Dimensionen der Verständlichkeit zusammengefaßten Textmerkmale gesicherte, konkrete Regeln (Maximen) für eine optimale Textgestaltung?

ad 1.: Die Frage nach der Messung der Textverständlichkeit (und deren Prognosevalidität im Hinblick auf den Lernerfolg) ist vor allem eine methodische; als solche ist sie vorgeordnet zu stellen und zu beantworten, denn Unterschiede in der Meßmethodik sollten zunächst einmal nur dieser angelastet werden und nicht auf die konzeptuelle Explikation des Verständlichkeitskonstrukts hin generalisiert werden. Denn es ist durchaus denkbar, daß sich die Dimensionen des Verständlichkeitskonzepts auf vergleichbare Aspekte der Informationstexte beziehen und nur Unterschiede in der Kombination zu einem Gesamtwert existieren – dann sollte man den Unterschied billigerweise auch nur in dieser Kombination sehen und, so weit möglich, aufzuheben versuchen. Die Hamburger bilden von ihrem grundsätzlichen Versuchsplan her (Vergleich von Original und Optimierungstexten; s. o. 3.1.) in der Regel gar keinen Gesamtverständlichkeitsindex; von daher ist die additive Kombination der beiden Dimensionen Einfachheit und Gliederung-Ordnung zu einem Verständlichkeitsindex, wie sie TERGAN vorgenommen hat, für den Hamburger Ratingansatz zumindest nicht zentral oder symptomatisch. Deshalb kann auch aufgrund der von TERGAN mit diesem Gesamt-V-Index erzielten Ergebnisse (mangelnden Korrelationen) kaum die Konsequenz gezogen werden, daß die beiden Verständlichkeitsbegriffe konzeptuell unterschiedlich sind. Vielmehr ist an einer Vereinheitlichung bzw. Vergleichbarmachung der Kombination der einzelnen Verständlichkeitsdimensionen zu einem Gesamt-V-Index zu arbeiten.

Beispiel: Unter dieser Perspektive lassen sich für zukünftige Forschungen zwei Möglichkeiten skizzieren:

a. Man kann einen der subjektiven Information (Iz-)äquivalenten V-Index
   aufgrund der Hamburger Ratings bilden, d. h. die gleiche Gewichtung der
   Dimensionen wie für den Iz-Wert unterstellen. Wenn die Dimensionen
   auf vergleichbare Textaspekte referieren, müßten diese beiden Meßwerte
   dann hoch korrelieren. Dies ist auf dem Hintergrund der bisherigen
   Forschung eine Hypothese und müßte an einem größeren Datenmaterial
   überprüft werden.
b. Man kann aus den Angaben von LANGER et al. (1974; s. o. 3.1.) selbst zu
   explizieren versuchen, welche Kombinationsregeln für die Dimensionen
   zu einem Gesamtwert sie unterstellen. Ich habe aufgrund der oben (3.1.)
   mitgeteilten Optimalausprägungen der einzelnen Dimensionen solche Regeln versuchsweise ausgearbeitet (in GROEBEN 1981a, 376). Dabei zeigt
   sich, daß bei Einbeziehung der Dimensionen Kürze-Prägnanz und zusätzliche Stimulanz keine lineare Addition der einzelnen Dimensionskenn-
   werte zu einem Gesamtindex zustandekommt; vielmehr würde dieser
   genuin Hamburger V-Index zu einer linearen Addition der Einzelkenn-
   werte vermutlich in einer kurvilinearen Relation stehen. Auch hier ist
   sowohl weitere empirische Forschung als auch eine explizite Festlegung
   der Hamburger Forscher nötig, welche Kombinationsregeln (einschließlich
   der Dimensionsgewichtungen; s. u. ad 2.) sie für einen Gesamt-V-Index
   ansetzen wollen.

Mit der skizzierten Möglichkeit eines genuin Hamburger V-Indexes
ist aber auch bereits die Auflösung des Problems angedeutet, daß der
Hamburger Ratingansatz eine lineare Beziehung zwischen Gesamtver-
ständlichkeit und Lernerfolg, die Ergebnisse der subjektiven Informationsmessung jedoch eine kurvilineare Beziehung zum Behaltenskriterium ergeben. Denn der genuin Hamburger V-Index zeigt, daß auch
der Ratingansatz eine kurvilineare Beziehung impliziert, lediglich an
anderer Stelle: nicht zwischen (Gesamt-)Verständlichkeitswert und
Lerneffekt, sondern eben in der Kombination der einzelnen Dimensionen zu einem Gesamtwert. Damit läge allerdings auch hier keine
echte Konkurrenz und Divergenz der Konzepte in bezug auf das, was
mit Verständlichkeit bezeichnet werden soll, vor; sondern lediglich
eine unterschiedliche Lokalisierung der Kurvilinearität, über die es zu
diskutieren und auf der Basis von Brauchbarkeitsgründen zu entscheiden gilt. Hinsichtlich dieser Brauchbarkeit bin ich im übrigen nach
wie vor der Meinung, daß die Kurvilinearität sinnvoller zwischen
Verständlichkeitsindex und Behaltenseffekt anzusetzen ist: denn die
lineare Relation der Dimensionen zueinander innerhalb des Gesamt-
verständlichkeitskonstrukts ist intuitiv plausibler und theoretisch
stringenter zu begründen (vgl. GROEBEN 1978, 15ff.); und außerdem
entspricht die Kurvilinearität zwischen Verständlichkeitswert und
Behaltenseffekt sehr viel besser anderen die inverse U-Funktion nach-

weisenden Forschungsergebnissen hinsichtlich der Relation von Reizmerkmalen und Verarbeitungseffekten (vgl. YERKES-DODSON-Gesetz
etc.).

ad 2.: Damit ist auch die Explikation der Verständlichkeitsdimensionen von einem wichtigen, belastenden Unterschied befreit; besonders wenn man bedenkt, daß wissenschaftliche Konstrukte gegenüber
den konkreten Indikatoren bzw. Operationalisierungen ein ‚surplus
meaning' (Bedeutungsüberschuß) besitzen, kann man m. E. von einer
zufriedenstellenden Übereinstimmung hinsichtlich der Dimensions-
konzipierung sprechen. Die theoretisch gemeinte Bedeutung der vier
Verständlichkeitsdimensionen ist in beiden Ansätzen offensichtlich
relativ deckungsgleich und läßt sich zusammenfassen in den Benennungen: sprachliche Einfachheit, kognitive Gliederung, semantische
Kürze/Redundanz und motivationale Stimulanz. Hinsichtlich der
konkreten Merkmalsangaben ist allerdings zu berücksichtigen, daß die
Eindrucksmerkmale des Hamburger Ratingansatzes z. T. eher intuitive Benennungen (etwa auf der Ebene hermeneutischer Stilistiken;
vgl. REINERS 1963) darstellen; diese sollten theoriegeleitet präzisiert
und durch textlinguistische, kognitionspsychologische etc. Merkmalsbeschreibungen und Messungen erweitert werden. Relativ deutlich
zeigt sich diese Notwendigkeit z. B. bei den Eindrucksmerkmalen,
die für die Dimension der zusätzlichen Stimulanz im Hamburger
Ansatz angeführt werden: dies sind weitgehend nur paraphrasierende
Umschreibungen von Stimulanz; konkretere, für Handlungsanweisungen zur Textoptimierung brauchbare Merkmale (wie Fragen etc.) sind
nur über eine zugleich theoretische Erklärungsperspektive und empirische Überprüfungsanstrengung erreichbar. Es ist daher m. E. berechtigt, von einer relativen Übereinstimmung hinsichtlich der dimensionalen Struktur der Textverständlichkeit zu sprechen; allerdings
heißt das nicht, daß hinsichtlich der konkreten Textmerkmale völlige
und insbesondere eine abgeschlossene Übereinstimmung besteht –
vielmehr ist die Feststellung der (operationalisierten) Textmerkmale in
den einzelnen Dimensionen als grundsätzlich offen und unabgeschlossen anzusehen (vgl. u. ad 4.).

Hinsichtlich der Gewichtung der Dimensionen ist der wichtigste
Unterschied zwischen den beiden Forschungsprogrammen, nämlich
die Gewichtung des Faktors ‚sprachliche Einfachheit', relativ eindeutig auflösbar: Ich habe bereits 1976 darauf hingewiesen, daß meine
Gewichtschätzung wegen der begrenzten sprachlichen Variation nur
eines Standardtextes nach dem oben berichteten Versuchsplan (3.2.)
vermutlich eine Unterschätzung des Gewichts der sprachlichen Di-

14*

mension darstellt. Da die Hamburger außerordentlich unterschiedliche (sog. Breitband-)Texte untersucht haben, ist es erwartbar, daß bei ihnen die sprachlichen Textmerkmale eine größere Rolle spielen. Allerdings leiden ihre Angaben zur Gewichtung darunter, daß ihr Versuchsplan keine exakte empirische Gewichtsschätzung ermöglicht. Von daher ist es wahrscheinlich, daß die Hamburger durch die Voreinstellung z. B. aufgrund klassischer Stilistikansätze das Gewicht sprachlich-stilistischer Textmerkmale überschätzen. Das wird empirisch ganz erheblich gestützt sowohl durch die neueren Untersuchungen zum Einfluß von semantischen vs. grammatikalischen Textmerkmalen auf die Textverarbeitung (s. o. I.1.2.2.) als auch durch die instruktionspsychologischen Experimente mit Texten, die beide ein ganz eindeutiges Schwergewicht bei den kognitiv-semantischen Strukturierungsmerkmalen haben (vgl. u. ad 4.). Daraus ist (übrigens in Übereinstimmung mit TERGAN 1980, 29ff.) die Konsequenz zu ziehen: Die Dimension der sprachlichen Einfachheit hat, besonders wenn große Unterschiede vorliegen, durchaus einen Einfluß auf die Textverständlichkeit; dieser ist aber in der Regel erheblich geringer als das Gewicht der Dimension ‚kognitive Ordnung'.

ad 3.: Hinsichtlich der Relation von kognitiver Ordnung und motivationalen Aspekten der Textgestaltung stimmen die Ergebnisse völlig überein: das Behaltenskriterium ist dem Motivierungsaspekt vorzuordnen, weil es hier eine Gegenläufigkeit gibt: stimulierende Textmerkmale bewirken immer auch eine höhere Komplexität des Lernmaterials, die ohne eine übergeordnete kognitive Strukturierung nur zur Verwirrung des Lesers führt (s. o. 3.1. und 3.2.). Diese Übereinstimmung führt in Verbindung mit den Schwierigkeiten bei der Operationalisierung des Interessekriteriums allerdings zu einer weiteren offenen Frage: nämlich der nach der Breite bzw. Tiefe der durch Textgestaltung erreichbaren Motivierungseffekte. Nach der Neugiertheorie BERLYNES ist das Herbeiführen konzeptueller Konflikte als eine Strategie zur Schaffung intrinsischer Motivation anzusehen. Dem steht in neuerer Zeit das Modell des mathemagenen Verhaltens von ROTHKOPF mit einem sehr viel eingeschränkteren Erklärungsanspruch entgegen: ROTHKOPF hat dieses Konzept von der Aktivität des Lernenden beim programmierten Unterricht ausgehend entwickelt (1963; 1965; 1969). Unter mathemagenem Verhalten werden die Aktivitäten des Schülers verstanden, die zu Lernen (im Sinn von Wissenserwerb aus schriftlichem Lernmaterial) führen – aus dem Griechischen: Mathema (das zu Lernende) und gignesthai (geboren werden). Die zentrale Frage seines Forschungsprogramms besteht in der Suche nach Bedingungen, die solches mathemagenes Verhalten ermöglichen bzw. verstärken. Dabei wird die Schwierigkeit der adäquaten Operationalisierung der abhängigen Variable, der Motivierung zu Textrezeption und Verarbeitung, von vornherein vermieden: ob mathemagenes Verhalten erreicht wurde, wird nur indirekt erschlossen aus der (größeren) Behaltensleistung. Hinsichtlich der Bedingungen für mathemagenes Verhalten haben sich die Forschungsbemühungen praktisch ausschließlich auf das Einfügen von Fragen in den Text konzentriert (vgl. die Sammelreferate von FRASE 1970b; ROTHKOPF 1970; 1971).

Beispiel: Der paradigmatische Versuchsplan (ROTHKOPF 1971, 289ff.) sieht bestimmte Fragen an verschiedenen Stellen des Textes eingefügt (‚interspersed‘) vor, denen ein Teil der Mehrfachwahlfragen zur Behaltensprüfung am Schluß entspricht, ein anderer Teil nicht; auf diese Weise läßt sich die direkte Wirkung der eingeschalteten Fragen, wie auch ein (nur durch Intensivierung des mathemagenen Verhaltens erklärbarer) ‚Transfer‘ auf andere Textinhalte feststellen. Die empirischen Ergebnisse hinsichtlich der direkten Wirkung von Fragen sind: nach dem entsprechenden Textteil plazierte Fragen führen zu mehr Behaltenserfolg als davor plazierte (z. B. BRUNING 1968; FRASE 1968a; 1970b; ROTHKOPF 1963; 1966), auch für das Langzeitgedächtnis und besonders bei geringer Motivation (BOKER 1974; FRASE et al. 1970). In bezug auf die generelle Wirkung – auch hinsichtlich der Inhalte, die nicht ‚befragt‘ wurden – erwiesen sich vorangestellte Fragen als unwirksam, da sie die Aufmerksamkeit zu sehr auf die thematisierten Inhalte konzentrieren, während für nachgestellte Fragen bessere Behaltenswerte als bei Kontrollgruppen ohne Fragen festgestellt wurden (FRASE 1967; PATRICK 1968; ROTHKOPF 1966), besonders wenn die Fragen nicht zu direkt oder speziell waren (ROTHKOPF & BLOOM 1970; ROTHKOPF & BILLINGTON 1974). Die Wirkung der Fragen ist unabhängig davon, ob sie durch die Probanden beantwortet werden oder nicht (ROTHKOPF 1971; vgl. ausführlicher u. 4.3.6.).

Die Instruktionspsychologie betrachtet die Einfügung von Fragen i. S. ROTHKOPFs und seiner Mitarbeiter allerdings in erster Linie als Mittel kognitiver Gliederung und weniger als solches motivationaler Stimulanz, wie es demgegenüber BERLYNE betont. Dieser scheinbare Widerspruch löst sich auf, wenn man die Art der Fragen nach ROTHKOPF und BERLYNE betrachtet: so konnten BULL & DIZNEY (1973) nachweisen, daß ROTHKOPFs Zwischenfragen zu einfach sind, als daß sie einen motivierenden Anstieg des Erregungspotentials bewirken könnten; dieser wurde nur durch die auf konzeptuellen Konflikt ausgerichteten BERLYNE-Fragen erreicht. Daraus lassen sich zwei theoretische Konsequenzen ableiten: Zunächst einmal sind Fragen als Textgestaltungs-Strategie sowohl unter dem Aspekt der kognitiven

Strukturierung als auch der motivationalen Stimulanz einsetzbar; in unserer folgenden Analyse der konkreten Optimierungsstrategien haben sie daher die Funktion des Verbindungsgliedes zwischen der Dimension der kognitiven Gliederung und des motivierenden Konflikts (vgl. u. 4.3.6.). Zum anderen wird deutlich, daß das Fragen als solches zur Motivierung nicht ausreicht, sondern daß es dazu konzeptuell konfliktärer Frageinhalte bedarf. Solche stimulierenden Frageinhalte bewirken jedoch nicht unbedingt eine intrinsische Motivierung, d. h. idealtypisch den Aufbau eines relativ zeitüberdauernden, inhalts- und persönlichkeitsspezifischen Interesses; vielmehr erscheint es mir sowohl von der theoretischen Ableitung wie von den empirischen Ergebnissen her sinnvoll, mit dem Konzept des mathemagenen Verhaltens auf eine Erklärung sehr viel kürzerer Reichweite abzuzielen. Es steht hier die kurzfristigere (zeitvariante) auf den Leseprozeß konzentrierte und damit nicht persönlichkeits-, sondern textspezifische Motivierung – eben zur weiteren Informationsaufnahme durch Lesen – im Vordergrund. Diese Beschränkung des Erklärungsanspruches auf den Prozeß-Aspekt der Motivierung ermöglicht m. E. eine sinnvolle Integration der beiden bisher relativ unabhängig voneinander ablaufenden Forschungsprogramme zur motivationalen Dimension der Textgestaltung. Auch für diese eingeschränkte Perspektive der Motivierung zur weiteren Textverarbeitung ist aber (noch einmal) festzuhalten, daß sie dem Zielkriterium des kognitiv-mnemonischen Lernerfolgs und damit der Dimension der kognitiven Strukturierung des Textinhaltes nachzuordnen ist.

ad 4.: Die Frage nach der Möglichkeit, von den postulierten verständlichkeitsfördernden Textmerkmalen her Regeln für eine optimale Textgestaltung abzuleiten, ist zunächst einmal von der generellen wissenschaftstheoretischen Perspektive her zu beantworten: wenn gesicherte Gesetzmäßigkeiten über eine Relation von Bedingungen zu Konsequenzen vorliegen, ist eine solche technologische Anwendung der Forschungsergebnisse prinzipiell stets möglich (vgl. GROEBEN & WESTMEYER 1975, 213; PRIM & TILMANN 1973, 104); ist das angestrebte Ziel identisch mit den Konsequenzen einer gesicherten Gesetzmäßigkeit, dann können die in ihm angegebenen Bedingungen als Mittel zur Erreichung dieses Ziels eingesetzt werden. Im Prinzip ist also nur zu entscheiden, ob die Relation zwischen konkreten Textmerkmalen und Dimensionen der Textverständlichkeit sowie Konsequenzen der Textverständlichkeit (Lernerfolg, Interesse zum Weiterlesen etc.) als empirisch gesichert angesehen werden kann.

Hier hat schon die Diskussion der zweiten Frage oben (der Dimensionalität des Verständlichkeitskonstrukts) ergeben, daß die Beziehung (Relation) von Verständlichkeitsdimensionen und konkreten Textmerkmalen auf dem Hintergrund des gegenwärtigen Forschungsstandes nicht als endgültige, abgeschlossene angesehen werden kann. Diese Unabgeschlossenheit der für die einzelnen Verständlichkeitsdimensionen anzusetzenden Textmerkmale läßt sich nun unter dem Aspekt der technologischen Anwendung und Brauchbarkeit noch hinsichtlich zweier Gesichtspunkte präzisieren:

a. Zunächst einmal zeigt es sich, daß vor allem die Eindrucksmerkmale des Hamburger Ratingansatzes zwar für die Feststellung (Diagnose) von Verständlichkeitsunterschieden sehr ökonomisch und praktisch brauchbar sind, dafür aber gleichzeitig unter dem Aspekt der Herstellung möglichst verständlicher Texte relativ unscharf, vage und nicht in allen Fällen konkret genug sind – wie das für den bloßen ‚Eindruck‘ meistens gilt. Das erweist sich sehr deutlich daran, daß in dem von der Hamburger Gruppe entwickelten Trainingsprogramm zur Textoptimierung bei den konkreten Handlungsanweisungen für die Textverbesserung auch auf Merkmale zurückgegriffen wird, die mit dem Ratingansatz gar nicht herauszufinden sind und in den oben berichteten Merkmalszusammenstellungen (vgl. 3.1.) auch nicht vorkommen.

Beispiele: So schlagen LANGER et al. z. B. im Bereich der Dimension Gliederung-Ordnung auch Techniken wie vorstrukturierende Einleitung (sog. ‚Advance Organizer‘ nach AUSUBEL; s. o. 3.2. und u. 4.3.), Zwischenüberschriften für bestimmte Teilabschnitte etc. vor (1974, 148, 152).

Zur Ableitung konkreter Handlungsanweisungen für die Textoptimierung ist also auf jeden Fall auch auf die von der empirischen Kognitions- und Instruktionspsychologie gesicherten Textbeschreibungs- und Erklärungsmodelle zurückzugreifen; deren Merkmalsexplikationen sind eindeutig präziser und konkreter als die mehr intuitiven Ratingmerkmale. Dennoch sind auch diese Merkmalsbestimmungen in der Regel noch relativ unscharf und vor allem als Beschreibungsbegriffe ohne einen stringenten, optimalen Erklärungswert einzuschätzen (vgl. GROEBEN 1975b; SEIDENSTÜCKER & GROEBEN 1971). Hier ergibt sich als zweiter Aspekt der Unabgeschlossenheit:

b. die neuere Sprach- und Gedächtnispsychologie, soweit sie mit Texten, vor allem auch auf der Basis von Makropropositions-Strukturen (vgl. o. I.1.2.4.) arbeitet. Wenn die Explikation der Propositions-Struktur von Texten zu praktikableren, ökonomischen Schreib-

modellen führt, liegt in diesen Beschreibungsmodellen sicherlich noch
ein erhebliches Präzisierungsreservoir für z. B. die kognitive Lerntheorie. Auf die Dauer wird daher m. E. die Lücke zwischen der
‚von unten‘ (d. h. von der Wort- und Satzebene) kommenden experimentellen Sprach- und Gedächtnispsychologie und der ‚von oben‘
(vom Lernen aus Texten) kommenden kognitiven Instruktionspsychologie zu schließen sein; diese Schließung kann dann auch zu einer
weiteren Präzisierung bzw. Ergänzung der konkreten Textmerkmals-
beschreibungen für die Textverständlichkeit führen.

Beispiel: So ist z. B. die ‚Höhe‘ einer Proposition in einem Text (nach dem
Grad, in dem sie in anderen Propositionen wieder aufgenommen wird)
eindeutig ein Aspekt, der von AUSUBEL mit der ‚Inklusivität‘ eines Konzepts
(mit)gemeint ist; auch MEYER weist explizit darauf hin (1975, 175ff.), daß das
Ergebnis einer besseren Behaltensleistung (nach einer Woche) von solchen
Propositionen höherer Ordnung mit AUSUBELS Subsumtionstheorie in Übereinstimmung steht. Hier lassen sich unter dem Aspekt der propositionalen
Textbeschreibung ohne Schwierigkeiten weitere präzisierende Operationalisierungen von Textmerkmalen (z. B. hinsichtlich der Strukturiertheit) untersuchen: Anzahl von Texteinheiten (in einer Unterrichtsstunde; definiert über
Rekurrenz und Konnektoren), Anzahl der in den Texteinheiten zusammengefaßten Sequenzen, Anzahl der in den Texteinheiten verarbeiteten Propositionen, Anzahl der in den Sequenzen verarbeiteten Propositionen etc. (vgl.
CHRISTMANN 1980).

Diese Offenheit bei der Festlegung und Beschreibung der Textmerkmale hat allerdings auch Konsequenzen im Hinblick auf die
empirische Sicherung der Verständlichkeitseffekte: Die vorliegenden
Daten sind nicht übereinstimmend und eindeutig im Hinblick auf die
jeweilige Effektivität der einzelnen Verständlichkeitsdimensionen. Die
ebenfalls vorhandenen negativen Evidenzen (z. B. TERGAN 1979)
sprechen dafür, daß sich in nichtexperimentellen Alltagssituationen,
auf die sich die Regeln zur Textoptimierung ja beziehen sollen, vermutlich nur relativ große Unterschiede im Ausmaß der Textverständlichkeit auswirken (vgl. TERGAN 1980, 29ff.). Will man konkrete
Handlungsanweisungen zur Textoptimierung ableiten, muß man somit auf die empirische Sicherung der Effektivität jeweils einzelner,
konkreter Textmerkmale zurückgehen; die wichtigsten Ergebnisse
solcher auf der Variation einzelner Textmerkmale beruhender empirischer Untersuchungen sollen daher im folgenden Kap. 4 zusammengefaßt werden. Die Explikation des Verständlichkeitskonstrukts und
seiner Dimensionen gibt also für diese anwendungsorientierte, technologische Forschung nur den theoretischen Rahmen ab: die Anzahl
und Explikation der Dimensionen von Textverständlichkeit bildet eine

(empirisch) gesichertere Heuristik dafür, in welcher Richtung gegebenenfalls nach weiteren Textmerkmalen bzw. deren Präzisierung zu suchen ist; die Gewichtung der Dimensionen bietet einen Ansatzpunkt zur Gewichtung der einzelnen als wirksam nachgewiesenen Textmerkmale und darauf aufbauenden Handlungsanweisungen zur Textoptimierung: so sind z. B. die Regeln zur Verbesserung der kognitiven Gliederung des Textes am wichtigsten und nehmen daher auch im folgenden Kapitel den breitesten Raum ein (vgl. 4.3.).

Zusammenfassend läßt sich festhalten:

Die bisherige Forschung hat relativ übereinstimmend zu vier Dimensionen eines Verständlichkeits-Konstrukts geführt: sprachliche Einfachheit, kognitive Gliederung, semantische Kürze/Redundanz, motivationale Stimulanz. Hinsichtlich der Gewichtung der Dimensionen kann man davon ausgehen, daß – zumindest für die Lerneffekte – die kognitive Gliederung-Ordnung am wichtigsten ist, sprachliche Einfachheit nicht unbedeutend, aber weniger relevant als die Aspekte des semantischen Textinhalts ist; motivationale Stimulanz ist nur als zusätzliche Dimension einzuführen, soweit sie die Kognitionsstruktur des Lesers nicht zerstört oder beeinträchtigt. Dabei ist von diesen motivationsorientierten Textmerkmalen allerdings realistisch lediglich eine Motivierung zur weiteren Textrezeption und Informationsverarbeitung zu erwarten, nicht der langfristige Aufbau stabiler und persönlichkeitszentraler Gegenstandsinteressen. Hinsichtlich der unterschiedlichen Messung des Verständlichkeits-Konstrukts ist zur Vereinheitlichung noch weitere Forschung nötig, die auch klären sollte, an welcher Stelle gegebenenfalls Kurvilinearität zwischen Textmerkmalen und Verarbeitungseffekten des Lesers zu lokalisieren ist. In Bezug auf die weitere Forschungsentwicklung und insbesondere die Anwendung zur praktischen Textverbesserung ist davon auszugehen, daß die Dimensionen hinsichtlich der konkreten Textmerkmale unabgeschlossen sind: es können neue, insbesondere auch neu, präziser formulierte Textmerkmale berücksichtigt und aufgenommen werden. Die praktische Wirksamkeit der einzelnen Textmerkmale sollte für die Anwendung durch spezifische instruktionspsychologische Untersuchungen gesichert sein; diese Untersuchungen arbeitet das nächste Kapitel auf: das explizierte Verständlichkeitskonstrukt bietet dabei den Theorierahmen zur Integration dieser einzelnen Ergebnisse bzw. daraus ableitbaren Handlungsanweisungen – woraus sich auch ergibt, wie solche Regeln gegeneinander zu gewichten sind.

Zusammenfassung in Fragen:

– In welchen Schritten gingen LANGER et al. vor zur induktiven Ermittlung von Dimensionen der Verständlichkeit?

– Beschreiben Sie kurz die vier aus dem induktiven Ansatz resultierenden Faktoren der Verständlichkeit.

– Welche Ausprägungen sollte ein optimal verständlicher Text auf den von LANGER et al. induktiv ermittelten Dimensionen haben?

– Wie sind die vier Dimensionen nach LANGER et al. gegeneinander zu gewichten?

– Welches sind nach LANGER et al. die Vorteile des induktiv ermittelten Verständlichkeitskonzepts?

– Welche Probleme und Fragen läßt der Ansatz von LANGER et al. offen?

– Welches sind die vier basalen Dimensionen des deduktiven Ansatzes von GROEBEN, und welches sind jeweils ihre theoretischen Hintergründe?

– Wie erklärt die AUSUBELsche Subsumtionstheorie Lernen und Vergessen?

– Welche Mittel zur Optimierung der Verständlichkeit eines Textes lassen sich unmittelbar aus AUSUBELS Subsumtionstheorie ableiten?

– Was bedeutet ‚konzeptueller Konflikt' im Sinne der BERLYNEschen Theorie der Neugiermotivation, und in welcher Beziehung steht dieser Begriff zum Textverständnis?

– Wie kann man den Gehalt an konzeptuellen Konflikten eines Textes vergrößern?

– Fassen Sie kurz die wichtigsten Resultate der Untersuchung von GROEBEN zusammen.

– Warum sollte ein Text nicht zu stark kognitiv gegliedert sein?

– Worin stimmen der induktive und der deduktive Ansatz zur Textverständlichkeit überein, und worin unterscheiden sie sich?

– Warum ist es sinnvoller, von einem kurvilinearen Verhältnis zwischen Textverständlichkeit und Behalten auszugehen anstatt eine lineare Beziehung anzunehmen?

– Wie ist das gegenüber der sprachlichen Einfachheit größere Gewicht der Dimension ‚kognitive Ordnung' zu begründen?

– Inwieweit unterscheidet sich das Konzept des ‚mathemagenen Verhaltens' nach ROTHKOPF vom Konzept der Neugiermotivation nach BERLYNE?

– Welches Konzept ist hinsichtlich des motivationalen Aspekts der Textgestaltung vorzuziehen?

– Welche Probleme ergeben sich beim Versuch, von den postulierten verständlichkeitsfördernden Textmerkmalen Regeln für eine optimale Textgestaltung abzuleiten?

– Inwiefern ist die Relation zwischen Verständlichkeitsdimensionen und konkreten Textmerkmalen ‚unabgeschlossen'?

4. Techniken der Textoptimierung

4.1. Methodologische Vorbemerkung zur Datenzusammenfassung

Der empirische Nachweis von Gesetzmäßigkeiten ist umso sicherer, je mehr die untersuchten Bedingungs-Ereignis-Zusammenhänge kreuzvalidiert sind; d. h. wenn sich diese Zusammenhänge an unterschiedlichen Gegenständen (hier Texten) für verschiedene Versuchspersonen-Stichproben mit Hilfe verschiedener Methoden nachweisen lassen. Der Rückgang auf die Untersuchung konkreter Textmerkmale soll gerade diesen Aspekt der Kreuzvalidierung abdecken, indem diejenigen Regelmäßigkeiten herausgearbeitet werden, die sich in einer möglichst großen Anzahl von verschiedenen, aber vergleichbaren Forschungsarbeiten haben sichern lassen. Die Berücksichtigung einer möglichst großen Anzahl von Forschungsarbeiten schafft jedoch auch wieder Probleme, und zwar Probleme der Integration der Ergebnisse. In der Regel wird diese bislang durch eine qualitative, eher intuitive Zusammenschau der berücksichtigten Forschungsarbeiten geleistet; GLASS (1978, 351) nennt eine solche Integration ‚narrativ-rhetorisch‘. Diese qualitative Ergebnisintegration prüft zumeist vor allem, ob eine Mehrzahl von signifikanten Versuchsergebnissen für eine bestimmte Richtung des geprüften Bedingungs-Ereignis-Zusammenhanges vorliegt; sie ist für eine Zusammenfassung von bis zu ca. 10 Untersuchungen sinnvoll und unvermeidbar. Bei einer größeren Zahl von empirischen Untersuchungen zu einer bestimmten Fragestellung allerdings sind auch weitergehende, statistische Analysen hinsichtlich der Richtung, für die der Gesamtkorpus der Untersuchungen spricht, möglich (vgl. GLASS 1976; 1978).

Begriffsklärung: Dabei läßt sich die Methode der Sekundäranalyse von der der Metaanalyse unterscheiden: unter Sekundäranalyse ist die Re-Analyse von schon ausgewerteten Daten einer Untersuchung mit neueren, gegebenenfalls besseren statistischen Auswertungsmodellen zu verstehen; sie bezieht sich auf die Rohdaten der jeweiligen einzelnen Untersuchungen und hat nicht die Zusammenfassung mehrerer verschiedener Untersuchungen zum zentralen Ziel (vgl. BURSTEIN 1978; GLASS 1976). Die eigentliche integrative Analyse stellt die sog. Metaanalyse dar; dabei wird die Zufälligkeit bzw. Überzufälligkeit der Ergebnisse (und deren Richtung) von mehreren (mindestens 6, besser über 9) Untersuchungen geprüft (vgl. auch KLAUER 1973). Diese Prüfung wiederum ist vom Grundansatz her auf zwei Arten möglich: einmal durch die zufallskritische Prüfung nur der Anzahl von signifikanten Ergebnissen, die für die thematische Gesetzmäßigkeit sprechen; zum anderen durch die statistische Zusammenfassung der (standardisierten) Unterschiede zwischen den Kontroll- und Experimentalgruppen der zu analysierenden Untersuchungen, durch die die Effektgröße der untersuchten (Antezedens-)Bedingungen angegeben werden kann (vgl. GLASS 1978; Beispiel s. u.).

Die zufallskritische Prüfung der Anzahl von ‚bewährenden‘ Untersuchungen prüft praktisch, ob der Anteil der Untersuchungen, die (mit statistischer Signifikanz) für die thematische empirische Gesetzmäßigkeit sprechen, überzufällig ist im Vergleich zu dem Anteil der Untersuchungen, die nicht für diesen Zusammenhang oder sogar (signifikant) gegen ihn sprechen. Weil man auf diese Art und Weise die Information der einzelnen Untersuchung praktisch auf ein ‚Für‘

oder ‚Gegen‘ die thematische empirische Gesetzmäßigkeit reduziert,
nennt GLASS (1978, 358ff.) dieses Vorgehen die Methode der ‚Abstim-
mung‘ (‚voting method‘). Dabei lassen sich verschiedene statistische
Auswertungsverfahren anwenden: man kann z. B. die Anzahl der für
und gegen den behaupteten Zusammenhang sprechenden Ergebnisse
mit Hilfe des Chi-Quadrat-Tests auf Überzufälligkeit prüfen (vgl.
GLASS 1978, 360f.). KLAUER (1973, 106f.) gibt spezielle Formeln an,
mit deren Hilfe man auf dem 5%- und 1%-Niveau die Überzufälligkeit solcher nicht völlig kohärenten Ergebnisse prüfen kann (vgl. auch
u. 4.3.). Die inhaltliche Brauchbarkeit und Generalisierbarkeit dieser
metaanalytischen Zusammenfassung hängt natürlich von der Qualität
und Vergleichbarkeit der herangezogenen Originaluntersuchungen ab.
Gerade unter diesem Aspekt gibt es Probleme, die manche Forscher
zu der Behauptung führen, daß eine solche Integrationsanalyse grundsätzlich kaum sinnvoll sei.

Beispiele: Ein erstes Gegenargument ist, daß die Vergleichbarkeit der
Studien meistens nicht in allen Dimensionen (Operationalisierung der Variablen, Versuchspersonen, statistische Auswertung etc.) gegeben ist, so daß
eine Integration eigentlich unzulässig sei. GLASS weist m. E. zu Recht (1978,
157) darauf hin, daß eine Integration von Untersuchungen, die methodisch
im Prinzip identisch sind, in sich sinnlos ist, weil die Ergebnisse innerhalb
des statistischen Zufallsfehlers übereinstimmend sein müssen; anzuzielen ist
sowieso nur die Integration von zumindest partiell unterschiedlichen Studien
(wie oben unter dem Aspekt der Kreuzvalidierung erläutert). Daher sollte
man die Vergleichbarkeit auf die theoretische Parallelität der relevanten
Bedingungs- und Konsequenzen-Variablen beschränken. GLASS plädiert außerdem dafür (o. c., 356), nicht zu ‚harte‘ methodisch-statistische Anforderungen an die einzubeziehenden Untersuchungen zu stellen, denn: ‚auch viele
schwache Studien können sich zu starken Schlußfolgerungen aufaddieren‘.
Das unmittelbar plausibelste Gegenargument besteht in dem Hinweis, daß
in der Regel nur ‚positive‘ Ergebnisse, d. h. also Signifikanzen *für* einen
angenommenen Zusammenhang publiziert werden – u. a., weil die Herausgeber und Redaktionen der Zeitschriften die insignifikanten Untersuchungen
zur Publikation nicht annehmen. Gegen dieses Argument läßt sich mit GAGE
(1978, 28f.) anführen, daß zumindest in den anwendungsorientierten Bereichen (der pädagogischen und klinischen Psychologie) der Anteil von nichtsig-
nifikanten publizierten Ergebnissen erstaunlich hoch ist (vgl. HUNT 1975).
Außerdem hat GLASS (1976) eine Untersuchung vorgelegt, in der er den Anteil
von signifikanten Ergebnissen bei publizierten im Vergleich zu unpublizierten
Arbeiten untersuchte; dabei zeigt sich, daß nur ein sehr geringer Unterschied
zugunsten der Publikation signifikanter Ergebnisse besteht.

Bei theoriegeleiteten Einsätzen des Instruments der Metaanalyse ist
von diesem also eine präzisere und objektivere Abschätzung hinsicht-

lich der Bewährung von empirischen Gesetzmäßigkeiten zu erwarten, wenn für den jeweiligen Gegenstandsbereich eine größere Anzahl von vergleichbaren Untersuchungen vorliegt. Dabei ergibt sich sinnvollerweise folgender Dreischritt zur Durchführung einer solchen Integrationsanalyse (vgl. KLAUER 1973, 105):

– Im ersten Schritt sind jene Untersuchungen festzulegen, die als vergleichbar und für die thematische Gesetzmäßigkeit als relevant akzeptierbar sind; als ungeeignet auszuscheiden sind z. B. solche Untersuchungen, die ganz eindeutig Konfundierungen mit anderen nichtthematischen Variablen enthalten, unkontrollierte Störeinflüsse abbilden, deren Operationalisierungen als unbrauchbar oder falsifiziert nachgewiesenen Beobachtungstheorien entstammen usw.

Beispiel: Wenn z. B. TODD & KESSLER (1971) die Textschwierigkeit über die Textlänge (Anzahl der Worte) operationalisieren, so entspricht das nicht den oben als brauchbar nachgewiesenen Operationalierungen, nicht einmal unter dem Aspekt der Lesbarkeit von Texten; solche und ähnliche Untersuchungen sind daher im folgenden Überblick über die Forschung zu den konkreten Strategien der Textoptimierung erst gar nicht berücksichtigt.

– Im zweiten Schritt werden die als vergleichbar angesetzten Arbeiten mit Hilfe der skizzierten zufallskritischen Prüfung zusammengefaßt.

– Im dritten Schritt ist das Ergebnis dieser Zusammenfassung wiederum zu interpretieren, vor allem indem die Konsequenz hinsichtlich der Bewährung der thematischen Gesetzmäßigkeit gezogen wird sowie möglicherweise notwendige theoretische Folgerungen zur Ausdifferenzierung der jeweiligen Gesetzmäßigkeiten (z. B. hinsichtlich Wechselwirkung etc.; vgl. u. 4.3.) vorgeschlagen werden.

Der zweite metaanalytische Ansatz, die Metaanalyse im engeren Sinne, wertet nicht nur die Anzahl der signifikanten Ergebnisse, sondern auch deren quantitative Effektgröße aus; dies geschieht, indem die Unterschiede zwischen Kontroll- und Experimentalgruppe standardisiert und sodann der Durchschnitt dieser standardisièrten Unterschiede über alle Untersuchungen hinweg berechnet wird. Dieser Durchschnitt wird von GLASS (1978, 363ff.) als ‚Effektgröße' bezeichnet (Formel vgl. GLASS 1978, 366ff.).

Beispiel: So haben z. B. SMITH & GLASS (1977) ca. 400 Studien über die Wirksamkeit von Psychotherapie metaanalysiert und herausbekommen, daß für psychotherapeutische Intervention im Durchschnitt eine Effektstärke von 0,68 Sigma vorliegt, d. h. daß die therapierten Klienten nach der therapeutischen Intervention ca. 25% weniger Probleme bzw. Problemverhalten aufwiesen als die untherapierten Klienten der Kontrollgruppe (vgl. Abb. 27):

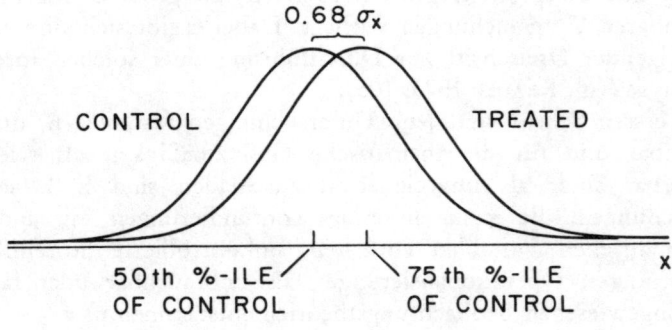

Abb. 27: Effekt von Psychotherapie nach der Metaanalyse von SMITH & GLASS (1977)

Vergleicht man die beiden skizzierten Formen der Metaanalyse, so zeigt sich, daß die Effektstärken-Berechnung zwar die vorhandene Information besser ausnutzt, dafür aber auch größere (methodische) Ansprüche stellt: so sind nur Untersuchungen mit dem gleichen Versuchsplan (der Kontroll- und Experimentalgruppe enthalten muß) testbar (vgl. GAGE 1978, 30), außerdem müssen auf jeden Fall Mittelwert und Streuung der abhängigen Variable für die Kontroll- und Experimentalgruppe angegeben sein; gerade das Letztere ist – leider – merkwürdigerweise nicht in allen Untersuchungen der Fall. Um möglichst keine vorhandenen Untersuchungen ungenutzt zu lassen, soll daher im folgenden die Methode der Zufallsprüfung von signifikanten Ergebnissen (‚voting method‘), wenn möglich, angewendet werden. Auch für diese Methode ist als Beschränkung zu berücksichtigen, daß sie nur für die Integration im Bereich von relativ bewährten und als sinnvoll nachgewiesenen Forschungsfragen und Problemen brauchbar ist. Alle metaanalytischen Integrationsstrategien stoßen natürlich an eine Brauchbarkeitsgrenze, wenn es um das Aufstellen und Herausfinden neuer Hypothesen, neuer Problem- und Fragestellungen geht. Diese Anforderung, daß es sich um bewährte und als sinnvoll nachgewiesene Forschungsprobleme und Gesetzmäßigkeiten handelt, ist allerdings durch die im vorigen Kapitel dargestellte Struktur des Verständlichkeitskonstrukts als Rahmentheorie für die konkreten Strategien der Textoptimierung als erfüllt anzusehen. Es werden daher im folgenden empirische Gesetzmäßigkeiten und Handlungsstrategien, die den Zusammenhang zwischen einzelnen Textmerkmalen und Textverarbeitungskonsequenzen (Kriterien) überprüfen, bei einer Anzahl von bis zu acht Untersuchungen pro Fragestellung in der Regel qualitativ-intuitiv zusammengefaßt, bei einer darüber hinausgehenden Anzahl von Untersuchungen metaanalytisch nach der ‚Abstimmungs'-Methode integriert.

4.2. Sprachliche Einfachheit und semantische Kürze/Redundanz

Die Textmerkmale der Dimensionen ‚sprachliche Einfachheit' und ‚semantische Kürze/Redundanz' werden im folgenden zusammen behandelt, weil beide Dimensionen übereinstimmend weitgehend von der sprachlichen Oberflächenstruktur ausgehen. Dabei behandele ich zunächst noch einmal kurz die theoretischen bzw. empirisch-experimentellen Grundlagen der durch die Lesbarkeitsforschung ausgearbeiteten Textmerkmale; danach erst gehe ich auf die im engeren Sinn sprach- und gedächtnispsychologischen Untersuchungen ein, die die grammatikalischen und semantischen Aspekte der Satz- und Textgestaltung untersuchen. Allerdings ist schon vorab festzustellen, daß diese Untersuchungen meistens auf den Vergleich verschiedener Sätze (und deren Formulierungen) beschränkt sind und nur selten ganze Texte als Satzaggregationen untersucht werden; aus diesem Grund verzichte ich auch beim Vorliegen mehrerer Untersuchungen auf die oben skizzierte Metaanalyse und gebe statt dessen nur Beispiele paradigmatischer Untersuchungen und eine qualitative Zusammenfassung der wichtigsten Ergebnisse an.

Kurze Worte:

Die Kürze der Worte als Merkmal verständlicher sprachlicher Formulierung beruht im Prinzip auf der von ZIPF (1935) formulierten Gesetzmäßigkeit, daß kurze Worte auch die häufigen Worte einer Sprache sind. Diese Gesetzmäßigkeit läßt sich als ein Gleichgewicht zwischen der Tendenz, sich kurz zu fassen, und der Tendenz, sich verständlich zu machen, interpretieren (vgl. HÖRMANN 1967, 90).

Praktisches Beispiel: „Wenn längere Wörter öfter gebraucht werden, neigt man dazu, sie abzukürzen: aus Automobil wird Auto, aus Lokomotive Lok, aus den Vereinigten Staaten von Amerika die Staaten der USA" etc. (TEIGELER 1968, 39).

U. a. auch durch diesen Zusammenhang mit der Häufigkeit von
Worten sind kurze Worte leichter zu erkennen und zu verstehen (vgl.
TEIGELER 1972, 79ff.).

Geläufige, häufige Worte:

Daß geläufige, häufige Worte verständlicher sind als seltene bzw.
eventuell gar nur teilweise bekannte, ist plausibel. Abgesehen von den
regressionsanalytischen Lesbarkeitsuntersuchungen ist diese Wirkung
der Wortschwierigkeit auch beim Vergleich von Sätzen experimentell
nachgewiesen worden: so dauert die kognitive Verarbeitung von
seltenen Worten z. B. signifikant länger als die von häufigen (längere
Reaktionszeit: FOSS 1969); das gilt auch für spezielle Wortarten, so
z. B. für den Vergleich von komplexen vs. einfachen Verben (für
komplexe Verben ergeben sich mehr Fehler bei einer Paraphrasie-
rungsaufgabe; HAKES 1971). Eine experimentelle Überprüfung des
Merkmals Worthäufigkeit nicht nur anhand von Sätzen, sondern von
längeren Texten haben MARKS et al. (1974) vorgelegt.

Beispiel: Sie ersetzten bei Grundschultexten 15% der Textworte, die wenig
geläufig waren, durch häufige Worte: z. B. statt ‚you may judge that I have
lost my mind. No one will support me': ‚you may think that I have lost my
mind. No one will believe me.' Bei 230 zehn- bis zwölfjährigen Kindern ergaben sich als Folge davon für die Texte mit den häufigen Worten signifikant
höhere Verständnisleistungen (überprüft mit Mehrfach-Wahl-Antworten).

Für diese Verbesserung der Leseleistung durch geläufige, häufigere
Worte spielt u. a. auch der Assoziationswert, den die bekannteren
Worte für den Rezipienten haben, eine Rolle: so konnte z. B. SA-
MUELS (1968) nachweisen, daß Textabschnitte mit assoziationsreichen
Worten von Grundschülern sehr viel schneller gelesen werden konnten als solche mit assoziationsarmen Worten. Die assoziative Einbet-
tung in die kognitive Struktur, das semantische Gedächtnis etc. des
Rezipienten (s. o. I.1.2.2.) liegt auch dem Prinzip zugrunde, daß man
nicht nur möglichst keine unbekannten Worte, also auch keine
Fremdworte und zu spezifische Fachausdrücke, benutzen sollte, sondern überdies die verwendeten Worte in ihrer üblichen Bedeutung
und nicht in irgendwelchen ausgefallenen, vielleicht gar idiosynkrati-
schen Verwendungsweisen. Denn gerade solche von der üblichen
Verwendung und damit Assoziation abweichenden Wortbedeutungen
sind nachweislich für Mißinterpretationen des Textinhalts auf seiten
des Lesers verantwortlich (vgl. HINZE 1961). Unter dem Motivations-
aspekt ist allerdings noch zu berücksichtigen, daß Worte mit einem

hohen Bekanntheitsgrad („familiarity') zunächst (z. B. bei kurzzeitiger Darbietung) mehr Aufmerksamkeit auf sich ziehen als unbekannte, bei längerer Beschäftigung mit dem Text jedoch schnell an Interessantheit verlieren: dann sind weniger bekannte Worte von einem höheren Interessantheitswert (vgl. CRANDALL 1967).

Konkrete, anschauliche Worte

Die lern- und behaltensfördernde Wirkung von konkreten, anschaulichen Worten ist ausgiebig von der sog. ,imagery'-Forschung, vor allem beim Paarassoziationslernen, seriellen Lernen etc., erforscht und gesichert worden (vgl. PAIVIO 1971). ,Imagery' bedeutet, daß sprachlich vermittelte Bedeutungen in anschauliche Vorstellungen (Bilder) codiert werden und diese Verarbeitung das Lernen erleichtert und das Behalten stabilisiert. Dabei lassen sich verschiedene, z. T. sich ergänzende Hypothesen zur Erklärung dieses Effekts der Lernerleichterung anführen (vgl. BOWER 1972, 77ff.): z. B. eine motivationale Steigerung der Lernbereitschaft durch die konkreten Vorstellungen, eine Konzentrierung der dargebotenen Semantik auf die nichtredundante, zentrale Information, eine klarere und stabilere Dissoziabilität (Distinktheit) der relevanten Konzepte und deren Merkmale (vgl. auch o. I.1.2.3.). Konkrete Worte wirken dann, auch innerhalb von Sätzen bzw. Texten, verständnis- und lernerleichternd, weil zu ihnen schneller anschauliche Vorstellungen entwickelt werden können als zu abstrakten Worten: so konnten z. B. PAIVIO & BEGG (1971) sichern, daß die durchschnittliche Vorstellungshäufigkeit und Latenzzeit des Verstehens hoch korrelieren (ca. .80). Dabei gibt es durchaus Wechselwirkungen mit der Fähigkeit des Lesers, solche anschaulichen Vorstellungen zu entwickeln: Leser mit einer ausgeprägten Fähigkeit dazu haben kürzere Verständnis-Latenzzeiten als solche ohne diese ausgeprägte Fähigkeit (KLEE & EYSENCK 1973). Daraus läßt sich u. a. natürlich auch die Konsequenz ziehen, daß der Leser geübt werden sollte, solche anschaulichen Vorstellungen zu entwickeln – so daß er auf der Grundlage dieser Fertigkeit zu besseren Verständnisleistungen kommt (mit Hilfe von Mehrfach-Wahl-Antworten nachgewiesen durch PRESSLEY 1976); das ist aber mehr ein Aspekt der Anpassung des Lesers an den Text und daher hier nicht zentral thematisch. Auch die auf solchen Unterschieden in den Fähigkeiten der Leser/Lerner basierende Unterscheidung von zwei alternativen Verarbeitungsmodalitäten, nämlich einem Imaginations- vs. verbalen Codierungssystem, hat sich auf die Dauer nicht halten können (vgl. TREIBER & GROEBEN

1976). Vielmehr kann man heute relativ sicher davon ausgehen, daß
das Lernen durch konkrete, anschauliche Worte vor allem dadurch
erleichtert wird, daß die Information in redundanter Weise, nämlich
bildlich *und* verbal codiert und verarbeitet wird (vgl. auch BOWER
1972, 83ff.). Für die praktische Erfassung der Konkretheit bzw.
Abstraktheit von Texten muß man abstrakte bzw. konkrete Worte
objektiv identifizieren können; aufbauend auf der Lesbarkeitsforschung ist hier besonders der Ansatz der Identifikation von abstrakten Worten anhand von z. B. Suffixen erfolgreich gewesen (vgl. GIL-
LIE 1957; DE VITO 1967); im Englischen sind das z. B. die Suffixe
-ness, -ment, -ship, -dom, -nce, -ion, -y. Eine entsprechende Adap-
tation für deutsche Texte gibt das Abstraktheits-Suffix-Verfahren nach
GÜNTHER & GROEBEN (1978).

Beispiel: Dabei wird die absolute Häufigkeit der (abstrakten) Substantive
ausgezählt, das sind Substantive mit folgenden Endungen: -heit, -ie (nur
wenn die Endung wie ein langes ,i' ausgesprochen wird, z. B. Manie, Philosophie, aber nicht wenn sie wie ,ie' ausgesprochen wird, z. B. Kastanie), -ik,
-ion, -ismus, -ität, -keit, -nz, -tur, -ung. Der Abstraktheitsindex wird dann
errechnet durch den prozentualen Anteil der abstrakten Substantive an der
Gesamtzahl der Substantive eines Textes. Im Deutschen gelten dabei folgende
Normen: 0 bis 6,25%: sehr konkret; 7 bis 12,5%: konkret; 12,8 bis 25%:
mittelmäßig abstrakt bzw. konkret; 25,25 bis 31,25%: abstrakt; über
31,25%: sehr abstrakt.

Ein Spezialproblem unter dem Aspekt der Konkretheit und Anschaulichkeit von Texten stellt die Beispielgebung dar, die ja in der
Regel zur Veranschaulichung und Konkretisierung eher abstrakter
Konzepte, Hypothesen etc. eingeführt wird. Ein solcher verständnis-
und lernerleichternder Effekt von Beispielgebung ist durchaus empirisch zu sichern, doch ist darauf zu achten, daß die Struktur des
Beispiels der konzeptuellen Struktur des generellen, abstrakten Begriffs, der Behauptung, Hypothese etc. möglichst vollständig entspricht (vgl. VEZIN 1974; s. auch 4.3.).

Veranschaulichung durch Bilder/Abbildungen

Von den gleichen Erklärungshypothesen aus ist auch eine Verständ-
nis- und Lernerleichterung durch Bilder oder graphische Veranschaulichungen zu erwarten: Die im Text und im Bild gemeinsame (tiefenstrukturelle) Bedeutung der übermittelten Konzepte (vgl. CHASE &
CLARK 1972, 225f.) wird durch die ,Doppel-Codierung' (sensu PAIVIO
1971; vgl. PEECK 1978, 219f.) gefestigt und besser behalten. Ein paradigmatisches Beispiel für diese äußerst plausible Hypothese bietet die

Untersuchung von TURNER (1974): er konnte bei graphischen Veranschaulichungen sowohl für behinderte als auch für fähige („adaptive‘)
Leser des 6. Schuljahres einen signifikanten Behaltenszuwachs (cloze-
Test) sichern. So trivial und selbstverständlich dieses Ergebnis auch
scheint, ist es doch keineswegs unvermeidbar und immer zu erzielen.
SAMUELS hat (1970) in einem Sammelreferat alle bis dahin aufgetrete-
nen negativen Evidenzen hinsichtlich der Verstehens- und Lernerleichterung von bildlichen Veranschaulichungen zusammengestellt; er
kommt zu dem Schluß, daß Bilder keinen lernerleichternden Effekt
besitzen, wenn sie einfach nur zusätzlich (quasi als Appendix) dem
Text beigegeben werden (1970, 405). In dieselbe Richtung weist auch
das Ergebnis von HAGER (1978), daß der „Bildhaftigkeit ... beim
*Text*lernen eine lediglich untergeordnete Bedeutung zukommt" (1978,
138). PEECK hat (1978) experimentell drei Schul-Lesestücke mit und
ohne Illustration untersucht (mit multiple choice-Fragen zu den
Textinhalten und den Abbildungen); dabei zeigte sich eine relevante
Verbesserung des Behaltens nur unter der Langzeitperspektive. JA-
GODZINSKA schließt denn auch aus vergleichbaren Ergebnissen ihrer
Untersuchung von 1976, daß Illustrationen vor allem dann einen
Effekt der Lernerleichterung haben, wenn sie eine Funktion der
Textstrukturierung erfüllen. Es zeigt sich also, daß bildliche Veranschaulichungen (Illustrationen, Graphiken etc.) nicht quasi automatisch und in jedem Fall eine verständnis- und lernerleichternde Funktion besitzen. Vielmehr müssen sie von der konzeptuellen Struktur
her mit der schriftlichen Textinformation übereinstimmend, möglichst
vollständig, eindeutig und konkret sein, soweit wie möglich die Textinformation strukturieren helfen etc.; auf keinen Fall dürfen sie in
inkohärente Relation zu der textlich übermittelten Information treten.

Beispiel: Ein Beispiel zeigt die Untersuchung von HOLLIDAY (1976), der ein
Flußdiagramm nur mit abstrakten Konzeptworten im Vergleich zu einem
bildhaft aufgearbeiteten Diagramm untersuchte (vgl. u. Abb. 28).

Der Behaltenseffekt wurde mit Mehrfach-Wahl-Antworten und cloze-Tests kombiniert überprüft und zeigte für das bildhafte Flußdiagramm eine signifikant höhere
Behaltensleistung (19,52 korrekte Antworten vs. 17,37); interessanterweise war das
bildhafte Flußdiagramm auch erfolgreicher als eine nur textuelle Beschreibung wie auch
die Kombination von Text und Flußdiagramm (o. c., 70f.; die Probleme von Veranschaulichungen wie Tabellen, Karten, Graphiken, Flußdiagramme etc. bei wissenschaftlichen Texten diskutiert ausführlich MACDONALD-ROSS 1978). Außer den genannten
generellen Richtlinien zum Einsatz von Illustrationen sind in diesem Bereich sicherlich
noch viele Fragen offen; auf jeden Fall muß man sich hüten, Plausibilitätsüberlegungen
unüberprüft zu trauen; so erwies sich z. B. die Annahme, daß eine farbliche Gestaltung
von Bildern zu einer weiteren Verständnis- und Behaltensverbesserung führen müßte, als
Irrtum (vgl. LUMSDAINE 1965).

15*

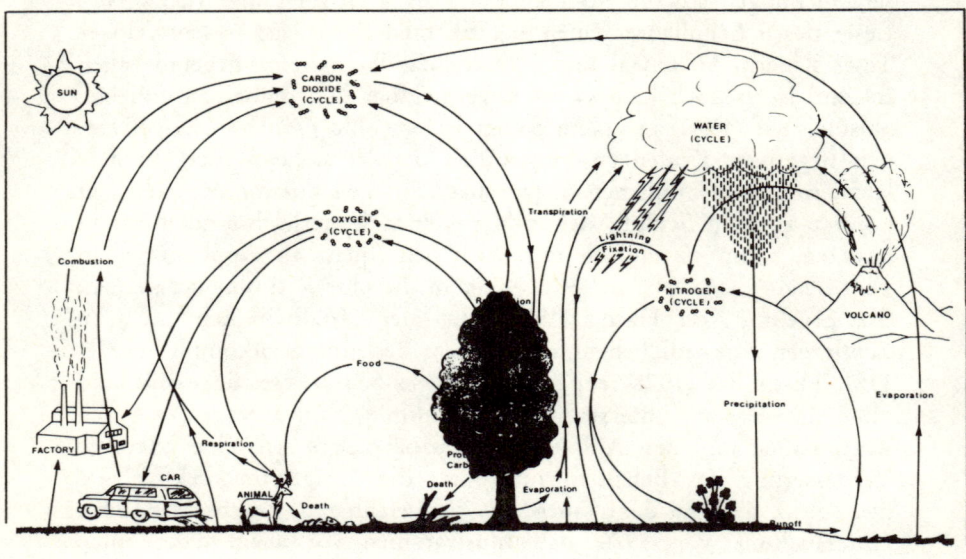

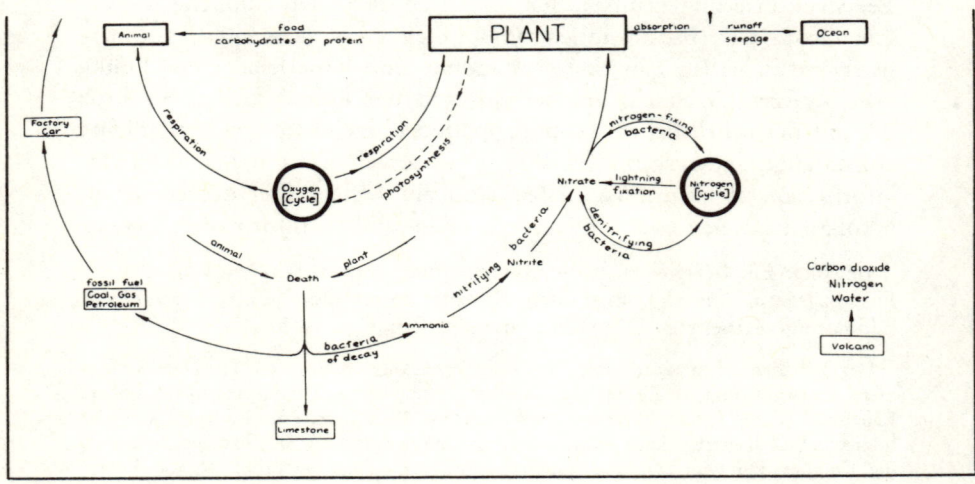

Abb. 28: Vergleich eines abstrakten Flußdiagramms mit einem bildhaften Diagramm (nach HOLLIDAY 1976): die obere Hälfte des ökologischen Kreislaufs ist in Form eines ‚picture word'-Diagramms dargestellt (o. c., 67), die untere Hälfte in Form eines ‚block word'-Diagramms (o. c., 66).

Persönliche Worte

Das Textmerkmal der Häufigkeit persönlicher Worte ist vor allem durch die Lesbarkeitsforschung unter motivationspsychologischem Aspekt eingeführt und propagiert worden, z. B. durch die Human interest-Formel von FLESCH (s. o. 2.2.). Obwohl dieser Aspekt etwa für Autoren wissenschaftlicher Texte durchaus ein wichtiges praktisches Problem darstellt, beispielsweise hinsichtlich der Frage, ob ein Text in Ich-Form oder mehr distanziert-objektivistisch durch man- bzw. passive Wendungen formuliert werden soll, ist eine experimentelle Validierung kaum erfolgt. Das mag daran liegen, daß schon von der Alltagserfahrung her dieser Aspekt der sprachlichen Oberflächenstruktur für die Interessantheit von Texten als weniger wichtig wahrgenommen wird als der Textinhalt: diese das Gewicht von möglichen persönlichen Formulierungen einschränkende Hypothese konnte LUDWIG (1949) experimentell sichern; bei hohem Interesse der Leser am Textinhalt hatten sowohl schwierige (‚hard‘) Worte als auch die Human interest-Scores einen geringeren Effekt auf die Leseleistung (Lesegeschwindigkeit und -umfang) als der Inhalt. In vergleichbare Richtung gehen die Ergebnisse von KLARE et al. (1955), die bei Technik-Texten für das unmittelbare Behalten keine signifikanten Unterschiede zwischen persönlichen und nichtpersönlichen Formulierungsweisen feststellen konnten; der einzige Unterschied war, daß die persönliche Formulierung von den Lesern als weniger akzeptabel eingeschätzt wurde. In dieser Einschätzung aber spiegelt sich m. E. u. U. nur eine Gewöhnung des Lesers an die traditionelle ‚Ich-Schwäche‘ wissenschaftlicher Texte wieder.

Beispiel: So unterstellen z. B. REINERT & WOLFF (1978) für das Verfassen von Kurzreferaten unter dem Aspekt der Objektivität bereits implizit, daß eine objektive und distanzierte Darstellung durch persönliche (‚subjektive‘) Formulierungen nicht möglich ist und nehmen sogar die daraus resultierende Konsequenz der passivischen Formulierung explizit in Kauf: „Ein gutes Mittel, um eine distanzierte Darstellung zu erreichen und damit die Objektivität zu erhöhen, ist die Verwendung passivischer Redewendungen. *Beispiel:* ‚... ist beabsichtigt, statt ‚der Autor beabsichtigt‘ oder gar ‚die Arbeit beabsichtigt‘.“ (o. c., 9).

Gerade diese Konsequenz der passivischen Formulierung ist allerdings unter dem Aspekt der Verständlichkeit nicht sinnvoll; man sollte daher solche Handlungsweisen überprüfen; insgesamt muß man feststellen, daß in bezug auf persönliche Formulierungen innerhalb von wissenschaftlichen Texten empirische Forschung noch weitgehend fehlt.

Kurze Sätze:

In Nachfolge zur Lesbarkeitsforschung ist auch die Satzkürze hinsichtlich ihrer Wirkung auf die Textverständlichkeit und das Behalten explizit experimentell überprüft worden.

Beispiel: die hier klassische Untersuchung von COLEMAN (1962) vergleicht das Verständnis (cloze-Tests) eines wissenschaftlichen Textes (über die menschlichen Sinne) in drei Versionen: 38,6 Worte pro Satz, 23,2 Worte pro Satz und 15,4 Worte pro Satz. Es zeigte sich, daß kürzere Sätze signifikant besser verstanden (und im Kurzzeitgedächtnis behalten) wurden als lange; allerdings ist der absolute Unterschied gering: ca. 6%. Ein übereinstimmendes Ergebnis zeigte die Untersuchung von KEERAN & BELL (1968); an deutschen Texten kamen WIECZERKOWSKI et al. (1970) zu vergleichbaren Resultaten.

Man kann daraus die Regel ableiten, daß durch Konjunktionen verbundene Sätze z. T. getrennt werden sollten; daß man längere Satzteile (indirekte Nebensätze etc.) zu selbständigen Hauptsätzen umformulieren sollte (vgl. COLEMAN 1971). Allerdings ist immer zu berücksichtigen, daß damit absolut kein sehr großer verständnisfördernder Effekt erzielt wird; erst bei maximaler Auslastung oder Überlastung des Kurzzeitgedächtnisses (z. B. durch zusätzliche Paarassoziationsaufgaben; vgl. FOSS & CHAIRNS 1970) ergeben sich größere Unterschiede. Es deutet sich hier schon an, daß semantische Textmerkmale relevanter als die grammatikalisch-stilistische Formulierung sind: so z. B. Mehrdeutigkeiten der Satzstruktur (FOSS 1970) oder die Formulierung von Sätzen adäquat zur zeitlichen bzw. kausalen Reihenfolge (vgl. CLARK & CLARK 1968).

Die grammatikalische Einfachheit von Hauptsätzen:

Die grammatische Formulierung von Sätzen ist vor allem auf der Basis der Transformationsgrammatik von CHOMSKY (1957) untersucht worden; nach ihm sind sog. ‚kernel sentences‘ der tiefenstrukturelle Ausgangspunkt für die Formulierung der konkreten Oberflächenstruktur von Sätzen. Diese ‚Kernsätze‘ sind einfache, aktiv-, affirmativ- und deklarativ-formulierte Sätze. Nach der ‚Kernel-Hypothese‘ (vgl. HORTON & TURNAGE 1976) werden Sätze vom Rezipienten gedächtnismäßig so gespeichert, daß der Kern-Satz mit zusätzlichen ‚Fußnoten‘ über die Transformationen für die Oberflächenstruktur-Formulierung kombiniert wird (vgl. MEHLER 1963). Nach der Transformationsgrammatik sind dabei z. B. für einen negativen Satz eine Transformation, für einen negativ-passiven Satz zwei Transformationen notwendig etc.; die empirischen Untersuchungen sind (vor allem seit MILLER 1962 und COLEMAN 1964) so vorgegangen, daß sie gleiche Kern-Sätze in verschiedenen Oberflächenstrukturen vorgaben und die Schwierigkeit der Verarbeitung durch Reaktionszeiten, Reproduktionsleistungen etc. überprüften.

Beispiele: So konnte z. B. COLEMAN (1965) sichern, daß aktive Sätze leichter und besser behalten wurden als passiv formulierte; JUST & CARPENTER (1971) haben mit einem vergleichbaren Versuchsplan nachgewiesen, daß negative Formulierungen schwerer zu verarbeiten sind als positiv-affirmative (vgl. auch WASON 1959). COLEMAN (1964; 1965) hat empirisch gezeigt, daß aktiv-affirmative Formulierungen im Vergleich zu Nominalisierungen zu besseren Behaltenseffekten führen (s. auch unten). Insgesamt ist auf dem Hintergrund dieser Hypothese und der zugehörigen empirischen Untersuchungen folgende Rangfolge der Schwierigkeit von grammatischen Formulierungen anzusetzen (nach ansteigender Schwierigkeit): aktiv-deklarative (‚Kern-Satz‘), Frage-, Passiv-, Negativ-, negative Frage-, Negativ-passiv-, passive Frage-, und negativ-passive Frage-Formulierung. Die Ergebnisse der umfassenden Untersuchung von SAVIN & PERCHONOCK (1965) machen diese Rangfolge deutlich:

Sentence type	Example	Mean number of words recalled
ACTIVE DECLARATIVE	The boy has hit the girl	5.27
WH-QUESTION	What has the boy hit?	4.78
QUESTION	Has the boy hit the girl?	4.67
PASSIVE	The girl has been hit by the boy	4.55
NEGATIVE	The boy has not hit the girl	4.44
NEGATIVE QUESTION	Has the boy not hit the girl?	4.39
EMPHATIC	The boy *has* hit the girl	4.30
NEGATIVE PASSIVE	The girl has not been hit by the boy	3.48
PASSIVE QUESTION	Has the girl been hit by the boy?	4.02
NEGATIVE PASSIVE QUESTION	Has the girl not been hit by the boy?	3.85
EMPHATIC PASSIVE	The girl *has* been hit by the boy	3.74

Tab. 13: Rangfolge der Schwierigkeit von Satztypen (nach SAVIN & PERCHONOCK 1965)

Diesen Ergebnissen stehen aber auch negative Evidenzen gegenüber: so konnte MATHEWS (1968) in einer Replikationsuntersuchung von SAVIN & PERCHONOCK deren Ergebnisse nicht reproduzieren; SALZINGER & ECKERMAN (1967) stellten fest, daß die Worthäufigkeit einzelner Inhaltsworte und der Kombination von Worten sehr viel wichtiger war (vgl. auch WRIGHT 1968). MARTIN & ROBERTS (1967) führten den lernerleichternden Effekt von Kern-Sätzen auf deren größere Kürze zurück. Als Folge davon wurden verschiedene Modifikationen des transformationsgrammatischen Theorierahmens eingeführt (vgl. Horton & Turnage 1976, 373ff.), die letztendlich auf die (schon besprochene) Relativierung des syntaktischen Faktors zugunsten semantischer Dimensionen hinauslaufen (vgl. o. I.1.2.2.). So zeigt sich z. B., daß die Reversibilität der Subjekt-Objekt-Beziehung wichtiger als die grammatische Formulierung ist (vgl. Slobin 1966; reversible semantische Struktur: Junge schlägt Mädchen; irreversible: Hund frißt Knochen). Aus ähnlichen Gründen ist eine Subjektverneinung besser zu behalten als eine Objektverneinung und treten Verwechslungen zwischen Prädikat- und Objektverneinung auf (vgl. Engelkamp et al. 1972). Die zentrale theoretische Konsequenz ist, daß man für die Produktion und Rezeption bzw. Verarbeitung von sprachlichem Satz- und Textmaterial das Prädikat und die von ihm determinierte semantische Struktur in den Mittelpunkt stellt (vgl. Teigeler 1972; s. auch o. I.1.2.). Die praktische Konsequenz ist, daß man die grammatikalische Formulierung in der angegebenen Form durchaus berücksichtigen sollte, jedoch immer in dem Bewußtsein, daß semantische Aspekte, nicht nur auf der Satz-, sondern vor allem auf der Textebene im Zweifelsfall relevanter sind (s. u. 4.3.: Inhaltliche Gliederung).

Einfachheit von Satzkombinationen:

Hinsichtlich der Einfachheit von Hauptsatz-Nebensatz-Kombinationen ist die verständnis- und lernerschwerende Wirkung von Satzunterordnungen (Hypotaxen) so plausibel und evident, daß es dazu kaum spezielle experimentelle Überprüfungen gibt. Als ein spezifischer Aspekt solcher hypotaktischen Gliederung ist allerdings das Phänomen der ‚eingebetteten Relativsätze‘ mehrfach untersucht worden (Beispiel für einen eingebetteten Relativsatz: Ich habe den letzten Relativsatz Ihres Beitrags, den Sie eingebettet formuliert haben, nicht verstanden.); übereinstimmend zeigt sich dabei, daß solche Sätze schwerer zu verstehen und zu behalten sind als nichteingebettete Relativsätze, natürlich auch als gleichgeordnete (parataktische) Umformulierungen in Hauptsätze (vgl. Miller 1962; Wang 1970; Hamilton & Deese 1971; Schaefer 1972; Evans 1972/73). Wichtig ist dabei noch, daß man Relativsätze nicht durch Nominalisierungen zu vermeiden suchen sollte (Beispiel: der oben angeführte Beispielsatz zu: Ich habe den letzten Relativsatz Ihres Beitrags aufgrund seiner eingebetteten Formulierung nicht verstanden.). Solche Nominalisierungen haben sich immer als schwerer verständlich und lernbelastender erwiesen als vergleichbare Nebensätze, Passiv- und natürlich besonders Aktiv-Formulierungen (vgl. BERKOWITZ 1972; COLEMAN & BLUMENFELD 1963; COLEMAN 1964).

Semantische Kürze oder Redundanz?:

Hinsichtlich der semantischen Informationsdichte gehen die Hamburger Forscher davon aus, daß man bei den meisten Informationstexten durch eine Verkürzung eine Steigerung der Textverständlichkeit erzielen könne und solle. Dies ist allerdings, wie experimentelle Untersuchungen zeigen, zumindest für wissenschaftliche Informationstexte kaum zutreffend: Wenn mit der Verkürzung nicht zugleich eine Verbesserung der inhaltlichen Gliederung (s. u. 4.3.: Sequentielles Arrangieren) verbunden ist, führt eine Reduktion von Redundanz in der Regel bestenfalls zu einem Gleichbleiben von Verstehens- und Behaltenswerten, nicht aber zu deren Verbesserung.

So stellten z. B. BASSIN & MARTIN 1976 fest, daß die Reduktion eines 2217 Worte langen Zeitungsartikels um 10 oder 30% (z. B. bei den im Artikel am häufigsten vorkommenden Worten) zu keiner signifikanten Verschlechterung der Lesezeit, Leserate bzw. des Leseverständnisses (Mehrfachwahlantworten) führte; erst eine Reduktion um 50% ergab eine signifikante Verschlechterung des Textverständnisses. Dem entspricht das Ergebnis von PETERSON (1974), die ebenfalls für eine Reduktion um 20% bei einem 2692 Worte-Text keine Verschlechterung des Textverständnisses feststellte. Allerdings ist nach KEEN (1974) zu beachten, daß solche informationsdichteren Texte, wenn man die Lesegeschwindigkeit dem Leser freistellt, auch signifikant langsamer gelesen werden als redundantere Texte: die größere Informationsdichte führt also in der Regel zu einer langsameren, weil notwendigerweise in bezug auf die Textlänge intensiveren Verarbeitung.

Damit stellt sich für wissenschaftliche Texte in der Regel eher die Frage, ob durch das Einfügen von Redundanz eine Steigerung der Textverständlichkeit erreicht werden kann. Diese Frage ist im Rahmen informationstheoretischer Untersuchungen (zur Methodik vgl. SPRUNG 1964; HESS 1964) von POHL (1964) untersucht worden.

Beispiel: Dabei wurden Sätze bzw. Satzteile durch verschiedene Formen von Umformulierungen semantisch wiederholt: 1. Redundanz durch Verneinungen; 2. einfache Wiederholungen; 3. Redundanz durch Präzisierung oder Nivellierung (letzteres ist Weitschweifigkeit durch einen ‚allgemeineren Ausdruck'); 4. Redundanz durch Synonyme. Dabei wurden über Rateversuche und die sog. Telegramm-Methode (vgl. SPRUNG 1964) sowohl der Determinationsgrad des einzelnen Wortes im Satz als auch sein Mitteilungswert festgestellt; als Lernkriterium wurde die freie Reproduktion der gelesenen Sätze verwendet. Es zeigte sich, daß redundante Aussagen zwar insgesamt signifikant seltener reproduziert werden als nichtredundante Aussagen, daß die Redundanzen aber für die weitschweifig gestalteten Satzteile einen eindeutig einprägungsfördernden Effekt haben. „Diese einprägungsfördernde Wirkung ist besonders ausgeprägt bei Satzgliedern mit hoher syntaktischer und semantischer Bedeutung (Subjekt, Prädikat, Objekt), sie ist weniger ausgeprägt bei Attribut und adverbialer Bestimmung." (POHL 1964, 231).

Hinsichtlich der Redundanzgestaltung über den einzelnen Satz hinaus, also im textuellen Verbund der Sätze, ist noch darauf zu achten, daß immer das konzeptuell Neue der jeweiligen Mitteilung – das Thema – besonders relevant ist: es wird bei freier Reproduktion am besten behalten (vgl. MANDLER & MANDLER 1964); es sollte am Anfang eines Satzes bzw. Abschnittes stehen, weil es dort einfacher zu lernen und behalten ist als am Ende (vgl. PRENTICE 1966), es sollte besonders für eventuelle Redundanz vorgesehen werden, weil es eine kontextöffnende Wirkung hat (also nachfolgende Worte bzw. Konzepte semantisch determiniert – vgl. SPRUNG 1964; HESS 1964; BOCK 1978 etc.).

4.3. Kognitive Gliederung/Ordnung

Vorbemerkung: Die Merkmale der kognitiven Gliederung und Ordnung von Texten haben sich sowohl in der Grundlagenforschung (vgl. o. I.1.2.) als auch in der anwendungsorientierten instruktionspsychologischen Forschung (s. o. II.2. und 3.) als die für den kognitiven Lern- und Behaltenserfolg wichtigsten Textaspekte erwiesen. Dementsprechend sind auch die Techniken zur Optimierung dieser Textorganisation am häufigsten instruktionspsychologisch untersucht worden. Daher können zu den im folgenden thematisierten Merkmalen wie Vorstrukturierung, sequentielles Arrangieren, Zusammenfassungen, Hervorhebungen und Unterstreichungen, Überschriften und Randbemerkungen, Angabe von Lernzielen sowie eingestreute Fragen, auch jeweils Metaanalysen vorgelegt werden. Die folgenden sieben Metaanalysen beginnen mit einer bereits 1980 publizierten Analyse von LUITEN et al. zur Technik des Advance Organizer (Vorstrukturierung); diese Analyse arbeitet mit der Berechnung der Effektgröße. Außerdem werden sechs Metaanalysen in komprimierter Darstellung angeführt, die ausführlicher bei DRINKMANN & GROEBEN (1981) nachzulesen sind. Die Arbeiten, auf die sich diese sechs eigenen (Heidelberger) Metaanalysen beziehen, sind in einem speziellen Literaturverzeichnis (II.) zusammengestellt; im Text wird auf diese Arbeiten nur mit den Nummern des Literaturverzeichnisses II. Bezug genommen. Es handelt sich um insgesamt 113 Studien mit 128 Experimenten; Studien, die mit mehreren Experimenten in die Metaanalysen eingegangen sind, werden mit der Nummer und einer Buchstabenkennzeichnung für die einzelnen Experimente notiert, also z. B. 85a, 85b etc.

4.3.1. Vorstrukturierungen

Die Technik des sog. Advance Organizers ist diejenige Konsequenz aus der kognitiven Lerntheorie von AUSUBEL (1963; s. o. 3.2.), die in der Instruktionspsychologie am bekanntesten geworden ist. Da nach der Theorie des sinnorientierten Rezeptionslernens von AUSUBEL Lernen in der Subsumtion neuer Inhalte unter bereits vorhandene inklusivere kognitive Konzepte geschieht, erleichtert es den Lernprozeß, wenn man am Anfang eines Textes solche höher inklusiven, generellen kognitiven Konzepte und Strukturen anführt. Ein Advance Organizer gibt also vor den eigentlichen Fakteninformationen eine Strukturierung auf einer abstrakteren Ebene genereller Konzepte: ich halte daher den Terminus ‚Vorstrukturierung' für die brauchbarste Übersetzung des Begriffs ‚Advance Organizer'. Nach AUSUBEL gibt es zwei Arten von Vorstrukturierungen: eine expositorische Vorstrukturierung soll dem Lernenden bei völlig unvertrautem Lernmaterial neue, integrative Konzepte zur Verfügung stellen; eine komparative Vorstrukturierung gibt bei nicht völlig unvertrautem Material Ähnlichkeiten und Unterschiede zwischen neuen und bereits verfügbaren Konzepten an und erhöht so deren Diskriminierbarkeit. Die Wirksamkeit dieser instruktionspsychologischen Technik der Vorstrukturierung ist seit 1960 in einer Fülle von empirischen Untersuchungen überprüft worden.

Empirisches Beispiel: Als paradigmatisches Beispiel kann die klassische Untersuchung von AUSUBEL (1960) angesehen werden: darin wurde 120 Studienanfängern in Pädagogischer Psychologie eine 2500 Worte lange Textpassage über Stahlverhüttung zum Lesen und Lernen dargeboten; die Experimental- und Kontrollgruppen waren hinsichtlich der Lernfähigkeit von unbekanntem wissenschaftlichem Material parallelisiert. Der Experimentalgruppe wurde eine Vorstrukturierung gegeben, die wichtige grundlegende Prinzipien der Stahlverhüttung wie Temperaturgrenzen, Kohlemengen, Abkühlzeiten etc. enthielt; die Kontrollgruppe las in der gleichen Zeit eine genauso lange Passage über die historische Entwicklung von Verhüttungsmethoden. Der Lernerfolg wurde mit einem 26 Fragen umfassenden Mehrfach-Wahl-Antworten-Test geprüft. Es zeigte sich, daß die Experimentalgruppe im Durchschnitt 16,7 Fragen korrekt beantwortete, die Kontrollgruppe nur 14,1 Fragen; ein Unterschied, der auf dem 1%-Niveau signifikant war.

In ähnlicher Weise wurde die Wirksamkeit von Vorstrukturierungen im Arbeitskreis von AUSUBEL (an anderen Texten) noch durch AUSUBEL & FITZGERALD (1961; 1962) und AUSUBEL & YOUSSEF (1963) gesichert. Nach 1963 wurden dann auch zunehmend Überprüfungen außerhalb des AUSUBELschen Arbeitskreises selbst durchgeführt, z. T. mit erweiterten Versuchsplänen, wie z. B. daß eine zusätzliche

Gruppe den Advance Organizer erst nach dem Lerntext bekommt (als sog. Post Organizer). Die große Aufmerksamkeit, die der Technik der Vorstrukturierung in der instruktionspsychologischen Forschung gewidmet wurde, ist aus der Vielzahl der empirischen Überprüfungen und der darauf aufbauenden Menge von zusammenfassenden Sammelreferaten abzulesen; Sammelreferate haben vorgelegt: BLANTON (1972), BARRON (1972), BARNES & CLAWSON (1975), HARTLEY & DAVIES (1976), FAW & WALLER (1976), LESH (1976), MAYER (1977; 1979b), LAWTON & WANSKA (1977), AUSUBEL (1977), LUITEN et al. (1980).

Die meisten dieser Sammelreferate sind in der Terminologie von GLASS ‚narrativ‘, d. h. fassen die empirischen Arbeiten intuitiv-qualitativ zusammen; BARNES & CLAWSON (1975) geben eine Metaanalyse von 32 Untersuchungen mit Hilfe der ‚Abstimmungsmethode‘; mit der gleichen Methode hat MAYER (1979b) 44 Studien zusammengefaßt. Die umfassendste Metaanalyse ist die von LUITEN et al. (1980), die sich auf 135 empirische Arbeiten (davon über die Hälfte unpublizierte amerikanische Dissertationen) stützt und die metaanalytische Technik der Effektgrößen-Berechnung anwendet; auf diese Analyse wird dementsprechend im folgenden auch besonders eingegangen.

Die einzelnen Sammelreferate kommen z. T. zu unterschiedlichen Schlußfolgerungen in bezug auf die Wirksamkeit von Vorstrukturierungen; die negativste Konsequenz ziehen BARNES & CLAWSON (1975), nämlich daß Vorstrukturierungen keinen lernerleichternden Effekt besitzen. Allerdings sind diese und ähnliche Folgerungen z. T. nachdrücklich und mit berücksichtigenswerten Begründungen kritisiert worden (vgl. LAWTON & WANSKA 1977; AUSUBEL 1978). Das Hauptproblem, das auch in den narrativen Sammelreferaten immer wieder diskutiert wird (vgl. z. B. auch HARTLEY & DAVIES 1976, 244f.), ist, daß manche Experimentatoren schlicht Zusammenfassungen des Textes diesem voranstellen und eine vorgeschaltete Zusammenfassung als Vorstrukturierung bezeichnen. Dies entspricht nun keineswegs dem Konzept des Advance Organizers, wie es von AUSUBEL entwickelt wurde (vgl. auch AUSUBEL 1968; AUSUBEL & ROBINSON 1969): danach gibt eine Vorstrukturierung ja gerade die übergeordneten, inklusiveren Konzepte, übergeordnete Relationen zu den folgenden spezifischeren Konzepten bzw. Fakteninformationen des Lerntextes an. So fordert AUSUBEL (1978; wie auch LAWTON & WANSKA 1977; MAYER 1979a), daß die empirische Forschung sich vor allem auf diese Definition des Advance Organizers zurückbesinnen sollte. Kontrovers bleibt dabei, ob diese Explikation der Technik der Vorstrukturierung genügend operationale Handlungsanweisungen zur Erstellung eines

Advance Organizers enthält (was z. B. BARNES & CLAWSON 1975 sowie HARTLEY & DAVIES 1976 abstreiten). Ein weiteres Problem des adäquaten theoretischen Rückbezugs der empirischen Überprüfungen ist allerdings sicherlich in dem Problem des Vorwissens der Leser zu sehen: AUSUBELS Konzeption der Vorstrukturierung geht ganz eindeutig von einem Leser aus, der nichts oder zumindest nur wenig an Vorwissen hinsichtlich des thematischen Lerntextes besitzt; bei einem Leser, der als Vorwissen bereits über die notwendigen generellen, inklusiven Konzepte verfügt, ist daher schon nach der Theorie von AUSUBEL eine Vorstrukturierung unnötig und unwirksam (vgl. AUSUBEL 1978, 255; s. auch MANDL et al. 1981, 20); auch dieser theoretische Rückbezug wird in vielen empirischen Untersuchungen zumindest nicht explizit berücksichtigt. Die Interpretation der empirischen Arbeiten muß auch bei deren metaanalytischer Zusammenfassung diese Probleme einer suboptimalen theoretischen Einbettung berücksichtigen.

Den größten empirischen Umfang decken, wie oben schon angedeutet, die beiden letzten Metaanalysen ab: nämlich die von MAYER (1979b), der anhand der Abstimmungs-Methode 44 Studien analysiert hat, und die von LUITEN et al. (1980), die anhand der Effektgrößen-Berechnung 135 Einzeluntersuchungen mit insgesamt 160 Effektgrößen-Werten aufgearbeitet hat. Das generelle Ergebnis dieser 160 Effektgrößen-Berechnungen zeigt Tab. 14:

	Lernen			Behalten		
	0–1	2–6	7	8–20	21	22 u. m. Tage
Anzahl der e.s.-Werte	110	8	17	8	9	8
Mittelwert	0,21	0,19	0,20	0,23	0,30	0,38
Standardfehler	0,04	0,15	0,10	0,16	0,11	0,16

Tab. 14: Ergebnisse der Metaanalyse zum Lern- und Behaltenseffekt von Advance Organizern (nach LUITEN et al. 1980, 213)

‚Lernen' ist definiert als Durchführung des Tests innerhalb von 24 Stunden nach der Bearbeitung des Lerntextes; ‚Behalten' ist definiert durch eine Testung nach mehr als 24 Stunden.

Der über alle 160 Werte gemittelte Effektgrößen-Wert beträgt 0,22; das bedeutet, daß die Vorstrukturierungs-Gruppen im Durchschnitt einen um 0,22 Standardabweichungen höheren Wert im Nachtest

erreichen als die vergleichbare Kontrollgruppe. D. h., daß die mittlere
Versuchsperson der Vorstrukturierungs-Gruppe besser abschneidet als
rund 60% der Kontrollgruppen-Versuchspersonen. Damit ist ein
kleiner, aber eindeutig positiver Effekt der Vorstrukturierung für das
Lernen und Behalten von Textmaterial nachgewiesen (in der gleichen
Richtung faßt auch MAYER [1979b, 161] seine Ergebnisse zusammen).
Die Tab. 14 zeigt außerdem noch, daß die Wirkung der Vorstrukturierung bei einer Vergrößerung des zeitlichen Abstandes zwischen
Textrezeption und Durchführung des Behaltenstestes nicht absinkt,
sondern im Gegenteil ansteigt; die Wirksamkeit der Vorstrukturierung ist also bei langfristigen Lernaufgaben besonders deutlich.

MAYER hat (1979b) eine weitere Differenzierung hinsichtlich der
Art des Lernens über die Testitems der zusammengefaßten Untersuchungen eingeführt: und zwar indem er zwischen Items, die ein
einfaches faktuelles Behalten erfordern, und solchen, die einen weiter-
reichenden Transfer erfordern, unterschieden hat. Dabei zeigt sich,
daß Vorstrukturierungen für transfer-erforderndes Lernen wirksamer
sind als für einfaches faktuelles Lernen. Unter der Voraussetzung,
daß sozialwissenschaftliche Inhalte häufiger transferorientiertes Lernen erfordern als naturwissenschaftliches Lernmaterial, entspricht
dem auch ein Ergebnis von LUITEN et al. (1980): nämlich daß sich
Vorstrukturierungen bei sozialwissenschaftlichen Texten (wie Reli-
gion, Psychologie, Geographie, … Kunst und Sprachen: Effektgröße
von 0,34) positiver auswirken als bei naturwissenschaftlichen Texten
(Effektgröße von 0,12). Neben dem Inhalt des Lernmaterials spielt
natürlich auch dessen formale bzw. strukturelle Schwierigkeit eine
Rolle. So haben z. B. schon GROTELUESCHEN & SJOGREN (1968) nach
zwei experimentellen Untersuchungen postuliert, daß Vorstrukturierungen besonders bei komplexen, schwierigen Texten lernerleichternd
sind. MAYER bestätigt dies in seiner Metaanalyse, die ebenfalls eine
größere Lernerleichterung durch Vorstrukturierung bei wenig integriertem oder ungewöhnlich strukturiertem Material feststellt als bei
gut integriertem und normal organisiertem.

Schon bei AUSUBEL & FITZGERALD (1962) sowie AUSUBEL & YOUSSEF
(1963) ist die Interaktion der Vorstrukturierung mit den aktuellen
bzw. strukturellen Fähigkeiten des Lesers untersucht worden. Auch
die Metaanalysen von MAYER (1979b) und LUITEN et al. (1980) thematisieren diese potentielle Wechselwirkung; allerdings sind die Ergebnisse widersprüchlich: nach MAYER ziehen Personen mit geringen
verbalen Fähigkeiten einen stärkeren Vorteil aus Vorstrukturierungen
als solche mit höheren Fähigkeiten, nach LUITEN et al. ist dies genau

umgekehrt (vgl. ausführlicher DRINKMANN & GROEBEN 1981; 14). Da die Metaanalyse von LUITEN et al. (1980) gemessen am zugrundegelegten Datenmaterial und methodischen Berechnungsaufwand extrem kurz und dürftig dargestellt ist, bleibt unklar, ob diese Autoren die oben benannten theoretischen Probleme bei der Auswahl der von ihnen analysierten empirischen Untersuchungen berücksichtigt haben, z. B. das der adäquaten Operationalisierung der Vorstrukturierung. Hinsichtlich des theoretischen Rückbezugs erscheinen die Arbeiten von MAYER generell (vgl. 1975; 1978; 1979a; 1979b) reflektierter und vertrauenswürdiger. So bleibt bezüglich der Frage der Wechselwirkung zwischen Vorstrukturierung und Lesermerkmalen derzeit nur ein Patt festzustellen: MAYERS Analysen erscheinen theoretisch kritischer, dafür basieren sie auf weniger empirischen Untersuchungen, LUITEN et al. stützen ihre Metaanalyse auf den größeren empirischen Datenkorpus, dafür sind sie theoretisch unkritischer. Eine Entscheidung über die Wechselwirkung mit den Lesermerkmalen ist daher derzeit (noch) nicht möglich; sie ist allerdings unter dem Aspekt der praktischen Anwendung von Vorstrukturierungen für die Textgestaltung bei der gesicherten generellen Wirksamkeit auch nicht so relevant (vgl. unten III.1.).

Konsequenz:

Vorstrukturierungen besitzen eine schwache, aber stabile lernerleichternde Wirkung. Diese positive Effektivität für das Behalten von Textmaterial wird besonders deutlich bei: langfristigen Lernaufgaben, konzeptuellem, Transfer erforderndem Lernen sowie schwierigem, unvertrautem Lernmaterial (z. B. von im weitesten Sinne sozialwissenschaftlichem Inhalt).

4.3.2. Sequentielles Arrangieren

Die Subsumtionstheorie des Lernens erfordert nicht nur die Bereitstellung höher inklusiver Konzepte in Form einer Vorstrukturierung, sondern postuliert darüber hinaus auch, daß die einzelnen Lerninhalte in einer bestimmten Reihenfolge dargestellt werden sollten: und zwar in einer Sequenz, die von den grundsätzlichen und inklusiven Konzepten absteigt zu den weniger inklusiven bis hin zur Vermittlung konkreter Fakteninformationen. Der hierarchische Aspekt dieses sequentiellen Arrangierens ist allerdings von AUSUBEL und seinem Arbeitskreis kaum direkt empirisch untersucht worden; außer in der Grundlagenforschung (vgl. oben I.1.2.) wurde die hierarchische Reihenfolge von Lernschritten eher im Zusammenhang mit der Analyse von Aufgabenstrukturen thematisiert, wie sie GAGNE und sein Arbeitskreis untersucht haben (vgl. GAGNE & PARADISE 1961; GAGNE 1962; 1965): dabei wird eine Lernhierarchie aufgestellt, die die zur Lösung einer Aufgabe notwendigen Schritte sowie die dazu jeweils notwendigen Fähigkeiten und Wissenkomponenten expliziert und in eine hierarchische Folge bringt.

Beispiel: GAGNE und sein Arbeitskreis konzentrieren sich vom Aufgabentyp her fast ausschließlich auf mathematische Probleme, bei denen solche Vorwissens- bzw. Fähigkeiten-Hierarchien schon von der logischen Struktur her eindeutig entscheidbar sind: wie z. B. daß Addieren die Voraussetzung für Multiplizieren ist, Multiplizieren für Potenzieren, Potenzieren für Logarithmieren etc.

Bei den entsprechenden empirischen Untersuchungen dazu handelt es sich allerdings vornehmlich um Validierungsstudien, in denen eher die Frage untersucht wird, was gelernt bzw. nicht gelernt wird, als die Frage, wieviel unter verschiedenen Bedingungen gelernt wird. Eine Metaanalyse zu diesen Untersuchungen ist daher nicht sinnvoll (der interessierte Leser möge das Sammelreferat von WHITE 1973 heranziehen). Instruktionspsychologisch direkter relevant in bezug auf die optimale Textorganisation sind z. B. die Befunde von GAGNE & ROTHKOPF (1975/Nr. 41), WIECZERKOWSKI et al. (1970/Nr. 110) und BLUESTONE & KERST (1980/Nr. 6), die alle eine hierarchische Textgliederung mit einer durch teilweise falsch plazierte Sätze gestörten verglichen: es ergab sich ein signifikant besserer Behaltenseffekt für die nicht gestörten Textstrukturen. Der Vergleich einer hierarchisch verbesserten Struktur mit einer natürlichen (vorgefundenen) ergab beim kurzfristigen Lernen signifikante Unterschiede, die allerdings beim langfristigen Behalten (Testung nach einer Woche) verschwanden. Man kann daher, vor allem in Verbindung mit den Ergebnissen der Grundlagenforschung zur Bedeutsamkeit von hierarchisch übergeordneten Propositionen, durchaus davon ausgehen, daß durch eine hierarchisch sequenzierte Darstellung das Lernen der in einem Informationstext enthaltenen Informationen verbessert wird.

Daß sich eine solche explizite hierarchisch sequentielle Textstruktur von einer natürlichen Darstellung in der Effektivität auf das Lernen quantitativ nicht sehr stark unterscheidet, kann natürlich daran liegen, daß auch die natürliche Textabfolge eine implizite Hierarchisierung enthält; dann müßte zwischen natürlicher Textstrukturierung und einer nur zufälligen Reihenfolge von Textteilen ein ähnlich unterschiedlicher Effekt zu konstatieren sein wie zwischen expliziter Hierarchisierung und Zufallsreihung. Diese Hypothese untersucht die Forschung zum sog. ‚Scrambling': dabei wird praktisch ex negativo der positive Effekt einer hierarchisch-sequentiellen Darstellung überprüft, indem der destruierende Effekt des Scramblings nachgewiesen wird.

Erläuterung der Versuchsanordnung:

Beim Scrambling wird der Text auf Abschnitts-, Satz-, Sinneinheiten- oder Wortebene in seine Bestandteile zerlegt und diese in mehr oder weniger zufälliger Reihenfolge wieder zusammengefügt. Der aus dem Scrambling-Prozeß resultierende Text kann dann z. B. eine zufällige Reihenfolge der Abschnitte aufweisen, oder aber bei ursprünglicher Abschnittsfolge innerhalb der Abschnitte eine zufällige Anordnung von Sätzen oder Wörtern zeigen, oder aber sogar bis zu einer reinen Zufallsfolge von Worten maximal unstrukturiert sein. Der ursprüngliche Vergleichstext ist zumeist ein natürlich strukturierter, d. h. ein in der Literatur so vorgefundener; er kann natürlich auch ein logisch, linear bzw. hierarchisch aufgebauter sein.

Je nachdem, auf welcher Ebene der Text zerlegt und in zufälliger Reihenfolge wieder zusammengesetzt ist, sind entsprechend unterschiedlich starke Effekte des Scrambling zu erwarten. Darum sind im folgenden die hier relevanten (17) Experimente für die drei Zerlegungsebenen getrennt aufgeführt (vgl. u. Tab. 15).

Auf der Wortebene ist das Verhältnis von Studien, die eine signifikante Lernbehinderung durch Scrambling feststellten, zu solchen, die keine signifikanten Unterschiede fanden, 2:1; dabei sind die nicht signifikanten Ergebnisse auf Wortaggregationen von relativ geringer Länge (79 Wörter) beschränkt. Beim Scrambling auf Satzebene ergaben vier Experimente signifikante Unterschiede, zwei nicht signifikante und zwei beides je nach Art des Behaltenstests. Lernprogramme schließlich, bei denen die einzelnen Einheiten in zufällige Abfolge gebracht wurden, wurden nur in der Studie mit unvertrautem Lernmaterial signifikant schlechter gelernt. Die Arbeiten sprechen daher insgesamt durchaus für eine positive Wirksamkeit einer natürlichen, sinnorientierten Textorganisation, allerdings nur bei Vorliegen eines realistischen Schwierigkeitsgrades (so schon GAGNE 1973; MAYER 1977): bei relativ einfachen Lernaufgaben, wie es kurze Texte für kompetente Lernende (Vpn waren zumeist ältere Schüler oder Studenten) darstellen, dürften die Leser in der Lage sein, die zerstörte Textstruktur durch eigene Strukturierungsanstrengungen wieder herzustellen.

Studie	N	Textlänge	Wieder-erkennen	freies Reprod.	cloze proced.	short answer	Kombination
I. Natürliche vs. Zufallsfolge von Wörtern							
			Art des Behaltenstests				
19	120	77 Wörter		* *			
84 a	60	79 Wörter	n. s.				
84 b	60	79 Wörter		* * *			
64	256	104 Wörter					* * *
83	65	79 Wörter		n. s,			
112	136	1600 Wörter	* * *	* *			
II. Natürliche vs. Zufallsfolge von Sätzen							
9	135	100 Sätze			n. s.		
61	36	40 Sätze			n. s.	* *	
23	164	2772 Wörter					*
74 a	72	~420 Wörter		*			
74 b	96	~300 Wörter		*			
60	245	2700 Wörter			*		
11 a	144	1067 Wörter		n. s.!			
11 b	84	1067 Wörter		*	n. s.		
III. Natürliche vs. Zufallsfolge von Lerneinheiten (frames)							
80	195	164 fram.				n. s.	
105	117	143 fram.	(vertrautes Material:)			n. s.	
			(unvertrautes Material:)			* * *	
69	56	24 fram.				n. s.	

Tab. 15: Ergebnisse der Metaanalyse über Effekte des Scrambling (DRINK-
MANN & GROEBEN 1981, 20); *: 5%-, **: 1%-, ***: 0,1%-Signifikanzniveau.

In neuerer Zeit ist auch relativ häufig untersucht worden, ob die Organisation eines Lerntextes nach den darin vorkommenden Konzepten oder den
Attributen zu Unterschieden im Lernerfolg führt; Konzepte sind z. B. Planeten, Attribute wären Eigenschaften (wie Größe, Sonnenentfernung, Umlauf-
dauer, Atmosphäre etc.). Bei einem nach Konzepten organisierten Text
werden die Eigenschaften jeweils eines Planeten zusammen dargestellt, und so
alle Planeten hintereinander; bei einem nach Attributen organisierten Text
werden alle Planeten hinsichtlich einer Eigenschaft dargestellt, und so nacheinander alle Eigenschaften abgehandelt. Die Untersuchungen vergleichen alle
die Attribut- und Konzeptorganisation gegeneinander, z. T. auch noch eine
Kontrollgruppe mit Sätzen in zufälliger Reihenfolge. Die entsprechende
Metaanalyse von 14 Experimenten (vgl. DRINKMANN & GROEBEN 1981, 23f.)

ergibt zu fast gleichen Teilen einmal eine Überlegenheit der Konzeptorganisation, das andere Mal der Attributorganisation. Es ist hier also keine generelle Optimierungsstrategie angebbar, lediglich im Vergleich zu einer zufälligen Organisation ist für beide sinnorientierten Darstellungstechniken (Konzept- sowie Attributorganisation) wiederum ein signifikanter lernerleichternder Effekt festzustellen.

Konsequenz:

Die bisherigen empirischen Untersuchungen weisen die Wichtigkeit einer sinnorientierten (natürlichen) Textstruktur für das Verstehen und Behalten vor allem von relativ langen und nicht zu leichten Texten nach; darüber hinaus ist es durchaus möglich, den Lernerfolg durch eine überlegte, vor allem hierarchisch sequenzierte Strukturierung des Materials noch zu verbessern: dabei sollte man auf die der Lernaufgabe inhärente Abfolge von Lernschritten sowie die vorausgesetzten Fähigkeiten des Lernenden achten.

4.3.3. Zusammenfassungen

Der Subsumtionsprozeß ist nach AUSUBEL nicht nur für das Lernen und Behalten verantwortlich, sondern bewirkt auch das Vergessen; und zwar indem die gelernten Informationen im Laufe der Zeit immer mehr von den ihnen übergeordneten Konzepten aufgenommen und damit aufgelöst werden. Damit aber ergibt sich das Problem, daß einerseits die Subsumtion durch die Textgestaltung unterstützt werden soll (eben durch Vorstrukturierung, sequentielles Arrangieren etc.), zum anderen aber nach erfolgtem Lernvorgang die weitere Subsumtion verhindert werden muß: dies ist nach AUSUBEL möglich, indem man die Stabilität, Klarheit und Dissoziabilität (Unterscheidbarkeit) der einzelnen Konzepte verbessert. Als eine Technik dazu schlägt AUSUBEL Zusammenfassungen bzw. Überblicke am Ende von Texten bzw. Textabschnitten vor, die sich auf dem gleichen Abstraktions- bzw. Generalitätsniveau befinden wie die zu stützenden Konzepte selber (AUSUBEL 1963, 81). In bezug auf das Faktenmaterial sollen solche Zusammenfassungen integrativ wirken, d. h. die Zugehörigkeit zu verschiedenen Konzepten aufzeigen, Überkreuzungen zwischen Konzepten erläutern etc. Empirische Untersuchungen zu dieser Technik sind unter den Stichworten ‚Summary, Review, Overview, Outline' durchgeführt worden; davon abzuheben ist die ‚Post Organization', die wie die Vorstrukturierung Konzepte auf übergeordnetem Abstraktionsniveau am Schluß eines Textes zusammenstellt. Was mit Zusammenfassungen natürlich nicht gemeint ist, ist ein nochmaliges

16*

Lesen bzw. Lernen des gesamten Textes, weil es sich dabei um eine Lese- bzw. Lerntechnik handelt, nicht um eine Strategie der Textgestaltung (solche Studien zur Lese- und Lerntechnik wurden daher in die folgende Metaanalyse nicht aufgenommen; vgl. SONES & STROUD 1940; MEYER & McCONKIE 1973; MEYERS & BOLDRICK 1975/Nr. 74). Die in der folgenden Metaanalyse verarbeiteten 12 Studien vergleichen dementsprechend jeweils (zumindest) eine Experimentalgruppe, die nach dem zu lernenden Textmaterial eine Zusammenfassung erhalten hat, mit einer Kontrollgruppe, der nur der Lerntext vorlag. Die Ergebnisse dieser Studien sind in Tab. 16 zusammengefaßt (s. S. 245).

Die Tabelle zeigt, daß bei sieben Untersuchungen mit Zusammenfassungen (im engeren Sinn) fünf einen signifikanten, lernerleichternden Effekt nachweisen konnten. Nur bei Nachtests, die ein generelles Verständnis oder inzidentelles Lernen überprüften (Nr. 13, Nr. 44, Nr. 59), ergab sich keine bedeutsame Überlegenheit der Experimental- über die Kontrollgruppe. Die Interpretation solcher Ergebnisse setzt die Unterscheidung von direktem und indirektem Lernen voraus:

Erläuterung zu direktem vs. indirektem Lernen:

Bei Textgestaltungstechniken, die bestimmte Textinformationen markieren, wie Zusammenfassungen, Unterstreichungen, Lernziele und Fragen, ist zwischen intendiertem, direktem und inzidentellem, indirektem Lernen zu unterscheiden: direktes Lernen wird durch Nachtestitems geprüft, die sich unmittelbar auf die markierten Informationen zurückbeziehen; von indirektem, inzidentellem Lernen geht man aus, wenn die Nachtestitems nicht markierte Informationen betreffen.

Die vorliegenden Ergebnisse kann man vor diesem Hintergrund so interpretieren, daß Zusammenfassungen die weiteren Verarbeitungsprozesse des Lerners vor allem auf die in der Zusammenfassung wiederholten Informationen konzentrieren (wenngleich ein genereller, indirekter Effekt aufgrund der Ergebnisse von LEITH et al. (1969/Nr. 67) nicht eindeutig auszuschließen ist).

Hinsichtlich der Stellung der Zusammenfassung – vor oder nach dem Text – sind die Ergebnisse nicht einheitlich: zweimal führte die Stellung nach dem Text zu einem besseren Lerneffekt bei der Experimentalgruppe (davon einmal signifikant), zweimal gab es keine Unterschiede zwischen Experimental- und Kontrollgruppe; da die Stellung nach dem Text aber zumindest eindeutig nicht schlechter ist als vor dem Text und die Stellung vor dem Text bereits für die abstraktere Vorstrukturierung (Advance Organizer) vorbehalten wurde, sind Zusammenfassungen in der praktischen Anwendung sinnvol-

Studien, die den Effekt von nachgeschalteten Zusammenfassungen untersucht haben, und deren Ergebnisse (E >* K: In der Experimentalgruppe signifikant bessere Leistung als in der Kontrollgruppe)

Zusammenfassungen im engeren Sinne

Studie	N	Textlänge (ohne Zsf)	E >* K	Nachtestart	andere Vergleichsgruppen	en bloc oder interspersed	Lernzeit
13	432	~ 3000 Wörter	–	Verständnis	nachher = vorher	en bloc	mehr Zeit
8	69	1500 Wörter	+	direkt	E <* Fragen	interspersed	
67	80	327 frames	+	dir. u. Transf.	nachher >* vorher	intersp. >* en bloc	
27	112	1750 Wörter	+	Verständnis	nachher = vorher	en bloc	
44	72	2800 Wörter	–			interspersed	tend. weniger Zeit
54	40	32 Seiten	+	direkt	nachher > vorher	en bloc	sign. mehr Zeit
59	300	~ 1000 Wörter	–	inzidentell			

Post Organizer

Studie	N	Textlänge (ohne Zsf)	E >* K	Nachtestart	andere Vergleichsgruppen	en bloc oder interspersed	Lernzeit
45	120	540 Wörter	–		nachher = vorher	en bloc	
4	176	?	–		nachher < vorher	en bloc	
46	96	2500 Wörter	–	inzidentell	nachher = vorher	en bloc	
99	160	1028 Wörter	+		nachher >* vorher	en bloc	
14	35	?	–		nachher = vorher	interspersed	

Tab. 16: Ergebnisse der Metaanalyse über Effekte nachgeschalteter Zusammenfassungen (Drinkmann & Groeben 1981, 27)

lerweise für die Plazierung nach dem Text bzw. Textabschnitt vorzusehen. Dabei scheinen über den Text verteilte Zusammenfassungen (nach LEITH et al. 1969/Nr. 67) zumindest bei längeren Texten günstiger zu sein als eine einzige am Ende.

Wurde die Lernzeit der Vpn notiert, fanden sich zum größten Teil längere Bearbeitungszeiten für die Experimentalgruppe; dies ist verständlich, da die Zusammenfassungen auch eine Verlängerung des Textes (bis zu 20%) im Vergleich zu dem der Kontrollgruppe bedeuten.

Im Gegensatz zu den bisher besprochenen Studien konnten die fünf Untersuchungen, die den Effekt von Post Organizern untersuchten, nur einmal einen bedeutsamen lernerleichternden Effekt sichern. Post Organizer wiederholen ja keine spezifischen Informationen; d. h. das im Nachtest geprüfte Lernen ist in bezug auf den Organizer immer indirekt (inzidentell) – und das Bereitstellen von inklusiven Konzepten kommt am Ende des Textes, wenn die Encodierung der Information weitgehend abgeschlossen ist, wohl zu spät. Entsprechend der Subsumtionstheorie ist daher eine Bereitstellung von inklusiveren, generellen Konzepten nur vor dem eigentlichen Lerntext sinnvoll. Diese Überlegenheit der Vorstrukturierung gegenüber der Post Organization (die durch unsere Metaanalyse nicht spezifisch thematisiert wurde) hat MAYER (1979b) anhand von 17 Vergleichsstudien metaanalytisch gesichert.

Konsequenz:

Zusammenfassungen am Ende eines Textes bzw. von Textabschnitten, die spezifische, wichtige Informationen wiederholen, verlängern zwar den Text und damit in der Regel auch die notwendige Lernzeit, haben aber einen lernerleichternden und behaltensunterstützenden Effekt. Auf höherem Abstraktionsniveau abgefaßte ‚Organizer‘ gehören dagegen (als Vorstrukturierung) vor den Text, wenn sie ihre optimale Wirksamkeit entfalten sollen.

4.3.4. Hervorhebungen und Unterstreichungen

Dem gleichen Ziel wie die Zusammenfassung, nämlich der Steigerung von Stabilität, Klarheit und Dissoziabilität der kognitiven Konzepte und Fakteninformationen, sollen Hervorhebungen und Unterstreichungen dienen; der Unterschied zu den Zusammenfassungen besteht darin, daß diese ihre Markierungsfunktion mit sprachlichen Mitteln durchführen, während sich Hervorhebungen und Unterstreichungen auf graphische Mittel beschränken. Es handelt sich also um (nicht-sprachliche) Encodierungs-Hinweise (,encoding cues'), die über den Lerntext verteilt sind und dem Leser anzeigen, welche Informationen nach der Intention des Autors als besonders wichtig anzusehen sind.

Dabei ist zwischen Hervorhebungen im engeren Sinne und Unterstreichen getrennt: denn Unterstreichen ist im weiteren Sinn ja auch eine Hervorhebung. Unter Hervorhebung sind daher Änderungen der Drucktypen (Fettdruck, gesperrter Druck etc.), der Typenfarbe oder der Hintergrundfarbe (,highlighting') gemeint. Bei den empirischen Untersuchungen hat man sich z. T. allerdings nicht nur auf eine Markierungstechnik beschränkt, sondern manchmal hochkomplexe Hervorhebungssysteme mit bis zu fünf Kategorien (unterschieden nach Farbe, Typendicke und Unterstreichungen) konstruiert (HERSHBERGER 1964/Nr. 48; HERSHBERGER & TERRY 1965/Nr. 49). Recht unterschiedlich sind in den folgenden 13 analysierten Experimenten auch der prozentuale Anteil des unterstrichenen bzw. hervorgehobenen Textes am Gesamttext (0,5% bis 30%) und die Größe der linguistischen Einheiten, die markiert sind (Wörter, Satzteile, Sätze).

Tab. 17 (nach DRINKMANN & GROEBEN 1981, 31) zeigt die Ergebnisse der 13 metaanalysierten Experimente aus 11 Studien, die zwischen 1955 und 1977 veröffentlicht wurden. Allen gemeinsam ist, daß mindestens eine Experimentalgruppe, der ein Lerntext mit Unterstreichungen oder Hervorhebungen gegeben wurde, mit einer Kontrollgruppe, die den gleichen Text ohne Markierungen erhielt, verglichen wurde.

Insgesamt weisen die Arbeiten keine eindeutige Lernerleichterung durch Texte mit Unterstreichungen oder Hervorhebungen gegenüber nicht-markierten Texten nach. Zwar konnte ein signifikanter Effekt in vier Experimenten und eine tendenzielle Überlegenheit in weiteren vier Untersuchungen gesichert werden, dem stehen jedoch drei Experimente gegenüber, die eine nicht-signifikante Überlegenheit nur in bezug auf direkte Nachtestitems, bei indirekten dagegen gleiche oder sogar tendenziell schlechtere Lernleistungen fanden; zwei weitere Untersuchungen schließlich ergaben nur verminderte oder gleiche Leistungen für die Experimentalgruppe.

In der qualitativen Interpretation drängen sich allerdings vor allem Argumente auf, die einen lernerleichternden Effekt von Hervorhebungen und Unterstreichungen zumindest für direktes Lernen wahrscheinlich machen: so enthalten die fünf Studien, die keine Überlegenheit der Experimental- über die Kontrollgruppe aufweisen, z. B. jene zwei Untersuchungen, die relativ komplizierte Hervorhebungssysteme benutzten, deren Rezeption für die untersuchten Kinder eventuell zu schwer waren (Nr. 48, Nr. 49). Bei

Studien, die den Effekt von Unterstreichungen oder Hervorhebungen untersucht haben, und deren Ergebnisse

Studie	N	Textlänge	Textart factual o. meaningful	Unterstreichung o. Hervorhebung	Einheit d. Markierung	Anteil des Markierten	Art des Nachtests indirekt	direkt	unklar	zusätzliche Vergleiche
13	432	~ 3200 Wörter	f + m	U	Hauptpunkte	?			E > K	Gute profitieren, Schlechte nicht
62	989	1206 Wörter	f	U	Wörter	13%		E > K	E > K	
48	160	850–3500 Wörter	f	U + H		30%	E < K!	E < K!		einfaches Cuing > komplexes
49	118	2000 Wörter	f	U + H vs. H		30%	E < K!	E > K		
15 a	144	~ 2000 Wörter	f	U		10%		E > K		Gute u. Mittlere profitieren mehr als Schlechte
15 b	66	~ 6000 Wörter	m	U	Terme	0,5%		E >* K		
44	72	2800 Wörter	m	U	Sätze	?		E > K		Lernzeit: E = K; Selbst-Unterstr. > Vorunterstrichenes
28 a	76	8000 Wörter	m	H	Sätze	25%		E >* K		
28 b	24	8000 Wörter	m	U vs. H		10%		E >* K	E >* K	Unterstr. > Hervorheben
86	90	~ 1500 Wörter	m	U	Sätze	20%	E = K	E > K	E > K	Lernzeit: E > K, Selbst-Unterstr. > Vorunterstr.
2	125	455 Wörter	?	U	Fakten	25% vs. 50%	E < K!	E > K	E > K	Effektivität: E >* K
111	128	192 frames	?	U	Wörter	?				
12	40	3 Artikel	m	U	Statements	?	E >* K E >* K	E >* K	E = K	

(Erläuterungen: E > K = Experimentalgruppe tendenziell besser als Kontrollgruppe; E >* K = E signifikant besser als K; E < K! = E tendenziell schlechter als K)

Tab. 17: Ergebnisse der Metaanalyse über den Effekt von Unterstreichungen oder Hervorhebungen (DRINKMANN & GROEBEN 1981, 31)

Nr. 111 bestand das Material aus einem Lernprogramm, bei dem die Unterstreichungstechnik u. U. mit der Programmtechnik negativ interferiert (vgl. auch ANDERSON 1967, 137f.). Und die beiden letzten Untersuchungen (Nr. 86, Nr. 2) enthielten nur relativ kurze Texte (1500 bzw. 455 Wörter), die von den untersuchten Studenten vermutlich auch ohne Encodierungshilfen erfolgreich bewältigt werden konnten.

Allerdings kann man aufgrund der vorliegenden Untersuchungen relativ sicher sein, daß Unterstreichungen und Hervorhebungen für indirektes, inzidentelles Lernen kaum lernfördernd sind (hier häufen sich die negativen Ergebnisse, die eine Unterlegenheit der Experimental- gegenüber der Kontrollgruppe zeigen). Dies ist theoretisch auch plausibel, wenn man davon ausgeht, daß die dem markierten (wichtigen) Material geschenkte, gesteigerte Aufmerksamkeit den unmarkierten (weniger wichtigen) Passagen entzogen wird. In Übereinstimmung mit dieser Annahme stellten HERSHBERGER & TERRY (1965/Nr. 49) fest, daß sich das Verhältnis von gelernter direkter zu gelernter indirekter Information durch einfaches Unterstreichen verbessert.

An relevanten Einzelergebnissen der verschiedenen Untersuchungen sind vor allem zwei Resultate festzuhalten (vgl. DRINKMANN & GROEBEN 1981, 32f.): 1. ein einfaches Hervorhebungssystem ist hilfreicher als ein kompliziertes, das u. U. sogar destruierende Effekte haben kann; 2. Lernende mit guten (und mittleren) Fähigkeiten profitieren von den Encodierungshilfen mehr als Lernende mit schlechten Voraussetzungen.

Konsequenz:

Bei längeren Texten kann das Markieren von wichtigen Textteilen durchaus als effektive Lernhilfe wirken; es ist allerdings zu berücksichtigen, daß ein Hervorheben/Unterstreichen der wichtigen Informationen wahrscheinlich Aufmerksamkeit und Verarbeitungskapazität von den nicht-unterstrichenen Informationen abzieht; außerdem sollte für Rezipienten mit schlechten Lernvoraussetzungen auf Markierungen ganz verzichtet werden. Insgesamt bietet danach die graphische Markierung wichtiger Textteile zwar Vorteile für deren Verarbeitung, beinhaltet aber durchaus auch Gefahren für die Verarbeitungsqualität, und zwar vor allem hinsichtlich der nicht markierten Textteile und der Leser mit schlechten Lernvoraussetzungen. Da sich außerdem beim direkten Vergleich von Hervorhebungen im Text vs. aktivem Unterstreichen durch den Leser selbst letzteres zumindest als nicht weniger effektiv herausgestellt hat (vgl. FOWLER & BARKER 1974/Nr. 28a; RICKARDS & AUGUST 1975/Nr. 86), sollte man die graphische Markierung als Autor m. E. auf das Notwendigste beschränken und eher als Rezeptionsstrategie für den Leser vorsehen (vgl. oben I.3.4.).

4.3.5. Überschriften und Randbemerkungen

Überschriften und Randbemerkungen sind als den Text begleitende, sprachliche Codierungshilfen anzusehen, die sowohl die Subsumtion von Fakteninformationen unter Konzepte als auch die Stabilität, Klarheit und Dissoziabilität von Konzepten unterstützen soll. Mit der empirischen Sicherung ihrer Effektivität hat sich sowohl die sprachpsychologische Grundlagenforschung als auch die praxisorientierte Instruktionspsychologie beschäftigt; für die Optimierung der Gestaltung von Informationstexten sind allerdings nur die instruktionspsychologischen Untersuchungen relevant.

Denn die Grundlagenforschung thematisiert die Frage, ob mehrdeutige Texte durch Vorgabe einer Rezeptionsperspektive in Form einer Überschrift vereindeutigt werden. Die Forschergruppen um BRANSFORD (z. B. BRANSFORD & JOHNSON 1973; BRANSFORD & Mc CARRELL 1974) und DOOLING (z. B. DOOLING & LACHMAN 1971; DOOLING & MULLET 1973/Nr. 20) verwenden also Texte, die für normale Informationstexte nicht repräsentativ sind (z. B. einen Text, der entweder als Beschreibung der Entdeckung Amerikas durch Kolumbus oder der ersten Mondlandung interpretiert werden kann); dementsprechend sind diese Untersuchungen der Grundlagenforschung im folgenden nicht mit berücksichtigt.

Die Ergebnisse der instruktionspsychologischen Untersuchungen (mit eindeutigen Texten) zeigt Tab. 18 (DRINKMANN & GROEBEN 1981, 36):

Studie	N	Textlänge	Textart (meaningful o. factual)	Nachtest	
				Verständnis	Behalten
13	432	~ 3200 Wörter	m + f	E > K	
42	44	25 Sätze	f		E > K
44	72	2800 Wörter	m	E ≥ K	
60	245	2700 Wörter	f		E < K!
51	90	2500 Wörter	m		E >* K
18 a	248	1125 Wörter	m	E >* K	E >* K
18 b	240	372 Wörter	m	E >* K	E >* K

Studie	zusätzliche Vergleiche
13	Fragen > Statements
42	relevante Items: E > K inzidentelle Items: E < K!
44	Vortraining: kein Effekt
60	
51	Effekt steigt mit der Zeit Vortraining: kein Effekt
18 a	(gute Lernende, schwieriger Text)
18 b	(schlechte Lernende, leichter Text)

Tab. 18: Ergebnisse der Metaanalyse über Effekte von Überschriften (instruktionspsychologische Untersuchungen mit eindeutigen Texten) (DRINKMANN & GROEBEN 1981, 36)

Die Richtung der Ergebnisse spricht zwar zum größten Teil für einen lernerleichternden Einfluß der Überschriften (6mal Überlegenheit der Experimental- über die Kontrollgruppe), allerdings nur in drei Fällen in überzufälliger Stärke; eine Untersuchung weist sogar einen tendenziell negativen Effekt der Überschriften auf. Kaum einen Unterschied scheint es zu machen, ob im Nachtest Verständnis oder Behalten geprüft wird. Die einzige Untersuchung, die zwischen direktem und indirektem Lernen trennte (Nr. 42), macht wahrscheinlich, daß ähnlich wie bei den schon behandelten Hervorhebungstechniken das inzidentelle Lernen eher behindert wird. Für den positiven Effekt beim direkten Lernen konnten allerdings HOLLEY et al. (1980/ Nr. 51) sichern, daß sich der Effekt mit der Zeit (hier nochmaliger Nachtest nach fünf Tagen) verstärkt (von 11% Überlegenheit der Experimentalgruppe vs. Kontrollgruppe auf 44% Überlegenheit). Insgesamt scheint es berechtigt, besonders bei schwierigerem sinnorientiertem Material (nicht Beschränkung auf Fakteninformationen) von einem positiven lernerleichternden Effekt der Überschriften auszugehen.

Konsequenz:

Überschriften sind eine sehr weitverbreitete, eingeführte Technik der Textgestaltung und – vermutlich gerade deswegen – relativ unzureichend erforscht. Vermutlich ist vor allem die bisherige Forschung zu kritisieren, die für den Nachweis der Wirksamkeit von Überschriften/Randbemerkungen noch zu kurze Texte untersucht hat. Dennoch erscheint es berechtigt, von einem lernerleichternden Effekt dieser Textgestaltung auszugehen, der vermutlich bei langen Texten (evtl. in Verbindung mit einem vorgeschalteten Inhaltsverzeichnis) erst richtig zum Tragen kommt.

4.3.6. Eingestreute Fragen

Die Technik des Einstreuens von Fragen in den Text (‚interspersed/ inserted/adjunct questions') ist vor allem vom theoretischen Modell des mathemagenen Verhaltens (ROTHKOPF 1965; 1966) aus thematisiert worden (vgl. zur Theorie oben 3.3.). Fragen wurden damit als eine, wenn nicht *die* Bedingung zur Aktivierung des Lesers in Richtung auf die Fortführung des Rezeptions- und damit Lernprozesses angesehen; sie gelten im Modell des mathemagenen Verhaltens also als Mittel für eine relativ kurzfristige, auf den jeweiligen Text ausgerichtete Lernmotivierung (vgl. GROEBEN 1976). Da sie aber natürlich auch strukturierende, aufmerksamkeitslenkende Funktion haben können, stellen sie vom Ansatz her praktisch ein Verbindungsglied zwischen der Dimension der kognitiven Gliederung/Ordnung und der motivationalen Stimulanz dar.

Das manifestiert sich auch in der Geschichte ihrer instruktionspsychologischen Erforschung: so hat es schon ziemlich früh instruktionspsychologische Untersuchungen vor allem über den strukturierenden Effekt von Fragen für das Lernen und Behalten von Texten gegeben: vgl. DISTAD 1927; WASHBURNE 1929/Nr. 107; HOLMES 1931; die eigentliche Blüte dieser Forschungstradition begann allerdings erst Mitte der 60er Jahre, nachdem das Rahmenmodell des mathemagenen Verhaltens von ROTHKOPF entwickelt worden war (1965; 1966/Nr. 88).

Versuchsanordnung:

Der klassische Versuchsplan (vgl. ROTHKOPF 1971, 289ff.) sieht vor, daß Fragen an verschiedenen Stellen des Textes eingestreut werden, denen ein Teil der Mehrfach-Wahl-Fragen zur Behaltensprüfung am Schluß entspricht, ein anderer Teil nicht; auf diese Weise ist wiederum die direkte Wirkung der eingeschalteten Fragen festzustellen, wie auch eine nur durch Intensivierung des mathemagenen Verhaltens erklärbare indirekte Wirkung, ein ‚Transfer' auf andere Textinhalte (indirektes, inzidentelles Lernen). Für die direkte Wirkung von Fragen ist die Erklärung durch mathemagenes Verhalten nicht nötig (worauf auch ROTHKOPF verweist: 1970, 335); in diesem direkten Lerneffekt manifestiert sich eher der strukturierende Aspekt der Fragetechnik (in der Dimension kognitive Gliederung/Ordnung). Nur für den indirekten, inzidentellen Effekt von Fragen ist das Konzept des mathemagenen Verhaltens notwendig; in diesem manifestiert sich also eher der motivierende Aspekt von Fragen (gerade der Nachweis dieses für die Theorie des mathemagenen Verhaltens zentralen Teils hat sich allerdings in der Forschung als methodologisch und empirisch problematisch erwiesen; vgl. LADAS 1973; ANDERSON & BIDDLE 1975/Nr. 1; s. genauer unten).

Im Laufe der Entwicklung des Forschungsprogramms zur Wirksamkeit von Fragen sind neben der Unterscheidung von direktem und inzidentellem Lernen noch folgende weitere Merkmale der eingestreuten Fragen einbezogen und untersucht worden:
– Plazierung der Fragen: Fragen vor oder nach der jeweils zugehörigen Textpassage, über den Text verstreut oder en bloc;
– Art des Textmaterials: konkret vs. abstrakt, verschiedene Schwierigkeitsgrade etc.;
– Art der Fragen: vor allem faktuelle vs. konzeptuelle.
Parallel zu den empirischen Forschungsaktivitäten sind in den letzten zehn Jahren auch mehrere Sammelreferate, Kritiken und Re-

analysen zum Thema ‚Fragen‘ erschienen (z. B. FRASE 1970b; 1975; ROTHKOPF 1971; CARVER 1972; GAGNE 1973; BARRY 1974; FAW & WALLER 1976; MC CONKIE 1977; ANDRE 1979). Da die systematischen und umfangreichen Sammelreferate in der Mehrzahl schon relativ alt sind, wird im folgenden eine neue, eigene Metaanalyse referiert (vgl. DRINKMANN & GROEBEN 1981, 39ff.).

Diese Metaanalyse faßt 44 empirische Arbeiten zusammen, die zwischen 1929 und 1980 erschienen sind. Die meisten von ihnen vergleichen die Lernleistung einer Experimentalgruppe, die einen Lerntext mit eingestreuten Fragen erhielt, mit der Leistung einer Kontrollgruppe (Lerntext ohne solche Fragen). Die frühen Untersuchungen testen fast ausschließlich kurzfristiges Behalten, nach der Kritik der letzten Jahre wurde zwischenzeitlich auch längerfristiges Behalten überprüft. Die übrigen Merkmalskombinationen (direktes vs. indirektes Lernen, faktuelle vs. konzeptuelle Fragen, vorangestellte vs. nachgestellte Fragen etc.) gehen aus den Tab. 19 bis 25 (s. u.) hervor.

Die verwendeten Texte behandeln sehr verschiedene Themen: von Ozeanographie über verschiedene Stadtgeschichten und Biographien bis zu rechtlichen Aspekten der Zahnmedizin, und zwar vor allem deswegen, weil die Themen den Rezipienten unvertraut sein sollen (um den Effekt eines möglichen Vorwissens auszuschalten). Außerdem gibt es eine erhebliche Variation in der Textlänge sowie der Größe der untersuchten Versuchspersonenstichprobe (vgl. Tab. 19 und Tab. 20):

Textlänge:		
bis	1000 Wörter :	6
1000 –	5000 Wörter :	26
5000 –	10000 Wörter :	5
mehr als	10000 Wörter :	3
	nicht bekannt :	7

Tab. 19: Längen der verwendeten Texte in den Untersuchungen, die der Metaanalyse über den Effekt von Fragen zugrundeliegen (DRINKMANN & GROEBEN 1981, 39ff.)

Anzahl der Vpn:			
unter 50 :	2		
50 – 100 :	22	$\Sigma =$ 7388	
100 – 150 :	9		
150 – 200 :	5	$n =$ 47	
200 – 250 :	2		
250 – 300 :	3	$\bar{X} =$ 156	
über 300 :	4		

Tab. 20: Versuchspersonenzahlen der in die Metaanalyse über den Effekt von Fragen eingegangenen Untersuchungen (DRINKMANN & GROEBEN 1981, 39ff.)

Die Tab. 21 zeigt, welche Effekte die analysierten 44 Experimente nachgewiesen haben. In der Waagerechten ist danach differenziert, ob eine signifikante (sign.) oder nur tendenzielle (n. s.) Über- oder Unterlegenheit ($\downarrow$) für vorher plazierte Fragen (pre > K), nachher plazierte (post > K) oder beide Treatments (statistisch) kombiniert (pre & post > K) gegenüber der Kontrollgruppe festgestellt wurde; in der Senkrechten wird getrennt zwischen inzidentellem und direktem Lernen sowie zwischen faktuellen und konzeptuellen Fragen. In Kategorien, die durch eine &-Verbindung zweier Merkmale gekennzeichnet sind, sind sowohl Experimente enthalten, die beide Merkmale getrennt untersucht und verbunden analysiert haben, als auch solche, die nicht nach diesen Merkmalen unterschieden haben und bei denen nachträglich auch nicht feststellbar war, ob faktuelle oder konzeptuelle Fragen bzw. inzidentelle oder direkte Nachtestitems benützt wurden (vgl. Tab. 21, S. 255).

Vorangestellte Fragen:

Die Tab. 22 zeigt die Ergebnisse speziell für vorangestellte Fragen (DRINKMANN & GROEBEN 1981, 42):

Vorangestellte Fragen

		sign.	n.s.	n.s. $\downarrow$	sign. $\downarrow$
inzidentelles Lernen:	faktuelle Fragen	–	9	5	–
	konzeptuelle Fragen	–	7	–	–
	fakt. & konzept. Fragen	–	5	1	–
	Gesamt[1]	–	11	6	–
direktes Lernen:	faktuelle Fragen	6	4	–	–
	konzeptuelle Fragen	3	4	–	–
	fakt. & konzept. Fragen	3	3	1	1
	Gesamt	8	5	1	1
inz. & dir. Lernen:	faktuelle Fragen	1	6	2	–
	konzeptuelle Fragen	1	4	–	–
	fakt. & konzept. Fragen	–	2	–	–
	Gesamt	2	6	2	–

Erläuterung: [1] ‚Gesamt' gibt jeweils die Gesamtzahl der unter einer Kategorie eingeordneten, verschiedenen Experimente wieder, d.h. jedes Experiment wird nur einmal gezählt, unter Abstrahierung von der Art der Fragen.

Tab. 22: Metaanalyse über den Effekt von Fragen: Ergebnisse für vorangestellte Fragen (DRINKMANN & GROEBEN 1981, 42)

Gruppe	Fragen	PRE > K				POST > K				PRE & POST > K		
		sign.	n.s.	n.s.↓	sig.↓	sign.	n.s.	n.s.↓	sig.↓	sig.	n.s.	n.s.↓
inzidentelles Lernen	faktuelle		104 85 102 7 101 10 97 92 103	71 81 29 88 107		7 89 70 93 79 8 92 88	104 63 85 102 87 101 97 108 103	71 109 66	107	68	101 97 103 104 85 102	71
inzidentelles Lernen	konzeptuelle		104 85 101 10 97 76 107			87 26	104 85 101 97 76	109 107	50		101 97 104 85 76	
inzidentelles Lernen	fakt. & konz.		97 104 85 101 10	47			97 47 48 104 85 101	109			97 3 104 85 101	
direktes	faktuelle	85 7 81 88 103 107	104 102 10 97			63 85 102 1a 1b 1c 7 87 106a 106b 108 24 70 93 8 88 103 66	104 97 109 107			88 103 85 7	97 104	
direktes	konzeptuelle	85 76k 107	104 10 97 76l			85 87	104 97 76 107			85	97 104 76	
direktes	fakt. & konz.	96 85 107	97 104 10	47	5	47 48 85 87	97 104 107			85	97 104	
inzidentell. & direkt.	faktuelle	81	85 101 71 10 97 107	38 75		25 87 7 70 93 8 88	85 101 71 97 38 104	109 107			101 97 85 71 104	
inzidentell. & direkt.	konzeptuelle	10	85 101 97 107			87 109	85 101 97 107 104 76				101 97 85 76 104 107	
inzidentell. & direkt.	fakt. & konz.		97 107			54 111	97 107 104				97 104 107	

Tab. 21: Ergebnisse der Metaanalyse über den Effekt von Fragen (nach DRINKMANN & GROEBEN 1981, 41)

Aus der Tab. 22 geht relativ eindeutig hervor, daß vorangestellte
Fragen für ein indirektes, inzidentelles Lernen keinen positiven Effekt
besitzen (kein einziges signifikantes Ergebnis; 11mal tendenzielle
Überlegenheit der Lernleistung bei einem Lerntext mit eingestreuten
Fragen, aber auch 6mal tendenzielle Unterlegenheit dieses Textes
gegenüber einem Lerntext ohne Fragen).

Auch für direktes Lernen ist das Ergebnis nicht eindeutig, denn
den acht Untersuchungen, die eine signifikant bessere Lernleistung
der Experimentalgruppe fanden, stehen sieben gegenüber, denen das
nicht gelang; bei Testung anhand der Binomialverteilung kann man
dieses Verhältnis mit 50%iger Wahrscheinlichkeit auf Zufall zurück-
führen ((p (8 oder mehr |15) = 0,5)). Entsprechend ergaben sich auch
bei der Verbindung von inzidentellem und direktem Lernen keine
eindeutigen Befunde. Lediglich für den Vergleich von faktuellen und
konzeptuellen Fragen kann man feststellen, daß bei Voranstellung die
faktuelle Frageart häufiger signifikante Lernerleichterung ergibt als die
konzeptuelle Frageart.

Nachgestellte Fragen:

Tab. 23 zeigt die Ergebnisse speziell für nachgestellte Fragen (nach
DRINKMANN & GROEBEN 1981, 43):

Nachgestellte Fragen

		sign.	n.s.	n.s. ↓	sign. ↓
inzidentelles Lernen:	faktuelle Fragen	8	9	3	1
	konzeptuelle Fragen	2	5	2	1
	fakt. & konzept. Fragen	–	6	1	–
	Gesamt	10	12	4	2
direktes Lernen:	faktuelle Fragen	18	4	–	–
	konzeptuelle Fragen	2	4	–	–
	fakt. & konzept. Fragen	4	3	–	–
	Gesamt	20	5	–	–
inz. & dir. Lernen:	faktuelle Fragen	7	6	2	–
	konzeptuelle Fragen	2	6	–	–
	fakt. & konzept. Fragen	2	3	–	–
	Gesamt	10	3	2	–

Tab. 23: Metaanalyse über den Effekt von Fragen: Ergebnisse für nachgestellte Fragen (DRINKMANN & GROEBEN 1981, 43)

Es zeigt sich, daß zur Wirkung nachgestellter Fragen auf das inzidentelle Lernen die meisten Experimente durchgeführt wurden (28 der hier analysierten 47), was von der Zentralität dieses Problems für das Modell des mathemagenen Verhaltens auch zu erwarten war. Trotz der Unterschiedlichkeit der Ergebnisse ist insgesamt ein positiver Effekt auf das inzidentelle Lernen festzustellen: immerhin wurde in 10 von 28 Fällen eine bedeutsam bessere Lernleistung festgestellt, und bei Hinzuziehung auch der nicht-signifikanten Ergebnisse sind 22mal bessere Nachtestwerte der Experimentalgruppe zu konstatieren ((p (22 o.m. |28) = 0,00186)). Dieser positive Effekt ist bei faktuellen Fragen deutlicher ausgeprägt als bei konzeptuellen.

Für das direkte Lernen ergibt sich in 20 von 25 Untersuchungen eine signifikante Lernerleichterung durch dem Text nachgestellte Fragen: dies ist der am besten gesicherte Befund dieser Metaanalyse ((p (20 o.m. |25) = 0,00204)), wobei auch alle nicht-signifikanten Ergebnisse in Richtung der Lernerleichterung weisen. Auch hier produzieren faktuelle Fragen offensichtlich häufiger statistisch bedeutsame Unterschiede als konzeptuelle. Wird auf eine Differenzierung nach der Art der Fragen verzichtet, ergeben sich ebenso wie bei einer Vermischung der Resultate für inzidentelles und direktes Lernen Ergebnisse, die wesentlich weniger aussagekräftig sind.

Vergleich von vorher vs. nachher plazierten Fragen:

Die bisher analysierten Ergebnisse sprechen dafür, daß nachgestellte Fragen effektiver sind als vor dem Text plazierte; diese Hypothese ist auch von mehreren Untersuchungen direkt durch den Vergleich der Lernleistungen von zwei Experimentalgruppen geprüft worden, die einmal vorher, zum anderen nachher plazierte Fragen erhielten. Die entsprechenden Ergebnisse sind in Tab. 24 und 25 zusammengestellt (vgl. u.).

Es zeigt sich, daß die mit vorher plazierten Fragen arbeitende Experimentalgruppe in keiner der Untersuchungen signifikant besser war als die Gruppe mit nachgestellten Fragen. Für inzidentelles Lernen ergibt sich dabei ganz eindeutig, daß faktuelle Fragen nach dem entsprechenden Textabschnitt wirksamer sind als vorher; für konzeptuelle Fragen (sowie die Vermischung von faktuellen und konzeptuellen) sind die Ergebnisse uneindeutig. Für direktes Lernen gilt die gleiche Schlußfolgerung, die allerdings nicht so eindeutig belegbar ist. Überraschenderweise ist der Vorteil nachgestellter Fragen bei einem kombinierten Lernmaß (inzidentelles und direktes Lernen) am deut-

		POST > PRE		
		sign.	n.s.	n.s. ↓
INZIDENTELLES LERNEN	faktuelle Fragen	102 7 31 29 92	68 101	107
	konzeptuelle Fragen		101 77 76	107
	fakt. & konzept. Fragen		26 101 3	107
DIREKTES LERNEN	faktuelle Fragen	31 29	107 7 88	107
	konzeptuelle Fragen	76l	76k	77 107
	fakt. & konzept. Fragen		26	107
INZIDENT. & DIREKTES LERNEN	faktuelle Fragen	102 38 31 30 103 29	101 71	107
	konzeptuelle Fragen		101 77 76	107
	fakt. & konzept. Fragen		101 26	107

Tab. 24: Metaanalyse über den Effekt von Fragen: Vergleich vorher vs. nachher plazierter Fragen (DRINKMANN & GROEBEN 1981, 45f.)

lichsten ablesbar, denn hier ergaben sich in der Hälfte der Experimente (wiederum alle mit faktuellen Fragen) signifikant bessere Werte.

Insgesamt zeigten sich in keiner der hier analysierten Kategorien Anzeichen für eine Überlegenheit konzeptueller Fragen gegenüber faktuellen; vielmehr war das Verhältnis von signifikanten zu nicht-signifikanten Ergebnissen in allen Fällen bei faktuellen Fragen günstiger, obwohl nach theoretischen Postulaten und den Ergebnissen bisheriger Sammelreferate (s. z. B. ANDRE 1979) zu erwarten gewesen wäre, daß konzeptuelle Fragen sich auf das Lernen günstiger auswirken. Allerdings führt der Rückbezug auf den Lerneffekt (reines Behalten messende vs. mehr Verständnis bzw. Transfer messende Nachtestitems) zu der Vermutung, daß auf Verstehen ausgerichtetes Lernen eher durch konzeptuelle Fragen gefördert wird (vgl. WATTS & ANDER-

Voran- vs. nachgestellte Fragen

		post $>$ pre	n.s.	n.s. $\downarrow$
inzidentelles Lernen:	faktuelle Fragen	5	2	1
	konzeptuelle Fragen	–	3	1
	fakt. & konzept. Fragen	–	3	1
	Gesamt	5	6	1
direktes Lernen:	faktuelle Fragen	2	3	1
	konzeptuelle Fragen	1	1	2
	fakt. & konzept. Fragen	–	1	1
	Gesamt	3	5	2
inz. & dir. Lernen:	faktuelle Fragen	6	2	1
	konzeptuelle Fragen	–	3	1
	fakt. & konzept. Fragen	–	2	1
	Gesamt	6	5	1

Tab. 25: Metaanalyse über den Effekt von Fragen: Zusammenfassung der Ergebnisse zum Vergleich vorher vs. nachher plazierter Fragen (DRINKMANN & GROEBEN 1981, 45f.)

SON 1971/Nr. 109; FELKER & DAPRA 1975/Nr. 26). Hinsichtlich der Plazierung der Fragen sprechen die Untersuchungen in der gleichen Weise für eine Überlegenheit der nachgestellten Fragen; allerdings sollten sie über den Text verstreut sein in dem Sinn, daß sie nach relevanten Text*abschnitten* plaziert werden (und nicht erst en bloc am Ende eines längeren Textes). Damit ist die theoretische Erklärungsalternative hinsichtlich der Wirksamkeit von Fragen entschieden: theoretisch kann nämlich diese Wirksamkeit auf einem nach vorwärts gerichteten Suchprozeß oder aber auf einem nach rückwärts gerichteten Prozeß beruhen, „bei dem die fragenrelevanten Textinformationen vom Lernenden im ‚Geist' noch einmal durchgegangen werden" (vgl. MANDL et al. 1980, 64; s. auch WATTS & ANDERSON 1971); ersichtlich basiert der lernerleichternde Effekt von Fragen vor allem auf diesem letzteren rückwärts gerichteten Wiederholungsprozeß.

Dem entspricht, daß in Untersuchungen, die die Lernzeit mitprotokollierten, fast immer eine statistisch bedeutsam längere Zeit für die Experimentalgruppe (mit eingestreuten Fragen innerhalb des Textes) beobachtet wurde. Unter dem Effektivitätsgesichtspunkt (Leistung als Arbeit in der Zeit) muß man daher m. E. darauf achten, daß nachge-

stellten Fragen nicht noch weitere, die Lernzeit verlängernde Textgestaltungstechniken hinzugefügt werden: hier ist in erster Linie an die
eine vergleichbare Wiederholungsfunktion erfüllende Technik der
Zusammenfassung am Ende von relevanten Textabschnitten zu denken. Daraus ergibt sich als konstruktive Kombinationsmöglichkeit
von Textoptimierungstechniken, daß man (nachgestellte) Zusammenfassungen und Fragen miteinander kombiniert: d. h. eine Zusammenfassung in Form konkreter, faktueller Fragen vorsieht.

Konsequenz:

Zwischengeschaltete Fragen können also als eine lernerleichternde
Technik der Textgestaltung angesehen werden; sie sollten über den
Text verstreut *nach* jeweils *relevanten Passagen* eingefügt werden und
auf *konkretem, faktuellem Niveau* formuliert sein. Mit Sicherheit zu
erwarten ist ein positiver Effekt auf das Lernen der erfragten Informationen und partiell (sowie mit geringerer Sicherheit) auch ein genereller, inzidenteller Effekt. Die für den Lernvorgang benötigte Zeit
wird sich durch die Fragen allerdings mit hoher Wahrscheinlichkeit
vergrößern; daher ist es unter Effektivitätsgesichtspunkten vorzuziehen, Zusammenfassungen und nachgestellte Fragen nicht separat
nebeneinander, sondern in kombinierter Form einzufügen: d. h. am
besten als Zusammenfassung in Form von nachgestellten, faktuellen
Fragen.

4.3.7. Lernziele

In letzter Zeit haben die Forschergruppen, die die Wirkung von
eingestreuten Fragen untersucht haben, z. T. ihr Augenmerk auf die
Funktion der Angabe von Lernzielen am Anfang eines Textes ver-
schoben. Man kann mit MAC DONALD–ROSS (1973) drei wesentliche
Funktionen solcher Lernziele sehen:
– daß sie Lehrer (bzw. Autoren) dazu zwingen, ihre Vorstellungen
über das, was gelernt werden soll, zu explizieren und konkretisieren;
– daß sie eine Basis für die Evaluation von Lernleistungen bieten;
– daß sie für den Lernenden hilfreich sind, indem sie die Lernaufgabe konkretisieren und strukturieren.
Diese Strukturierungsfunktion (innerhalb der Dimension kognitive
Gliederung/Ordnung) soll hier anhand empirischer Befunde überprüft
werden.
Bisherige Sammelreferate, die den Effekt der Angabe von Lernzielen auf
das Lernen und Behalten zum Thema hatten (DUCHASTEL & MERRILL 1973;

Mac Donald–Ross 1973; Lawson 1974; Hartley & Davies 1976; McConkie 1977), stellten zumeist Studien zusammen, die die Wirksamkeit von Lernzielen in Unterrichtsstunden oder in Lernprogrammen überprüften. Ausschließlich auf das Lernen aus sinnvollen Texten haben sich bisher nur Faw & Waller (1976) bezogen. Da diese Autoren jedoch die nach 1975 erschienenen Arbeiten nicht berücksichtigen, wurde eine neue, eigene Metaanalyse notwendig (vgl. Drinkmann & Groeben 1981, 48ff.).

In Parallelität zu den Versuchsanordnungen zur Wirkung von eingestreuten Fragen im Text wurden dabei vor allem folgende Bedingungen thematisiert und variiert:
– direktes vs. indirektes (inzidentelles) Lernen von durch Lernziele hervorgehobenen Informationen;
– Art der Lernzielangabe: spezifisch oder generell;

Beispiel spezifisch: ‚Sie sollten nach dem Lesen wissen, daß klassische Konditionierung in einer wiederholten räumlichen und zeitlichen Verknüpfung eines konditionalen Stimulus mit einer unwillkürlichen Reaktion besteht‘;
Beispiel generell: ‚Sie sollten nach dem Lesen wissen, worin klassische Konditionierung besteht‘.

– hinsichtlich der Position führten die meisten Untersuchungen entsprechend der Wortbedeutung von ‚Ziel‘ keine Variation ein, sondern gaben die Lernziele vor dem relevanten Text an (mit Ausnahme von Kaplan (1976/Nr. 56 und 57) sowie Kaplan & Simmons (1974/Nr. 59).

In den 19 hier analysierten Experimenten erhielten die Kontrollgruppen das Material jeweils ohne Angabe von Lernzielen, meist mit der Aufforderung, alles zu lernen. Aus der Ergebnisübersicht in Tab. 26 u. 27 ist zu ersehen, welche Experimente für spezifische oder generelle, vorher (pre > K) oder nachher (post > K) plazierte Lernziele bei direkten oder inzidentellen Nachtestitems eine signifikante (sign.) oder tendenzielle (n. s.) Über- oder Unterlegenheit (Pfeil nach unten) der Experimentalgruppe gegenüber der Kontrollgruppe fanden (s. u.).

Bei den Gesamtergebnissen zeigt sich für inzidentelles Lernen ein relativ starker, destruierender Effekt der Angabe von Lernzielen: denn von 18 Studien fanden 6 tendenziell und 7 signifikant schlechtere Leistungen für die Experimentalgruppe; dieser Anteil von 13 Untersuchungen mit negativen Ergebnissen ist bei einer Testung anhand der Binomialverteilung auf dem 5%-Niveau signifikant. Für das direkte Lernen ist der postulierte lernfördernde Effekt der Angabe von Lernzielen dagegen ganz eindeutig ablesbar: 18 von 21 Vergleichen führten zu signifikant besseren Leistungen mit Lernzielen; bei Testung anhand der Binomialverteilung ein hochsignifikantes Ergeb-

pre > K / post > K

		signifikant	n.s.	n.s. ↓	signifikant ↓
INZIDENTELL	spezif.	94	59	36 56 57	21 59 90 91 57 95
	generell	94 65		36 56 43	
	gen. & spez.	94 58a	55	22a 22b 36 56	41
DIREKT	spezif.	94 21 22b 59 36 90 91 57 56 95 57 59			
	generell	94 53 43	22b 36 56		
	gen. & spez.	94 55 58a 22a 41	36		
INZIDENTELL & DIREKT	spezif.	94		21	
	generell	94	43		
	gen. & spez.	94			

Tab. 26: Metaanalyse über den Effekt der Angabe von Lernzielen (DRINKMANN & GROEBEN 1981, 50f.)

Mit Lernzielen vs. ohne Lernziele (K)

		sign.	n.s.	n.s. ↓	sign. ↓
A. *inzidentelles Lernen*	spezifische LZ	1	1	3	6
	generelle LZ	2	–	3	–
	spez. & gen. LZ[1]	2	1	4	1
	Gesamt[2]	3	2	6	7

$$p \ (13 \ \text{o.m.} \ | \ 18) = 0.048^{[3]}$$

		sign.	n.s.	n.s. ↓	sign. ↓
B. *direktes Lernen*	spezifische LZ	12	–	–	–
	generelle LZ	3	3	–	–
	spez. & gen. LZ	5	1	–	–
	Gesamt	18	3	–	–

$$p \ (18 \ \text{o.m.} \ | \ 21) = 0.0007$$

		sign.	n.s.	n.s. ↓	sign. ↓
C. *inz. & dir.*[1] *Lernen*	spezifische LZ	1	–	1	–
	generelle LZ	1	1	–	–
	spez. & gen. LZ[1]	1	–	–	–
	Gesamt	1	1	1	–

Erläuterungen: [1] Studien, die nicht unterschieden haben zwischen spezifischen und generellen Lernzielen, und solche, in denen beide getrennt benutzt wurden. Entsprechendes gilt für „inzidentelles und direktes Lernen".
[2] „Gesamt" gibt jeweils die Gesamtzahl der in eine Kategorie eingeordneten, verschiedenen Studien unter Abstrahierung der Spezifität der Lernziele wieder.
[3] p (K oder mehr | N) gibt immer die anhand der Binomialverteilung ermittelte Wahrscheinlichkeit dafür an, daß unter N Studien K oder mehr signifikant sind, wenn man annimmt (Nullhypothese), daß eine Studie mit 50%iger Wahrscheinlichkeit signifikante oder nicht-signifikante Ergebnisse erbringt.

Tab. 27: Metaanalyse über den Effekt der Angabe von Lernzielen, Zusammenfassung der Ergebnisse (DRINKMANN & GROEBEN 1981, 50f.)

nis. Ähnlich wie bei den Unterstreichungen scheint die gesteigerte Aufmerksamkeit für die hervorgehobenen Informationen auf Kosten der nicht-hervorgehobenen zu gehen. Dieser differentielle Effekt von Lernzielen, der bereits in den Sammelreferaten von LAWSON (1974) und FAW & WALLER (1976) festgestellt wurde, wird also durch die in letzter Zeit erschienenen Arbeiten voll bestätigt. Erwartungsgemäß ist der Unterschied zwischen inzidentellem und direktem Lernen bei generellen Lernzielen nicht so kraß wie bei spezifischem; denn die Aufmerksamkeitsfokussierung durch sie ist wahrscheinlich weniger eng. Bei sieben Experimenten wurde ein direkter Vergleich zwischen spezifischen und generellen Lernzielen durchgeführt, deren Ergebnisse die Tab. 28 u. 29 zeigen (vgl. DRINKMANN & GROEBEN 1981, 53):

spezifisch > generell

	sign.	n.s.	n.s. $\downarrow$	sign. $\downarrow$
inzident.		94 58a 58b 56	55 58b	36
direkt	94 58a 58b 56	55 36		
inz. & dir.	94 58b 56		52 36	

Tab. 28: Metaanalyse über den Effekt der Angabe von Lernzielen: Vergleich zwischen spezifischen und generellen Lernzielen (DRINKMANN & GROEBEN 1981, 53)

	$s \overset{*}{>} g$	$s > g$	$s < g$	$s \overset{*}{<} g$
inzidentelles Lernen	–	4	2	1
direktes Lernen	4	2	–	–
inz. & dir. Lernen	3	–	2	–
Gesamt	4	6	4	1

Tab. 29: Metaanalyse über den Effekt der Angabe von Lernzielen: Vergleich zwischen spezifischen und generellen Lernzielen, Zusammenfassung (DRINKMANN & GROEBEN 1981, 53)

Es zeigt sich, daß direktes Lernen ganz eindeutig nur durch spezifische Lernziele gefördert wird; indirektes Lernen wird durch generelle Lernziele auf jeden Fall nicht gestört; ob es aber gefördert wird, bleibt bei nur einem signifikanten Ergebnis für die Überlegenheit der generellen Lernziel-Angabe unsicher.

Bei einer Variation der Lernzieldichte, d. h. des Anteils der Lernziel-Angaben am Gesamttext, die in fünf Experimenten vorgenommen wurde (Nr. 94, 55, 58a und b, 56), ergaben sich nur in drei Fällen signifikante Differenzen für direktes Lernen: und zwar so, daß mit steigender Dichte der Anteil richtig behaltener Informationen sank.

In 12 Experimenten wurde die Lernzeit der verschiedenen Versuchspersonen mitprotokolliert; dabei fanden sieben eine tendenziell und fünf eine signifikant längere Bearbeitungszeit der Experimentalgruppen (mit Lernzielen).

Konsequenz:

Als Hauptergebnis dieser Metaanalyse ist festzuhalten, daß die Angabe spezifischer Lernziele das direkte Lernen ganz eindeutig fördert, das inzidentelle Lernen dagegen behindert; bei generellen Lernzielen ist zwar diese Gegenläufigkeit, gleichzeitig aber auch ihre absolute Wirkung schwächer ausgeprägt. Vor diesem Hintergrund sind zwei alternative praktische Konsequenzen möglich: entweder man vermehrt die spezifischen Lernziele so, daß approximativ alles Lernen zu einem direkten Lernen wird (um so den destruierenden Effekt für das inzidentelle Lernen zu vermeiden); oder man formuliert wenige, sehr generelle Lernziele (um so zumindest den schwachen positiven Effekt der generellen Lernziele für approximativ alle Informationen auszunutzen). Die erste mögliche Konsequenz erweist sich in Zusammenhang mit den übrigen Ergebnissen der empirischen Untersuchungen als nicht gangbar: denn bei dem Versuch, möglichst viele relevante Textpassagen durch (spezifische) Lernziele abzudecken, ist wegen der zu großen Lernziel-Dichte ein Abfall der Lernleistung zu erwarten; außerdem führt die Hinzufügung von Lernzielen (ebenfalls wieder) zu einem Ansteigen der benötigten Lernzeit. Es bleibt daher sinnvollerweise nur die zweite Konsequenz übrig: durch relativ wenige, möglichst generelle Lernziele das durch diese Lernziele direkt angesprochene Lernen (in bescheidenem Ausmaß) zu fördern, ohne dabei (eventuell noch nötiges) indirektes Lernen zu behindern. Das belastet den Leser auch nicht mit einer weiteren Verlängerung der Lernzeit, die ja schon durch die Technik der zusammenfassenden,

konkreten Fragen mitrealisiert wurde. Hinsichtlich der Formulierung
der Lernziele ergibt sich unter Rückgriff auf die transfererleichternde
Funktion genereller Fragen (s. oben 4.3.6. und I.3.3.) auch die Möglichkeit, die Lernziele abwechselnd als Statements und generelle Fragen zu formulieren.

*Integrierte Konsequenzen in der Dimension kognitive Gliederung/
Ordnung:*

In den Konsequenzen aus den letzten Metaanalysen wurde teilweise
bereits die Kombination einzelner Techniken der Textgestaltung vorgeschlagen, vor allem zur Vermeidung der unerwünschten Nebenfolge
einer übermäßig verlängerten Lernzeit. Da die Dimension der kognitiven Gliederung/Ordnung die gewichtigste und auch komplexeste der
Textoptimierung ist, erscheint es nützlich, die aus den oben dargestellten Theorien (vgl. 3.2. und 3.3.) sowie empirischen Metaanalysen
(4.3.) abgeleiteten Regeln zur Optimierung der Textgestaltung noch
einmal im Überblick zusammenzustellen (die aus den vorhergehenden
Abschnitten hervorgehenden Begründungen sind hier nicht mehr
aufgeführt):
– Längere Textpassagen (Kapitel etc.) sollten, besonders bei
schwierigem und dem Leser unvertrautem Inhalt, mit einer Vorstrukturierung beginnen: d. h. einer Darstellung der generelleren, übergeordneten kognitiven Konzepte, in die die folgende Lerninformation
eingeordnet werden kann.
– Die Darstellung dieser inhaltlichen Informationen selbst sollte
eine sinnorientierte Reihenfolge aufweisen: z. B. eine hierarchisch
angeordnete Sequenz von den inklusivsten Konzepten (s. Vorstrukturierung) bis hin zu den konkretesten Fakteninformationen.
– Die formale Textorganisation kann vor allem durch – natürlich
auf die Konzeptstruktur rückbezogene – Überschriften (in Verbindung mit einem entsprechenden Inhaltsverzeichnis) geleistet werden;
die Markierung wichtiger Textteile (Hervorhebung, Unterstreichung)
ist so weit wie möglich dem Leser als Technik der aktiven Textverarbeitung vorzubehalten.
– Zusammenfassungen und Fragen nach relevanten Textabschnitten
verlängern den Text und damit die Lernzeit, haben aber zugleich
(dadurch?) einen lernfördernden Effekt; da Fragen vor allem *nach*
relevanten Textpassagen eine positive Wirkung auf das Lernen besitzen und man die Lernzeit nicht über Gebühr verlängern sollte, erscheint es sinnvoll, Zusammenfassungen in Form von Fragen vorzuse-

hen: sie sind am wirksamsten, wenn die Fragen auf konkretem, faktuellem Niveau formuliert sind; es ist unter dieser Bedingung mit
einem positiven Effekt auf das Lernen der erfragten Informationen
und partiell (sowie mit geringerer Sicherheit) auch ein genereller,
inzidenteller Effekt zu erwarten.

– Bei der Angabe von Lernzielen behindern spezifische Lernziele
das Lernen nicht hervorgehobener Informationen, führen ebenfalls zu
einem Ansteigen der benötigten Lernzeit und bei zu großer Lernziel-
dichte zu einem Abfall der Lernleistung; daher ist die Angabe einiger
weniger, dafür sehr genereller Lernziele vorzuziehen, die die Verarbeitung hervorgehobener Informationen (zumindest schwach) positiv
beeinflussen und diejenige nicht hervorgehobener Informationen nicht
beeinträchtigen; zur stilistischen Abwechslung kann man diese generellen Lernziele in Aussagen- oder Frageform formulieren.

4.4. Stimulierender kognitiver Konflikt

Der Aspekt der Fragen stellt, wie oben (3.3.) bereits begründet,
das Verbindungsglied zwischen kognitiver Gliederung und konzeptuellem Konflikt zur Steigerung des Leseinteresses dar. Wie von BULL
& DIZNEY (1973) nachgewiesen, dürfen solche Fragen nicht nur kognitiv strukturierende Funktion haben, sondern sie müssen durch die
Generierung von kognitiven Konflikten ein Erregungspotential und
damit eine Neugiermotivierung auslösen. Nicht die Frageform allein
und als solche evoziert schon die Neugier; vielmehr sind in der Technik des Fragens eigentlich auch alle weiteren ‚kollativen' Textvariab-
len, die zu kognitivem Konflikt und Neugiermotivation führen, als
enthalten zu denken. Das wird auch unmittelbar deutlich, wenn man
sich Beispiele von Fragen anschaut, für die BERLYNE experimentell
eine Wirksamkeit in Richtung auf Neugiermotivierung sichern
konnte.

Beispiel: Ein klassisches Beispiel für die von BERLYNE (vgl. 1954a; b) in
seinen Experimenten mit Texten angewandten Fragen ist folgende: „Welches
Gemüse bauen manche Ameisen in Untergrundfarmen an?" (BERLYNE 1954b,
186). Für solche und ähnliche Fragen konnte er sichern, daß sie nicht nur
selbst besser behalten wurden, sondern auch zu mehr Interesse an den Antworten darauf und deren besserem Behalten führten (BERLYNE 1954a). Er
weist auch selbst darauf hin, daß in solchen optimal formulierten Fragen
bereits Aspekte von Inkongruenz (z. B. des Rückbezugs auf bisher Bekanntes), Überraschung (der implizit gegebenen Information) etc. enthalten sind.

Inkongruenter Rückbezug auf Bekanntes:

Der inkongruente Rückbezug auf bisher Bekanntes ist sicherlich einer der wichtigsten Ansatzpunkte zum Schaffen von kognitiven Konflikten; er ist als solcher auch durchaus schon relativ ausführlich erforscht, nämlich von der Dissonanztheorie (vgl. FESTINGER 1957); dabei wird das zentrale theoretische Gewicht allerdings vor allem auf die Konsequenzen von Informationen, die zum bisherigen Überzeugungssystem dissonant sind, hinsichtlich der Einstellung und des Verhaltens des Individuums gelegt; der Aspekt der Motivierung zu weiterer Informationssuche ist für die Dissonanztheorie nur ein Nebeneffekt, der allerdings als gut gesichert gelten kann, nicht nur bei mündlicher, sondern auch bei schriftlicher Information durch Texte, die in einem solchen inkongruenten oder dissonanten Bezug zu bisherigen Wissens- oder Überzeugungssystemen steht (vgl. ADAMS 1961).

Beispiel: Eine Untersuchung, die explizit vom motivationspsychologischen Aspekt der Neugierevozierung ausgeht, hat PARADOVSKY (1967) durchgeführt: dabei hat er Textabschnitte und Illustrationen von fünf bekannten und fünf relativ unbekannten, merkwürdig aussehenden Tieren gegeneinandergestellt. Eine Behaltensprüfung (Mehrfach-Wahl-Antworten) bei 52 Schülern zeigte, daß die unbekannten, nach dem bisherigen Wissenssystem der Schüler merkwürdigen Vögel und die Information über diese signifikant besser behalten wurden.

Inkongruente/widersprüchliche Alternativen:

Inkongruenz bzw. Widersprüchlichkeit kann nicht nur zwischen der vom Text gegebenen Information und dem bisherigen Wissen des Lesers bestehen; sie kann vielmehr auch bewußt im Text hergestellt werden durch Aufzeigen von Problemalternativen: d. h., es wird ein kognitiver Konflikt erzeugt dadurch, daß für eine Problem- bzw. Fragestellung alternative Lösungsmöglichkeiten angegeben werden. Die daraus resultierende kognitive Unsicherheit evoziert Neugier, d. h. wird durch das Suchen nach weiteren Informationen und das bedeutet durch eine Steigerung oder Festigung des Leseinteresses abgebaut. Es ist theoretisch plausibel, daß gleichwahrscheinliche Alternativen am ehesten zu einer solchen kognitiven Unsicherheit und daraus resultierenden Neugiermotivation führen.

Beispiel: So konnte z. B. BROWN (1972) schlicht durch die Gegenüberstellung von unterschiedlichen Textabschnitten aus verschiedenen literarischen Prosastücken mit der Aufforderung an den Schüler, daraus eine Wahl für ein vollständiges Lesen zu treffen, die Neugier und das Interesse (z. B. Explorationszeit) signifikant steigern. Bei Eiseman et al. (1973) allerdings war z. B. nur die Inkongruität von Illustrationen zu einem Lesestück des fünften Schuljahrs, nicht die textuelle Inkongruität selbst motivational wirksam. Die Wahrscheinlichkeit von Alternativen hat Berlyne in einem Experiment von 1962 variiert: als Material wurden dabei Zitate aus der amerikanischen und englischen Literatur verwendet, denen jeweils drei mögliche Autoren beigeordnet waren, von denen diese Zitate stammen könnten; der richtige Autor war nicht dabei. Zusätzlich war angegeben, welche Literaten nach der Meinung von Lehrern die Autoren waren; auf diese Weise wurde die Wahrscheinlichkeit der Alternativen bis hin zur Gleichwahrscheinlichkeit variiert. Es zeigte sich, daß eine größere Anzahl von Alternativen Wissensneugier steigert, während die Verteilung der Schätzungen (durch die Lehrer) über die Autoren weniger Einfluß besaß.

Man kann daraus schließen, daß es bei der textuellen Darstellung wichtig ist, möglichst verschiedene sinnvolle Alternativen anzubieten; Unterschiede in der Wahrscheinlichkeit der einzelnen Alternativen können relevant werden, sind aber vermutlich nicht so wichtig wie das Vorbringen von unterschiedlichen Problemlösungen (und d. h. Assoziationsrichtungen) überhaupt.

Neuheit und Überraschung:

Neuheit und Überraschungswert der Inhalte von Informationstexten sind neben der Inkongruität zentrale mögliche Textmerkmale zur Schaffung von Neugiermotivation. Vermutlich wegen seiner Evidenz ist ihr Effekt dennoch empirisch-experimentell – zumindest für den Gegenstand ‚Text‘ – kaum untersucht. Die entsprechenden Untersuchungen stammen von Berlyne selbst (vgl. 1954a; 1954b; 1963; Berlyne & Frommer 1966).

Beispiel: Die Merkmale ‚Neuheit‘ und ‚Überraschungswert‘ überprüfte Berlyne an einfachen Geschichten und einer Versuchsgruppe von Kindern; unter dem Aspekt der Neuheit variierte er die Fabel von Äsop ‚Der Fuchs und der Rabe‘, wobei zwei ungewöhnliche, für die Kinder neue Tiere die Hauptrollen in der Geschichte für die Experimentalgruppe spielten: und zwar ‚Tayra‘ und ein Alk. Die Variable des Überraschungswerts wurde durch eine Geschichte realisiert, in der ein Junge an eine Wand gelehnt war und behauptete, diese stützen zu müssen, damit sie nicht umfiele; bei der Geschichte mit nichtüberraschendem Ende geht er weg und die Mauer bleibt stehen, beim Schluß mit Überraschungswert fällt sie zusammen. Die Neugierevozierung wurde durch weitere Fragen der Kinder nach dem Inhalt der gelesenen (bzw. im Kindergarten vorgelesenen) Texte gemessen; dabei zeigte sich erwartungsgemäß für die Texte mit Neuheit und Überraschungswert ein signifikant höheres Niveau von Interesse (vgl. auch die hierzu redundante Darstellung auf S. 202).

Inkohärenz und Komplexität:

Schließlich können auch Inkohärenzen jeder Art bzw. die Komplexität des zu verarbeitenden Materials dazu führen, daß der Leser sich um weitere Informationen bemüht, um die Inkohärenzen aufzulösen und die Komplexität zu reduzieren. So haben z. B. FRASE & SILBIGER (1970) ‚Barrieren‘ für die Lösung einer Aufgabe (Benennung von Planeten, die eine bestimmte Kombination von Merkmalen erfüllen) beim Lesen eines Textes über 15 (fiktive) Planeten mit jeweils 5 Attributen eingebaut; sie konnten sichern, daß Leser jene Textinhalte, die sie zum Überwinden einer solchen Barriere auswählen, besonders gut behalten. Allerdings zeigt schon dieser Versuchsaufbau, daß eine Motivierung besonders durch Komplexität ein relativ stabiles Leseinteresse (sei es durch extrinsische Rahmenbedingungen oder durch intrinsische Motivation am Inhalt) voraussetzt. Wenn eine solche stabile motivationale Rahmenbedingung nicht gegeben ist, führt Komplexitätssteigerung nicht unbedingt zu einem erhöhten unmittelbaren Leseinteresse; gerade diese Variable hat in den Untersuchungen von BERLYNE mit Texten häufig keine signifikante Neugierevozierung bewirkt (vgl. BERLYNE 1963; 1966). Da die Strategie der Komplexitätssteigerung außerdem ganz eindeutig die kognitive Gliederung und Ordnung der Textsemantik beeinträchtigt und verringert, ist dieses Textmerkmal also nur mit Vorsicht als Technik zur Neugiermotivierung einzusetzen.

Insgesamt deutet schon die geringe Anzahl von experimentellen Untersuchungen zum kognitiven Konflikt und der daraus resultierenden Lesemotivierung an, daß es sich hierbei nur um einen zusätzlichen Aspekt bei der Textgestaltung handelt. Obwohl für das Lernen aus Texten und d. h. für ein weitgehend auf die rezeptive Verarbeitung von Informationen konzentriertes Lernstadium (vgl. o. O. und 3.) die kognitive Strukturierung und Gliederung der Textinhalte im Vordergrund steht, sollte dennoch die Forschung diesen motivationalen Gesichtspunkt stärker berücksichtigen und untersuchen; denn von ihm hängt z. T. auch der Übergang in aktivere Formen und Stadien des Lernens ab. Zum gegenwärtigen Zeitpunkt muß man sich eben mit den skizzierten Strategien der Textgestaltung, wie sie vor allem aus der Neugiertheorie von BERLYNE resultieren, begnügen.

4.5. Training verständlichkeitsfördernder Gestaltungstechniken

Die mitgeteilten empirischen Untersuchungen implizieren schon, daß Texte nach den angeführten Verständlichkeitsdimensionen und einzelnen Merkmalsoptima verbessert werden können. Während in den Untersuchungen zumeist Experten bzw. die jeweiligen Verständlichkeitsforscher selbst eine solche Textoptimierung vorgenommen haben (vgl. GROEBEN 1978, 116; LANGER et al. 1974, 91), ist es ein Ziel dieser Forschung, daß grundsätzlich jeder, der mit Textformulierung zu tun hat, zu einer solchen optimalen Textgestaltung befähigt wird. Daß dies möglich ist, hat im Rahmen eines differenzierten Trainingsprogramms die Hamburger Forschergruppe auch empirisch nachgewiesen (vgl. LANGER et al. 1974, 103ff.). Dieses Training besteht aus vier Schritten (o. c. 119): 1. Wahrnehmungstraining; 2. Optimierungstraining in einzelnen Dimensionen; 3. komplexes Optimierungstraining (auf allen Dimensionen gleichzeitig); 4. freie Textgestaltung. Wie schon beim Vergleich der bisherigen Verständlichkeitsansätze (o. 3.3.) begründet, reichen für das Optimierungstraining die Eindrucksmerkmale allein nicht aus, sondern es müssen die konkreteren und präziseren Merkmalsbeschreibungen und -definitionen mit einbezogen werden, die durch die experimentelle instruktionspsychologische Forschung gesichert worden sind. Es empfiehlt sich daher m. E. als optimale Kombination, daß man z. B. beim Wahrnehmungstraining vor allem von den Eindrucksmerkmalen (des Hamburger Ratingansatzes) ausgeht, für das Optimierungstraining aber auch die experimentell-instruktionspsychologischen Evidenzen in konkrete und zugleich generell gefaßte Handlungsanweisungen umsetzt.

Das Wahrnehmungstraining wird von dem Hamburger Trainingsprogramm noch einmal in zwei Schritte unterteilt: ein Diskriminations- (Unterscheidungs-)Training, das sich vor allem auf die Einschätzung einzelner Textmerkmale konzentriert; und ein Sensibilisierungstraining, das die Unterscheidung von Texten aufgrund der Integration von Einzelmerkmalen zu den vier Verständlichkeitsdimensionen ermöglicht. Dabei geben LANGER et al. (1974, 113ff.) immer Textbeispiele, die hinsichtlich der Merkmale bzw. Ausprägungen auf den Verständlichkeitsdimensionen einzuschätzen sind und für die anschließend eine von Experten vorgenommene Skalierung als Rückmeldung gegeben wird.

Beispiel: Als Beispiel für eine solche Sensibilisierungsaufgabe ist auch die Zuordnung der einzelnen Merkmale zu den vier Verständlichkeitsdimensionen anzusehen (vgl. Abb. 29):

Merkmale	E	G–O	K–P	ZS
1. Wichtige Sachen sind gut hervorgehoben				
2. Im Text sind kurze, anregende Vergleiche				
3. In dem Text geht alles durcheinander				
4. Sehr abstrakt				
5. Nichts ist überflüssig				
6. Der rote Faden bleibt immer sichtbar				
7. Man langweilt sich beim Lesen				
8. Das hätte man kürzer bringen können				
9. Im Text sind kurze Beispiele				
10. Der Autor weicht nie vom Thema ab				
11. Der Leser kann jeden Satz gut verstehen				
12. Man weiß nicht, was man sich einprägen soll				
13. Der Text enthält direkte Rede				
14. Viele Nebensätze				
15. Alles kommt schön der Reihe nach				
16. Manches hätte man weglassen können				
17. Viele Fachausdrücke				
18. Manchmal weiß man nicht, wie das in den Zusammenhang paßt				
19. Viele Füllwörter				
20. Komplexe Satzgefüge				

Abb. 29: Schema zur Zuordnung von Textmerkmalen zu den Verständlichkeitsdimensionen (zum Wahrnehmungstraining, nach LANGER et al. 1974, 117) – vgl. zu den Verständlichkeitsdimensionen gegebenenfalls S. 191f. –

Die Aufgabe besteht darin, festzustellen, für welche Dimension die Merkmale 1 bis 20 charakteristisch sind; jedes Merkmal kann eine positive oder negative Ausprägung der betreffenden Dimension ausdrücken. Wenn Sie ihr bisheriges Verständnis des Hamburger Ratingansatzes überprüfen wollen, kennzeichnen Sie die für die einzelnen Dimensionen relevanten Merkmale in der oben stehenden Abbildung durch ein ,+' oder ein ,–' (für positive oder negative Ausprägung). Die Auflösung, so wie sie LANGER et al. (1974, 118) geben, ist im Anhang aufgeführt.

Das für die Textherstellung zentrale, eigentliche Optimierungstraining geht am besten, wie oben schon erwähnt, in drei Schritten vor sich: zunächst kann man vorhandene, nichtoptimale Texte in einer einzelnen Dimension zu verbessern versuchen; wenn man das beherrscht, ist eine Verbesserung vorhandener suboptimaler Texte unter allen vier Dimensionen gleichzeitig als nächster Schritt anzustreben;

und als letzter Schritt ist die freie Umsetzung von Gedanken in einen optimal gestalteten Text anzusetzen. Das Hamburger Trainingsprogramm greift hier bei der Angabe von Handlungsweisungen zur Textoptimierung z. T. schon über die Eindrucksmerkmale hinaus. Ich stelle im folgenden die oben in den Punkten 4.2. bis 4.4. aufgeführten, gesicherten verständnisfördernden Textmerkmale noch einmal in der Form von solchen konkreten Handlungsanweisungen für die Textoptimierung zusammen; die Reihenfolge dieser Handlungsanweisungen basiert auf der (in 3.3.) explizierten Gewichtung der Verständlichkeitsdimensionen und drückt daher auch die Bedeutung der einzelnen Handlungsanweisungen im Vergleich zueinander aus (innerhalb der Dimensionen sind die Regeln entsprechend dem Herstellungsprozeß geordnet bzw., wo dieser keinen eindeutigen Ordnungsgesichtspunkt darstellt, nach ihrer Einfachheit/Komplexität):

KOGNITIVE GLIEDERUNG/ORDNUNG *ist als die zentrale verständnis- und lernerleichternde Dimension der konzeptuellen Tiefenstruktur von Texten unbedingt herzustellen, und zwar durch:*
– Vorstrukturierungen (Advance Organizer): diese sollten, besonders bei schwierigem und dem Leser unvertrautem Inhalt, vor längeren Textpassagen (Kapitel etc.) eine Darstellung der generelleren, übergeordneten kognitiven Konzepte geben, in die die folgenden Lerninformationen eingeordnet werden können.
– Angabe von Lernzielen: und zwar in sehr genereller Form; d. h. folglich relativ selten, also für sehr große Textpassagen; unter dem Aspekt stilistischer Abwechslung sind die Lernziele in Aussagen- oder Frageform formulierbar.
– Sequentielles Arrangieren: das ist eine sinnorientierte Reihenfolge in der Darstellung der Informationen, die auf die Lernziele sowie das Leser-Vorwissen ausgerichtet ist: z. B. ein hierarchisch absteigendes Vorgehen von den inklusivsten Konzepten zu den konkretesten Fakteninformationen.
– Überschriften: in Verbindung mit dem entsprechenden Inhaltsverzeichnis die wichtigste Manifestation der intendierten Konzeptstruktur in der formalen Textorganisation; die Markierung wichtiger Textteile durch Hervorheben und Unterstreichen dagegen sollte nur sehr sparsam eingesetzt werden, da sie als aktive Verarbeitungsstrategie des Lesers wirksamer ist.
– Zusammenfassungen in Frageform: nach relevanten Textpassagen einzufügen, auf möglichst konkretem, faktuellem Niveau zu formulieren; bei einer nicht zu kleinen Anzahl solcher Fragen führt der entsprechend breite Wiederholungsprozeß auf jeden Fall zu einem direkten positiven Lerneffekt hinsichtlich der erfragten Informationen, partiell auch zu einem indirekten Effekt in bezug auf nicht erfragte Informationen.

SPRACHLICHE EINFACHHEIT SOWIE SEMANTISCHE KÜRZE BZW. REDUNDANZ *sind als (ebenfalls verständnisfördernde) Zieldimensionen der im weiteren Sinne Stilstruktur von Texten anzustreben (letztere vor allem bei schwierigen wissenschaftlichen Textpassagen, für die eine Mehrfachdarbietung der Information*

*zur Verhinderung von Verständnisschwierigkeiten nötig ist); sie sind herzu-
stellen durch:*

*– kurze, geläufige, konkrete, anschauliche und persönliche Worte: all diese
Merkmale der Wortwahl erleichtern einzeln und in Kombination die Encodierung der semantischen Informationen.*

*– Veranschaulichung durch Beispiele, Bilder, Abbildungen: sollten die
(lernerleichternde) Funktion der ‚Doppelcodierung' (zusätzlich zur semantischen auch die imaginative Codierung) sowie der textstrukturierenden Zusammenfassung erfüllen.*

*– Kurze und grammatisch einfache (Haupt-)Sätze: zu erreichen durch
Auflösung von Nebensätzen in eigenständige Hauptsätze und deren Formulierung als aktiv-deklarative ‚Kern'sätze; komplizierte grammatische Formulierungen (wie negativ-passive, Passiv-Frage-, Negativ-Passiv-Frage-Sätze etc.)
sind möglichst zu vermeiden.*

*– Grammatisch einfache Satzkombinationen: d. h. parataktische Satzkon-
struktionen sind hypotaktischen vorzuziehen, außerdem z. B. auch eingebettete Relativsätze zu vermeiden, es sei denn, daß dadurch gehäuft verständnis-
erschwerende Nominalisierungen auftreten.*

*– Semantische Redundanz: innerhalb des einzelnen Satzes vor allem bei
Subjekt, Prädikat, Objekt verständnisfördernd; im textuellen Fortschreiten
besonders auf das Thema, d. h. das konzeptuell Neue des Gedankengangs, zu
konzentrieren.*

*STIMULIERENDER KOGNITIVER KONFLIKT ist nur soweit anzustreben, als er die
kognitive Gliederung/Ordnung nicht zerstört, und dann herzustellen durch:*

*– konfliktgenerierende Fragen: das sind Fragen, die eine oder mehrere der
folgenden ‚kollativen' Variablen realisieren und diese durch die Frageform
quasi intensivieren (d. h. textstrukturierende oder -zusammenfassende Fragen
sind hier nicht gemeint).*

*– inkongruenten Rückbezug auf Bekanntes: Akzentuierung der Aspekte
einer Information, die im Gegensatz zum bisherigen Wissen des Lesers stehen.*

*– inkongruente, widersprüchliche Alternativen: dadurch baut man die
Inkongruenz in der übermittelten Information selbst auf, indem möglichst
gleichwahrscheinliche, sinnvolle Alternativen von Problemlösungsrichtungen
entwickelt werden.*

*– Neuheit und Überraschung: Informationen, die vor dem Hintergrund
des Leser-Vorwissens unerwartet sind.*

*– Inkohärenz und Komplexität: z. B. unverbundene, nicht dazugehörige
Informationen etc., die eine Barriere für das adäquate Textverständnis dar-
stellen – motivational u. U. gefährlich, da nur vor dem Hintergrund stabilen
Leseinteresses zu weiteren Leseanstrengungen motivierend.*

Das Hamburger Trainingsprogramm gibt viele der angeführten
verständnisfördernden Textmerkmale bei weitem nicht so konkret
und explizit an; dennoch konnten LANGER et al. bei der empirischen
Überprüfung der Wirksamkeit ihres Trainingsprogramms sichern, daß
auch Personen, die nicht Experten für schriftliche Textherstellung

waren (49 Hauptschullehrer und 94 Psychologiestudenten), durch das Programm in die Lage gesetzt wurden, signifikant verständlichere Texte zu verfassen als Personen, die ein solches Training nicht mitgemacht hatten (1974, 195ff.). Es kann also im Prinzip jeder, der zur Rezeption des vorliegenden Buches in der Lage ist, die Verständlichkeit seiner schriftlichen Formulierungen verbessern; allerdings sollte er dabei, wie skizziert, schrittweise vorgehen, ausgehend von der Wahrnehmungssensibilisierung über die verschiedenen Stufen der Textoptimierung; dabei ist es anzuraten, die Ergebnisse der Optimierungsversuche durch Experten rückmeldend bewerten zu lassen oder, wenn diese nicht verfügbar sind, durch eine an dem Thema interessierte und über die gleichen Informationen verfügende Gruppe von Kolleginnen und Kollegen.

Die komprimierte Zusammenfassung der bisherigen Ergebnisse der Verständlichkeitsforschung in Form von Handlungsanweisungen zur Textoptimierung (oben) fordert noch einmal eine Bewertung der bisherigen Forschung unter Rückbezug auf generelle Perspektiven des Verständlichkeitskonstrukts und des Verständlichkeits-Forschungsprogramms heraus. Dabei ist zunächst einmal festzuhalten, daß sich die erarbeiteten Regeln zur Textoptimierung notwendigerweise nur auf die *Darstellung* von inhaltlichen Informationen beziehen und beziehen können; d. h. es handelt sich hier (im Sinne von BAYER & SEIDEL 1979, 17) um die Optimierung der darstellungsbedingten Verständlichkeit. Wenngleich es auf der Basis der bisher geleisteten Forschung hier sicherlich einen größeren Gestaltungsbereich gibt, als er bisher im Bereich von Informationstexten genutzt wird, ist dennoch realistischerweise auf die Begrenztheit solcher Textoptimierung hinzuweisen: diese Grenze liegt vor allem in der inhaltsbedingten (Schwer-)Verständlichkeit (BAYER & SEIDEL, l. c.). Hochkomplexe, schwierige Textinhalte werden auch durch eine Optimierung der darstellungsbedingten Verständlichkeit sicherlich nicht maximal leichtverständlich werden. Auch diese konzeptuelle Unterscheidung zwischen darstellungs- und inhaltsbedingter Verständlichkeit spricht (neben den oben berichteten empirischen Ergebnissen; vgl. 3.2., 3.3.) dafür, daß man Verständlichkeit nicht einfach optimieren kann, indem man sie maximiert. Ebensowenig läßt sich bei der Frage der Verständlichkeitsoptimierung der präskriptive Aspekt, d. h. die im Begriff ,Optimum' implizierten Ziele und Wertungen, außer acht lassen, worauf berechtigterweise BAYER & SEIDEL hingewiesen haben (1979, 20): denn mit der Zielvorstellung eines Verständlichkeitsoptimums (das, entsprechend einer inversen U-Funktion, im Bereich mittlerer Verständlichkeit anzusiedeln ist) ist zugleich auch immer eine bestimmte Zielidee des kompetenten Lesers mitrealisiert. Und wenn die Verständlichkeit maximiert wird, wird der Leser zwangsläufig unterfordert, eventuell sogar in der Entwicklung seiner Lesefähigkeit gehemmt. Deshalb sollte das Problem der Verständlichkeit von Informationstexten immer auch in dem größeren präskriptiven Rahmen sprachpädagogischer Konsequenzen gesehen werden: und dieser Rahmen spricht dafür, den Leser nicht zu unterfordern, sondern so weit wie möglich über eine mittlere Komplexität, Schwierigkeit, insgesamt Verständlichkeit, zur Entwicklung seiner Lesefähigkeit zu motivieren. Schließlich muß in diesem Zusammenhang noch einmal auf die motivationspsychologische Begrenzung des Verständlichkeitskonstrukts hingewiesen werden: Darstellungsoptimierung kann sicherlich nur Motivierungseffekte relativ kurzer Reichweite haben: z. B. in Richtung auf Bereitschaft zur weiteren Rezeption des jeweils vorliegenden Textes. Ein langfristiges Desinteresse an bestimmten kognitiven Inhalten kann dadurch wohl nicht kompensiert werden; anders herum ausgedrückt: ein persönlichkeitszentrales Interesse überwindet – nicht nur bei Kindern (vgl. MITTMAN & TERRELL 1964) – auch erhebliche kognitive Barrieren.

Die resultierenden Handlungsanweisungen zur Verständlichkeitsoptimierung sind so konkret formuliert, wie es aufgrund des bisherigen Forschungsstandes möglich ist: und das bedeutet in manchen Fällen eine relativ offene Formulierung, was allerdings nicht grundsätzlich von Übel ist: denn ein Transfer auf immer neue konkrete Darstellungsprobleme einzelner Inhalte erfordert ohnehin eine selbständige und flexible Anwendung (vgl. HOFER 1976, 147). Nichtsdestotrotz hat die Diskussion mancher der instruktionspsychologischen Techniken gezeigt, daß es nützlich wäre, ihre anwendungsrelevanten Operationalisierungen weiter zu präzisieren: das gilt z. B. auf jeden Fall für die Technik der Vorstrukturierung (Advance Organizer), über deren Explizitheitsgrad erst kürzlich wieder ANDERSON et al. (1978) und AUSUBEL (1980) in eine Kontroverse geraten sind. Die Auflösung dieser Kontroverse ist m. E. paradigmatisch für den gesamten Forschungsbereich: man kann ANDERSON et al. zustimmen, daß eine explizitere Angabe der Herstellungsregeln für Vorstrukturierungen (evtl. unter Heranziehung des Schema-Begriffs, des Konzepts der Makropropositionen etc.) nützlich und erforderlich ist; man kann jedoch zugleich AUSUBEL zustimmen, daß der theoretische Rahmen z. B. seiner Subsumtionstheorie des Lernens und die heutigen Modelle der Textverarbeitung, die mit Schema-, Frame-Konzepten etc. arbeiten (s. oben I.1.2.3.), weitgehend konsonant und ineinander überführbar sind. Eine entsprechende Weiterentwicklung der vorgelegten Handlungsanweisungen zur Verständlichkeitsoptimierung ist daher aus der Konvergenz der beiden bislang noch relativ unverbunden abgelaufenen Forschungsprogramme zu erwarten: dem instruktionspsychologischen Forschungsprogramm zur Textverständlichkeit und dem sprach- sowie gedächtnispsychologischen Forschungsprogramm der Textverarbeitung: Ansatzpunkte einer solchen Konvergenz sind erkennbar (vgl. oben I.1.2.4.) und sollten von beiden Forschungsprogrammen aus verstärkt verfolgt werden (vgl. DRINKMANN & GROEBEN 1981).

Zusammenfassung in Fragen:

  – Welche Möglichkeiten gibt es, Daten verschiedener Untersuchungen zur gleichen Fragestellung zusammenzufassen?
  – Welche Probleme ergeben sich bei der ‚voting method‘ der Metaanalyse?
  – Welches ist das Vorgehen bei der Metaanalyse im engeren Sinne, wie sie etwa von SMITH & GLASS angewendet wurde?
  – Welcher Zusammenhang besteht zwischen Kürze, Häufigkeit und Verständlichkeit von Worten?
  – Welche psychologischen Erklärungen lassen sich für die lern- und behaltensfördernde Wirkung von konkreten, anschaulichen Worten aufstellen?
  – Wie kann man Abstraktheit eines Textes messen?
  – Nur unter welchen Voraussetzungen fördern Abbildungen die Verständlichkeit eines Textes?
  – Schließen in wissenschaftlichen Texten objektive Darstellung und ‚subjektive‘, d. h. persönliche Formulierungen einander aus?
  – In welchem Ausmaß kann man durch Verkürzen der Sätze die Verständlichkeit eines Textes steigern?
  – Welches sind die wesentlichen Annahmen der CHOMSKYSCHEN Transformationsgrammatik über das Verhältnis von Tiefen- und Oberflächenstruktur?
  – Welche Probleme bzw. Widersprüche ergeben sich beim Versuch, Sätze hinsichtlich ihrer Oberflächenstruktur zu klassifizieren und dann bezüglich ihrer Verständlichkeit in eine Rangreihe zu bringen?
  – Wie lassen sich syntaktische und semantische Faktoren bezüglich ihres Einflusses auf die Textverständlichkeit gegeneinander gewichten?
  – Wie wirkt sich Redundanz auf die Verständlichkeit aus?
  – Welches ist der Unterschied zwischen einer Textzusammenfassung und einer Vorstrukturierung (Advance Organizer)?
  – Für welche Fälle ist der lernfördernde Effekt von Vorstrukturierungen als besonders ausgeprägt nachgewiesen?
  – Wie kann man es erklären, daß nach dem Prinzip des sequentiellen Arrangierens hierarchisierte Texte und ‚natürliche‘ Texte sich in ihrem langfristigen Behaltenseffekt kaum unterscheiden?
  – Bei welchen Texten führt sequentielles Arrangieren zur Steigerung der Verständlichkeit?

– Wie sollten Zusammenfassungen beschaffen sein, und wo im Text sollten sie plaziert sein, um einen maximalen Effekt auf das Behalten zu haben?

– Welche möglichen Nachteile von Hervorhebungen und Unterstreichungen wurden empirisch nachgewiesen?

– Wirken Überschriften lernerleichternd?

– Welches sind die wesentlichsten metaanalytischen Ergebnisse zur Wirkung von Fragen auf Lernen und Behalten?

– Auf welche Weise sollten Fragen in einen Text eingearbeitet sein, wenn eine maximale Lern- und Behaltenserleichterung erreicht werden soll?

– Warum sollte man versuchen, nach relevanten Textpassagen Fragen und Zusammenfassungen miteinander in Gestalt zusammenfassender Fragen zu kombinieren?

– Welches ist der mögliche Nachteil der Angabe spezifischer Lernziele?

– Wie sollten – gemäß den vorliegenden empirischen Befunden – Lernziele formuliert sein, um das Lernen optimal zu fördern?

– Wie müssen Fragen beschaffen sein, wenn sie neben ihrer Funktion im Rahmen kognitiver Gliederung zusätzlich kognitive Konflikte und damit Neugiermotivierung auslösen sollen?

– Mit welchen Mitteln kann man einen Text ‚stimulierender‘ machen im Sinne des kognitiven Konflikts?

– Welche Bedingungen müssen gegeben sein, damit die Steigerung der Komplexität eines Textes auch zur Steigerung des unmittelbaren Leseinteresses führt?

– Welche Schritte zur optimalen Textgestaltung sind im Trainingsprogramm der Hamburger Forschergruppe (LANGER et al.) vorgesehen?

– Warum kann eine Optimierung der Textverständlichkeit nicht in ihrer Maximierung bestehen?

– Wo liegen die Grenzen der Motivationsförderung, die durch optimal verständliche Texte erreichbar ist?

– Inwiefern könnte eine Konvergenz instruktionspsychologischer sowie sprach- und gedächtnispsychologischer Forschungsprogramme förderlich sein für die weitere Präzisierung der Handlungsanweisungen zur Verständlichkeitsoptimierung?

III. AUSBLICK:
TEXTAUFARBEITUNG ALS SELBSTGESTEUERTES LERNEN

0. Vorstrukturierung

Die Teile I. und II. haben den konstruktiven Austausch zwischen
Leser und Text unter den generellen Perspektiven der Anpassung des
Lesers an den Text (Textverständnis) bzw. der Anpassung des Textes
an den Leser (Textverständlichkeit) behandelt. Die Grenze für solche
generellen Gesetzmäßigkeiten und deren praktische Anwendung liegt,
wie im Abschnitt 0.2. dargelegt, in den Wechselwirkungen (im varianzanalytischen Sinn): d. h. dort, wo bestimmte Textmerkmale je
nach unterschiedlichen Lesermerkmalen verschiedene Konsequenzen
haben. Solche im strikten methodologischen Sinn aufzufassenden
Wechselwirkungen zwischen Leser und Text stellen vor allem eine
Grenze für die generelle, vom Autor vorzunehmende – und damit
fremdgesteuerte – Textgestaltung dar. Aus theoretischen, empirischen
und praktischen Gründen (s. dazu u. 1.1.) kann dies allerdings nicht
dazu führen, daß man nun ein und denselben Text für verschiedene
Lesergruppen in den unterschiedlichsten Versionen herstellt. Eine
theoretisch und praktisch befriedigende Lösung des Problems liegt
vielmehr darin, die vorhandenen Wechselwirkungen zum Ausgangspunkt einer regulativen Zielidee zu machen: des Konzepts der Selbststeuerung der Textaufarbeitung durch den Leser als eines maximalen
Ausdrucks seiner kognitiven Konstruktivität. Diese selbstgesteuerte
Textaufarbeitung ist daher abschließend als die integrierende Perspektive von Textverständnis und -verständlichkeit zu thematisieren. Dabei entsprechen die beiden möglichen Varianten eines solchen selbstgesteuerten Lernens aus Texten den beiden grundsätzlichen Perspektiven der Anpassung des Textes an den Leser und des Lesers an den
Text: Die eine Möglichkeit besteht darin, daß der Leser selbst die
Verbesserung der Textverständlichkeit vornimmt, d. h. also zumindest partiell in die Rolle des Textautors schlüpft, indem er nicht-
optimal verständliche Texte entsprechend den oben angeführten Regeln der Textoptimierung für sich selbst verbessert; dies natürlich vor

allem unter Einbeziehung seiner spezifischen Fähigkeiten und Fertigkeiten, d. h. also der je individuellen Leservoraussetzungen und damit der vorhandenen (strikten) Wechselwirkungen zwischen Text und Leser (s. u. 2.1.). Die zweite Möglichkeit besteht in einer Ausdifferenzierung und Erweiterung der im Teil ‚Textverständnis‘ bereits aufgeführten Lerntechniken: dabei ist die Erweiterung einerseits in der selbstgesteuerten Kombination, Bewertung und Einsetzung solcher Lerntechniken zu sehen (s. u. 2.2.), zum anderen aber auch vor allem in der Verbindung mit natürlichen Reflexionen über den Austausch zwischen Text und Leser, die sich der Leser im Laufe seiner Erfahrung mit der Verarbeitung von Texten gebildet hat (sog. Metakognitionen: vgl. u. 2.3.). Diese Möglichkeiten selbstgesteuerter Textaufarbeitung werden im folgenden vor allem am Beispiel der Informationstexte behandelt, weil sie hier ansatzweise, wenn auch noch bei weitem nicht zufriedenstellend, thematisiert und erforscht worden sind. Für die literarischen Texte ist aufgrund ihrer Charakteristika das Problem der selbstgesteuerten Textaufarbeitung eigentlich noch viel dringlicher als bei Informationstexten, gleichzeitig aber ist deren (empirische) Erforschung noch völlig unzureichend, d. h. es können praktisch nur offene Probleme benannt werden (vgl. u. 3.).

1. Grenzen der fremdgesteuerten Textgestaltung

1.1. Wechselwirkung von Text und Leser

Die Metaanalysen empirischer Forschung zu den wichtigsten Merkmalen der Textverständlichkeit, nämlich der kognitiven Gliederung und Ordnung des Textinhaltes (s. o. II.4.3.), haben schon mehrfach Wechselwirkungen zwischen Leser- und Textmerkmalen thematisiert: zum einen konnten solche Interaktionen bereits empirisch gesichert werden; zum anderen kann man das Nichteintreffen von theoretisch erwarteten (generellen) Haupteffekten immer hypothetisch aufzulösen versuchen, indem man solche Wechselwirkungen theoretisch postuliert und anschließend empirisch zu sichern sucht (vgl. KLAUER 1973, 105). Die theoretische und empirische Suche nach diesen Wechselwirkungen ist mittlerweile als ein spezifischer Forschungsansatz expliziert und verfolgt worden: der sog. ATI-Forschung (vgl. FLAMMER 1973; 1975; ATI steht für (engl.) ‚aptitude-treatment-interaction‘: d. h. die Wechselwirkung (‚interaction‘) zwischen Lehrmethode (‚treatment‘) und Lernermerkmal (‚aptitude‘), wobei Lesermerkmale und Textmerkmale natürlich lediglich ein mögliches Beispiel für ‚aptitude' und ‚treatment' sind). Dieses Forschungsprogramm fragt also in einer Vielzahl von Instruktionsbereichen danach, in welcher unterschiedlichen Weise verschiedene Schüler von unterschiedlichen Lernhilfen profitieren: was für den einen eine Lernhilfe ist, kann für den anderen erschwerend wirken. Aus dem Bereich des Lernens mit (Informations-)Texten lassen sich als Beispiele anführen (vgl. auch GROEBEN & HOFER 1978):

– Vorstrukturierung (Advance Organizer) wirkt bei Personen mit geringer verbaler Fähigkeit lernerleichternd, bei solchen mit hoher verbaler Fähigkeit nicht (AUSUBEL & FITZGERALD 1961; 1962). Das läßt sich erklären, wenn man annimmt, daß Lerner mit hohen verbalen Fähigkeiten von sich aus den Text rückbezogen auf den eigenen Kenntnisstand strukturieren und die kognitive Struktur dann mit der des Advance Organizers in hemmende Interferenz tritt.

– Ordnungsstiftende Fragen erleichtern das Behalten eines Textes für Personen mit schwächerem assoziativem Gedächtnis, treten jedoch bei Lernern mit gutem Gedächtnis in Interferenz mit eigenen Memorierungsstrategien. NEBER (1975) hat nachgewiesen, daß man Fragen als kurzgefaßte Pläne zur selbstgesteuerten Informationssuche ansehen und in dieser Funktion trainieren kann.

– Hinsichtlich der Brauchbarkeit von Texten nach ihrer Gesamt-Verständlichkeit im Rahmen verschiedener Unterrichtsmodelle (Frontalunterricht, Schülereinzelarbeit, Kleingruppenarbeit) konnten LANGER & SCHOOF-TAMS (1976) folgende Wechselwirkungen nachweisen: bei schwerer verständlichen Lehrtexten profitieren gute Schüler stark vom Frontalunterricht, schwächere Schüler kaum; bei gut verständlichen Informationstexten profitieren schwache Schüler von der Kleingruppenarbeit stärker, allerdings nicht auf Kosten der guten Schüler.

– Im Prinzip kann man (s. o. und KLAUER 1973) versuchen, alle uneinheitlichen Ergebnisse als Wechselwirkungen interpretatorisch aufzulösen: z. B. haben sich für die Unterstreichungen der wichtigsten Konzepte in einem Text unterschiedliche Effekte ergeben: während bei ANDERSON & FAUST (1966) durch Unterstreichung eine Lernverbesserung erreicht wurde, konnten GERLACH & HOFER (1973) keinen solchen Effekt feststellen. Die hypothetische Auflösung dieser Uneinheitlichkeit als ATI-Effekt würde hier wiederum die verbalen Fähigkeiten des Lerners heranziehen (in einer Erklärung, wie sie oben auf S. 248f. skizziert wurde).

Die klassische Anwendung solcher Wechselwirkungs-Effekte besteht normalerweise in einer fremdgesteuerten Individualisierung des Lern- bzw. Lehrprozesses: d. h. man ordnet einzelnen Lernern bzw. Lerner- gruppen je nach ihren Fähigkeiten, Voraussetzungen etc. entsprechend passende Lehrmittel, hier Texte mit entsprechenden Textmerkmalen, zu. Dieser Konsequenz steht – zumindest, wenn auch nicht nur im Bereich der Zuordnung von Leser und Text – allerdings eine Fülle von theoretischen und praktischen Schwierigkeiten entgegen:

– Vom Theoretischen her ist bei den meisten empirisch gesicherten Wechselwirkungen zu bemängeln, daß es sich eher um empirisch-induktive Zufallsprodukte handelt, nicht um Interaktions-Hypothesen, die aus theoretischen Modellen und Erklärungen abgeleitet wurden (vgl. TREIBER & PETERMANN 1976).

Ein anschauliches Beispiel aus dem Bereich der Textgestaltung bietet dafür die von LUMSDEN (1975) berichtete Untersuchung von KLEMENT et al. 1973a: dabei wurde der Lerneffekt untersucht, wenn man guten und weniger gut ausgebildeten („undereducated') Erwachsenen Informationsmaterial entweder nur optisch oder audiovisuell darbot. Die resultierende Wechselwirkung ist etwas überraschend: es profitieren nämlich nur die gut ausgebildeten Erwachsenen von der Medien-Redundanz, die weniger gut ausgebildeten Lerner zeigen einen starken Abfall bei audiovisueller Darbietung; dies wird damit erklärt, daß sie aus mangelnder Übung zu wenig Verarbeitungskapazität für zwei simultan ausgenutzte Informationskanäle haben.

– Dementsprechend ist es auch nicht verwunderlich, daß man sich bislang und vermutlich auch auf absehbare Zeit kaum über das Gewicht solcher Wechselwirkungen im Vergleich zu der Bedeutung von generellen Haupteffekten einigen kann: so hat z. B. MRAZEK (1979, 321) in einer umfangreichen, neben Text- und Lesermerkmalen auch noch Meßmethoden einbeziehenden Untersuchung durch die Wechselwirkung dieser Faktoren lediglich 5% der Varianz aufklären können. Andererseits weisen BALLSTAEDT et al. (1980) mit SPIRO (1977) darauf hin, daß die meisten bisherigen empirischen Untersuchungen mit Texten die Versuchspersonen dazu drängen, den Textinhalt möglichst isoliert vom übrigen Wissen, „also als ‚segregierte Wissenstruktur'" zu behalten (1980, 46): das führt natürlich dazu, daß mögliche Wechselwirkungen zwischen z. B. Vorwissen als Lesermerkmal und Charakteristika der Textverständlichkeit erheblich unterschätzt werden.

– Überdies zeigen praktisch alle bisherigen Überblicksreferate zur ATI-Forschung, daß die bisher erhobenen Wechselwirkungen, z. T. aus den genannten theoretischen und methodologischen Gründen, desillusionierend unzuverlässig sind (vgl. CRONBACH 1975; FLAMMER 1975; TREIBER & PETERMANN 1976; FLAMMER 1980, 25: „oft auch sehr veränderlich"). Als Beispiel dafür kann die Untersuchung von ALLEN (1970) angeführt werden, in der sich die oben mitgeteilte Wechselwirkung zwischen verbaler Kompetenz des Lesers und der Vorstrukturierung bei Texten nicht sichern ließ (s. auch o. II. 4.3.1.).

– Außerdem tendiert die Erforschung von Wechselwirkungen dazu, immer hochgradigere Interaktionen herauszufinden: die Lernermerkmale und die Lehrmethoden stehen potentiell natürlich auch noch in Wechselwirkung mit der Art der Aufgaben (tasks), dem Lehrer (teacher) etc., so daß letztlich zumindest ATTTI („aptitude-teacher-task-treatment-interactions') zu untersuchen sind (vgl. z. B. PARKHUST 1975; TREIBER & PETERMANN 1976).

– Damit werden auch die praktischen Schwierigkeiten beim Umsetzen von Wechselwirkungs-Ergebnissen überdeutlich: hochgradige Interaktionen sind natürlich ‚schlecht didaktisch handhabbar' (FLAMMER 1980, 25), im Bereich der Textgestaltung praktisch nicht zu berücksichtigen: es ist von der Struktur unseres Publikations- und Verlagssystems her gar nicht möglich, auch nur für größere Lesergruppen ein und denselben Text in unterschiedlichen Varianten herzustellen. Außerdem ist es didaktisch auch nur eingeschränkt anzustreben. Denn eine solche, auch nur tendenzielle Individualisierung erfordert ja die diagnostische Feststellung der Lesermerkmale; und hier ergibt sich – zumindest bei der Berücksichtigung mehrerer Interaktionen – das Problem, daß der Lernende ‚bald mehr von seiner Lernzeit für das Diagnostiziertwerden' aufwenden müßte als für seine eigentliche Lernaktivität (FLAMMER & GUTMANN 1977, 90) – was im Extrem das Lernen mehr behindern würde als nicht berücksichtigte Wechselwirkungen.

Es ergibt sich also ein Dilemma: Daß Wechselwirkungen zwischen Lesermerkmalen und Textcharakteristika auftreten, ist hochwahrscheinlich; man kennt einige von ihnen, weiß aber nichts Genaues über ihr Gewicht und ihre Stabilität; daher ist eine theoriegeleitete und empirisch fundierte Zuordnung von Textversionen zu einzelnen Leser(-Gruppen) aufgrund deren Voraussetzungen nicht zureichend zu begründen: und diese Zuordnung ist außerdem in den meisten Fällen auch praktisch undurchführbar. Was tun?

Die Lösung liegt darin, daß man die Konsequenz der Individualisierung noch radikaler faßt: und zwar indem man den Leser selbst auf seine unterschiedlichen Voraussetzungen reagieren läßt; dadurch kommt eine maximale Individualisierung zustande, insofern als potentiell jeder einzelne Leser eine seinen Voraussetzungen entsprechende individuelle Textaufarbeitung vornimmt. Eine solche Textaufarbeitung durch den Leser selbst ist (zumindest bei Informationstexten) als selbstgesteuertes Lernen zu bezeichnen und zu konzipieren. Selbstgesteuerte Textaufarbeitung kann die bekannten und im Prinzip auch die noch unbekannten Wechselwirkungen zwischen Leser- und Textmerkmalen berücksichtigen, ohne daß die oben angeführten theoretischen und praktischen Probleme auftreten. Voraussetzung ist natür-

lich, daß der Lerner in der Lage ist, nach entsprechender Vertrautheit mit den verfügbaren Lernbedingungen, hier z. B. Lerntechniken bzw. Textaufarbeitungsmöglichkeiten zur Verbesserung der Textverständlichkeit, die für ihn nützlichsten auszuwählen; dies aber scheint durchaus der Fall zu sein (vgl. GLASER 1972 und u. 2.2.). Das Konzept des selbstgesteuerten Lernens bietet dabei über die Berücksichtigung der ATI-Ergebnisse hinaus noch zwei weitere wichtige Vorteile:
– Sowohl die Ergebnisse zur Verbesserung des Textverständnisses durch Lerntechniken als auch die zur Verbesserung der Textverständlichkeit durch Realisierung einzelner Textmerkmale haben gezeigt, daß relevante Effekte praktisch durchwegs nur durch eine Kombination von Handlungsregeln (sowohl in bezug auf Lerntechniken als auch Textmerkmale) erreicht werden. Dieser Aspekt des Mischens von Textaufarbeitungsmöglichkeiten ist mit großer Wahrscheinlichkeit auch für eine adäquate praktische Anwendung von Wechselwirkungen ausschlaggebend (vgl. PARKHUST 1975, 179): Potentielle negative Effekte einer generellen (und als solchen unvermeidlichen) Textgestaltung können durch andere positiv wirkende Textgestaltungs- oder -aufarbeitungsmöglichkeiten aufgefangen werden. Z. B. ist denkbar, daß bei einer negativen Wirkung einer Vorstrukturierung diese dadurch kompensiert werden kann, daß der Leser seine eigene Strukturierung in einem Schaubild elaboriert und festhält. Gerade solche negative Effekte kompensierenden Kombinationen von Textaufarbeitungsmöglichkeiten sind durch selbstgesteuertes Lernen am leichtesten zu erreichen.
– Die theoretisch relevanteste Interdependenz zwischen Text und Leser realisiert sich schon weit vor dem Zustandekommen von Wechselwirkungen im varianzanalytischen Modell: sie besteht darin, daß der Text gar nicht unabhängig vom Leser und seinen Merkmalen definiert werden kann. Je nach dem Vorwissen des Lesers z. B. wird ein und derselbe Text für unterschiedliche Leser verschiedene Schwierigkeitsgrade besitzen (vgl. ANDERSON 1978, 79; MANDL et al. 1980, 54ff.). Die Textmerkmale sind also als von den Lesermerkmalen abhängig anzusehen; dieser theoretisch bedeutendste Aspekt von Wechselwirkung zwischen Text und Leser wird durch das varianzanalytische Modell der Interaktionen gar nicht abgedeckt (vgl. OLWEUS 1976; AMELANG & BARTUSSEK 1981, 463ff.). Selbstgesteuerte Textaufarbeitung kann aber gerade davon ausgehen, daß die Textschwierigkeit von den jeweils individuellen Voraussetzungen des Lesers abhängig ist.

1.2. Das Konzept des selbstgesteuerten Lernens

Das Konzept des selbstgesteuerten Lernens und damit auch der selbstgesteuerten Textaufarbeitung ist kein rein deskriptiver Begriff, sondern enthält eine starke Zieldynamik: d. h. es ist als regulative Zielidee zu konzipieren. Im Optimalfall ist mit selbstgesteuertem Lernen nicht nur die Selbstbestimmung der Lernaktivitäten, sondern auch die Selbstbestimmung der Lernziele gemeint (vgl. WELTNER 1978, 21). Selbstbestimmung der Lernaktivitäten bedeutet eine Erweiterung des Handlungsspielraums des Lernenden (vgl. NEBER 1979, 5), die im Prinzip auch die Verfügung über eine nicht festgelegte Lernzeit umfaßt (vgl. NEBER 1981, 2). Selbstbestimmung der Lernziele bedeutet bei der Bearbeitung von Texten z. B. das Festlegen von verarbeitungsleitenden Fragen für den einzelnen Text oder Textabschnitt, das Auswählen von Funktionen, die die Textinformation für das jeweilige Wissenssystem bzw. Arbeitsziel haben kann, das Ansetzen von Lerntechniken selbst als Lernziel etc.; die Selbstbestimmung der Lernziele kann also auf sehr unterschiedlichen Abstraktionsebenen stattfinden (s. konkreter unten).

Abgrenzung von Selbstkontrolle vs. Selbststeuerung:

Unter Hinblick auf die Zielsetzung läßt sich auch zwischen Selbststeuerung und Selbstkontrolle konzeptuell trennen (vgl. GROEBEN & HOFER 1978; SCHEELE 1981, 264ff.): In der alltagssprachlichen Verwendung dieser Begriffe wird mit ‚Selbststeuerung‘ eher eine selbständige Zielsetzung verbunden als mit Selbstkontrolle. Dem widerspricht jedoch leider die Begriffsverwendung innerhalb des kybernetischen Modells: Selbststeuerung im kybernetischen Sinn ist nicht gleich Selbstbestimmung. Lehr- bzw. Lernziele sind im kybernetischen Modell die Soll-Werte (Führungsgrößen), die allerdings durch Feststellung eines Ist-Wertes nicht verändert werden können. Kybernetik rekonstruiert eben die Handlungen des Steuermanns (griechisch: κυβερνήτης), nicht des Kapitäns: Die Abänderung von Zielen auf der Grundlage einer bestimmten Ausgangslage ist vom kybernetischen Modell nicht vorgesehen (vgl. CUBE 1974, 138f.). Die mit dem kybernetischen Modell gemeinte Steuerung ist daher lediglich eine Ausführungsregulation (vgl. KOSSAKOWSKI 1974; NEBER 1978, 39), die das jeweilige Lernziel als gegebenes voraussetzt. Dies entspricht nun durchaus, wie SCHEELE (1981, 265) zeigt, dem in der Psychologie eingeführten Konzept der Selbstkontrolle. Es ist daher sinnvoll, von der kybernetischen Begriffsexplikation der Selbststeuerung abzugehen und eine Begriffsexplikation anzusetzen, die auch dem intuitiven Alltagsverständnis mehr entspricht: danach ist die reine Ausführungsregulation ohne selbstbestimmte Zielauswahl als Selbstkontrolle anzusetzen und als ein so vergleichsweise begrenzter Teilaspekt der Selbststeuerung unterzuordnen, die als eine Form autonomer Selbstregulation mit selbständig begründetem Auswählen von Lernzielen aufzufassen ist: Im Unterschied zur Selbstkontrolle geht es also bei der Selbststeuerung idealtypisch auch „um die selbstbestimmte Zielfindung, also zentral um die Entscheidungsautonomie." (SCHEELE 1981, 266).

In der Abgrenzung von Selbstkontrolle und Selbststeuerung, die Selbstkontrolle als eine Teilmenge von Selbststeuerung expliziert, spiegelt sich, daß das Konzept des selbstgesteuerten Lernens zu großen Teilen eine Zielidee darstellt. Für solche Zielideen gilt generell, daß man nicht eine klare, eindeutige Grenze für Ereignisse bzw. Prozesse festlegen kann, die unter dieses Konzept fallen. Vielmehr stellen selbstgesteuertes und (als Gegenpol) fremdgesteuertes Lernen Endpunkte eines Kontinuums dar (vgl. EINSIEDLER et al. 1978, 15). Beide Pole sind idealtypische Konzepte, zwischen denen fließende Übergänge bestehen (vgl. WELTNER 1978, 25). Dabei läßt sich ein solches Kontinuum natürlich zur Veranschaulichung durchaus in größere (ebenfalls idealtypische) Abschnitte unterteilen: so hat z. B. BREUER (1975, 59f. in Anlehnung an KOSSAKOWSKI 1973) das Kontinuum der Fremd- bis Selbststeuerung des Lernens in drei Phasen der Lernentwicklung vom ‚reproduktiven zum schöpferischen Lernen' unterteilt (vgl. GROEBEN & HOFER 1978, 243f.):

– Die Phase des *reproduktiv-gelenkten* Lernens: dabei orientiert und motiviert der Lehrende die Prozesse des Lernens und kontrolliert deren Ausführung unmittelbar.
– Die Phase des *reproduktiv-selbständigen* Lernens: sie ist gekennzeichnet durch Vorgabe des Orientierungsteils (Lehrziel) durch den Lehrenden bei weitgehender Selbstregulation des Lernprozesses (Handlungsausführung) durch den Lernenden.
– Die Phase des *schöpferisch-selbständigen* Lernens: in dieser Phase werden vom Lernenden selbständig die Lernmotive, die Ziele und die Lernstrategien erarbeitet, der Lernprozeß (Ausführung) reguliert und der Lernerfolg kontrolliert.

Textaufarbeitung als selbstgesteuertes Lernen dürfte sich im Bereich der letzten beiden Phasen des selbständigen Lernens bewegen. Dabei gibt es natürlich auch innerhalb wie zwischen diesen beiden Phasen fließende Übergänge, d. h. Gradabstufungen der Selbständigkeit bzw. Selbststeuerung. Das manifestiert sich schon darin, daß es für konkrete Lernprozesse nicht möglich ist, eindeutig und endgültig festzulegen, was ein Mittel der Handlungsausführung und was ein Ziel des Lernprozesses ist; vielmehr hängt dies von der jeweils gewählten Betrachtungsebene ab. Wie die Ziel-Mittel-Analyse zeigt (vgl. GROEBEN & SCHEELE 1977, 149ff.), sind Mittel und Ziele immer nur relativ zueinander festlegbar: d. h. eine Handlung z. B. ist Mittel in Relation zu einem durch sie angestrebten Effekt, dem Ziel; sie kann jedoch selbst auch Ziel sein in Relation zu einer vorausgehenden, bedingenden Handlung, einem Ereignis etc.; genauso kann ein übergeordnetes Ziel ein Mittel darstellen in Relation zu einem noch übergeordneteren, angestrebten Effekt (Ziel).

Beispiel: Im Bereich der Textverarbeitung läßt sich z. B. folgende Ziel-Mittel-Hierarchie hypothetisch ansetzen: Unterstreichungen in einem bestimmten Text vorzunehmen, ist ein Mittel zur Erreichung des Ziels ‚Die Textorganisation erkennen‘; dieses Erkennen der Textgliederung ist seinerseits ein Mittel, um den Textinhalt in das eigene Wissenssystem einordnen zu können (Ziel); die Einordnung in das eigene Wissenssystem ist Voraussetzung (Mittel) für eine selbständige, kritische Zielsetzung bei der weiteren Verarbeitung der neuen Wissensinhalte; diese selbständige, kritische Zielsetzung bei einem (bzw. im Laufe des Lernprozesses mehreren) Informationstext(en) ist ein Mittel zur Entwicklung einer generellen Fertigkeit, nämlich des Lernziels, Strategien der adäquaten Zielsetzung zu beherrschen; Strategien der adäquaten Zielsetzung aber sind eine Teilmenge und damit über mehrere (jetzt hier nicht mehr im einzelnen ausdifferenzierte) Mittel-Ziel-Schritte Voraussetzung für das generellste Ziel: autonomes Lernen selbst als Strategie zu beherrschen.

Diese Relativität von Mitteln in bezug auf Ziele und umgekehrt ist dafür verantwortlich, daß die Zielidee des selbstgesteuerten Lernens auf immer höheren Ebenen verfolgt werden kann. Die höchste Ebene ist erreicht, wenn das selbstgesteuerte Lernen selbst zum Lernziel wird; und genau dies ist letztlich als das Ziel selbstgesteuerter Textaufarbeitung anzusetzen.

Und so unklar das Gewicht der Wechselwirkungen zwischen Leser- und Textmerkmalen als Grenze der generellen fremdgesteuerten Textgestaltung ist (s. o.), so sicher kann man über das vergleichsweise große Gewicht des selbstgesteuerten Lernens im Bereich unseres Bildungssystems und der beschleunigten Zunahme von Informationen in unserem Jahrhundert sein: alle einschlägigen empirischen Untersuchungen belegen, daß das in Einzelarbeit ablaufende selbständige Verarbeiten von Texten umso wichtiger wird, je weiter der Lernende in der Hierarchie unserer Bildungsinstitutionen vorschreitet. Nach KEIL (1975) werden von Hochschulstudenten im Durchschnitt bis zu 52,9% der gesamten täglichen Lernzeit in Einzelarbeit am Schreibtisch zugebracht; gleichzeitig zu dieser quantitativen Bedeutung der selbständigen Textverarbeitung sind in diesem Bereich der Einzelarbeit die meisten Schwierigkeiten und Defizite der Lernenden festzustellen (vgl. FISCHER & MANDL 1980; WELTNER 1978, 15ff.). Selbstgesteuerte Textaufarbeitung hat daher für die Praxis drei Funktionen, die hierarchisch auf immer grundlegenderen Ebenen angesiedelt sind:

– nicht-optimal gestaltete Texte durch die Verarbeitung des Lesers rezipierbar zu machen;

– die Grenzen der fremdgesteuerten Textgestaltung zu kompensieren;

– Voraussetzung und Mittel zur Entwicklung der Fähigkeit selbstgesteuerten Lernens zu sein.

Zusammenfassung in Fragen:

– Welches sind die wichtigsten bisher empirisch gesicherten Erkenntnisse über Wechselwirkungen zwischen Text und Leser?

– Welche theoretischen und methodischen Mängel weisen die bisherigen Forschungen zu Text-Leser-Wechselwirkungen auf?

– An welchen praktischen Schwierigkeiten scheitert die unmittelbare Umsetzung von Ergebnissen der Wechselwirkungs-Forschung im Bereich der Textgestaltung?

– Was bedeutet ‚selbstgesteuertes Lernen‘?

– Welche Vorteile bietet das Konzept des ‚selbstgesteuerten Lernens‘?

– Wie lassen sich Selbstkontrolle und Selbststeuerung gegeneinander abgrenzen?

– Welche Zwischenstufen könnte man zwischen den Polen ‚selbstgesteuertes Lernen‘ und ‚fremdgesteuertes Lernen‘ annehmen?

– Inwiefern kann man Ziele und Mittel des Lernprozesses nicht endgültig voneinander trennen?

– Welche Funktionen hat die selbstgesteuerte Textaufarbeitung?

2. Möglichkeiten selbstgesteuerter Textaufarbeitung

Die Möglichkeiten zur selbstgesteuerten Textaufarbeitung setzen im Prinzip ebenfalls an den beiden grundlegenden Perspektiven der Relation von Text und Leser an: der Anpassung des Lesers an den Text (Verständnis–Perspektive) sowie der Anpassung des Textes an den Leser (Verständlichkeits-Perspektive). Da sich in der hier verfolgten Argumentation das Konzept der Selbststeuerung vor allem aus den Grenzen der fremdgesteuerten Textoptimierung ergab, sollen im folgenden die Möglichkeiten der Verbesserung von Textverständlichkeit durch den Leser selbst zuerst skizziert werden (2.1.). Das hat auch den Vorteil, daß die darauf folgenden Möglichkeiten der selbstgesteuerten Lerntechniken und -strategien (2.2.) komplexere und damit grundsätzlichere Ebenen thematisieren, die letztlich in die Frage der stabilen Etablierung einer Strategie selbstgesteuerten Lernens (als metakognitives Wissen; 2.3.) münden.

2.1. Verbesserung von Textverständlichkeit durch den Leser

Die Perspektive der Anpassung des Textes an den Leser durch den Leser selbst, d. h. also die Verbesserung der Textverständlichkeit durch den Leser, geht grundsätzlich von zwei Fällen aus: 1. wenn nicht-optimal verständlich gestaltete Texte vorliegen; 2. wenn empirisch gesicherte oder potentielle Wechselwirkungen zwischen Text und Leser eine generelle (optimale) Textgestaltung verhindern.

Der häufigste Ausgangspunkt für die selbstgesteuerte Textaufarbeitung als Optimierung der Textverständlichkeit dürfte (heute noch) das Vorliegen nicht-optimal verständlicher Texte sein. In diesem Fall können prinzipiell alle zur Verständlichkeit beitragenden Textmerkmale als Ziel der selbstgesteuerten Textaufarbeitung durch den Leser angesetzt werden: die oben (II.4.4.) zusammengestellten Handlungsanweisungen zur Herstellung optimal verständlicher Texte sind dann auch als Regeln für den Leser anzusetzen, mit deren Hilfe er eine für sich und sein Vorwissen optimal verständliche Textversion herstellen kann.

Diese grundsätzliche Transponierbarkeit der Handlungsanweisungen zur Textoptimierung in den Bereich der selbstgesteuerten Textaufarbeitung wird natürlich begrenzt durch den Kenntnisunterschied, der in der Regel zwischen Autor und Leser besteht; dieser kann die Realisierung einzelner Optimierungstechniken unmöglich machen. So ist es z. B. dem Leser natürlich nicht möglich, für einen ihm noch unbekannten und neue Informationen bringenden Text eine Vorstrukturierung zu schreiben. In einem solchen Fall bleibt diese Optimierungstechnik selbstverständlich dem Autor vorbehalten; daran kann auch das Vorliegen eventueller Wechselwirkungen (s. o. II.4.3.; AUSUBEL & FITZGERALD 1961) nichts ändern; wenn aus solchen unüberwindbaren praktischen Gründen auf eine vorhandene oder mögliche Wechselwirkung keine Rücksicht genommen werden kann, sondern eine generelle, durch den Autor vorzunehmende Textgestaltung unvermeidbar ist, sollte man für diese natürlich dasjenige Textmerkmal realisieren, das den von der jeweiligen Fähigkeit her schwächeren Leser unterstützt (hier z. B. das Einführen einer Vorstrukturierung für den verbal schwächeren Leser); denn zweifellos kann der von der Fähigkeit her stärkere Leser bzw. Lerner diese punktuelle Erschwernis seiner Rezeption durch andere Techniken und Strategien sehr viel leichter kompensieren als der nicht so starke Leser (vgl. HOON 1974): es ist eine alte Erkenntnis der praktischen pädagogischen Erfahrung wie auch der wissenschaftlichen Pädagogik und pädagogischen Psychologie, daß der gute Lerner im Zweifelsfall auch gegen den schlechten Lehrer (bzw. Text) lernt.

Auch optimal oder zumindest annähernd optimal gestaltete Texte können allerdings jene Merkmale, für die aufgrund von gesicherten oder vermuteten Text-Leser-Wechselwirkungen keine generellen Optimierungsanweisungen zu sichern sind, nicht realisieren; dies ist der Ansatzpunkt für die selbstgesteuerte Verbesserung der Textverständlichkeit durch den Leser als Maximierung der individuellen Rezipierbarkeit auch relativ gut gestalteter Informationstexte. Daher kann ein Text auch hinsichtlich solcher Merkmale individuell-selbstgesteuert optimiert werden, für die oben (II.4.3.) keine generellen Optimierungsmöglichkeiten gesichert werden konnten.

Voraussetzung dafür ist natürlich, daß der Leser die schwierigen Stellen eines Textes korrekt identifizieren kann; diese Fähigkeit hat JOHNSON (1974) überprüft und belegen können: dabei wurden zwei Texte in mehrere Abschnitte (einmal 80 und einmal 60) aufgeteilt, für die Collegestudenten eine Voraussage über die Schwierigkeit der Wiedergabe unmittelbar nach dem Lesen bzw. nach einem größeren Zeitabstand voraussagen mußten. Die Korrelation zwischen den vorausgesagten und den beiden tatsächlichen Wiedergabe-Werten war jeweils r = .58 (1%-Signifikanzniveau bei r = .33).

GROEBEN & HOFER haben (1978) solche Möglichkeiten der selbstgesteuerten Verständlichkeitsoptimierung von Texten durch den Leser zusammengestellt; da es für diese Textoptimierungen von seiten des Lesers noch kaum empirische Überprüfungen gibt, nennen sie die entsprechenden Vorschläge eine heuristische Anwendung der bisherigen empirischen Forschungsergebnisse. Inhaltlich entsprechen die Vorschläge dieser Anwendungsheuristik weitgehend den oben für die fremdgesteuerte Textoptimierung behandelten Textmerkmalen.

So führen GROEBEN & HOFER als Möglichkeiten selbstgesteuerter Verständlichkeitsoptimierung z. B. an (1978, 252ff.):
1. Sprachliche Einfachheit im Sinn von geläufigen Worten und Erklärung von Fachwörtern ist herzustellen,
   – indem soweit möglich, d. h. nicht sinnverändernd, synonyme Ersetzungen eingeführt werden: z. B. für lange (mehrsilbige) Worte kürzere und für fachspezifische, besonders Fremdworte, bedeutungsgleiche deutsche. An den Leser ergeht die Aufforderung, Fachausdrücke und Fremdwörter durch geläufige zu ersetzen, indem er in Glossaren, Lexika und anderen Quellen nachschlägt.
2. Sprachliche Einfachheit im Sinn von kurzen, einfachen Sätzen ist herzustellen,
   – indem möglichst kurze Satzteile mit aktiven Verben formuliert werden,
   – indem Nominalisierungen (starke Ballung von substantivischen Inhaltsworten) aufgelöst werden dadurch, daß eine aktive Formulierung die Inhaltsworte auf zwei oder mehr Satzteile verteilt,
   – indem Satzschachtelung herabgesetzt wird dadurch, daß man durch Konjunktion verbundene Satzteile trennt und unvollständige Satzteile zu vollständigen Sätzen erhebt.
   An den Leser ergeht die Aufforderung, dunkle Passagen in eigenen Worten zu vereinfachen.
   ...

5. Gliederung/Ordnung im Sinne der Folgerichtigkeit und Übersichtlichkeit ist herzustellen,
   – indem man Unterabschnitte absetzt, durch spezifische Überschriften kennzeichnet,
   – indem man den Text mit Randbemerkungen versieht: etwa Numerierung wichtiger Punkte oder Verweis auf andere Gedanken.
6. Gliederung/Ordnung im Sinn der strukturierten, folgerichtigen Reihenfolge ist herzustellen,
   – indem man die Gedanken in eine logische Reihenfolge bringt;
   – indem man abstrakte Darlegungen durch visuelle Schaubilder in ein geordnetes Konzept transformiert.
7. Gliederung/Ordnung unter dem Aspekt, daß der rote Faden sichtbar bleibt, ist herzustellen,
   – indem man die von den kognitiven Konzepten her wichtigsten Sätze bzw. Worte hervorhebt, z. B. durch Unterstreichung.
8. Gliederung/Ordnung als sinnvolle interne Repräsentation des Lernmaterials ist herzustellen,
   – indem der Leser seine Fragen an das Material und den Textautor stellt und versucht, diese lesend zu beantworten. Fragen können sich auf interne Aspekte, z. B. begriffliche Abgrenzung, und auf übergreifende Sinn- und Zweckzusammenhänge beziehen.

Parallel zu diesen Beispielen kann im Prinzip jeder Lehrende wie auch Lernende die oben (II.4.) ausführlich abgehandelten Textmerkmale der Verständlichkeitsoptimierung in solche Regeln zur selbstgesteuerten Textaufarbeitung durch den Leser transformieren. Die empirischen Überprüfungen dieser selbstgesteuerten Textaufarbeitung sind allerdings bisher zufriedenstellend erst an den Punkten, wo sich Überschneidungen zu der älteren Forschungsperspektive der Lern- und Lesetechniken ergeben: wie z. B. bei der Technik des Unterstreichens (vgl. oben I.3.; wobei nicht immer bedeutsame Verbesserungen z. B. gegenüber einem einfachen wiederholten Lesen gesichert werden konnten: vgl. IDSTEIN & JENKINS 1972). In neuerer Zeit aber werden durchaus auch solche Techniken der Textoptimierung, die früher weitgehend dem Autor zugeschrieben bzw. vorbehalten wurden, als Fertigkeit des Lesers postuliert, trainiert und überprüft: so haben SCHOTT et al. (1980) ein Training für die Kompetenz, Beispiele zu einem vorgegebenen Sachverhalt zu finden, entwickelt und dessen Wirksamkeit empirisch gesichert.

Im Prinzip gibt es dann natürlich auch zwischen den Perspektiven der Textverständlichkeit und des Textverständnisses fließende Übergänge: ein Beispiel dafür liegt vor, wenn der Leser bei fehlenden Textillustrationen die Anschaulichkeit des Gesagten durch die Technik erreichen soll, sich zu dem Gelesenen ‚bildhafte Vorstellungen‘

(‚imagery training‘) zu machen. Die Instruktion, sich solche Vorstellungsbilder zu machen, führte bei Viert- bis Sechstklässlern in der Tat zu einer besseren Behaltensleistung im Vergleich zu einfachem Lesen (vgl. KULHAVY & SWENSON 1975; STEINGART 1975); allerdings sollte man diese Verarbeitungstechnik explizit trainieren, z. B. durch das Zeichnen von ‚Comic strips‘ als Illustration für einzelne Textpassagen (LESGOLD et al. konnten 1975 nur für eine solche Trainingsgruppe entsprechende Verbesserungen des Behaltenswertes sichern); bei Erstklässlern sind reale Textillustrationen durch eine solche Imaginations-Instruktion nicht zu ersetzen (vgl. SHIMRON 1974).

Insgesamt ist die Basis empirischer Ergebnisse hier noch absolut unbefriedigend, und es ist für die Zukunft eine verstärkte Erforschung der selbstgesteuerten Textoptimierung durch den Leser zu fordern und zu erwarten.

2.2. Selbstgesteuerte Lerntechniken und -strategien

Auch das Prinzip der Anpassung des Lesers an den Text, d. h. der Optimierung des Textverständnisses, führt unter der Perspektive der Selbststeuerung zwar nicht gerade zu einer expliziten Veränderung des Textes, so doch aber zumindest zu einer konstruktiven Selektion und Gewichtung von Textteilen. Einen anschaulichen Ausgangspunkt bietet hier wieder die Berücksichtigung des Vorwissens des Lesers: theoretisch ist dabei von der sog. ‚given-new-strategy‘ auszugehen, die bisher für die Rezeption von Sätzen expliziert und überprüft wurde (HAVILAND & CLARK 1974): danach sucht ein Leser (bzw. Hörer) beim Verstehen eines Satzes zunächst in seinem Gedächtnis diejenige Information, die durch den Satz als gegeben vorausgesetzt oder benannt wird; dann erweitert er seinen Gedächtnisinhalt durch die Anbindung der neuen Information an diese alte. Für den Bereich der Textverarbeitung resultiert daraus das Modell der selbständigen Sequenzierung von Textteilen, das z. B. FLAMMER und sein Arbeitskreis als Ansatzpunkt für eine selbstgesteuerte Textaufarbeitung vorgeschlagen und untersucht haben.

Beispiel: Die empirische Überprüfung wurde mit Texten zur Psychologie vorgenommen: und zwar zu den Konzepten ‚Angst‘, ‚Gedächtnis‘, ‚Intelligenz‘, ‚Signallernen‘, ‚Tierpsychologie‘ und ‚Entwicklung‘; zu jedem dieser 6 Konzepte sowie zur Konfrontation von je zweien der Konzepte (sog. ‚Relationen‘) wurde ein Text von ca. einer halben DIN A 4-Seite Länge den Probanden vorgelegt (insgesamt also 21 Textteile). Die Experimentalgruppe konnte die Texte in einer selbstgewählten Reihenfolge rezipieren, die Kontrollgruppe erhielt eine vorgegebene, nach dem Zufall bestimmte Textreihenfolge. Es zeigte sich in den Untersuchungen von FLAMMER et al. (1976) sowie FLAMMER & GUTMANN (1977), daß die selbstsequenzierte Textrezeption zu einem besseren Behalten der gelesenen Informationen führte als die fremdgesteuerte (Zufalls-)Reihenfolge; bei der Untersuchung von LISCHER et al. (1980) allerdings ergab sich kein signifikanter Unterschied zur Kontrollgruppe. Zur Bewertung der Ergebnisse ist noch kritisch einzuwenden, daß der Kontrollgruppe eine Zufallsreihenfolge gegeben wurde, was auch für nicht optimal gestaltete Texte in natürlichen Lernsituationen unrealistisch ist: auch diese bieten durchwegs zumindest eine Gliederung/Ordnung des Textinhaltes, der zusammengehörige Begriffe zusammen darstellt. Insofern kann der Ansatz der selbständigen Sequenzierung der Textrezeption durch den Leser als ein anschauliches Beispiel für das mit selbstgesteuerten Lerntechniken Gemeinte gelten; zureichende Wirksamkeit wird man allerdings auch für solche selbstgesteuerten Lerntechniken nur bei einer Kombination mehrerer solcher Techniken erwarten dürfen.

Den umfassendsten Ansatz einer solchen Kombination von Lerntechniken und deren Überführung in ein System selbstgesteuerter Lernstrategien bietet das Konzept der sog. integrierenden Leitprogramme, das WELTNER als konstituierendes Instrument zur Erreichung autonomen Lernens entwickelt hat (vgl. WELTNER 1974; 1976; 1978; autonomes Lernen ist definitorisch gleich dem oben explizierten selbstgesteuerten Lernen: vgl. WELTNER 1978, 27). Das von WELTNER entwickelte integrierende Leitprogramm ‚Mathematik für Physiker‘ steuert das Selbststudium, indem es Übungsphasen und Arbeitsphasen vorsieht, ‚Fragen zur Kontrolle des Lernfortschritts enthält und nach Bearbeitung eines Lernschritts die jeweils nächsten Aufgaben und Übungen zuweist‘ (WELTNER 1974, 65). Integrierend heißt es deshalb, weil es spezielle Lerntechniken im Rahmen der Arbeit an einem Lehrbuch integriert, erläutert und einübt. Das integrierende Leitprogramm enthält also folgende zwei Anteile:

„a) Anweisung zur fachlichen Arbeit, Hilfen für die Selbstkontrolle, Zusatzerläuterungen und individuelle Unterstützung.

b) Darstellung von Lerntechniken, Übung der Lerntechniken in Verbindung mit der fachlichen Arbeit." (WELTNER 1974, 65)

Beispiel: Hinsichtlich der ersten Ebene, der Hilfe zur Selbststeuerung des Lernens, unterscheidet WELTNER zwei Arbeitsformen: die sog. freie Lernphase, d. h. das Lernen anhand der Informationsquelle als solcher, und die unterstützte Lernphase, d. h. das Lernen anhand des Leitprogramms. Dabei werden durch das Leitprogramm vor der freien Lernphase folgende Aufgaben erfüllt:

– Unterstützung der individuellen Lernplanung, z. B. durch Auflösung umfangreicher Lernaufgaben in Zwischenziele;
– Hilfe für die Auswahl von Lernzielen und Lernaufgaben, z. B. durch Zuordnung von Lernzielen zu bestimmten Berufs- und Studienzielen;
– Einleitung von Lernaktivitäten, z. B. durch das Definieren und Exzerpieren relevanter Begriffe, durch das Angeben praktischer Übungen, durch das Lösen von im integrierenden Leitprogramm enthaltenen Übungsbeispielen etc.;
– Vorbereitung auf Lernschwierigkeiten, z. B. durch Angabe über den erhöhten Zeitaufwand für die Verarbeitung bestimmter Textabschnitte, Informationsteile etc.

Nach der freien Lernphase werden vom Leitprogramm folgende Aufgaben erfüllt:
– Diagnose des Lernzustandes, Identifizierung von Lerndefiziten: dies ist die „zentrale Aufgabe des Leitprogramms" (WELTNER 1978, 93). Sie wird erfüllt dadurch, daß das Leitprogramm Aufgaben zur Überprüfung des Textverständnisses auf den verschiedensten Ebenen enthält: vom Tatsachenwissen bis zum Verständnis komplexer Sachverhalte. Hinsichtlich der Form schlägt WELTNER vor allem Mehrfach-Wahl-Antworten sowie den Antwortvergleich vor (1978, 95); denn bei diesen Formen lassen sich für die falschen Alternativen jeweils spezielle kompensatorische Maßnahmen zuordnen.
– Initiierung kompensatorischer Lernaktivitäten mit zwei Zielsetzungen: Ausgleich des aktuellen Lerndefizits und Verbesserung des Lernverhaltens. Lerndefizite führt WELTNER auf drei mögliche Ursachen zurück:
– unzweckmäßiges Lernverhalten; dies wird überwunden durch das Erläutern und Üben bestimmter Lerntechniken (s. u. ad b);
– fehlende Vorkenntnisse; diese können, wenn der Informationstext als solcher vollständig und zureichend ist, durch Rückverweise auf die Informationsquelle überwunden werden;
– Mängel der Informationsquelle; für diesen Fall sieht WELTNER auch inhaltliche Erweiterungen der Informationsquelle innerhalb des Leitprogramms vor, d. h. zusätzliche Lehrtexte und Sachdarstellungen, gegebenenfalls auch Verweis auf weitere externe Informationsquellen (andere Lehrbücher, Zeitschriftenaufsätze etc.).
– Stabilisierung der Lernbereitschaft, z. B. durch Hinweise auf und Einüben von positiver Selbstverstärkung nach Lernerfolgen.

ad b): Auf der Ebene der Lerntechniken enthält das integrierende Leitprogramm Erläuterungen und Einübungen von möglichst vielen der bewährten Techniken zur Verbesserung des Textverständnisses (s. o. I.3.4.):
– Techniken der Arbeitsplanung und Arbeitseinteilung, einschließlich Zeitplanung und realistischer Setzung von Anspruchsniveaus;
– Selbstmotivierung, einschließlich Setzung von Zwischenzielen und selbstgesteuerter positiver Verstärkung;
– Techniken des intensiven Lesens, Durcharbeitens und Exzerpierens (vgl. SQ3R-Technik oben I.3.4.);

– Selbstkontrolle: Diagnose des eigenen Lernzustandes, z. B. durch Memorieren am Schluß der freien Lernphase, sprachliche Darstellung des Gelernten gegenüber Zuhörern etc.;
– orientierendes Lesen, selektives Lesen (vgl. oben das Konzept des adaptiven Lesens, I.3.4.);
– Problemlösungsstrategien und Techniken der Prüfungsvorbereitung.

WELTNER hat auch die Wirksamkeit der integrierenden Leitprogramme am Beispiel seines Leitprogramms ‚Mathematik für Physiker‘ empirisch überprüft; dabei hat er vor allem den Lernzuwachs (in bezug auf die Inhalte des Informationstextes als solchen), das Erlernen der im Leitprogramm enthaltenen Lerntechniken sowie die Einstellung der Studierenden zu den integrierenden Leitprogrammen thematisiert. Hinsichtlich des Lernzuwachses ergab sich beim Vergleich von integrierendem Leitprogramm vs. Lehrbuch und Frontalunterricht eine signifikante Überlegenheit für das Lernen mit integrierendem Leitprogramm, und zwar sowohl bei den wöchentlichen Leistungstests (durchschnittlich 73,5% richtige Antworten vs. 65,5%) sowie beim zusammenfassenden Abschlußtest am Ende des Semesters (68,3% richtige Antworten vs. 58,9%). Bei den Lerntechniken führte das integrierende Leitprogramm für die Techniken des intensiven sowie selektiven Lesens zu einer signifikanten Überlegenheit gegenüber dem personalen Unterricht:

Intensives Lesen (IL)				
	N	Vorher	Nachher	Zuwachs
Versuchsgruppe: Leitprogramm	30	53%	70%	17%
Kontrollgruppe: Personaler Unterricht	22	56%	65%	9%

Selektives Lesen (SL)				
	N	Vorher	Nachher	Zuwachs
Versuchsgruppe: Leitprogramm	30	43%	71%	28%
Kontrollgruppe: Personaler Unterricht	22	59%	73%	14%

Registerbenutzung (R)				
	N	Vorher	Nachher	Zuwachs
Versuchsgruppe: Leitprogramm	30	49%	52%	2%
Kontrollgruppe: Personaler Unterricht	22	45%	53%	7%

Tab. 30: Testergebnisse Lerntechniken WS 72/73 (nach WELTNER 1978, 149)

Auch die Einstellung der Studienanfänger zur Vermittlung solcher Lerntechniken im Rahmen von Leitprogrammen konnte als eindeutig positiv gesichert werden; die Studierenden hatten weit überwiegend das Gefühl, hier etwas für sie wichtiges zu lernen und stimmten daher der Hinführung zum selbstgesteuerten Lernen überwiegend zufrieden zu (vgl. WELTNER 1978, 151ff.).

Die Darstellung dieses relativ umfassenden Ansatzes zur Entwicklung selbstgesteuerter Lernstrategien zeigt, daß es natürlich zwischen den oben (I.3. und 4.) dargestellten Techniken des adaptiven Lesens und den Operationen selbstgesteuerten Lernens fließende Übergänge gibt: und zwar in dem Sinn, daß selbstgesteuerte Textaufarbeitung die Techniken der Verständnisoptimierung (als Anpassung des Lesers an den Text: wie z. B. auch Notizen machen, Zusammenfassungen herstellen etc.; vgl. DECHANT & SMITH 1977, 257ff.; ANDERSON 1979, 82ff.) in den Modellen selbstgesteuerten Lernens enthält bzw. voraussetzt. Der zentrale Unterschied zwischen den einfacheren, konkreteren Lesetechniken und den komplexeren Selbststeuerungs-Strategien besteht in dem Gewicht und der konstitutiven Funktion, die Bewertungsprozesse innerhalb der letzteren besitzen: und zwar sowohl hinsichtlich der selbständigen Zielsetzung (s. o. 1.2.) als auch in bezug auf die Selbstbewertung eigener Fertigkeiten, Fähigkeiten und Leistungen innerhalb des selbstgesteuerten Lernens (vgl. FISCHER & MANDL 1980, 12f.; WELTNER 1978, 142f.). Denn diese Bewertungsprozesse sind die entscheidende Instanz für das Fortführen oder Abbrechen bzw. die qualitative Modifikation, Variabilität etc. der konkreten Lernprozesse. D. h.: Bewertungsprozesse der Vorhersage eigener Leistung, des Selbsttestens, der Selbstüberwachung, Selbstbewertung etc. haben eine exekutive Funktion (vgl. BROWN 1978, 78ff.) und rangieren auf einer höheren, den konkreten Lese- und Lerntechniken übergeordneten Ebene. Die gleichzeitige Steuerung des eigenen Lernverhaltens über solche Bewertungsprozesse während des Ablaufs des Lesens und Lernens selbst bedingt die größere Komplexität, Variabilität und Flexibilität der so organisierten Lernprozesse, die selbstgesteuertes Lernen als Lern*strategie* (im Gegensatz zur Taktik; vgl. MILLER, GALANTER & PRIBRAM 1974) zu klassifizieren erlaubt (FISHER & MANDL 1980, 6).

Diese Komplexität ist mit ein Grund dafür, daß die Strategie(n) des selbstgesteuerten Lernens an der Spitze der Lernzielhierarchie ebenfalls explizit als Ziel eingeführt werden muß (müssen); man kann also nicht davon ausgehen, daß diese Strategien selbst quasi automatisch erlernt werden, sondern muß dieses Lernen im Rahmen der integrierenden Leitprogramme einüben. Dabei stellt das Konzept der integrierenden Leitprogramme einen relativ fremdgesteuerten Aufbau der Kompetenz zum selbstgesteuerten Lernen dar; dies ist jedoch psychologisch unvermeidlich, wenn man nicht voraussetzen will, daß der Leser das selbstgesteuerte Lernen, das er ja erst erlernen soll, bereits beherrscht (vgl. GROEBEN & SCHEELE 1977, 164ff.).

WELTNER hat diese psychologische Notwendigkeit, auch selbstgesteuertes Lernen zunächst relativ fremdgesteuert zu erwerben, ebenfalls empirisch überprüft und gesichert: und zwar hat er als Alternative zu den relativ fremdsteuernden integrierenden Leitprogrammen als innengeregelte Form des Erlernens z. B. von Arbeitstechniken das Konzept der Arbeitshefte entwickelt; in diesen sind die Studienanleitungen nicht in den sachinformativen Text integriert, sondern am Schluß zusammengefaßt: „damit wird stärker in die Entscheidung des Studenten gestellt, welche Anregungen, Hilfen, Erläuterungen und Übungsteile des Arbeitsheftes er benutzt" (WELTNER 1976, 123). Die empirische Überprüfung der Effektivität ergibt einen höheren Prozentsatz von richtigen Lösungen mit den Leitprogrammen als mit den Arbeitsheften (o. c., 124); wird eine Mischstrategie gewählt, dann ist die Kombination ‚erst Leitprogramm, dann Arbeitsheft' besser als umgekehrt.

Diese Ergebnisse machen noch einmal das Kontinuum zwischen fremdgesteuertem und selbstgesteuertem Lernen deutlich, dieses Mal in prozessualer Hinsicht: das Erreichen des Optimums von selbstgesteuertem Lernen ist nur über vorgeschaltete, zumindest partiell fremdgesteuerte Lernprozesse möglich. Fremdgesteuertes Lernen ist also zur Erreichung des obersten Ziels, des selbstgesteuerten Lernens selbst, so weit einzusetzen, wie dies empirisch notwendig ist; zugleich bedeutet die Zielsetzung des selbstgesteuerten Lernens aber auch, daß die fremdgesteuerten Lernprozesse sukzessive und zunehmend überflüssig werden sollen.

2.3. Verbindung mit metakognitivem Wissen

Wie eine solche Überwindung des fremdgesteuerten in Richtung auf das selbstgesteuerte Lernen möglichst effizient und schnell zu erreichen ist, das stellt allerdings noch ein weitgehend ungelöstes Problem der Leser- und Lernpsychologie dar. Der erfolgversprechendste Ansatz ist darin zu sehen, daß man die selbstgesteuerten Lernstrategien mit dem natürlichen Wissen des Lernenden über Lernprozesse, -fertigkeiten etc. verbindet: d. h. die natürlichen Reflexionen des menschlichen Subjekts über Lernprozesse, Gedächtnisfähigkeiten, Denkprobleme etc. sind in Richtung auf ein Strategiewissen über selbstgesteuertes Lernen zu erweitern und zu elaborieren. Dieses natürliche Reflektieren und Wissen über Gedächtnis und Denken ist vor allem von entwicklungspsychologischer Seite aus seit Anfang der 70er Jahre erforscht worden: und zwar in den Forschungsprogrammen von ‚metamemory‘ und ‚metacognition‘, die die Entwicklung der selbsterkennenden Reflexion im Bereich von Gedächtnis und Denken vor allem im Schulkindalter thematisiert haben (Übersichtsreferat z. B. von BROWN 1975; 1978; FLAVELL & WELLMAN 1977).

Innerhalb dieser Forschungsrichtung werden gewöhnlich folgende Variablenklassen unterschieden, auf die sich das metakognitive Wissen beziehen kann (FLAVELL & WELLMAN 1977):

– Wissen über Personvariablen: z. B. hinsichtlich der Kapazitätsgrenze des Gedächtnisses bei sich und/oder anderen; hinsichtlich Ermüdungserscheinungen bei Behaltens- bzw. Wiedergabeprozessen; d. h. wie in wissenschaftlichen Modellen ist hier noch einmal zwischen Wissen über trait- und state-Variablen zu unterscheiden (Dispositions- und Prozeßwissen: TREIBER 1980).

Beispiel: Zu diesem Wissen über Personvariablen gehört z. B. die Fähigkeit von Zweit- oder Viertklässlern, die eigene Gedächtniskapazität korrekt vorherzusagen: z. B. wie lange sie eins, zwei, drei ... oder zehn Bilder behalten können; ein Wissen, über das z. B. Kindergarten-Kinder noch nicht verfügen (vgl. BROWN 1978, 89).

– Wissen über Aufgabenvariablen: z. B. Aufgabenschwierigkeit in Abhängigkeit vom Umfang, vom Aufgabenmaterial her (sinnvolle/ sinnlose Einheiten) etc.; ich persönlich würde hier auch als Wissen über generellere Aufgabenklassen das einordnen, was FLAVELL u. a. als separate Kategorie *vor* allem ‚Variablen‘-Wissen einstufen: die Problemsensitivität; d. h. die Fähigkeit zu erkennen, in welchen Situationen eine intentionale Wahl von Verarbeitungsstrategien möglich bzw. sinnvoll ist. Das ist m. E. identisch mit der Unterscheidung in zwei Basiskategorien von Aufgaben.

Beispiel: Wenn man eine Liste von Begriffen lernen und behalten soll, ist dies (bekanntlich) einfacher, wenn die Begriffe in den Kontext z. B. einer Geschichte eingebettet sind, als wenn sie unverbunden sind; im Kindergartenalter können z. B. nur die Hälfte aller Kinder die Lernaufgabe mit dem Erzählkontext korrekt als einfacher identifizieren, während dies im dritten Schuljahr alle Kinder wissen und auch über zwei Drittel (gegenüber 15% der Kindergarten-Kinder) adäquat begründen (vgl. BROWN 1978, 90).

– Wissen über Strategiemöglichkeiten: hier sind im Prinzip alle Codierungs-, Elaborations- und Lerntechniken thematisch, von den ganz einfachen des ‚Clusterns‘ von Begriffen, Eselsbrücken beim

Vokabellernen etc. bis hin zu den komplexeren Techniken wie SQ3R usw.; im entwicklungspsychologischen Kontext werden natürlich vor allem die weniger komplexen Techniken thematisiert.

Beispiel: Die einfachste, am wenigsten komplexe Technik besteht sicherlich im Ausmaß der Lernzeit: so können z. B. lernbehinderte Kinder zwar noch korrekt voraussagen, daß eine Lernzeit von 5 Minuten zu größerem Erfolg als eine solche von einer Minute führen wird, aber sehr viel seltener eine adäquate Begründung geben; Vergleichbares gilt für Techniken wie Kategorisieren, Wiederholen etc. (vgl. BROWN 1978, 97ff.).

– Wissen über die Variablen-Interaktionen: z. B. welche Elaborationsstrategien man bei der Aufgabe, eine zwölfstellige Telefonnummer zu behalten, anwenden kann, wenn die Gedächtniskapazität dadurch unmittelbar überfordert ist. Wie im varianzanalytischen Modell sind die Interaktionsperspektiven diejenigen, die am konkretesten auf bestimmte Situationen etc. ausgerichtet sind und daher die größte alltägliche Handlungsrelevanz besitzen werden; wegen ihrer Komplexität sind sie aber innerhalb des entwicklungspsychologischen Forschungsansatzes noch relativ wenig erforscht.

Die aufgeführten Beispiele zeigen allerdings schon, daß die Verbindung zwischen natürlichem metakognitiven Wissen und dem Wissen, das selbstgesteuerte Lernstrategien abbildet, beim gegenwärtigen Stand der Forschung nicht direkt gelingen kann: so fruchtbar theoretisch der Ansatz der Erforschung metakognitiven Wissens ist, so wenig bieten die bisherigen Ergebnisse doch Ansatzpunkte für eine praktische Anwendung: und zwar vor allem deswegen, weil bislang noch weitgehend unbekannt ist, welche metakognitiven Reflexionen entwickelte Problemlöser (,mature thinkers') besitzen (BROWN 1978, 128). In neuester Zeit haben FISHER & MANDL (1980) die Selbstberichte von Fernstudenten und Studenten der Universität Tübingen aus verschiedenen Fachrichtungen über ihre Textverarbeitung (Lernaktivitäten, Lerngewohnheiten etc.) unter ein Kategoriensystem subsumiert, das metakognitives Wissen abzubilden versucht (o. c., 74f.). Die wichtigsten Kategorien und ihr empirisches Gewicht zeigt Tab. 31 (s. S. 300).

Das wichtigste Ergebnis dieser empirischen Kategorisierung ist sicherlich, in welch geringem Ausmaß die Studierenden objektiv-selbstdiagnostische Äußerungen vorbringen (Kategorie B 2 und B 3), z. B. im Vergleich zu den affektiven und attributiven Bewertungen (Kategorie B 4). Gerade das Fehlen solcher metakognitiven Bewertungsprozesse aber ist mit großer Wahrscheinlichkeit dafür verantwortlich, wenn Personen Fertigkeiten, über die sie eigentlich verfügen, in einer spezifischen Lernsituation nicht einsetzen (s. oben 2.2. und NEBER 1981, 16; sowie FLAVELL & WELLMAN 1977, die ein

A	*Zustands-Variablen (status- oder ‚trait'-Variablen)*	35.43 %
A 1	Informationsverarbeitung und ‚Sinnentnahme' aus Texten	23.77 %
A 1.1	Vor dem eigentlichen Lesen erfolgende Aktivitäten (‚prereading activities')	6.86 %
A 1.2	Aktivitäten der Oberflächenbearbeitung/der Aufbereitung des Materials	8.78 %
A 1.3	Erfassen der Tiefenstruktur/des Gehalts des Textes	9.05 %
A 2	Spezielle Lern- oder Memorierstrategien (mnemonics)	6.93 %
A 3	‚Kriteriales Lernen'/Implizite Bewertungskriterien als ‚Vergleichsstandard' für die Prozeßevaluation	5.31 %
B	*‚Metakognitive' Prozeßvariablen*	64.57 %
B 1	Prozesse im Verlauf der kognitiven Vollzüge (metakognitive ‚on-line'-Prozesse) ‚Exekutive Regulation'	9.20 %
B 2	Bewertung des Handlungsresultats bzw. von Zwischenresultaten (‚outcome evaluation')	2.13 %
B 3	Evaluation/Bewertung der ‚Daten' der Selbstdiagnose	5.84 %
B 4	Affektiv/emotionale und attributive Stellungnahme	12.71 %
B 5	Regulatorische Konsequenzen/‚Korrekturoperationen'	10.89 %
B 6	Zielperspektiven/Werte/Sinnstiftung/‚emotionale Parteinahme' zum eigenen Handeln bzw. dessen Resultat/Relevanzaspekte	24.16 %

Tab. 31: Kognitive und metakognitive Prozeß- und Zustandsvariablen bei Studierenden (nach FISCHER & MANDL 1980, 78)

solches Nichtaktualisieren von eigentlich vorhandenen Fertigkeiten als ‚Produktionsdefizit' bezeichnen).

FISCHER & MANDL bezeichnen den Graben zwischen den natürlichen metakognitiven Reflexionen einer Person und dem, was (z. B. relativ fremdgesteuert) als Strategien effizienter Textverarbeitung angeboten wird, als ‚Vermittlungslücke' (1980, 17). Erst das Schließen dieser Vermittlungslücke kann zu einer umfassenden Inkorporation der Strategien selbstgesteuerten Lernens in das (auch metakognitive) Wissenssystem des Lerners führen. Um dazu brauchbare Anregungen und Handlungsanweisungen zu geben, ist allerdings noch eine Fülle von konkreter empirischer Forschung über das metakognitive Wissen beim entwickelten, fähigen Leser und Lerner vonnöten.

Zusammenfassung in Fragen:

– Inwieweit kann der Leser bei selbstgesteuerter Textaufarbeitung auf allgemeine Regeln zur Optimierung der Verständlichkeit zurückgreifen?
– Nennen Sie Beispiele für die heuristischen Regeln, die Möglichkeiten der selbstgesteuerten Verständlichkeitsoptimierung von Texten durch den Leser angeben.

– Worin besteht die Strategie der selbständigen Sequenzierung von Textteilen, und wie kann man die dazu vorliegenden empirischen Ergebnisse kritisch bewerten?

– Beschreiben Sie den Aufbau der ‚integrierenden Leitprogramme‘ nach WELTNER.

– Welche Wirkungen seiner ‚integrierenden Leitprogramme‘ konnte WELTNER empirisch sichern?

– Worin besteht der wesentliche Unterschied zwischen den einzelnen, konkreten Techniken z. B. des adaptiven Lesens und den komplexen Strategien des selbstgesteuerten Lesens?

– Inwieweit sind beim Erwerb der Fähigkeit zu selbstgesteuertem Lernen zeitweise auch Elemente von Fremdsteuerung unumgänglich?

– Welches sind die wichtigsten Variablen, die vom Forschungsansatz zur ‚Metakognition‘ thematisiert werden?

– Welche Probleme ergeben sich bei dem Versuch, natürliches metakognitives Wissen zur Entwicklung selbstgesteuerter Lernstrategien umzusetzen?

3. Selbststeuerung bei der Verarbeitung literarischer Texte?

Fragt man nach der Selbststeuerung bei der Ver- und Aufarbeitung literarischer Texte, so ergibt sich eine quasi paradoxale Situation: zum einen bedingt die ästhetische Qualität literarischer Texte (s. o. II.1.) einen vergleichsweise großen Handlungsspielraum für die aktive Rezeption des Lesers, der nach allen bisherigen Ergebnissen ein größeres Ausmaß an Selbststeuerung bei der Textverarbeitung ermöglicht, ja erfordert (s. o. 1.2. und EINSIEDLER 1978, 205); zum anderen hat wohl gerade dieser erhöhte Freiheitsraum bei der Rezeption literarischer Texte dazu geführt, daß in unserem Schulsystem der Selbsteuerung bei der Verarbeitung literarischer Texte ein viel zu kleiner Raum zugestanden wird: es wird bei der ‚Interpretation literarischer Texte‘ immer noch viel zu sehr nach der *einen* richtigen Auslegung gesucht, die Rezeptionsamplitude (s. o. I.1.) der interindividuellen Rezeptionsvielfalt wird selten realisiert. Ein Grund dafür dürfte in der Kriterien- bzw. Zielproblematik liegen, die für literarische Texte sehr viel komplexer als für Informationstexte ist: das Ziel der Rezeption von Informationstexten ist notwendigerweise an erster Stelle das Verstehen und Behalten der darin enthaltenen Informationen, d. h. also ein kognitives Lernen. Literarische Texte dagegen besitzen keineswegs ein so stringend inhärentes Zielkriterium für ihre Rezeption. So weisen auch die einschlägigen Zielexplikationen für die Rezeption literarischer Texte eine große Amplitude auf, die sich zwischen den Polen von Genuß und Erkenntnis bewegt (vgl. GROEBEN 1979, 119f.: und zwar in vielfältiger Benennung, als Bestätigung vs. Irritation des Lesers, Kompensation vs. Antizipation von Wirklichkeit, Ideologie contra Utopie, aristotelischer vs. platonischer Literaturkonzeption etc.). Diese beiden Zielkriterien werden als ‚polar‘ bezeichnet, weil sie im Alltagsleben des Menschen in der Mehrzahl der Fälle gegenläufig sind; in der Rezeption literarischer Texte aber können (und sollen?) sie gleichläufig, d. h. integriert sein. Literaturästhetisch besteht die spezifische Qualität literarischer Texte, besonders auch deren Rezeptionswirkung, in dieser polaren Integration von Genuß und Erkenntnis beim Leser (vgl. zum Konzept der polaren Integration GROEBEN 1981b).

Erste empirische Hinweise für die Richtigkeit dieser literatur-ästhetischen These ergeben sich, wenn man das Interesse des Lesers am – auch literarischen – Lesestoff bei der Messung des Textverständnisses mit einbezieht: so hat z. B. MESSMORE (1972/73) Neger- und Kaukasus-Kindern Texte vorgelegt, die für diese einen unterschiedlich hohen Identifikationsanreiz gaben; und zwar über die ethnische Zugehörigkeit des Helden (ein Neger als Held: hohe Identifikation für Negerkinder etc.). Es zeigte sich, daß die Kinder bei niedriger Identifikation in der Tat signifikant niedrigere Scores des Textverständnisses erzielten. ASHER & MARKELL (1974) führten diesen Ansatz in genereller Form durch, indem sie das Interesse der Kinder für bestimmte Gebiete feststellten und dann entsprechende Texte auswählten und zuordneten; auch hier zeigten sich Unterschiede im Textverständnis in Abhängigkeit vom Interesse für den Lesestoff, allerdings bei Jungen stärker als bei Mädchen.

Solche (ersten und punktuellen) empirischen Ergebnisse sind ein Hinweis darauf, daß es notwendig und ergiebig ist, das Zusammenspiel (gegebenenfalls auch das Gegeneinanderspielen) von Genuß und Erkenntnis bei der Bearbeitung literarischer Texte genauer zu untersuchen. Die empirisch gewonnene Kenntnis der ablaufenden Prozesse ist Voraussetzung dafür, um auch im Bereich der Zielkriterien ein in sich kohärentes Modell z. B. für die polare Integration von Rezeptionszielen für literarische Texte zu explizieren (vgl. GROEBEN 1979, 117ff.). Auch und gerade der Literaturdidaktik mangelt es bisher an solchem empirischen Wissen (vgl. HEUERMANN et al. 1973; 1981), so daß sie immer in der Gefahr steht, beim Aufstellen von Zielkriterien für die Rezeption literarischer Texte in einer Weise verzerrend und verkürzend vorzugehen, die der polaren Komplexität solcher Texte nicht gerecht wird.

Beispiel: Ein Beispiel für solche Verkürzungen stellt die Aporie dar, in die sich z. T. die ideologiekritische Literaturdidaktik manövriert hat (vgl. GROEBEN 1979, 118ff.): sie versucht die Lesesozialisation und -motivation des

Lesers ernsthaft zu berücksichtigen und in die Zielexplikation einzubinden. Da vor allem der Unterschicht-Leser, der einem hohen Realitätsdruck im Alltagsleben unterliegt, für Lesestoffe, die Realitätsflucht (Eskapismus) ermöglichen, motiviert ist, akzeptiert die neuere ideologiekritische Literaturdidaktik einen solchen Eskapismus (qua Kompensation von Realitätsdruck) als legitimes anthropologisches Motiv (vgl. DAHRENDORF 1973, 342ff.). Entsprechend sollen literarische Texte, die solche Bedürfnisse befriedigen, in den Literaturunterricht einbezogen werden. Dies ist nun aber natürlich nicht als eine Anpassung an den literarischen Markt (z. B. der sog. ‚Trivialliteratur‘) zu verstehen, sondern als ‚Teilnahme am literarischen Leben‘, wozu auch das Entwickeln bzw. Erlernen von ‚kritischer Distanz‘ sowie ‚Lesemündigkeit‘ gehört: der Lesende soll die vom Text ausgelösten Mechanismen (wie Eskapismus, ideologische Bestätigung etc.) durchschauen und so relativieren lernen. Damit aber ist eine aporetische Situation geschaffen (vgl. GROEBEN 1979, 120): die Aporie liegt darin, daß die ‚grundsätzliche Berechtigung narkotisierender Träume‘ und die ‚Erziehung zur Kritik und Distanz als unabdingbare Aufgabe‘ (DAHRENDORF 1971, 311) gleichzeitig und damit widersprüchlich propagiert werden. Die ideologiekritische Didaktik setzt mit dem Lernziel der emanzipatorischen Erkenntnis bei den Lesern „letztlich doch voraus, was sie bezweifelt: daß sie zu rationaler Urteilsbildung fähig sind" (ZIMMERMANN 1974, 260), d. h. sie setzt Rezeptionsweisen voraus, die sie eigentlich erst erzeugen müßte (und die Frage ist, ob sie es überhaupt – unter den geltenden gesellschaftlichen Rahmenbedingungen – kann).

Das Beispiel der ideologiekritischen Literaturdidaktik zeigt, daß bisher die notwendigen empirischen Kenntnisse zur Ausarbeitung des Konzepts ‚Selbststeuerung‘ für den Bereich der Verarbeitung literarischer Texte weitgehend fehlen: denn diese sind Voraussetzung, um ‚Selbststeuerung‘ nach dem Modell einer hierarchischen Ziel-Mittel-Argumentation (vgl. oben 1.2.) kohärent explizieren und realisieren zu können. Über die relevanten kognitiven Rezeptionsprozesse gibt es bislang nur relativ wenig empirisch gewonnene Kenntnisse (vgl. oben I.), über die affektiv-motivationalen Rezeptionsprozesse fehlt (gemessen an den Notwendigkeiten) fast jegliches Wissen, von metakognitiven Prozessen bei Lesern literarischer Texte ganz zu schweigen. Die Frage nach der Selbststeuerung bei der Verarbeitung literarischer Texte führt also vor allem zu offenen Fragen und d. h. zu einem Plädoyer für den Ausbau einer empirischen Rezeptionsforschung (vgl. GROEBEN 1980; SCHMIDT 1980).

Zusammenfassung in Fragen:

– Worin besteht die ‚quasi paradoxale‘ Situation hinsichtlich der Selbststeuerung bei der Verarbeitung literarischer Texte?
– Welche Zielkriterien lassen sich für die Rezeption literarischer Texte explizieren, und inwiefern können sie als ‚polar‘ bezeichnet werden?

   – In welcher Gefahr steht die Literaturdidaktik aufgrund ihres Mangels an empirischen Erkenntnissen?

   – Worin besteht die aporetische Situation der ideologiekritischen Literaturdidaktik hinsichtlich der Trivialliteratur?

   – Welches sollten die Frageschwerpunkte einer zu entwickelnden empirischen Rezeptionsforschung sein?

Anhang

1. Fabel ,Vom leichtsinnigen Anschwärzen' (Aesop)

Der Löwe, der Wolf und der Fuchs

Ein alter Löwe lag krank in seiner Höhle. Die Tiere erschienen alle, um den König zu besuchen, nur der Fuchs nicht. Dies bot dem Wolf einen erwünschten Grund, den Fuchs bei dem Löwen zu beschuldigen, daß er den Herrscher über sie alle für gar nichts achte und deshalb nicht zum Besuch komme. Mittlerweile aber war auch der Fuchs erschienen und vernahm noch die letzten Worte des Wolfes. Der Löwe brüllte dem Fuchs entgegen; der aber bat um Frist zu seiner Verteidigung und sagte hierauf: „Wer von allen hier Versammelten hat dir so viel genützt wie ich, der ich überall herumgegangen bin, um bei einem Arzt ein Heilmittel für dich zu suchen und ausfindig zu machen?" Als ihm nun der Löwe befahl, er solle dieses Heilmittel auf der Stelle nennen, versetzte er: „Wenn du dem Wolf lebendig das Fell abziehst und dich, solange es noch warm ist, in es hüllst." Im Nu lag der Wolf ausgestreckt am Boden. Da sagte der Fuchs lachend: „Man muß nicht üble, sondern gute Gesinnung bei den Herrschenden erwecken." Die Fabel lehrt, daß, wer einem anderen Schaden ersinnt, den eigenen Kopf in die Schlinge steckt.
(Für den Schulgebrauch eingerichtet von W. KÜPPERS 1980)

2. JOHN MAYNARD (Theodor Fontane)

John Maynard!
„Wer ist John Maynard?"

„John Maynard war unser Steuermann,
Aushielt er, bis er das Ufer gewann,
Er hat uns gerettet, er trägt die Kron',
Er starb für uns, unsre Liebe sein Lohn.
John Maynard."

Die „Schwalbe" fliegt über den Eriesee,
Gischt schäumt um den Bug wie Flocken von Schnee,
Von Detroit fliegt sie nach Buffalo –
Die Herzen aber sind frei und froh,
Und die Passagiere mit Kindern und Fraun
Im Dämmerlicht schon das Ufer schaun,
Und plaudernd an John Maynard heran
Tritt alles: „Wie weit noch, Steuermann?"
Der schaut nach vorn und schaut in die Rund:
„Noch dreißig Minuten … halbe Stund."

Alle Herzen sind froh, alle Herzen sind frei –
Da klingts aus dem Schiffsraum her wie Schrei,
„Feuer!" war es, was da klang,
Ein Qualm aus Kajüt' und Luke drang,
Ein Qualm, dann Flammen lichterloh,
Und noch zwanzig Minuten bis Buffalo.

Und die Passagiere, buntgemengt,
Am Bugspriet stehen sie zusammengedrängt,
Am Bugspriet vorn ist noch Luft und Licht,
Am Steuer aber lagert sichs dicht,
Und ein Jammern wird laut: „Wo sind wir? wo?"
Und noch fünfzehn Minuten bis Buffalo. –

Der Zugwind wächst, doch die Qualmwolke steht,
Der Kapitän nach dem Steuer späht,
Er sieht nicht mehr seinen Steuermann,
Aber durchs Sprachrohr fragt er an:
„Noch da, John Maynard?"
„Ja, Herr. Ich bin."
„Auf den Strand! In die Brandung!"
„Ich halte drauf hin."
Und das Schiffsvolk jubelt: „Halt aus! Hallo!"
Und noch zehn Minuten bis Buffalo. –

„Noch da, John Maynard?" Und Antwort schallts
Mit ersterbender Stimme: „Ja, Herr, ich halts!"
Und in die Brandung, war's Klippe, war's Stein,
Jagt er die „Schwalbe" mitten hinein.
Soll Rettung kommen, so kommt sie nur so.
Rettung: der Strand von Buffalo!

Das Schiff geborsten. Das Feuer verschwelt.
Gerettet alle. Nur einer fehlt.

Alle Glocken gehn; ihre Töne schwelln
Himmelan aus Kirchen und Kapelln,
Ein Klingen und Läuten, sonst schweigt die Stadt,
Ein Dienst nur, den sie heute hat:
Zehntausend folgen oder mehr,
Und kein Aug im Zug, das tränenleer.
Sie lassen den Sarg in Blumen hinab,
Mit Blumen schließen sie das Grab,
Und mit goldner Schrift in den Marmorstein
Schreibt die Stadt ihren Dankspruch ein:
„Hier ruht John Maynard! In Qualm und Brand
Hielt er das Steuer fest in der Hand,
Er hat uns gerettet, er trägt die Kron',
Er starb für uns, unsre Liebe sein Lohn.
John Maynard."

3. Abb. 30: Rückmeldung zum Zuordnungstraining (nach LANGER et al. 1974, 118)

	E	G–O	K–P	ZS
1. Wichtige Sachen sind gut hervorgehoben		+		
2. In dem Text sind kurze, anregende Vergleiche				+
3. In dem Text geht alles durcheinander		–		
4. Sehr abstrakt	–			
5. Nichts ist überflüssig			+	
6. Der rote Faden bleibt immer sichtbar		+		
7. Man langweilt sich beim Lesen				–
8. Das hätte man kürzer bringen können			–	
9. Im Text sind kurze Beispiele				+
10. Der Autor weicht nie vom Thema ab			+	
11. Der Leser kann jeden Satz gut verstehen	+			
12. Man weiß nicht, was man sich einprägen soll		–		
13. Der Text enthält direkte Rede				+
14. Viele Nebensätze	–			
15. Alles kommt schön der Reihe nach		+		
16. Manches hätte man weglassen können			–	
17. Viele Fachausdrücke	–			
18. Manchmal weiß man nicht, wie das in den Zusammenhang paßt		–		
19. Viele Füllwörter			–	
20. Komplexe Satzgefüge	–			

20*

LITERATURVERZEICHNIS

ABELL, A. M. 1894: Rapid Reading Advantages, Educational Review 8, 283–286

ADAMS, J. S. 1961: Reduction of Cognitive Dissonance by Seeking Consonant Information, Journal of Abnormal and Social Psychology 62, 1, 74–78

ADAMS, P. J. 1969: Primary Creative Reading, in: Figurel, J. A. (ed), Reading and Realism. Newark, Del., 119–122

ADAMS, R. R. 1965: An Evaluation of the Effectiveness of Three Teaching Arrangements with Retarded Readers in Social Studies. Unpublished Doctoral Dissertation. New York University

ADORNO, Th. W. 1958: Noten zur Literatur I. Berlin/Frankfurt

ADORNO, Th. W. 1961: Noten zur Literatur II. Frankfurt

ADORNO, Th. W. 1965: Noten zur Literatur III. Frankfurt

ADORNO, Th. W. 1967: Ohne Leitbild. Parva Aesthetica. Frankfurt

AGHTE, H. 1965: Dynamisches Schnellesen. Düsseldorf

AIKEN, E. G. et al. 1975: Memory for a Lecture: Effects of Notes, Lecture Rate, and Informational Density, Journal of Educational Psychology 67, 3, 439–444

AIKEN, L. R. 1969: General Psychology. San Francisco

ALLEN, D. & RYAN, K. 1969: Microteaching Reading. Addison-Wesley, Mass.

ALLEN, D. J. 1970: Some Effects of Advance Organizers and Levels of Question on the Learning and Retention of Written Social Studies Material, Journal of Educational Psychology 61, 5, 333–339

AMELANG, M. & BARTUSSEK, D. 1970: Untersuchungen zur Validität einer neuen Lügenskala, Diagnostica 16, 103–122

AMELANG, M. & BARTUSSEK, D. 1981: Differentielle Psychologie und Persönlichkeitsforschung. Stuttgart

AMES, W. S. 1971: Review and Application of Recent Research on Reading in the Content Areas, in: Smith, N. B. (ed), Reading Methods and Teacher Improvement. Newark, Del., 50–58

ANDERSON, J. 1971: Research on Comprehension in Reading, in: Bracken, D. K. & Malmquist, E. (eds), Improving Reading Ability Around the World. Newark, Del., 115–121

ANDERSON, J. R. & BOWER, G. H. 1973: Human Associative Memory. New York

ANDERSON, R. C. 1967: Educational Psychology, Annual Review of Psychology 18, 129–164

ANDERSON, R. C. 1972: How to Construct Achievement Tests to Assess Comprehension, Review of Educational Research 42, 2, 145–170

ANDERSON, R. C. 1978: Schema-Directed Processes in Language Comprehension, in: Lesgold, A. L. et al. (eds), Cognitive Psychology and Instruction. New York/London, 67–82

ANDERSON, R. C. & FAUST, G. W. 1966: The Effects of Formal Strong Prompts in Programmed Instruction. Urbana

ANDERSON, R. C. et al. 1978: Schemata as Scaffolding for the Representation of Information in Connected Discourse, American Educational Research Journal 15, 3, 433–440

ANDERSON, Th. H. 1979: Study Skills and Learning Strategies, in: O'Neil, H. F. & Spielberger, C. D. (eds), Cognitive and Affective Learning Strategies. New York, 77–96

ANDRE, T. 1979: Does Answering Higher-Level Questions While Reading Facilitate Productive Learning?, Review of Educational Research 49, 280–318

ANDRESEN, C. & ROBINSON, H. A. 1967: Developing Competence in Reading Comprehension, in: Jenkinson, M. D. (ed), Proceedings of the First World Congress on Reading. Newark, Del., 99–107

APEL, K. O. 1973: Transformation der Philosophie Band I u. II. Frankfurt

ARBUTHNOT, M. H. 1969: Children's Reading in the Home. Glenview, Ill.

ARBUTHNOT, M. H. & SUTHERLAND, Z. 1972: Children and Books. Glenview, Ill.

ARTLEY, A. S. 1966: Influence of Specific Factors on Growth in Interpretation, Supplementary Educational Monographs 96, 71–80

ASCH, S. 1951: Effects of Group Pressure on the Modification and Distortion of Judgements, in: Guetzkow, H. (ed), Groups, Leadership, and Men. Pittsburg

ASHER, S. R. & MARKELL, R. M. 1974: Sex Differences in Comprehension of High and Low Interest Reading Material, Journal of Educational Psychology 66, 5, 680–687

ATHEY, J. 1970: Affective Factors in Reading, in: Singer, H. & Ruddell, R. B. (eds), Theoretical Models and Processes of Reading. Newark, Del., 98–119

AUBÖCK, J. 1963: Die literarischen Elemente des Sachbuches. Phil. Diss. Wien

AUSUBEL, D. P. 1960: The Use of Advance Organizers in the Learning and Retention of Meaningful Verbal Learning, Journal of Educational Psychology 51, 267–272

AUSUBEL, D. P. 1963: The Psychology of Meaningful Verbal Learning. New York

AUSUBEL, D. P. 1968: Educational Psychology: A Cognitive View. New York

AUSUBEL, D. P. 1977: The Faciliation of Meaningful Verbal Learning in the Classroom, Educational Psychologist 12, 162–178

AUSUBEL, D. P. 1978: In Defense of Advance Organizers: A Reply to the Critics, Review of Educational Research 48, 251–257

AUSUBEL, D. P. 1980: Schemata, Cognitive Structure, and Advance Organizers: A Reply to Anderson, Spiro, and Anderson, American Educational Research Journal 17, 3, 400–404

AUSUBEL, D. P. & FITZGERALD, D. 1961: The Role of Discriminability in Meaningful Verbal Learning and Retention, Journal of Educational Psychology 52, 266–274

AUSUBEL, D. P. & FITZGERALD, D. 1962: Organizer, General Background, and Antecedent Learning Variables in Sequential Verbal Learning, Journal of Educational Psychology 53, 243–249

AUSUBEL, D. P. & ROBINSON, F. G. 1969: School Learning. New York

AUSUBEL, D. P. & YOUSSEF, M. 1963: The Role of Discriminability in Meaningful Parallel Learning, Journal of Educational Psychology 54, 331–336

BALLSTAEDT, S.-P. et al. 1980: Zur Vorhersagbarkeit von Lernergebnissen auf der Basis hierarchischer Textstrukturen. Deutsches Institut für Fernstudien an der Universität Tübingen, Forschungsbericht Nr. 11

BAMBERGER, R. 1958: Kompositionsformen des Jugendbuches, Jugendliteratur, Monatsschrift für Jugendliteratur 8, 348ff.

BAMBERGER, R. 1965: Jugendlektüre. Wien

BAMBERGER, R. 1967: Zum Lesen verlocken. Jugendlektüre als Klassen- und Gruppenlektüre, Die Barke, 279–488

BAMBERGER, R. 1973: Lese-Erziehung. Wien/München

BAMBERGER, R. et al. 1960: Leseunterricht und literarische Erziehung. Horn

BAMBERGER, R. et al. 1972: Leseforschung international gesehen. Mimeoskript. Internationales Institut für Jugendliteratur und Leseforschung

BARCLEY, J. R. 1972: The Role of Comprehension in Remembering Sentences, Dissertation Abstracts International 32, (8–B), 4877

BARNES, B. R. & CLAWSON, E. U. 1975: Do Advance Organizers Facilitate Learning?
Recommendations for Further Research Based on an Analysis of 32 Studies, Review
of Educational Research 45, 637–659

BARRON, R. E. 1972: Effects of Advance Organizers and Grade Level Upon Learning
and Retention of General Science Content, National Reading Conference 21, 8–15

BARRY, R. J. 1974: The Concept of Mathemagenic Behavior: An Analysis of its Heuri-
stic Value, Perceptual and Motor Skills 38, 311–321

BARTLETT, F. 1932: Remembering. Cambridge

BASSIN, C. B. & MARTIN, C. J. 1976: Effect of Three Types of Redundancy Instruction
on Comprehension, Reading Rate, and Reading Time of English Prose, Journal of
Educational Psychology 68, 5, 649–652

BAYER, K. & SEIDEL, B. 1979: Verständlichkeit, Praxis Deutsch 36, 12–23

BEAUGRANDE, R. D. 1980: Text, Discourse, and Process. Norwood, N. J.

BEAUGRANDE, R. D. 1981: Design Criteria for Process Models of Reading. English
Department Technical Report NL–8. University of Florida

BEINLICH, A. 1965: Über die literarische Entwicklung des Heranwachsenden, Wirkendes
Wort 15, 2/3, 110–121 u. 187–200

BEINLICH, A. (ed) 1969: Handbuch des Deutschunterrichts Bd. 1. 5. Auflage Emsdetten

BEINLICH, A. (ed) 1970: Handbuch des Deutschunterrichts Bd. 2. 5. Auflage. Emsdetten

BEINLICH, A. 1973: Die Entwicklung des Lesers, in: Baumgärtner, A. C. (ed), Lesen –
Ein Handbuch. Hamburg, 172–210

BEINLICH, A. 1980: ‚Lesealter‘? Die literarische Entwicklung der Kinder und Jugendlichen, in: Maier, K. E. (ed), Kind und Jugendlicher als Leser. Bad Heilbrunn, 13–85

BELDIN, H. O. 1970: Informal Reading Testing: Historical Review and Review of the
Research, in: Durr, W. K. (ed), Reading Difficulties. Diagnosis, Correction, and
Remediation. Newark, Del., 67–84

BERG, P. C. & RENTEL, V. M. 1967: Guides to Creativity in Reading, Journal of
Reading 10, 4, 219–230

BERGER, A. 1968: Effectiveness of Four Methods of Increasing Reading Rate, Comprehension, and Flexibility, in: Figurel, J. A. (ed), Forging Ahead in Reading. Newark,
Del., 588–598

BERKOWITZ, M. 1972: The Effect of Nominalisation on Reading Comprehension,
Dissertation Abstracts International 33, (6–A), 2757

BERLYNE, D. E. 1954a: An Experimental Study of Human Curiosity, British Journal of
Psychology 45, 256–265

BERLYNE, D. E. 1954b: A Theory of Human Curiosity, British Journal of Psychology
45, 180–191

BERLYNE, D. E. 1960/74b: Conflict, Arousal, and Curiosity. New York/Konflikt,
Erregung, Neugier. Stuttgart

BERLYNE, D. E. 1962: Uncertainty and Epistemic Curiosity, British Journal of Psychology 53, 1, 27–34

BERLYNE, D. E. 1963: Complexity and Incongruity Variables as Determinants of
Exploratory Choice and Evaluation Ratings, Canadian Journal of Psychology 17, 3,
274–290

BERLYNE, D. E. 1966: Notes on Intrinsic Motivation and Intrinsic Reward in Relation
to Instruction, in: Bruner, J. S. (ed), Learning about Learning. Washington

BERLYNE, D. E. 1974a: The New Experimental Aesthetics, in: Berlyne, D. E. (ed),
Studies in the New Experimental Aesthetics. New York, 1–25

BERLYNE, D. E. & FROMMER, F. D. 1966: Some Determinants of the Incidence and
Content of Children's Questions, Child Development 37, 177–189

BICKLEY, A. C. et al. 1970: The Cloze Procedure: A Conspectus, Journal of Reading Behavior 2, 3, 232–249

BINDER, L. 1970: Wege zur kritischen Auswahl, in: Binder, L. (ed), Wege zum Buch. Wien

BINGEL, H. (ed) 1961: Deutsche Lyrik. Stuttgart

BLACK, J. B. & BOWER. G. H. 1980: Story Understanding as Problem-Solving, Poetics 9, 1–3, 223–250

BLANTON, B. E. 1972: Reception Learning and Advance Organizers: Implications for Reading Research, National Reading Conference 21, 3–7

BLANTON, B. E. & TUINMAN, J. J. 1971: Objective and Subjective Information Value of Words, Psychological Reports 29, 972

BLOMMERS, P. J. & LINDQUIST, E. F. 1944: Rate of Comprehension of Reading: Its Measurement and its Relationship to Comprehension, Journal of Educational Psychology 35, 449–473

BLOOM, B. S. 1971: Mastery Learning, in: Block, J. H. (ed), Mastery Learning. Theory and Practice. New York, 47–63

BLOOMER, R. H. 1962: The Cloze Procedure as a Remedial Reading Exercise, Journal of Developmental Reading 5, 173–181

BLUMENTHAL, A. L. 1967: Promoted Recall of Sentences, Journal of Verbal Learning and Verbal Behavior 6, 203–206

BOCK, M. 1978: Wort-, Satz-, Textverarbeitung. Stuttgart

BÖCKMANN, P. 1966: Formensprache. Darmstadt

BOKER, J. R. 1974: Immediate and Delayed Retention Affects on Interspersing Questions in Written Instructional Passages, Journal of Educational Psychology 66, 1, 96–98

BOND, G. L. & TINKER, M. A. 1972: Reading Difficulties: Their Diagnosis and Correction. New York

BORG, W. R. et al. 1970: The Microteaching Approach to Teacher Education. Beverly Hills, Calif.

BORMUTH, J. R. 1964: Mean Word Depth as a Predictor of Comprehension Difficulty, Californian Journal of Educational Research 15, 5, 226–231

BORMUTH, J. R. 1965: Validities of Grammatical and Semantic Classification of Cloze Test Scores, in: Figurel, J. A. (ed), Reading and Inquiry. Newark, Del., 283–286

BORMUTH, J. R. 1967: Comparable Cloze and Multiple Choice Comprehension Test Scores, Journal of Reading 10, 5, 291–299

BORMUTH, J. R. 1968a: Cloze Test Readability: Criterion Reference Scores, Journal of Educational Measurement 5, 3, 189–196

BORMUTH, J. R. 1968b: The Cloze Readability Procedure, in: Bormuth, J. R. (ed), Readability in 1968, Research Bulletin prepared by a Committee of the NRCE, 40–48

BORMUTH, J. R. 1968c: New Data on Readability, in: Figurel, J. A. (ed), Forging Ahead in Reading. Newark, Del., 488–492

BORMUTH, J. R. 1969: Development of Readability Analysis. Projektbericht der University of Chicago. Chicago

BORMUTH, J. R. 1970: On the Theory of Achievement Test Items. Chicago

BOUSFIELD, W. A. 1953: The Occurence of Clustering in the Recall of Randomly Arranged Associates, Journal of General Psychology 49, 229–240

BOWER, G. H. 1972: Mental Imagery and Associative Learning, in: Gregg, L. W. (ed), Cognition in Learning and Memory. New York/London/Sydney/Toronto, 51–88

BOWER, G. H. 1976: Experiments on Story Understanding and Recall, Quarterly Journal of Experimental Psychology 28, 511–534

BRAAM, L. 1963: Developing and Measuring Flexibility in Reading, Reading Teacher 16, 247–254

BRAAM, L. & BERGER, A. 1968: Effectiveness of Four Methods of Increasing Reading Rate, Comprehension, and Flexibility, Journal of Reading, 346–352

BRANSFORD,. J. D. et al. 1972: Sentence Memory: A Constructive Versus Interpretative Approach, Cognitive Psychology 3, 193–203

BRANSFORD, J. D. & JOHNSON, M. K. 1973: Considerations on Some Problems of Comprehension, in: Chase, W. G. (ed), Visual Information Processing. New York

BRANSFORD, J. D. & McCARRELL, N. 1974: A Sketch of a Cognitive Approach to Comprehension: Some Thoughts About Understanding What it Means to Comprehend, in: Weimer, W. B. & Palermo, D. S. (eds), Cognition and the Symbolic Processes. New York/Toronto/London/Sydney, 189–229

BRAUN, P. 1971: Das weiterführende Lesen. Düsseldorf

BREDENKAMP, J. & WIPPICH, W. 1977: Lern- und Gedächtnispsychologie: Bd. I. Stuttgart

BREUER, F. 1975: Aspekte der Handlungsregulation im Studium, in: Breuer, F. et al. (eds), Psychologie des wissenschaftlichen Lernens. Münster, 11–106

BRINTON, J. E. & DANIELSON, W. A. 1958: A Factor Analysis of Language Elements Affecting Readability, Journalism Quarterly 35, 420–426

BROWN, A. L. 1975: The Development of Memory: Knowing, Knowing about Knowing, and Knowing how to Know, in: Reese, H. W. (ed), Advances in Child Development and Behavior: Vol. 10. New York, 103–152

BROWN, A. L. 1978: Knowing When, Where, and How to Remember: A Problem of Metacognition, in: Glaser, R. (ed), Advances in Instructional Psychology: Vol. 1. Hillsdale, N. J., 77–165

BROWN, G. I. 1964: An Experiment in the Teaching of Creativity, The School Review 72, 437–450

BROWN, L. T. 1972: A Behavioral Index of the Explanatory Value of Prose Materials, Journal of Educational Psychology 63, 5, 437–555

BRÜGGEMANN, Th. 1966: Literaturtheoretische Grundlagen des Kindes- und Jugendschrifttums. Bericht der Jubiläumstagung des Deutschen Jugendschriftenwerkes e. V. in Verbindung mit der Tagung des Arbeitskreises für Jugendschriftentum. Vervielfältigtes Manuskript. Frankfurt

BRUNER, J. S. 1961: The Act of Discovery, Harvard Educational Review 31, 21–32

BRUNER, J. S. 1966: Towards a Theory of Instruction. Cambridge, Mass.

BRUNER, J. S. 1968: Effects of Review and Testlike Events Within the Learning of Prose Materials, Journal of Educational Psychology 59, 1, 16–19

BRUNING, R. H. 1968. Effects of Review and Testlike Events within the Learning of Prose Materials, Journal of Educational Psychology 59, 16–19

BÜHLER, Ch. 1918: Das Märchen und die Phantasie des Kindes. Leipzig

BÜRGER, Ch. 1973: Textanalyse als Ideologiekritik. Zur Rezeption zeitgenössischer Unterhaltungsliteratur. Frankfurt

BULL, S. G. & DIZNEY, H. F. 1973: Epistemic Curiosity – Arousing Prequestions: Their Effect on Longterm Retention, Journal of Educational Psychology 65, 45–49

BURNHILL, P. & HARDLEY, J. 1972: Psychology and Textbook Design: A Research Critique, in: Leedham, J. (ed), Aspects of Educational Technology: Vol. VIII., 5–78

BURSTEIN, L. 1978: Secondary Analysis: An Important Resource for Educational Research and Evaluation, Educational Researcher, 9–12

CANDLAND, D. K. 1968: Psychology: The Experimental Approach. New York

CARMICHAEL, L. & DEARBORN, W. F. 1947: Reading and Visual Fatigue. Boston

CARROLL, J. B. 1960: Vectors of Prose Style, in: Sebeok, T. A. (ed), Style in Language. Cambridge, Mass., 263–292

CARROLL, J. B. 1972: Defining Language Comprehension: Some Speculations, in:

Freedle, R. O. & Carroll. J. B. (eds), Language Comprehension and the Acquisition of Knowledge. Washington, 1–29

CARVER, R. P. 1970: Analysis of ‚Chunked' Test Items as Measures of Reading and Listening Comprehension, Journal of Educational Measurement 7, 3, 141–149

CARVER, R. P. 1972: A Critical Review of Mathemagenic Behavior and the Effect of Questions Upon the Retention of Prose Materials, Journal of Reading Behavior 4, 93–119

CARVER, R. P. & DARBY, C. A. 1971: Development and Evaluation of a Test of Information Storage During Reading, Journal of Educational Measurement 8, 1, 33–44

CHASE, W. G. & CLARK, H. H. 1972: Mental Operations in the Comparison of Sentences and Pictures, in: Gregg, L. W. (ed), Cognition in Learning and Memory. New York/London/Sydney/Toronto, 205–232

CHOMSKY, N. 1957: Syntactic Structures. The Hague

CHOMSKY, N. 1965/1969: Aspects of the Theory of Syntax. Cambridge, Mass./Aspekte der Syntax-Theorie. Fankfurt

CHRISTMANN, U. 1980: Sprachpsychologische Analyse von Unterrichtssituationen. Unveröffentlichte Diplomarbeit. Psychologisches Institut der Universität Heidelberg

CLARK, H. H. 1978: Inferring What is Meant, in: Levelt, W. J. M. & d'Arcais, G. B. (eds), Studies in the Perception of Language. Chichester/New York, 289–322

CLARK, H. H. & CLARK, E. V. 1968: Semantic Distinctions and Memory for Complex Sentences, The Quarterly Journal of Experimental Psychology 20, 129–138

CLELAND, D. L. 1968: A Construct of Comprehension, in: Dawson, M. A. (ed), Developing Comprehension Including Critical Reading. Newark, Del., 16–20

COFFMAN, W. E. & PARRY, M. E. 1967: Effects of an Accelerated Reading Course on SAT-V Scores, Personnel and Guidance Journal 46, 3, 292–296

COLEMAN, E. B. 1962: Improving Comprehensibility by Shortening Sentences, Journal of Applied Psychology 46, 131–134

COLEMAN, E. B. 1964: The Comprehensibility of Several Grammatical Transformations, Journal of Applied Psychology 48, 186–190

COLEMAN, E. B. 1965: Learning of Prose Written in Four Grammatical Transformations, Journal of Applied Psychology 49, 5, 332–341

COLEMAN, E. B. 1971: Developing a Technology of Written Instruction: Some Determiners of the Complexity of Prose, in: Rothkopf, E. Z. & Johnson, P. E. (eds), Verbal Learning Research and the Technology of Written Instruction. Columbia University, 155–215

COLEMAN, E. B. & BLUMENFELD, J. P. 1963: Cloze Scores of Nominalizations and Their Grammatical Transformations Using Active Verbs, Psychological Reports 13, 651–654

COLEMAN, E. B. & MILLER, G. R. 1968: A Measure of Information Gained During Prose Learning, Reading Research Quarterly 3, 3, 369–386

COLLINS, A. M. & LOFTUS, E. 1975: A Spreading Activation Theory of Semantic Processing, Psychological Review 82, 407–428

COLLINS, A. M. & QUILLIAN, M. R. 1969: Retrieval Time From Semantic Memory, Journal of Verbal Learning and Verbal Behavior 8, 241–248

COLLINS, A. M. & QUILLIAN, M. R. 1972: Experiments on Semantic Memory and Language Comprehension, in: Gregg, L. W. (ed), Cognition in Learning and Memory. New York/London/Toronto, 117–137

COOPER, C. R. 1972: Measuring Growth in Appreciation of Literature, in: Earle, R. A. (ed), Where Do We Go? Reading Information Series. Newark, Del., 5–25

COOPER, J. L. 1952: The Effect of Adjustment of Basal Reading Materials on Reading Achievement. Unpublished Doctoral Dissertation. Boston University

COVINGTON, M. V. 1967: Training for Creative Understanding in Reading: Some Empirical Evidence, in: Stauffer, R. G. (ed), Reading and the Cognitive Processes. Newark, Del., 13–22

COX, F. 1970: Psychology. Dubuque, Ia.

CRAIK, F. I. M. 1968: Two Components in Free Recall, Journal of Verbal Learning and Verbal Behavior 7, 996–1004

CRAIK, F. I. M. 1973: A ‚Level of Analysis‘ View of Memory, in: Pliner, P. et al. (eds), Language and Thought. New York

CRAIK, F. I. M. & LOCKHART, R. S. 1972: Levels of Processing: A Framework for Memory Research, Journal of Verbal Learning and Verbal Behavior 11, 671–684

CRANDALL, J. E. 1967: Satiation of Interest in Words as a Function of Their Familiarity, Journal of Verbal Learning and Verbal Behavior 6, 3, 398–402

CREWE, J. C. 1969: The Effect of Study Strategies on the Retention of College Text Material, Journal of Reading Behavior 1, 2, 45–52

CRM BOOKS 1972: Psychology Today: An Introduction. 2. Auflage. Del Mar, Calif.

CRONBACH, L. J. 1975: Beyond the Two Disciplines of Scientific Psychology, American Psychologist 30, 116–127

v. CUBE, F. 1974: Kybernetische Grundlagen des Lernens und Lehrens. Stuttgart

CUTTER, V. 1968: And Beyond the Lines, in: Dawson, M. A. (ed), Developing Comprehension Including Critical Reading. Newark, Del., 50–54

DAHRENDORF, M. 1967: Dichtung und Jugendliteratur, Zeitschrift für Jugendliteratur, 385–400

DAHRENDORF, M. 1968: Aufgaben des Literaturunterrichts heute und die Sachlektüre, in: Dahrendorf, M. (ed), Die Sacherzählung in der Schule. Eine Handreichung für Lehrer. Hamburg, 9–17

DAHRENDORF, M. 1971: Trivialliteratur als Herausforderung für eine literaturdidaktische Konzeption, Diskussion Deutsch 2, 6, 302–313

DAHRENDORF, M. 1973: Literarische Wirkung und Literaturdidaktik, in: Baumgärtner, A. C. (ed), Lesen. Ein Handbuch. Hamburg, 313–352

DAHRENDORF, M. 1975: Literaturdidaktik im Umbruch. Aufsätze zur Literaturdidaktik, Trivialliteratur und Jugendliteratur. Düsseldorf

DAHRENDORF, M. 1977: ‚Hinauflesen‘ versus ‚Bedürfnisbefriedigung‘. Historische Dimension und aktuelle Bedeutung eines didaktischen Konflikts, in: Baumgärtner, A. C. & Dahrendorf, M. (eds), Zurück zum Literaturunterricht? Literaturdidaktische Kontroversen. Braunschweig, 100

DALE, E. & CHALL, J. S. 1948: A Formula for Predicting Readability, Educational Research Bulletin 27, 11–20 u. 37–54

DALE, R. A. 1965: A Critical Inquiry Into the Nature of Wholeness and Fragmentation in Selected Prose Fiction for Young Children. Dissertation. New York

DANFORD, H. F. 1974: The Effect of Perceptual Reading Upon Comprehension of and Interest in Social Study Materials, Dissertation Abstracts International 34, (7–A), 3864

DANSEREAU, D. 1978: The Development of a Learning Strategies Curriculum, in: O'Neil, H. F. (ed), Learning Strategies. New York/London, 1–29

DANSEREAU, D. et al. 1979: Development and Evaluation of a Learning Strategy Training Program, Journal of Educational Psychology 71, 1, 64–73

DAVIS, F. B. 1944: Fundamental Factors of Comprehension in Reading, Psychometrica 9, 185–197

DAVIS, F. B. 1966: The Role of Testing in Reading Instruction, Supplementary Educational Monographs 96, 179–189

DAVIS, F. B. 1968: Research in Comprehension in Reading, Reading Research Quarterly 3, 4, 499–545

DAVIS, F. B. 1972: Psychometric Research on Comprehension in Reading, Reading Research Quarterly 7, 4, 628–678

DAVIS, F. B. et al. 1940: The Cooperative Reading Comprehension Tests. Princeton, N. J.

DAVIS, F. B. & DAVIS, C. C. 1962: The Davis Reading Tests. New York

DAWES, R. M. 1966: Memory and Distortion of Meaningful Written Material, British Journal of Psychology 57, 1–2, 77–86

DECHANT, E. V. & SMITH, H. P. 1977: Psychology in Teaching Reading. 2. Auflage Englewood Cliffs, N. J.

DEESE, J. 1964: Principles of Psychology. Boston

DEESE, J. 1970: Psycholinguistics. Boston

DE LANCEY, R. W. 1963: Awareness of Form Class as a Factor in Reading Comprehension, Dissertation Abstracts International 23, (8), 2975

DEN UYL, M. & OOSTENDORP, H. v. 1980: The use of Scripts in Text Comprehension, Poetics 9, 1–3, 275–294

DE VITO, J. A. 1967: Levels of Abstraction in Spoken and Written Language, Journal of Communication 17, 1, 354–361

DICKES, P. & STEIWER, L. 1977: Ausarbeitung von Lesbarkeitsformeln für die deutsche Sprache, Zeitschrift für Entwicklungspsychologie und Pädagogische Psychologie 9, 1, 20–28

van DIJK, T. A. 1972: Some Aspects of Text Grammars. The Hague

van DIJK, T. A. 1977a: Semantic Macro-Structures and Knowledge Frames in Discourse Comprehension, in: Just, M. A. & Carpenter, P. A. (eds), Cognitive Processes in Comprehension. Hillsdale, N. J.

van DIJK, T. A. 1977b: Text and Context. Exploration in the Semantics and Pragmatics of Discourse. London

van DIJK, T. A. 1980: Textwissenschaft. München

DISTAD, H. W. 1927: A Study of the Reading Performance of Pupils Under Different Conditions on Different Types of Materials, Journal of Educational Psychology 18, 247–258

DODERER, K. o. J.: Das Sachbuch als literatur-pädagogisches Problem. Wien

DOOLING, D. J. & LACHMAN, R. 1971: Effects of Comprehension on Retention of Prose, Journal of Experimental Psychology 88, 2, 216–222

DOWNING, J. 1976: Learning to Read With Understanding. Cape Town/Johannesburg

DRINKMANN, A. & GROEBEN, N. 1981: Techniken der Textorganisation zur Verbesserung des Lernens aus Texten: Ein metaanalytischer Überblick. Bericht aus dem Psychologischen Institut der Universität Heidelberg, Diskussionspapier Nr. 27

DUBOIS, R. L. 1969: Improvement of Textbook Comprehension in College Reading Classes, Journal of Reading 13, 2, 113–118 u. 165–166

DUCHASTEL, P. C. & MERRILL, P. F. 1973: The Effects of Behavioral Objectives on Learning: A Review of Empirical Studies, Review of Educational Research 43, 53–69

ECO, U. 1962/1973: Opera Aperta. Mailand/Das offene Kunstwerk. Frankfurt

EGGERT, H. et al. 1974: Literaturrezeption von Schülern als Problem der Literaturdidaktik, in: Dehn, W. (ed), Ästhetische Erfahrung und literarisches Lernen. Frankfurt, 267–298

EGGERT, H. et al. 1975: Schüler im Literaturunterricht. Ein Erfahrungsbericht. Köln

EHLERT, K. et al. 1976: Thesen über Erziehung zu kritischem Lesen, in: Hoppe, O. (ed), Kritik und Didaktik des literarischen Verstehens. Kronberg, 178–185

EINSIEDLER, W. 1978: Selbststeuerung und Lernhilfen im Unterricht, in: Neber, H. et al. (eds), Selbstgesteuertes Lernen. Weinheim, 192–213

EINSIEDLER, E. et al. 1978: Selbstgesteuertes Lernen im Unterricht – Einleitung und Überblick, in: Neber, H. et al. (eds), Selbstgesteuertes Lernen. Weinheim, 13–32

EISEMAN, M. et al. 1973: Use of Congruous Materials in Classroom Learning, Journal of General Psychology 123, 227–230

ENGELKAMP, J. 1973: Semantische Strukturen und die Verarbeitung von Sätzen. Bern

ENGELKAMP, J. 1974: Psycholinguistik. München

ENGELKAMP, J. 1976: Satz und Bedeutung. Stuttgart

ENGELKAMP, J. et al. 1972: Semantische Faktoren beim Behalten der Verneinung von Sätzen, Psychologische Forschung 35, 93–116

ENNIS, R. 1962: A Concept of Critical Thinking, Harvard Educational Review 32, 81–111

EPSTEIN, M. 1968: A Study Technique to Enhance Comprehension at the College Level, in: Figurel, J. A. (ed), Forging Ahead in Reading. Newark, Del., 122–127

EPSTEIN, W. 1962: A Further Study of the Influence of Syntactical Structure on Learning, American Journal of Psychology 75, 121–126

ERL, E. & ERL, W. 1973: Lektüre für Kinder und Jugendliche. Orientierungshilfen. Tübingen

ERLICH, V. 1964: Russischer Formalismus. München

EVANS, R. V. 1972/73: The Effect of Transformational Simplification on the Reading Comprehension of Selected High School Students, Journal of Reading Behavior 5, 4, 273–281

FARR, J. N. et al. 1951: Simplification of Flesch Reading Ease Formula, Journal of Applied Psychology 35, 333–337

FARR, R. & TUINMAN, J. J. 1972: The Dependent Variable: Measurement Issues in Reading Research, Reading Research Quarterly 7, 3, 413–423

FAULSTICH, W. 1976: Die Relevanz der Cloze-Procedure als Methode wissenschaftlicher Textuntersuchung. Ein Beitrag zur Literaturwissenschaft als Sozialwissenschaft, LiLi, Zeitschrift für Literaturwissenschaft und Linguistik 21, 81–95

FAW, H. W. & WALLER, T. G. 1976: Mathemagenic Behaviors and Efficiency in Learning from Prose Materials: Review, Critique, and Recommendations, Review of Educational Research 46, 691–720

FESTINGER, L. 1957: A Theory of Cognitive Dissonance. Evanston

FILLMORE, C. J. 1968: The Case for Cases, in: Bach, E. & Harms, R. T. (eds), Universals in Linguistic Theory. New York

FISCHER, P. M. & MANDL, H. 1980: Selbstwahrnehmung und Selbstbewertung beim Lernen. Metakognitive Komponenten der Selbststeuerung beim Lernen mit Texten. Deutsches Institut für Fernstudien an der Universität Tübingen, Forschungsbericht Nr. 10

FLAMMER, A. 1973: Wechselwirkung zwischen Schülermerkmal und Unterrichtsmethode, Zeitschrift für Entwicklungspsychologie und Pädagogische Psychologie 5, 130–147

FLAMMER, A. 1975: Individuelle Unterschiede im Lernen. Weinheim

FLAMMER, A. 1980: Autoregulation beim Lernen – Vorhersage von Fragen der Lernenden, Bildungsforschung und Bildungspraxis 2, 25–34

FLAMMER, A. & GUTMANN, W. 1977: Das Prinzip der Subsidiarität in der pädagogischen Diagnostik, in: Garten, H.-K. (ed), Diagnose von Lernprozessen. Braunschweig, 88–96

FLAMMER, A. et al. 1976: Wissensstruktur und Wahl von Informationstexten, Zeitschrift für Experimentelle und Angewandte Psychologie 23, 30–44

FLAVELL, J. H. & WELLMANN, H. M. 1977: Metamemory, in: Kail, R. V. & Hagen, J. W. (eds), Perspectives on the Development of Memory and Cognition. Hillsdale, N. J.

FLESCH, R. A. 1948: A New Readability Yardstick, Journal of Applied Psychology 32, 3, 221–233

FLETCHER, J. E. 1959: Rapid Reading Perception and the Tachistoscope, College of Educational Record of the University of Washington 25, 52–55

FOLLMAN, J. & LOWE, A. J. 1972/73: Empirical Examination of Critical Thinking: An Overview, Journal of Reading Behavior 5, 3, 159–168

FOSS, D. J. 1969: Decision Processes During Sentence Comprehension: Effects of Lexical Item Difficulty and Position Upon Decision Times, Journal of Verbal Learning and Verbal Behavior 8, 457–462

Foss, D. J. 1970: Some Effects of Ambiguity Upon Sentence Comprehension, Journal of Verbal Learning and Verbal Behavior 9, 699–706

Foss, D. J. & Chairns, H. S. 1970: Some Effects of Memory Limitation Upon Sentence Comprehension and Recall, Journal of Verbal Learning and Verbal Behavior 9, 541–547

Frank, H. 1968: Die Rolle der ästhetischen Information in der kybernetischen Pädagogik, Vortrag 5. Ästhetik-Tagung, Frankfurt. 2.11.

Franke, H. W. 1980: Das naturwissenschaftlich-technische Sachbuch, LiLi, Zeitschrift für Literaturwissenschaft und Linguistik 40, 44–51

Franks, J. J. 1974: Towards Understanding Understanding, in: Weimer, W. B. & Palermo, D. S. (eds), Cognition and the Symbolic Processes. Hillsdale, N. J., 231–262

Frase, L. T. 1967: Learning from Prose Material, Journal of Educational Review 58, 56–61

Frase, L. T. 1968a: Questions as Aids to Reading: Some Research and a Theory, American Educational Research Journal 5, 3, 319–332

Frase, L. T. 1968b: Some Data Concerning the Mathemagenic Hypothesis, American Educational Research Journal 5, 181–189

Frase, L. T. 1970a: Influence of Sentence Order and Amount of Higher Level Text Processing Upon Reproductive and Productive Memory, American Educational Research Journal 7, 307–319

Frase, L. T. 1970b: Boundary Conditions for Mathemagenic Behavior, Review of Educational Research 40, 337–347

Frase, L. T. 1975: Prose Processing, in: Bower, G. H. (ed), The Psychology of Learning and Motivation: Vol. 9. New York, 1–47

Frase, L. T. & Silbiger, F. 1970: Some Adaptive Consequences of Searching for Information in a Text. American Educational Research Journal 7, 4, 553–560

Frase, L. T. et al. 1970: Effect of Question Position and Frequency on Learning from Text under Different Levels of Incentive, Journal of Educational Psychology 71, 52–56

Frederiksen, C. H. 1975a: Effects of Contextinduced Processing Operations on Semantic Informations Aquired from Discourse, Cognitive Psychology 7, 139–166

Frederiksen, C. H. 1975b: Representing Logical and Semantic Strukture of Knowledge Aquired from Discourse, Cognitive Psychology 7, 371–458

Frederiksen, C. H. 1977: Semantic Processing Units in Understanding Text, in: Freedle, R. (ed), Discourse, Production, and Comprehension. Horwood, N. J. 57–88

Friedrich, H. 1956: Die Struktur der modernen Lyrik. Hamburg

Fröhner, R. 1961: Das Buch in der Gegenwart. Gütersloh

Gage, N. L. 1978: The Scietific Basis of the Art of Teaching. New York

Gagne, R. M. 1962: The Acquisition of Knowledge, Psychological Review 69, 355–356

Gagne, R. M. 1965: Some Factors in Learning Nonmetric Geometry, Monographs in Social Research and Child Development 30, 42–49

Gagne, R. M. 1973: Learning and Instructional Sequence, Review of Research in Education, 3–33

Gagne, R. M. 1974: Essentials of Learning for Instruction. Hinsdale, Ill.

Gagne, R. M. & Paradise, N. E. 1961: Abilities an Learning Sets in Knowledge Acquisition, Psychological Monographs 75, 1–23

Gall, M. D. 1972: The Use of Questions in Teaching, in: Melnik, A. & Merritt, J. E. (eds), The Reading Curriculum. London, 344–359

Garvin, P. L. (ed) 1964: A Prague School Reader on Esthetics, Literary Structure, and Style. Washington, D. C.

Geissler, R. 1962: Für eine literarische Verfrühung, in: Doderer, K. (ed), Studien zur Jugendliteratur und literarischen Bildung. Ratingen, 793–800

GEISSLER, R. 1966: Kritische Bemerkungen zu einer verbreiteten Ansicht über die Kind- und Jugendgemäßheit von Lesestoffen, Pädagogische Rundschau 20, 759–766

GEORGIOU, C. 1969: Children and Their Literature. Englewood-Cliffs, N. J.

GERLACH, A & HOFER, M. 1973: Der Einfluß von Strukturierungshilfen auf das Erlernen eines Studientextes, Zeitschrift für Entwicklungspsychologie und Pädagogische Psychologie 5, 91–105

GIBSON, E. J. & LEVIN, H. 1975: The Psychology of Reading. Cambridge, Mass.

GIEHRL, H. E. 1968: Der junge Leser. Donauwörth

GILLEN, B. 1973: Readability and Human Interest Scores of Thirtyfour Current Introductory Psychology Texts, American Psychologist 28, 11, 1010–1011

GILLESPIE, J. & LEMBO, D. 1970: Introducing Books. A Guide for Middle Grades. New York/London

GILLIE, P. A. 1957: A Simplified Formula for Measuring Abstraction in Writing, Journal of Applied Psychology 41, 214–217

GILLILAND, J. 1968: The Concept of Readability, Reading 2, 2, 24–29

GILLILAND, J. 1971: The Assessment of Readability – An Overview, in: Merritt, J. E. (ed), Reading and the Curriculum. London, 144–158

GILMER, B. V. 1970: Psychology. New York

GIRARDI, M. R. et al. 1965: Buch und Leser in Deutschland. Eine Untersuchung des DIVO-Instituts. Gütersloh

GLASER, M. 1948: Jugend und Dichtung. Welche Bücher eignen sich für die Jugend? Lahr

GLASER, R. 1972: Individuals and Learning: The New Aptitudes, Educational Researcher 1, 5–13

GLASS, G. V. 1976: Primary, Secondary, and Meta-Analysis of Research, Educational Researcher 5, 3–8

GLASS, G. V. 1978: Integrating Findings: The Meta-Analysis of Research, Review of Research in Education 5, 351–379

GÖTTERT, K. M. 1978: Argumentation. Grundzüge ihrer Theorie im Bereich theoretischen Wissens und praktischen Handelns. Tübingen

GOLINKOFF, R. M. 1975/76: A Comparison of Reading Comprehension Process in Good and Poor Comprehenders, Reading Research Quarterly 2, 4, 623–659

GRANT, E. B. & HALL, M. 1968: The Effect of a Thought-Directing Question on Reading Comprehension of Differing Levels of Difficulty, in: Figurel, J. A. (ed), Forging Ahead in Reading. Newark, Del., 498–501

GRAY, W. S. 1919: Principles of Method in Teaching Reading as Derived from Scientific Investigation, 18th Yearbook of the National Society for the Study of Education Part II, 26–51

GRAY, W. S. 1960: The Major Aspects of Reading, in: Robinson, H. M. (ed), Sequential Development of Reading Abilities. Chicago, 8–24

GRAY, W. S. & LEARY, B. 1935: What Makes a Book Readable? Chicago

GREENE, F. P. 1964: A Modified Cloze-Procedure for Assessing Adult Reading Comprehension. Unpublished Doctoral Dissertation. University of Michigan

GRIMM, H. 1977: Psychologie der Sprachentwicklung: Bd. 1 u. 2. Stuttgart

GROEBEN, N. 1972a: Literaturpsychologie. Stuttgart

GROEBEN, N. 1972b: Die Verständlichkeit von Unterrichtstexten. Münster

GROEBEN, N. 1974: Wissenspsychologische Dimensionen der Rezeptionsforschung, LiLi, Zeitschrift für Literaturwissenschaft und Linguistik 15, 61–79

GROEBEN, N. 1975a: Die Kommunikativität moderner deutscher Lyrik, in: Heuermann, H. et al. (eds), Literarische Rezeption. Paderborn, 192–214

GROEBEN, N. 1975b: Gestalttheorie als Irrationalismusbasis?, in: Ertel, S. et al. (eds), Gestalttheorie in der modernen Psychologie. Darmstadt, 134–145

GROEBEN, N. 1976: Verstehen, Behalten, Interesse. Übereinstimmende Antworten und kontroverse Fragen zur Beziehung von Textstruktur, Textverständnis und Lerneffekt, Unterrichtswissenschaft 2, 128–142

GROEBEN, N. 1977/1980: Rezeptionsforschung als empirische Literaturwissenschaft. Paradigma- durch Methodendiskussion an Untersuchungsbeispielen. Kronberg/ 2. Auflage. Tübingen

GROEBEN, N. 1978: Die Verständlichkeit von Unterrichtstexten. 2. erweiterte Auflage. Münster

GROEBEN, N. 1979: Literaturrezeption zwischen Genuß und Erkenntnis, in: Mainusch, H. (ed), Literatur im Unterricht. München, 116–129

GROEBEN, N. 1981a: Verständlichkeitsforschung unter Integrationsperspektive: Ein Plädoyer, in: Mandl, H. (ed), Zur Psychologie der Textverarbeitung. München, 367–385

GROEBEN, N. 1981b: Zielideen einer utopisch-moralischen Psychologie, Zeitschrift für Sozialpsychologie 11, 104–133

GROEBEN, N. & HOFER, M. 1978: Textverständlichkeit als Konsequenz selbstgesteuerten Lernens, in: Neber, H. et al. (eds), Selbstgesteuertes Lernen. Weinheim, 242–259

GROEBEN, N. & SCHEELE, B. 1977: Argumente für eine Psychologie des reflexiven Subjekts. Darmstadt

GROEBEN, N. & WESTMEYER, H. 1975: Kriterien psychologischer Forschung. München

GROTELUESCHEN, A. & SJOGREN, D. D. 1968: Effects of Differentially Structured Introductory Materials and Learning Tasks on Learning and Transfer, American Educational Research Journal 5, 2, 191–202

GÜNTHER, U. L. & GROEBEN, N. 1978: Abstraktheitssuffix-Verfahren: Vorschlag einer objektiven, ökonomischen Messung der Abstraktheit–Konkretheit von Texten, Zeitschrift für Experimentelle und Angewandte Psychologie 25, 55–74

GÜNTHER, W. 1966: Über die absolute Poesie. Zur geistigen Struktur unserer Dichtung, in: Grimm, R. (ed), Zur Lyrik-Diskussion. Darmstadt, 1–46

GUICE, B. M. 1969: The Use of the Cloze-Procedure for Improving Reading Comprehension of College Students, Journal of Reading Behavior 1, 3, 81–92

GUSZAK, F. J. 1967: Teachers' Questions and Levels of Reading Comprehension, in: Barrett, T. C. (ed), Perspectives in Reading No. 8. Newark, Del., 97–110

GUSZAK, F. J. 1969: Questioning Strategies of Elementary Teachers in Relation to Comprehension, in: Figurel, J. A. (ed), Reading and Realism. Newark, Del. 110–116

GUSZAK, F. J. 1971: Strategies of Measuring Student Understanding of Written Materials, in: Leibert, R. E. (ed), Diagnostic Viewpoints in Reading. Newark, Del., 41–47

GUTHRIE, J. T. 1967: Expository Instruction versus a Discovery Method, Journal of Educational Psychology 58, 1, 45–49

GUTHRIE, J. T. 1972: Learnability versus Readability of Texts, Journal of Educational Research 65, 6, 273–280

HABERMAS, J. 1968: Erkenntnis und Interesse. Frankfurt

HACKETT, M. G. 1969: A Hierarchy of Skills in Listening Comprehension and Reading Comprehension, Dissertation Abstracts International 30, (3–A), 1019

HAFNER, L. E. 1963: Relationships of Various Measures to the Cloze, 13th Yearbook of the National Reading Conference. Milwaukee, 135–145

HAFNER, L. E. 1966: Cloze-Procedure, Journal of Reading 9, 6, 415–421

HAGER, W. 1978: Zum Lernen von Texten. Diss. rer. nat., Göttingen

HAGER, W. 1979: Empirischer Vergleich zweier Verfahren zur Messung subjektiver Information von Texten. Mimeoskript. Psychologisches Institut der Universität Göttingen

HAKE, J. M. 1969: Covert Motivations of Good and Poor Readers, The Reading Teacher 22, 8, 731–738

HAKES, D. T. 1971: Does Verb Structure Affect Sentence Conprehension?, Perception and Psychophysics 10, 4A, 229–232

HAMILTON, H. W. & DEESE, J. 1971: Comprehensibility and Subject-Verb Relation in Complex Sentences, Journal of Verbal Learning and Verbal Behavior 10, 163–170

HAMMILL, D. 1972: Training Visual Perceptual Processes, Journal of Learning Disabilities 5, 9, 552–559

HANF, M. B. 1971: Mapping: A Technique for Translating Reading into Thinking, Journal of Reading 14, 4, 225–230

HARIG, M. 1980: Beobachtungen zum historischen Sachbuch der Gegenwart, LiLi, Zeitschrift für Literaturwissenschaft und Linguistik 40, 82–106

HARLOW, H. F. et al. 1971: Psychology. San Francisco

HARRIS, A. J. 1970: How to Increase Reading Ability. 5. Auflage. New York

HARTLEY, J. & DAVIES, I. K. 1976: Preinstructional Strategies: The Role of Pretests, Behavioral Objectives, Overviews, and Advance Organizers, Review of Educational Research 46, 239–265

HASELOFF, O. W. 1962: Das Buch im Erleben unserer Jugendlichen, Bertelsmann-Briefe 11, 1–14

HAVILAND, S. E. & CLARK, H. H. 1974: What's New? Aquiring New Information as a Process in Comprehension, Journal of Verbal Learning and Verbal Behavior 13, 512–521

HAYAKAWA, S. I. 1949: Language in Thought and Action. New York

HEATLIE, S. & RAMSAY, E. 1971: An Investigation into Alternative Methods of Assessing the Readability of Books Used in Schools, in: Merritt, J. E. (ed), Reading and the Curriculum. London, 169–187

HEBB, D. O. 1966: A Textbook of Psychology. 2. Auflage. Philadelphia

HECKHAUSEN, H. 1972: Förderung der Lernmotivierung und intellektuellen Tüchtigkeit, in: Roth, H. (ed), Begabung und Lernen. Stuttgart, 193–228

HELMERS, H. (ed) 1972: Moderne Dichtung im Unterricht. 2. Auflage. Braunschweig

HENTIG, H. v. 1967: Spielraum und Ernstfall. Betrachtungen eines Pädagogen über das Verhältnis von Literatur und Wissenschaft, Frankfurter Hefte 22, 187–203

HERBER, H. L. 1970: Teaching Reading in Content Areas. Englewood-Cliffs, N. J.

HERRMANN, Th. 1965: Psychologie der kognitiven Ordnung. Berlin

HERRMANN, Th. & STÄCKER, K. H. 1969: Sprachpsychologische Beiträge zur Sozialpsychologie, in: Graumann, C. F. (ed), Handbuch der Sozialpsychologie Band 7, 1: Sozialpsychologische Theorien und Methoden. Göttingen, 398–474

HERSHEY, G. L. & LUGO, J. O. 1970: Living Psychology: An Experimental Approach. New York

HESS, H. 1964: Zur Psychologie des Gedächtnisses: IV, Zeitschrift für Psychologie 170, 3–4, 152–170

HEUERMANN, H. et al. 1973: Literatur und Didaktik Bd. 1: Berichte und Kommentare. Göttingen

HEUERMANN, H. et al. 1981: Werkstruktur und Rezeptionsverhalten. Mimeoskript. Göttingen

HILGARD, E. R. et al. 1971: Introduction to Psychology. 5. Auflage. New York

HILL, W. F. 1970: Psychology: Principles and Problems. Philadelphia

HILL, W. R. 1968: Applying Research Findings in Rate of Reading to Classroom Practice, in: Figurel, J. A. (ed), Forging Ahead in Reading. Newark, Del., 620–635

HIMELSTEIN, H. C. & GREENBERG, G. 1974: The Effect of Increasing Reading Rate on Comprehension, Journal of Psychology 86, 251–259

HINZE, H. K. 1961: The Individual's Word Associations and his Interpretation of Prose Paragraphs, Journal of General Psychology 64, 193–203

HÖLDER, A. 1947: Die Entwicklung des literarischen Interesses in der männlichen Reifezeit im Rahmen der Abenteuerbücher. Phil. Diss., Tübingen

HÖLDER, A. 1953: Die bisherige Forschung auf dem Gebiet des Jugendschriftentums, Jungleserkunde und deren kritische Beurteilung, Bildung und Erziehung, 287–311

HÖLLERER, W. (ed) 1966: Theorien der modernen Lyrik. Dokumente zur Poetik I. Reinbek

HÖRMANN, H. 1967: Psychologie der Sprache. Berlin/Heidelberg/New York

HÖRMANN, H. 1976: Meinen und Verstehen. Grundzüge einer psychologischen Semantik. Frankfurt

HÖRMANN, H. 1980: Der Vorgang des Verstehens, in: Kühlwein, W. & Raasch, A. (eds), Sprache und Verstehen Bd. 1. Tübingen, 17–29

HOFER, M. 1972: Die Verbesserung von Lehrbüchern als hochschuldidaktische Notwendigkeit, in: Meyer, B. (ed), Hochschuldidaktische Projekte. Stuttgart, 38–53

HOFER, M. 1976: Textverständlichkeit: Zwischen Theorie und Praxeologie, Unterrichtswissenschaft, 193–150

HOFMANN, R. J. & VYHONSKY, R. J. 1975: Readability and Human Interest Scores of Thirty-Six Recently Published Introductory Educational Psychology Texts, American Psychologist 30, 790–792.

HOFMANN, W. 1968: Universität, Ideologie, Gesellschaft. Frankfurt

HOHOFF, C. 1963: Schnittpunkte. Stuttgart

HOLLAN, J. D. 1975: Features and Semantic Memory: Set-Theoretic or Network Model?, Psychological Review 82, 2, 154–155

HOLLAND, N. 1973: Poems in Person. An Introduction to the Psychoanalysis of Literature. New York

HOLLAND, N. 1975: Five Readers Reading. New Havan

HOLLIDAY, W. G. 1976: Teaching Verbal Chains Using Flow Diagrams and Texts, Audio-Visual Communication Review 24, 1, 63–78

HOLLINGSWORTH, P. M. 1966: Reading Improvement for Women and Men in Industry, Journal of Reading 9, 254–255 u. 262

HOLMES, E. 1931: Reading Guided by Questions Versus Careful Reading and Re-Reading, The University of Chicago School Review 39, 361–370

HOON, P. W. 1974: Efficacy of Three Common Study Methods, Psychological Reports 35, 1057–1058

HOPPE, O. (ed) 1976: Kritik und Didaktik des literarischen Verstehens. Kronberg

HOPPE-GRAFF, S. & SCHÖLER, H. 1980: Was sollen und was können Geschichtengrammatiken leisten? Forschungsgruppe ‚Sprache und Kognition‘ am Lehrstuhl Psychologie III der Universität Mannheim, Bericht Nr. 14

HORTON, D. L. & TURNAGE, T. W. 1976: Human Learning. Englewood-Cliffs, N. J.

HOUSTON, V. M. 1938: Improving the Quality of Classroom Questions and Questioning, Educational Administration and Supervision 24, 17–28

HUCK, C. S. 1968: Teaching Critical Thinking Through Reading, in: Staiger, R. C. & Andresen, O. (eds): Reading: Human Right and Human Problem. Newark, Del., 48–55

HÜHN, P. & KÜNNE, W. 1978: Englische triviale Frauenliteratur. Königstein

HUNT, K. 1975: Do we Really Need More Replications?, Psychological Reports 36, 587–593

HUSSONG, M. 1973: Zur Theorie und Praxis des Kritischen Lesens. Über die Möglichkeit einer Veränderung der Lesehaltung. Düsseldorf

HUSSONG, M. 1974: Das Sachbuch, in: Haas, G. (ed), Kinder- und Jugendliteratur. Zur Typologie und Funktion einer literarischen Gattung. Stuttgart

HUTT, M. L. et al. 1966: Psychology: The Science of Interpersonal Behavior. New York

HUUS, H. (ed) 1968: Evaluating Books for Children and Young People. Newark, Del.

IDE, H. (ed) 1971ff.: Projekt Deutschunterricht. Stuttgart

IDSTEIN, P. & JENKINS, J. R. 1972: Underlining versus Repetetive Reading, Journal of Educational Research 65, 7, 321–323

V. INGEN, F. 1974: Die Revolte des Lesers oder Rezeption versus Interpretation. Zu Fragen der Interpretation und Rezeptionsästhetik, Amsterdamer Beiträge zur neueren Germanistik 3, 83–147

IOWA Silent Reading Tests 1943: New York. World Book Company

IRLE, M. 1969: Gruppendynamik und Kommunikation, in: Haseloff, O. W. (ed), Kommunikation. Berlin (Colloquium)

IRLE, M. 1975: Lehrbuch der Sozialpsychologie. Göttingen

ISAACSON, R. L. & HUTT, M. L. 1971: Psychology: The Science of Behavior. 2. Auflage. New York

JAGODZINSKA, M. 1976: The Role of Illustrations in Verbal Learning, Polish Psychological Bulletin 7, 2, 95–104

JAUSS, H. R. 1965: Literarische Tradition und gegenwärtiges Bewußtsein, in: Steffen, H. (ed), Aspekte der Modernität. Göttingen, 150–185

JAUSS, H. R. 1970: Literaturgeschichte als Provokation der Literaturwissenschaft. Frankfurt

JAUSS, H. R. 1975: Negativität und Identifikation. Versuch zur Theorie der ästhetischen Erfahrung, in: Weinrich, H. (ed), Positionen der Negativität. München, 263–339

JENKINSON, M. D. 1957: Selected Processes and Difficulties of Reading Comprehension. Unpublished Doctoral Dissertation. University of Chicago

JOHNSON, R. E. 1974: Learners' Predictions of the Recallability of Prose, Journal of Reading Behavior 6, 1, 41–52

JONES, M. G. & ENGLISH, H. B. 1926: Notional versus Rote Memory, American Journal of Psychology 37, 602–603

JUDD, C. H. et al. 1918: Reading: It's Nature and Development, in: Gray, W. S. (ed), Supplementary Educational Monographs No. 10. Chicago

JUST, M. A. & CARPENTER, P. A. 1971: Comprehension of Negation with Quantification, Journal of Verbal Learning and Verbal Behavior 10, 244–253

KÄRTNER, F. 1972: Wissenschaft und Öffentlichkeit. Göppingen

KAGAN, J. & HAVEMANN, E. 1972: Psychology: An Introduction. 2. Auflage. New York

KAMLAH, W. & LORENZEN, P. 1967: Logische Propädeutik. Vorschule des vernünftigen Redens. Mannheim

KATZ, J. J. & FODOR, J. A. 1963: The Structure of a Semantic Theory, Language 39, 170–210

KAY, H. 1955: Learning and Retaining Verbal Material, British Journal of Psychology 46, 81–100

KEEN, R. H. 1974: Reading Rate and the Number of Words Used to Express Meaning, Dissertation Abstracts International 34, (8–B), 4084–4085

KEERAN, C. V. & BELL, G. B. 1968: Reading Ease as a Factor in Improved Communication Effectiveness, Journal of Psychology 68, 49–53

KEIL, W. 1975: Unterrichtsmethoden und Arbeitsformen im Studium, in: Breuer, F. et al. (eds), Psychologie des wissenschaftlichen Lernens. Münster, 149–154

KELLY, D. 1970: Using an Informal Reading Inventory to Place Children in Instructional Materials, in: Durr, W. K. (ed), Reading Difficulties: Diagnosis, Correction, and Remediation. Newark, Del., 111–119

KENDLER, H. H. 1968: Basic Psychology. 2. Auflage. New York

KENDLER, H. H. & KENDLER, T. S. 1971: Basic Psychology: Brief Edition. New York

KESTING, M. 1965: Vermessung des Labyrinths. Studien zur modernen Ästhetik. Frankfurt

KILLGALLON, P. A. 1942: A Study of Relationships Among Certain Pupil Adjustments in Language Situations. Unpublished Doctoral Dissertation. Pennsylvania State College

KIMBLE, G. A. & GARMEZY, N. 1968: Principles of General Psychology. 3. Auflage. New York

KING, M. L. 1968: New Developments in the Evaluation of Critical Reading, in: Figurel, J. A. (ed), Forging Ahead in Reading. Newark, Del., 179–185

KINTSCH, W. 1974: The Representation of Meaning in Memory. New York

KINTSCH, W. 1977: On Comprehending Stories, in: Just, M. & Carpenter, P. (eds), Cognitive Processes in Comprehension. Hillsdale, N. J., 33–62

KINTSCH, W. & VAN DIJK, T. A. 1978: Towards a Model of Text Comprehension and Production, Psychological Review 85, 5, 363–394

KINTSCH, W. & GREEN, E. 1978: The Role of Culture Specific Schemata in the Comprehension and Recall of Stories, Discourse Processes 1, 1–13

KINTSCH, W. & KEENAN, J. 1973: Reading Rate and Retention as a Function of the Number of Prepositions in the Base Structure of Sentences, Cognitive Psychology 5, 257–274

KINTSCH, W. & KOZMINSKY, E. 1977: Summarizing Stories after Reading and Listening, Journal of Educational Psychology 69, 491–499

KINTSCH, W. et al. 1975: Comprehension and Recall of Text as a Function of Content Variables, Journal of Verbal Learning and Verbal Behavior 14, 2, 196–214

KLAGES, M. 1968: Rationalität und Spontaneität. Innovationswege der Großforschung. Gütersloh

KLARE, G. R. 1963: The Measurement of Readability. Ames, Jo.

KLARE, G. R. 1971: Some Empirical Predictors of Readability, in: Rothkopf, E. Z. & Johnson, P. E. (eds), Verbal Learning Research and the Technology of Written Instruction, 241–254

KLARE, G. R. et al. 1955: The Relationship of Human Interest to Immediate Retention and Acceptability of Technical Material, Journal of Applied Psychology 39, 2, 92–95

KLAUER, K. J. 1973: Das Experiment in der pädagogischen Forschung. Düsseldorf

KLAUER, K. J. 1979: Lehrtextbezogene Tests. Transformation von Lehrtexten in Universa von Testaufgaben, in: Klauer, K. J. & Kornadt, H.-J. (eds), Jahrbuch für empirische Erziehungswissenschaft. Düsseldorf, 33–52

KLAUER, K. J. et al. 1972: Lehrzielorientierte Tests. Beiträge zur Theorie, Konstruktion und Anwendung. Düsseldorf

KLAUER, K. J. et al. 1977: Lehrzielorientierte Leistungsmessung. Düsseldorf

KLEE, H. & EYSENCK, M. W. 1973: Comprehension of Abstract and Concrete Sentences, Journal of Verbal Learning and Verbal Behavior 12, 522–529

KLEMENT, J. J. et al. 1973a: Learning of Redundant Materials Presented through One versus Two Sensory Modalities, Programmed Learning and Educational Technology 10, 65–68

KLEMENT, J. J. et al. 1973b: The Learning Effect of Three Amounts of Reinforcement in Computer Assisted Instruction, Australian Journal of Adult Education 13, 131–133

KLINGBERG, G. 1973: Kinder- und Jugendliteraturforschung. Eine Einführung. Wien/ Köln/Graz

KOCH, R. 1959: Phantastische Erzählungen für Kinder. Untersuchungen zu ihrer Wertung und zur Charakteristik ihrer Gattung, Studien zur Jugendliteratur 5, 55–84

KOPPERSCHMIDT, J. 1973: Rhetorik. Stuttgart

KOSSAKOWSKI, A. 1973: Theoretische Voraussetzungen und experimentelle Untersuchungen zur Entwicklung der eigenständigen Handlungsregulation, in: Kossakowski, A. & Ettrich, K. U. (eds), Psychologische Untersuchungen zur Entwicklung der eigenständigen Handlungsregulation. Berlin, 11–90

KOSSAKOWSKI, A. 1974: Psychologische Fragen der Entwicklung selbständig handelnder sozialistischer Persönlichkeiten, in: Clauss, G. & Kossakowski, A. (eds), Pädagogisch-psychologische Beiträge zur Entwicklung sozialistischer Persönlichkeiten. Berlin, 13–30

KRATZMEIER, H. 1974: Darf unser Kleinkind schon lesen lernen? München

KRECH, D. & CRUTCHFIELD, R. S. 1969: Elements of Psychology. 2. Auflage. New York

KREUZER, H. (ed) 1980a: Sachliteratur, LiLi, Zeitschrift für Literaturwissenschaft und Linguistik 40

KREUZER, H. 1980b: Einleitung, LiLi, Zeitschrift für Literaturwissenschaft und Linguistik 40, 7–13

KROEBEL, W. 1971: Ein neues Verfahren zur Bestimmung der relativen subjektiven Information aus Messungen des Lesegeschwindigkeitsverlaufs, in: Rollett, B. & Weltner, K. (eds), Fortschritte und Ergebnisse der Unterrichtstechnologie. München, 261–273

KRÜGER, A. 1960: Das fantastische Buch, Jugendliteratur 8, 343–363

KÜNNEMANN, H. 1974: Loks, Raketen und Computertechnik im Kinderbuch, Der Deutschunterricht 26, 11, 55–68

KÜPFMÜLLER, K. 1954: Die Entropie der deutschen Sprache, Fernmeldetechnische Zeitschrift 7, 265–272

KÜPPERS, W. 1980: Psychologie des Deutschunterrichts. Stuttgart

KUHN, T. S. 1967: Die Struktur wissenschaftlicher Revolutionen. Frankfurt

KULHAVY, R. W. & SWENSON, J. S. 1975: Imagery Instructions and the Comprehension of Text, British Journal of Educational Psychology 45, 47–51

KULHAVY, R. W. et al. 1975: The Effects of Notetaking and Test Expectancy on the Learning of Text Material, Journal of Educational Research 68, 10, 363–365

LADAS, H. 1973: The Mathemagenic Effects of Factual Review Questions on the Learning of Incidental Information: A Critical Review, Review of Educational Research 43, 71–82

LÄMMERT, E. 1955: Bauformen des Erzählens. Stuttgart

LÄMMERT, E. 1973: Rezeptions- und Wirkungsgeschichte der Literatur als Lehrgegenstand, in: Kolbe, J. (ed), Neue Absichten einer künftigen Germanistik. München, 160–173

LANA, R. E. & ROSNOW, R. L. 1972: Introduction to Contemporary Psychology. New York

LANGER, I. & SCHOOF-TAMS, K. 1976: Auswirkungen von Lehrerfrontalunterricht, Schülereinzelarbeit und Kleingruppenarbeit nach Lehrtexten unterschiedlicher Verständlichkeit auf die Wissens- und Behaltensleistung, Psychologie in Erziehung und Unterricht 73, 1, 11–28

LANGER, I. & TAUSCH, R. 1972: Faktoren der sprachlichen Gestaltung von Wissensinformationen und ihre Auswirkungen auf die Verständnisleistungen von Schülern, Schule und Psychologie 18, 72–80

LANGER, I. et al. 1973: Förderung leistungsschwacher Schüler durch kurzzeitige Kleingruppendiskussion im Anschluß an das Lesen eines Lehrtextes, Psychologie in Erziehung und Unterricht 20, 156–162

LANGER, I. et al. 1974: Verständlichkeit in Schule, Verwaltung, Politik und Wissenschaft. München/Basel

LAWSON, T. E. 1974: Effects of Instructional Objectives on Learning and Retention, Instructional Science 3, 1–21

LAWTON, J. T. & WANSKA, S. K. 1977: Advance Organizers as a Teaching Strategy: A Reply to Barnes and Clawson, Review of Educational Research 47, 233–244

LEE, D. et al. 1968: Critical Reading Develops Early, Reading Aids Series. Newark, Del.

LEE, W. D. & BELDEN, B. R. 1966: A Cross-Validation Readability Study of General Psychology Textbook Material and the Dale-Chall Readability Formula, Journal of Educational Research 59, 8, 369–373

LENK, K. (ed) 1964: Ideologie. Neuwied/Berlin

LESGOLD, M. et al. 1975: Imagery Training and Children's Prose Learning, Journal of Educational Psychology 67, 5, 663–667

LESH, R. A. 1976: An Interpretation of Advance Organizers, Journal for Research in Mathematics Education 7, 69–74

LEVIN, H. 1970: Reading Research: What, Why, and for Whom?, in: Grunderson, D. (ed), Reading Research, 123–135

LEWIS, N. 1977: Fantasy Books for Children. 2. Auflage. London

LIEBHART, E. 1973: Ergebnisse, Probleme und Methoden der Wirkungsforschung, in: Baumgärtner, A. C. (ed), Lesen. Ein Handbuch. Hamburg, 231–312

LIENERT, G. A. 1969: Testaufbau und Testanalyse. 3. Auflage. Weinheim

LINK, H. 1976: Rezeptionsforschung. Eine Einführung in Methoden und Probleme. Stuttgart

LISCHER, E. et al. 1980: Semantische Verarbeitungstiefe und Informationssequenzen beim Lernen aus Texten, Schweizerische Zeitschrift für Psychologie 39, 2, 102–112

LIVINGSTON, H. 1965: An Investigation of the Effect of Instruction in General Semantics on Critical Reading Ability, Californian Journal of Educational Research, 93–96

LOTMAN, J. M. 1973: Die Struktur des künstlerischen Textes. Frankfurt

LUDWIG, M. C. 1949: Hard Words and Human Interest. Their Effects on Readership, Journalism Quarterly 26, 161–171

LUITEN, J. et al. 1980: A Meta-Analysis of the Effects of Advance Organizers on Learning and Retention, American Educational Research Journal 17, 211–218

LUMSDAINE, A. A. 1965: Instruments and Media of Instruction, in: Gage, N. L. (ed), Handbook of Research on Teaching. Chicago, 632–682

LUMSDEN, D. B. 1975: Adult Learning and the Application of Modern Educational Technology, in: Lumsden, D. B. & Sherron, R. H. (ed), Experimental Studies in Adult Learning and Memory. New York, 97–114

MACDONALD-ROSS, M. 1973: Behavioral Objectives: A Critical Review, Instructional Science 2, 1–52

MACDONALD-ROSS, M. 1978: Graphics in Texts, in: Shulman, L. S. (ed), Review of Research in Education 5, 49–85

MAIER, K. E. 1973: Jugendschrifttum: Formen, Inhalte, pädagogische Bedeutung. 7. Auflage. Bad Heilbrunn

MAIER, K. E. 1976: Das Prinzip der Kindgemäßheit und das Kinderbuch, in: Schaller, H. (ed), Umstrittene Jugendliteratur. Fragen zur Funktion und Wirkung. Bad Heilbrunn, 118–142

MALLINSON, G. G. 1968: Teaching the Essential Reading Skills in Science, in: Figurel, J. A. (ed), Forging Ahead in Reading. Newark, Del., 235–242

MANDL, H. et al. 1980: Lernen mit Texten: Ein Übersichtsreferat, Zeitschrift für Entwicklungspsychologie und Pädagogische Psychologie 12, 1, 44–74

MANDL, H. et al. 1981: Textverständlichkeit – Textverstehen, in: Treiber, B. & Weinert, F. E. (eds), Lehr- und Lernforschung. München (zitiert aus Mskr.)

MANDLER, G. 1967: Organization and Memory, in: Spence, K. W. & Spence, J. T. (eds), The Psychology of Learning and Motivation. Advances in Research and Theory. New York, 327–372

MANDLER, G. 1968: Association and Organization: Facts, Fancies and Theories, in: Dixon, T. R. & Horton, D. L. (eds), Verbal Behavior and General Behavior Theory. New York, 109–119

MANDLER, G. & MANDLER, J. M. 1964: Serial Position Effects in Sentences, Journal of Verbal Learning and Verbal Behavior 3, 195–202

MARKS, C. B. et al. 1974: Word Frequency and Reading Comprehension, Journal of Educational Research 67, 6, 259–262

MARTIN, E. & ROBERTS, F. H. 1967: Sentence Length and Sentence Retention in the Free-Learning Situation, Psychonomic Science 8, 12, 535–536

MATHEWS, W. A. 1968: Transformational Complexity and Short Term Recall, Language and Speech 11, 2, 120–128

MAYER, R. E. 1975: Information Processing Variables in Learning to Solve Problems, Review of Educational Research 45, 525–541

MAYER, R. E. 1977: The Sequencing of Instruction and the Concept of Assimilation-to-Schema, Instructional Science 6, 369–388

MAYER, R. E. 1979a: Can Advance Organizers Influence Meaningful Learning?, Review of Educational Research 49, 371–383

MAYER, R. E. 1979b: Twenty Years of Research on Advance Organizers: Assimilation Theory is still the Best Predictor of Results, Instructional Science 8, 133–167

MC CONKIE, G. W. 1977: Learning From Text, Review of Research in Education 5, 3–48

MC CONKIE, G. W. et al. 1973: Experimental Manipulation of Reading Strategies, Journal of Education Psychology 65, 1, 1–18

MC DONALD, A. S. 1960: Factors Affecting Reading Test Performance, 9th Yearbook of the National Reading Conference, 29–35

MC KEACHIE, W. J. & DOYLE, C. L. 1966: Psychology. Reading. Mass.

MEHLER, J. 1963: Some Effects of Grammatical Transformations in the Recall of English Sentences, Journal of Verbal Learning and Verbal Behavior 2, 346–351

MECKEL, H. C. 1972: Research on Teaching Literature, in: Gage, N. L. (ed), Handbook of Research on Teaching. Chicago, 990–1006

MERRITT, J. E. 1967: Developing Competence in Reading Comprehension, in: Jenkinson, M. D. (ed), Reading Instruction: An International Forum. Newark, Del., 91–98

MESSMORE, P. B. 1972/73: Multi-Ethnic Reading Texts: The Role of Inferred Study-Character Identification and Reading Comprehension, Journal of Reading Behavior 5, 2, 126–133

MEYER, B. J. F. 1975: The Organization of Prose and its Effects on Memory. Amsterdam

MEYER, B. J. F. & MC CONKIE, G. W. 1973: What is Recalled after Hearing a Passage?, Journal of Educational Psychology 65, 109–117

MIHM, A. 1973: Sprachstatistische Kriterien zur Tauglichkeit von Lesebüchern, Linguistik und Didaktik 4, 117–127

MILLER, G. A. 1956: The Magical Number Seven, Plus or Minus Two. Some Limits on Our Capacity for Processing Information, Psychological Review 63, 2, 81–97

MILLER, G. A. 1962: Some Psychological Studies of Grammar, American Psychologist 17, 748–762

MILLER, G. A. et al. 1960: Plans and Structure of Behavior. London

MINSKY, M. 1975: A Framework for Representing Knowledge, in: Winston, P. H. (ed), The Psychology of Computer Vision. New York, 211–277

MISTLER–LACHMAN, J. L. 1974: Depth of Comprehension and Sentence Memory, Journal of Verbal Learning and Verbal Behavior 13, 98–106

MITTELBERG, E. 1967: Wortschatz und Syntax der Bild-Zeitung. Marburg

MITTMAN, L. R. & TERRELL, G. 1964: An Experimental Study of Curiosity in Children, Child Development 35, 851–855

MOLESWORTH, Mrs. 1893: On the Art of Writing Fiction for Children, reprinted in: Salway, L. (ed) 1976, A Peculiar Gift: Nineteenth Century Writings of Books for Children. Harmondsworth, Middlessex, 340–346

MORGAN, C. & DEESE, J. 1957: How to Study. New York

MORGAN, C. T. & KING, R. A. 1971: Introduction to Psychology. 4. Auflage. New York

MORRIS, G. G. 1973: Psychology: An Introduction. New York

MORTON, J. 1959: An Investigation into the Effects of an Adult Reading Efficiency Course, Occupational Psychology 33, 222–237

MOYLE, D. 1971: Readability: The Use of Cloze-Procedure, in: Merritt, J. E. (ed), Reading and the Curriculum. London, 159–168

MRAZEK, J. 1979: Verständnis und Verständlichkeit von Lesetexten. Frankfurt
MUKAROVSKY, J. 1970: Kapitel aus der Ästhetik. Frankfurt
MUKAROVSKY, J. 1974: Studien zur strukturalistischen Ästhetik und Poetik. München
MUNN, N. L. et al. 1969: Introduction to Psychology. 2. Auflage. Boston

NAEF, R. D. 1971: Lernen lernen, Weinheim
NAESS, A. 1975: Kommunikation und Argumentation. Kronberg, Ts.
NEBER, H. (ed) 1973: Entdeckendes Lernen. Weinheim
NEBER, H. 1975: Fragen und kognitives Lernen, Bildung und Erziehung 28, 4, 297–305
NEBER, H. 1978: Selbstgesteuertes Lernen. Lern- und Handlungstheoretische Aspekte, in: Neber, H. et al. (eds), Selbstgesteuertes Lernen. Weinheim, 33–44
NEBER, H. 1979: Zur Einordnung von Untersuchungen zum selbstgesteuerten Lernen, Vortrag zur Tagung ‚Selbstgesteuertes Lernen‘ an der Universität Bielefeld vom 21./22. 6. 1979 (im Druck)
NEBER, H. 1981: Selbstgesteuertes Lernen, in: Treiber, B. & WEINERT, F. E. (eds), Lehr- und Lernforschung. München (zitiert aus Mskr.)
NEBER, H. et al. 1978: Selbstgesteuertes Lernen. Weinheim
NEISSER, U. 1967/74: Cognitive Psychology. New York/Kognitive Psychologie. Stuttgart
NELSON, B. M. & DENNY, E. C. 1960: The Nelson-Denny Reading Test. Boston
NEWTON, E. S. 1969: Critical Reading Applied, in: Robinson, H. A. & Thomas, E. L. (eds), Fusing Reading Skills and Content. Newark, Del., 175–183
NIPLE, M. L. 1968: The Relationship of Different Study Methods to Immediate and Delayed Comprehension, Dissertation Abstracts International 29, (6–A), 1790
NÜNDEL, E. 1976: Zur Grundlegung einer Didaktik des sprachlichen Handelns. Kronberg

OAKAN, R. et al. 1971: Identification, Organization, and Reading Comprehension for Good and Poor Readers, Journal of Educational Psychology 62, 1, 71–78
OLIVERO, J. L. & BRUNNER, R. 1973: Micro-Teaching. München
OLWEUS, D. 1976: Der moderne Interaktionismus von Person und Situation und seine varianzanalytische Sackgasse, Zeitschrift für Entwicklungspsychologie und Pädagogische Psychologie 8, 171–186
OTT, E. 1972: Optimales Lesen. Reinbek
OTTO, G. 1968: Stilformen der Gegenwartskunst und das moderne Bilderbuch. Bemerkungen auf Grund zweier Befragungen und einer Analyse von 148 Bilderbüchern, in: Baumgärtner, A. C. (ed), Aspekte der gemalten Welt. Weinheim, 43–45

PAIVIO, A. 1971: Imagery and Verbal Processes. New York
PAIVIO, A. & BEGG, I. 1971: Imagery and Comprehension Latencies as a Function of Sentence Concreteness and Structure, Perception and Psychophysics 10, 6, 408–412
PARADOVSKY, W. 1967: Effect of Curiosity on Incidental Learning, Journal of Educational Psychology 58, 1, 50–55
PARIS, S. G. 1975: Integration and Inference in Children's Comprehension and Memory, in: Restle, F. et al. (eds), Cognitive Theory: Vol. 1. Hillsdale, N. J., 223–246
PARKHUST, P. E. 1975: Generating Meaningful Hypotheses with Aptitude-Treatment-Interactions, Audio-Visuell Communication Review 23, 2, 171–183
PARSLEY, J. H. 1969: An Approach to Teaching Inferences – High School, in: Figurel, J. A. (ed), Reading and Realism. Newark, Del., 123–127
PATAI, F. 1975: Using Realia to Improve the Reading Skills of College Freshmen, in: Johns, J. L. (ed), Literacy for Diverse Learners. Newark, Del-, 93–99
PATRICK, E. M. 1968: Prose Learning: Induced Question and Response Rehearsal, and Question Repetition. Unveröffentlichtes Manuskript. University of Massachussetts
PEECK, J. 1978: Die Effekte von Illustrationen zu Texten, in: Klauer, K. J. & Kornadt, H.-J. (eds), Jahrbuch für empirische Erziehungswissenschaft. Düsseldorf, 196–229

PERFETTI, C. A. & GARSON, B. 1973: Forgetting Linguistic Information after Reading, Journal of Educational Psychology 65, 1, 135–139

PETERS, D. L. 1972: Effects of Note Taking and Rate of Presentation on Short-Term Objective Test Performance, Journal of Educational Psychology 63, 3, 276–280

PETERSON, P. W. 1974: The Effects of Telegraphic Prose, Compressed Speech, and Modality upon Comprehension, Dissertation Abstracts International 34, (12–A), 7592

PETTIT, N. T. & COCKRIEL, J. W. 1974: A Factor Study of the Literal Reading Comprehension Test and the Inferential Reading Comprehension Test, Journal of Reading Behavior 4, 1, 63–75

PFEFFER, F. 1970: Zur Beurteilung des Lesegutes der Jugend, In: Beinlich, A. (ed), Handbuch des Deutschunterrichts: Bd. 2. Emsdetten, 1035–1062

PLOGSTEDT, S. 1969: Sozialforschung im Dienste der Gegenaufklärung, in: v. Brokmeier, P. (ed), Kapitalismus und Pressefreiheit. Am Beispiel Springer. Frankfurt

PÖRKSEN, U. 1980: Populäre Sachprosa und naturwissenschaftliche Sprache, LiLi, Zeitschrift für Literaturwissenschaft und Linguistik 40, 25–43

POHL, U. 1964: Weitschweifigkeit, Satzeigenschaften und Behalteneffekte, Zeitschrift für Psychologie 169, 216–231

PORTELE, G. 1975: Lernen und Motivation. Weinheim

POTTER, T. C. 1968: A Taxonomy of Cloze Research – Part I: Readability and Reading Comprehension. Southwest Regional Laboratory for Educational Research and Development. TR 11, 1–41

POWELL, W. R. 1969: Reappraising the Criteria for Interpreting Informal Inventories, in: De Boer, D. (ed), Reading Evaluation. Newark, Del.

PRENTICE, J. L. 1966: Response Strength of Single Words as an Influence in Sentence Behavior, Journal of Verbal Learning and Verbal Behavior 5, 429–433

PRESSLEY, G. M. 1976: Mental Imagery Helps Eight-Year-Olds Remember What They Read, Journal of Educational Psychology 68, 3, 355–359

PRIM, R. & TILMANN, H. 1973: Grundlagen einer kritisch-rationalen Sozialwissenschaft. Heidelberg

PURCELL, E. W. 1972: The Relationship of Personality to Achievement in Reading Comprehension, Dissertation Abstracts International 33, (3–A), 906

PURVES, A. C. & RIPPERE, V. 1974: Elemente der Antwort auf Literatur, in: Dehn, W. (ed), Ästhetische Erfahrung und literarisches Lernen. Frankfurt, 189–218

PYRZAK, F. 1972: Objective Evaluation of the Quality of Multiple Choice Test Items Designed to Measure Comprehension of Reading Passages, Reading Research Quarterly 8, 1, 62–71

QUAINTANCE , W. J. 1968: The Effects of Open-Mindedness and Closed-Mindedness on Reading Comprehension, Dissertation Abstracts International 29, (6–A), 1793–1794

QUAST, W. 1923: Die literarische Neigung im Kindes- und Jugendalter, Zeitschrift für angewandte Psychologie 21, 105–165

RADLER, R. & DIEDERICHS, U. 1978: Annäherungen an das Sachbuch. Zur Geschichte und Defintion eines umstrittenen Begriffs, in: Radler, R. (ed), Die deutsch-sprachige Sachliteratur. Zürich, 1–37

RANKIN, E. F. 1957: An Evaluation of the Cloze-Procedure as a Technique for Measuring Reading Comprehension. Unpublished Doctoral Dissertation. University of Michigan

RANKIN, E. F. & CULHANE, J. W. 1969: Comparable Cloze and Multiple Choice Comprehension Test Scores, Journal of Reading 13, 3, 193–198

RAYGOR, A. L. 1959: College Reading Improvement and Personality Change, Journal of Counseling Psychology 6, 3, 211–217

REINERS, L. 1963: Stilfibel: Der sichere Weg zum guten Deutsch. München

REINERT, C. & WOLFF, U. 1978: Richtlinien und Hinweise für das Verfassen von Kurzreferaten über psychologische Dissertationen. Trier

RENZULLI, J. S. & CALLAHAN, C. M. 1974: Creativity Training Activities for Secondary School Students, in: Labuda, M. (ed), Creative Reading for Gifted Learners. Newark, Del., 97–104

RESNICK, W. C. & SACHS, H. L. 1971: Dynamic General Psychology: An Introduction. Boston

RESTLE, F. 1975: Learning. Animal Behavior and Human Cognition. New York

RIGG, M. D. 1942: The Rigg Poetry Judgement Test. Iowa City, Ia.

RIPS, L. J. et al. 1973: Semantic Distance and the Verification of Semantic Relations, Journal of Verbal Learning and Verbal Behavior 12, 1–20

RITZ-FRÖHLICH, G. 1974: Weiterführender Leseunterricht in der Grundschule. Bad Heilbrunn

ROBINSON, D. N. 1972: Psychology: A Study of its Origins and Principles. Encino, Calif.

ROBINSON, F. P. 1961: Effective Study. New York

ROBINSON, H. M. 1966: The Major Aspects of Reading, in: Robinson, H. A. (ed), Reading: Seventy-five Years of Progress. Chicago, 22–32

ROBINSON, H. M. et al. 1966: Summary of Investigations Relating to Reading, 1. 7. 65–1. 6. 66, Reading Research Quarterly 2, 2, 7–141

ROEHLER, L. R. 1968: Techniques for Improving Comprehension in Social Studies, in: Duffy, G. G. (ed), Perspectives in Reading: No. 18. Newark, Del., 140–152

ROGGE, J.-K. 1980: Die Suggestion von Spaß und Totalität oder wie man Bildung verkauft, LiLi, Zeitschrift für Literaturwissenschaft und Linguistik 40, 127–154

ROTHKOPF, E. Z. 1963: Some Conjectures about Inspection Behavior in Learning from Written Sentences and the Response Mode Problem in Programmed Self-Instruction, Journal of Programmed Instruction 2, 4, 31–45

ROTHKOPF, E. Z. 1965: Some Theoretical and Experimental Approaches to Problems in Written Instruction, in: Krumboltz, J. D. (ed), Learning and the Educational Process. Chicago, 193–221

ROTHKOPF, E. Z. 1966: Learning from Written Instructive Materials: An Exploration of the Control of Inspection Behavior by Test-Like Events, American Educational Research Journal 3, 241–249

ROTHKOPF, E. Z. 1969: Concerning Parallels Between Adaptive Processes in Thinking and Self-Instruction, in: Voss, J. (ed), Approaches to Thought. Columbus, 229–316

ROTHKOPF, E. Z. 1970: The Concept of Mathemagenic Activities, Review of Educational Research 40, 3, 325–336

ROTHKOPF, E. Z. 1971: Experiments on Mathemagenic Behavior and the Technology of Written Instruction, in: Rothkopf, E. Z. & Johnson, P. E. (eds), Verbal Learning Research and the Technology of Written Instruction. Columbia, 284–303

ROTHKOPF, E. Z. & BILLINGTON, M. J. 1974: Indirect Review and Priming Through Questions, Journal of Educational Psychology 66, 5, 669–679

ROTHKOPF, E. Z. & BLOOM, R. D. 1970: Effects of Interpersonal Interaction on the Instructional Value of Adjunct Questions in Learning from Written Material, Journal of Educational Psychology 61, 417–422

RUCH, F. L. 1967: Psychology and Life. 7. Auflage. Glenview, Ill.

RUDDELL. R. B. 1963: An Investigation of the Effect of Similarity on Oral and Written Patterns of Language Structure on Reading Comprehension. Unpublished Doctoral Dissertation. Indiana University

RUMELHART, D. E. 1975: Notes on Schema for Stories, in: Bobrow, D. & Collins, A. M. (eds), Representation and Understanding. New York, 237–272

RUMELHART, D. E. 1977: Understanding and Summarizing Brief Stories, in: Laberge, D. L. & Samuels, S. J. (eds), Basic Processes in Reading. Hillsdale, N. J., 265–303

RUMPF, P. 1926: Kind und Buch. Das Lieblingsbuch der deutschen Jugend zwischen 9 und 16 Jahren auf Grund einer Umfrage. Berlin/Bonn

RUSSEL, D. H. 1961: Children Learn to Read. New York

RUSSEL, D. H. & FEA, H. R. 1975: Research on Teaching Reading, in: Gage, N. L. (ed), Handbook of Research on Teaching. Chicago, 898–928

RYSTROM, R. 1970: Towards Defining Comprehension: A Second Report, Journal of Reading Behavior 2, 2, 144–157

SACHS, J. S. 1967: Recognition Memory of Syntactic and Semantic Aspects of Connected Discourse, Perception and Psychophysics 2, 9, 437–442

SADER, M. 1976: Psychologie der Gruppe. München

SAILER, C. 1968: Developing Critical Reader Power Through News Paper Reading, in: Figurel, J. A. (ed), Forging Ahead in Reading. Newark, Del., 119–122

SARTAIN, A. Q. et al. 1973: Psychology: Understanding Human Behavior. New York

SARTRE, J. P. 1974: Autor und Leser, in: Hohendahl, P. U. (ed), Sozialgeschichte und Wirkungsästhetik. Dokumente zur empirischen und marxistischen Rezeptionsforschung. Frankfurt, 166–185

SALZINGER, K. & ECKERMAN, C. 1967: Grammar and the Recall of Chains of Verbal Responses, Journal of Verbal Learning and Verbal Behavior 6, 232–239

SAMUELS, S. J. 1968: Effect of Word Associations on Reading Speed, Recall, and Guessing Behavior on Tests, Journal of Educational Psychology 59, 1, 12–15

SAMUELS, S. J. 1970: Effects of Pictures on Learning to Read, Comprehension and Attitudes, Review of Educational Research 40, 3, 397–407

SAVIN, H. B. & PERCHONOCK, E. 1965: Grammatical Structure and the Immediate Recall of English Sentences, Journal of Verbal Learning and Verbal Behavior 4, 348–353

SCHAEFER, E. L. 1972: Comprehension of Self-Embedded Sentences as a Function of Context, Dissertation Abstracts International 32, (7–B), 4262

SCHANK, R. & ABELSON, R. P. 1977: Scripts, Plans, and Understanding. Hillsdale, N. J.

SCHEELE, B. 1981: Selbstkontrolle als kognitive Interventionsstrategie. Weinheim

SCHLIEBE-LIPPERT, E. 1950: Der Mensch als Leser. Entwicklungsverlauf der literarästhetischen Erlebnisfähigkeit, in: Begegnungen mit dem Buch. Ratingen

SCHMIDT, S. J. 1970: Text und Bedeutung – Sprachphilosophische Prolegomena zu einer textsemantischen Literaturwissenschaft, in: Schmidt, S. J. (ed), text, bedeutung, ästhetik. München, 43–79

SCHMIDT, S. J. 1971: ästhetizität. philosophische beiträge zu einer theorie des ästhetischen. München.

SCHMIDT, S. J. 1980: Grundriß der empirischen Literaturwissenschaft: I. Der gesellschaftliche Handlungsbereich Literatur. Braunschweig

SCHMIDT, S. J. & ZOBEL, R. 1980: Textkomplexität und Leseverhalten, in: Hintzenberg, D. et al. (eds), Zum Literaturbegriff in der Bundesrepublik Deutschland. Braunschweig, 101–260

SCHMIDTCHEN, G. 1968: Lesekultur in Deutschland, Börsenblatt für den Deutschen Buchhandel, Frankfurter Ausgabe, Nr. 70, 1979–2152

SCHNEYER, J. W. 1965: Use of the Cloze-Procedure for Improving Reading Comprehension, The Reading Teacher 19, 174–179

SCHNOTZ, W. et al. 1980: Kognitive Prozesse beim Zusammenfassen von Lehrtexten, Deutsches Institut für Fernstudien an der Universität Tübingen, Forschungsbericht Nr. 8

v. SCHÖNFELD, S. 1971: Mutti, was soll ich lesen? Das Buch in der Erziehung unserer Kinder. Ravensburg

SCHOTT, F. et al. 1981: Semantische Strukturierung von Lernmaterialien: Optimierung der Kompetenz, Beispiele zu einem im Lehrtext dargestellten Sachverhalt zu finden, Zeitschrift für Entwicklungspsychologie und Pädagogische Psychologie 13, 2, 155–167

SCHULTE-SASSE, J. 1976: Literarische Wertung. Stuttgart

SCHULTZ VON THUN, F. 1974: Verständlichkeit von Informationstexten: Messung, Verbesserung und Validierung, Zeitschrift für Sozialpsychologie 5, 124–132

SCHULZ VON THUN, F. et al. 1973: Verbesserung der Verständlichkeit von Schulbuchtexten und Auswirkungen auf das Verständnis und Behalten verschiedener Schülergruppen, Psychologie in Erziehung und Unterricht 10, 4, 223–234

SCHULZ VON THUN, F. et al. 1974: Überprüfung einer Theorie der Textverständlichkeit. Verbesserung der Verständlichkeit von Kurzzusammenfasungen wissenschaftlicher Veröffentlichungen, Zeitschrift für Entwicklungspsychologie und Pädagogische Psychologie 6, 3, 192–206

SCHWIMMER, S. 1971: The Relationship of Readability to Reading Comprehension, Dissertation Abstracts International 32, (1–A), 257

SEIDENSTÜCKER, G. & GROEBEN, N. 1971: Möglichkeiten einer Theoriesynthese auf dem Gebiet des kognitiven Lernens, Psychologische Beiträge 13, 4, 499–524

SHANNON, C. E. 1951: Prediction and Entropy of Printed English, Bell System Technical Journal 30, 50–64

SHEPHERD, D. L. 1969: Reading and Science: Problems Peculiar to the Area, in: Robinson, H. A. & Thomas, E. L. (eds), Fusing Reading Skills and Content. Newark, Del., 151–161

SHIMRON, J. 1974: Imagery and the Comprehension of Prose by Elementary School Children, Dissertation Abstracts International 36, (2–A), 795

SIMMONS, J. S. 1965: Reasoning Through Reading, Journal of Reading 8, 311–314

SILVERMAN, R. E. 1972: Psychology: Brief Edition. New York

SLOBIN, D. J. 1966: Grammatical Transformations and Sentence Comprehension in Childhood and Adulthood, Journal of Verbal Learning and Verbal Behavior 5, 219–227

SMITH, E. E. et al. 1974: Structure and Process in Semantic Memory: A Featural Model for Semantic Decisions, Psychological Review 81, 214–241

SMITH, E. H. 1965: Developing Creative Reading, Journal of Reading 8, 278–279

SMITH, H. K. 1961: Research in Reading for Different Purposes, in: Figurel, J. A. (ed), Changing Concepts in Reading Instruction. New York, 122

SMITH, M. L. & GLASS, G. V. 1977: Meta-Analysis of Psychotherapy Outcome Studies, American Psychologist, 752–760

SMITH, N. B. 1968: The Good Reader Thinks Critically, in: Dawson, M. A. (ed), Developing Comprehension Including Critical Reading. Newark, Del., 6–15

SMITH, N. B. 1969: The Many Faces of Reading Comprehension, The Reading Teacher 23, 3, 249–259

SONES, A. & STROUD, J. 1940: Review with Special Reference to Temporal Position, Journal of Educational Psychology 31, 665–676

SPACHE, G. 1962: Toward Better Reading. Champaign, Ill.

SPEARRIT, D. 1972: Identification of Subskills of Reading Comprehension by Maximum-Likelihood Factor Analysis, Reading Research Quarterly 8, 1, 92–111

SPIRO, R. J. 1977: Remembering Information from Text: The State of Schema Approach in: Anderson, R. C. et al. (eds), Schooling and the Aquisition of Knowledge. Hillsdale, N. J., 137–165

SPRUNG, L. 1964: Über einige Abhängigkeitsbeziehungen zwischen Kontexteigenschaften und Produktionsleistungen in sinnvollen sprachlichen Sätzen, Zeitschrift für Psychologie 164, 1–2, 35–56

STAGNER, R. & SOLLEY, C. M. 1970: Basic Psychology: A Perceptual Homeostatic
    Approach. New York
STANDOP, E. 1975: Die Form der wissenschaftlichen Arbeit. Heidelberg
STAUFFER, R. G. 1969: Directing Reading Maturity as a Cognitive Process. New York
STAUFFER, R. G. 1970: Reading as Cognitive Function, in: Singer, H. & Ruddell, R. B.
    (eds), Theoretical Models and Processes of Reading. Newark, Del., 124–141
STEINBACH, I. et al. 1972: Merkmale von Wissens- und Informationstexten im Zusam-
    menhang mit der Lerneffektivität, Zeitschrift für Entwicklungspsychologie und
    Pädagogische Psychologie 4, 2, 130–139
STEINGART, S. K. 1975: The Effects of Imagery and Text Structure on What is Learned
    from Reading a Passage, Dissertation Abstracts International 36, (6–A), 3528
STEINMETZ, H. 1974: Rezeption und Interpretation. Versuch einer Abgrenzung, Amster-
    damer Beiträge zur neueren Germanistik, 37–81
STEVENS, R. 1912: The Question as a Mesure of Efficiency in Instruction. A Critical
    Study of Classroom Practice, Teachers College Contribution to Education No. 48
STEVENS, V. 1969: Reading in the Content Areas: Specific Procedures, in: Robinson,
    H. A. & Thomas, E. L. (eds), Fusing Reading Skills and Content. Newark, Del.,
    136–143
STEWART, E. W. 1968: A Comparative Study of the Effectiveness of Cloze and Text-
    book Procedures in a College Reading Programme, Dissertation Abstracts Interna-
    tional 28, (12–A), 4835
STOLPE, A. 1972: Sinnerschließendes Lesen, in: Wolfrum, E. (ed), Taschenbuch des
    Deutschunterrichts. Esslingen, 257–274
STOLUROW, L. M. & NEWMAN, J. R. 1959: A Factorial Analysis of Objective Features
    of Printed Language Presumably Related to Reading Difficulty, Journal of Educatio-
    nal Research 52, 7, 243–251
STROUD, J. 1956: Psychology in Education. New York
SULIN, R. A. & DOOLING, J. D. 1974: Intrusion of a Thematic Idea in Retention of
    Prose, Journal of Experimental Psychology 103, 2, 255–262
SUMMERS, E. G. & HUBRIG, B. 1966: Doctoral Dissertation Research in Reading
    Reported for 1963, Journal of Reading 9, 6, 386–410
SUSMANN, M. 1965: Die neue Lyrik. Darmstadt
SWIFT, W. P. 1969: General Psychology. New York

TABA, H. et al. 1964: Thinking in Elementary School Children. U. S. Office of Educa-
    tion Cooperative Research Project No. 1574. San Francisco College
TAYLOR, W. L. 1953: Cloze-Procedure: A New Tool for Measuring Readability,
    Journalism Quarterly 30, 415–433
TAYLOR, W. L. 1956: Recent Development in the Use of Cloze-Procedure, Journalism
    Quarterly 33, 42–48
TEIGELER, P. 1968: Verständlichkeit und Wirksamkeit von Sprache und Text. Stuttgart
TEIGELER, P. 1972: Satzstruktur und Lernverhalten. Bern
TERGAN, S. O. 1979: Der Einfluß von Textverständlichkeit und Orientierungshinweisen
    auf den Lernerfolg von Funkkollegiaten. Deutsches Institut für Fernstudien an der
    Universität Tübingen, Forschungsbericht Nr. 2
TERGAN, S. O. 1980: Ist Textverständlichkeit gleich Textverständlichkeit? Überprüfung
    der Vergleichbarkeit zweier Verständlichkeitskonzepte. Deutsches Institut für Fern-
    studien an der Universität Tübingen, Forschungsbericht Nr. 7
THORNDIKE, E. L. 1921: The Teacher's Word Book. New York
THORNDIKE, R. L. 1971: Reading as Reasoning. Address delivered to Devision 15,
    American Psychological Association. Washington, D. C.

THORNDYKE, P. W. 1977: Cognitive Structures in Comprehension and Memory of Narrative Discourse, Cognitive Psychology, 77–110

THURSTONE, L. L. 1946: Note on a Reanalysis of Davis Reading Tests, Psychometrica 11, 185–188

TINKER, M. A. 1939: Speed Versus Comprehension in Reading as Affected by Level of Difficulty, Journal of Educational Psychology 30, 81–94

TINKER, M. A. 1963: Legibility of Print. Iowa

TINKER, M. A. 1965: Bases for Effective Reading. Minnesota

TINKER, M. A. 1966: Experimental Studies in the Legibility of Print, Reading Research Quarterly 1, 4, 67–118

TODD, W. B. & KESSLER, C. C. 1971: Influence of Response Mode, Sex, Reading Ability, and Level of Difficulty on Four Measures of Recall of Meaningful Written Material, Journal of Educational Psychology 62, 3, 229–234

TOPITSCH, E. 1971: Sozialphilosophie zwischen Ideologie und Wissenschaft. 3. Auflage. Neuwied

TORRANCE, E. P. 1965: Creativity in the Classroom. Developing Creative Readers, The Instructor 74, 23, 38

TOULMIN, S. 1958/1975: The Uses of Argument. Cambridge/Der Gebrauch von Argumenten. Kronberg

TREIBER, B. 1980: Erklärung von Förderungseffekten in Schulklassen durch Merkmale subjektiver Unterrichtstheorien ihrer Lehrer. Bericht aus dem Psychologischen Institut der Universität Heidelberg, Diskussionspapier Nr. 22

TREIBER, B. & GROEBEN, N. 1976: Vom Paar-Assoziations-Lernen zum Elaborationsmodell. Forschungsprogrammwechsel in der Psychologie des Verbalen Lernens, Zeitschrift für Sozialpsychologie 7, 3–46

TREIBER, B. & PETERMANN, F. 1976: Zur Interaktion von Lernermerkmalen und Lehrmethoden: Rekonstruktion und Normierung des ATI-Forschungsprogramms. Bericht aus dem Psychologischen Institut der Universität Heidelberg, Diskussionsp. Nr. 4

TUINMAN, J. J. 1971: The Removal of Information Procedure, Journal of Reading Behavior 3, 2, 44–50

TUINMAN, J. J. 1972/73: Inspection of Passages as a Function of the Test Items, Journal of Reading Behavior 5, 3, 186–191

TUINMAN, J. J. et al. 1975: A Note on Cloze as a Measure of Comprehension, Journal of Psychology 90, 159–162

TURNER, B. 1974: The Extent to Which Selected Sixth Grade Students' Use of Graphic Aids Enhances Their Comprehension of Content Material, Dissertation Abstracts International 35, (5–A), 2555–2556

ÜBERLA, K. 1971: Faktorenanalyse. Berlin/Heidelberg/New York

ULMANN, G. 1968: Kreativität. Weinheim

ULSHÖFER, R. 1970: Methodik des Deutschunterrichts. Mittelstufe: I. 8. Auflage. Stuttgart

ULSHÖFER, R. 1971: Methodik des Deutschunterrichts. Mittelstufe: II. 7. Auflage. Stuttgart

VERNON, P. E. 1962: The Determinants of Reading Comprehension, Educational and Psychological Measurement 22, 2, 269–286

VENZIN, J. F. 1974: Etude comparée de schémas plus ou moins concrets et d'énoncés verbaux, Enfance 1–2, 21–44

VENZIN, J. F. et al. 1973: Expression des connaissances par le résumé en fonction de l'âge et de la composition du texte, Psychologie Française 18, 1, 5–22

VINACKE, W. E. 1968: Foundations of Psychology. New York

WALDMANN, G. 1973: Theorie und Didaktik der Trivialliteratur. München

WALLACE, J. 1971: Psychology: A Scocial Science. Philadelphia

WANG, M. D. 1970: The Role of Syntactic Complexity as a Determiner of Comprehensability, Journal of Verbal Learning and Verbal Behavior 9, 398–404

WASON, P. C. 1959: The Processing of Positive and Negative Information, Quarterly Journal of Experimental Psychology 11, 92–107

WATERS, H. S. 1978: Superordinate – Subordinate Structure in Semantic Memory. The Roles of Comprehension and Retrieval Processes, Journal of Verbal Learning and Verbal Behavior 17, 587–597

WATTS, L. & NISBETH, J. 1974: Legibility in Children's Books. A Review of Research. Windsor, Berks.

WEAVER, W. W. & BICKLEY, A. C. 1967: Sources of Information for Response to Reading Test Items, Proceedings of the 75th Annual Convention of the American Psychological Association, 293–294

WEAVER, W. W. & KINGSTON, A. J. 1963: A Factor Analysis of the Cloze-Procedure and Other Measurements of Reading and Language Ability, Journal of Communication 13, 252–261

WEBER, E. 1963: Kritische Überlegungen zum pädagogischen Prinzip der Entwicklungsgemäßheit, Schule und Psychologie, 200

WEENER, P. 1974: Note Taking and Student Verbalization as Instrumental Learning Activities, Instructional Science 3, 51–74

WEINERT, F. E. 1974: Lernübertragung, in: Weinert, F. E. et al. (eds), Funkkolleg Pädagogische Psychologie: Bd. II. Frankfurt, 685–709

WEINTRAUB, S. et al. 1971: Summary of Investigations Relating to Reading: July 1, 1969 to June 30, 1970, Reading Research Quarterly 6, 2, 206–211

WELBORN, E. L. & ENGLISH, H. B. 1937: Logical Learning and Retention, Psychologial Bulletin 34, 1–20

WELTNER, K. 1964: Zur empirischen Bestimmung subjektiver Informationswerte von Lehrbuchtexten mit dem Ratespiel von Shannon, Grundlagenstudien aus Kybernetik und Geisteswissenschaft 5, 3–11

WELTNER, K. 1965: Zum Ratespiel nach Shannon, Grundlagenstudien aus Kybernetik und Geisteswissenschaft 6, 75–84

WELTNER, K. 1967: Subjektive Information von deutschen Texten und didaktische Transinformation, in: Merz, F. (ed), Bericht über den 25. Kongress der Deutschen Gesellschaft für Psychologie. Göttingen, 294–301

WELTNER, K. 1969: Präzisierung der Bestimmung der subjektiven Information von Texten und Berücksichtigung gemischter Repertoires, in: Irle, M. (ed), Bericht über den 26. Kongreß der Deutschen Gesellschaft für Psychologie. Göttingen, 286–296

WELTNER, K. 1970: Informationstheorie und Erziehungswissenschaften. Quickborn bei Hamburg

WELTNER, K. 1974: Individualisierung von Lernprozessen durch Förderung von Selbstinstruktionstechniken, in: Schwarzer, R. (ed), Lernerfolg und Schülergruppierung. Düsseldorf, 62–75

WELTNER, K. 1976: Förderung des autonomen Lernens, Unterrichtswissenschaft 2, 114–127

WELTNER, K. 1978: Autonomes Lernen. Stuttgart

WELTNER, K. et al. 1971: Über den Zusammenhang der verschiedenen Verfahren zur Messung der subjektiven Information, in: Rollett, B. & Weltner, K. (eds), Referate des 8. Symposions der Gesellschaft für Programmierte Instruktion. München, 288–293

WENZEL, R. 1973: Vom ,Gegen-den-Strich-Lesen', in: Ide, H. (ed), Projekt Deutschunterricht: 3. Stuttgart, 84–100

WERMKE, J. 1981: Kreativität im Literaturunterricht. Unveröffentlichtes Manuskript. GHS-Duisburg

WETZELS, W. 1980: Relativitätstheorie gemeinverständlich: Techniken populärwissenschaftlicher Didaktik am Beispiel Albert Einsteins, LiLi, Zeitschrift für Literaturwissenschaft und Linguistik 40, 14–24

WHITE, M. L. 1976: Children's Literature. Criticism and Response. Columbus, O.

WHITE, R. T. 1973: Research into Learning Hierarchies, Review of Educational Research 43, 361–385

WHITTAKER, J. O. 1970: Introduction to Psychology. 2. Auflage. Philadelphia

WIECZERKOWSKI, W. et al. 1970: Die Auswirkung verbesserter Textgestaltung auf Lesbarkeitswerte, Verständlichkeit und Behalten, Zeitschrift für Entwicklungspsychologie und Pädagogische Psychologie 2, 4, 257–268

WIENOLD, G. 1972: Semiotik der Literatur. Frankfurt

WILLENBERG, H. 1978: Zur Psychologie literarischen Lesens. Paderborn

WILLIAMS, E. D. et al. 1938: Tests of Literary Appreciation, British Journal of Educational Psychology 8, 265–283

WINKLER, C. 1970: Sinnerfassendes Lesen, in: Beinlich, A. (ed), Handbuch des Deutschunterrichts: Bd. 2. 5. Auflage. Emsdetten, 851–881

WINOGRAD, T. 1977: A Framework for the Understanding of Discourse, in: Just, M. A. & Carpenter, P. A. (eds), Cognitive Processes in Comprehension. Hillsdale, N. J. 63–88

WITTY, P. et al. 1959: The Improvement of Reading Rate and Comprehension in Adults, The Reading Teacher 13, 121–128

WOLF, W. et al. 1968: Teaching Critical Reading to Elementary School Children, Reading Research Quarterly 3, 4, 435–498

WOLFRUM, E. (ed) 1972: Taschenbuch des Deutschunterrichts. Esslingen

WOLGAST, H. 1911: Das Elend unserer Jugendliteratur. Ein Beitrag zur künstlerischen Erziehung der Jugend.

WRENCH, D. F. 1969: Psychology: A Social Approach. New York

WRIGHT, P. 1968: Sentence Retention and Transformation Theory, Quarterly Journal of Experimental Psychology 20, 3, 265–272

WRIGHT, P. 1972: Reading to Learn, in: Melnik, A. & Merritt, J. E. (eds), Reading: Today and Tomorrow. London, 269–283

ZACHARISSON, B. 1965: The Legibility of Printed Text. Stockholm

ZIELINSKI, W. 1974a: Die Beurteilung von Schulleistungen, in: Weinert, F. E. et al. (eds), Funkkolleg Pädagogische Psychologie: Bd. II. Frankfurt, 851–875

ZIELINSKI, W. 1974b: Verfahren zur Beurteilung des Unterrichts, in: Weinert, F. E. et al. (eds), Funkkolleg Pädagogische Psychologie: Bd. II. Frankfurt, 901–923

ZIELKE, W. 1967: Schneller lesen – selbst trainiert. München

ZILEKE, W. 1968: Schneller lesen – besser lesen. München

ZIMMERMANN, H. D. 1974: Comic strips – ihre Geschichte und ihre Kritik, in: Pforte, D. (ed), Comics im ästhetischen Unterricht. Frankfurt, 248–276

ZIPF, C. K. 1935: The Psycho-Biology of Language. Boston

LITERATURVERZEICHNIS II

1. ANDERSON, R. C. & BIDDLE, W. B. 1975:
   On asking people questions about what they are reading. In: BOWER, G. H. (ed),
   The psychology of learning and motivation. (Vol. 9), New York: Academic Press
2. BAUSELL, R. B. & JENKINS, J. R. 1977:
   Effects on prose learning of frequency of adjunct cues and the difficulty of the
   material cued. Journal of Reading Behavior 9 (3), 227–232
3. BAYUK, R. J. et al. 1970:
   Organization of meaningful verbal material. Psychology in the School 7 (4),
   365–369
4. BERTOU, P. D. et al. 1972:
   An analysis of the relative efficacy of advance organizers, post organizers, interspersed questions, and combinations thereof in facilitating learning and retention
   from a televised lecture. Journal of Educational Research 65, 329–333
5. BLOOMER, R. H. & HEITZMAN, A. J. 1965:
   Pre-testing and the efficiency of paragraph reading. Journal of Reading 8, 219–223
6. BLUESTONE, M. A. & KERST, S. 1980:
   The effects of an advance organizer, text structure, and a preview of structure on
   the learning and retention of prose material.; unveröffentlichter Bericht vor: The
   American Educational Research Association, Boston
7. BOKER, J. R. 1974:
   Immediate and delayed retention effects of interspersing questions in written
   instructional passages. Journal of Educational Psychology 66, 96–98
8. BRUNING, R. H. 1968:
   Effects of review and testlike events within the learning of prose materials. Journal
   of Educational Psychology 59, 16–19
9. BRUNING, R. H. 1970:
   Short-term retention of specific factual information in prose contexts of varying
   organization and relevance. Journal of Educational Psychology 61, 186–192
10. BULL, S. G. & DIZNEY, H. F. 1973:
    Epistemic curiosity-arousing prequestions: Their effect on long-term retention.
    Journal of Educational Psychology 65, 45–49
11. CARTER, J. F. & CARRIER, C. 1976:
    Prose organization and recall. Contemporary Educational Psychology 1 (4),
    329–345
12. CASHEN, V. M. & LEICHT, K. L. 1970:
    Role of the isolation effect in a formal educational setting. Journal of Educational
    Psychology 61, 484–486
13. CHRISTENSEN, C. M. & STORDAHL, K. E. 1955:
    The effect of organizational aids on comprehension and retention. Journal of
    Educational Psychology 46, 65–74
14. CLAWSON, E. U. & BARNES, B. R. 1973:
    The effects of organizers on the learning of structured anthropology materials in
    the elementary grades. Journal of Experimental Education 42, 11–15

15. CROUSE, J. H. & IDSTEIN, P. 1972:
Effects of encoding cues on prose learning. Journal of Educational Psychology 63, 309–313

16. DE VILLIERS, P. A. 1974:
Imagery and theme in recall of connected discourse. Journal of Experimental Psychology 103, 263–268

17. DI VESTA, F. J.; SCHULTZ, C. B. & DANGEL, T. R. 1973:
Passage organization and imposed learning strategies in comprehension and recall of connected discourse. Memory and Cognition 1, 471–476

18. DOCTOROW, M. et al. 1978:
Generative processes in reading comprehension. Journal of Educational Psychology 70, 109–118

19. DOOLING, D. J. & LACHMAN, R. 1971:
Effects of comprehension on retention of prose. Journal of Experimental Psychology 88, 216–222

20. DOOLING, D. J. & MULLET, R. L. 1973:
Locus of thematic effects in retention of prose. Journal of Experimental Psychology 97, 404–406

21. DUCHASTEL, P. C. & BROWN, B. R. 1974:
Incidental and relevant learning with instructional objectives. Journal of Educational Psychology 66, 481–485

22. DUELL, O. K. 1974:
Effect of type of objective, level of test question, and the judged importance of tested materials upon posttest performance. Journal of Educational Psychology 66, 225–232

23. DYER, J. W. & KULHAVY, R. W. 1974:
Sequence effects and reading time in programmed learning. Journal of Educational Psychology 66, 57–61

24. EISCHENS, R. R.; GAITE, A. J. H. & KUMAR, V. K. 1972:
Prose learning: Effects of question position and informational load interactions in retention of low signal value information. Journal of Psychology 81, 7–12

25. ELLIS, J. A. et al. 1980:
Controlling test processing? Adjunct questions vs instructions. Unveröffentlichter Bericht vor: The American Educational Research Association, Boston

26. FELKER, D. B. & DAPRA, R. A. 1975:
Effects of question type and question placement on problem-solving ability from prose material. Journal of Educational Psychology 67, 380–384

27. FISHER, J. L. & HARRIS, M. B. 1973:
Effect of note taking and review on recall. Journal of Educational Psychology 65, 321–325

28. FOWLER, R. L. & BARKER, A. S. 1974:
Effectiveness of highlighting for retention of text material. Journal of Applied Psychology 59, 358–364

29. FRASE, L. T. 1967:
Learning from prose material: Length of passage, knowledge of results and position of questions. Journal of Educational Psychology 58, 266–272

30. FRASE, L. T. 1968:
Effect of question location, pacing, and mode upon retention of prose material. Journal of Educational Psychology 59, 244–249

31. FRASE, L. T. 1968:
Some data concerning the mathemagenic hypothesis. American Educational Research Journal 5, 181–189

32. FRASE, L. T. 1969:
Cybernetic control of memory while reading connected discourse. Journal of Educational Psychology 60, 49–55

33. FRASE, L. T. 1969:
Paragraph organization of written materials. The Influence of conceptual clustering upon level of organization. Journal of Educational Psychology 60, 394–401

34. FRASE, L. T. 1973:
Integration of written text. Journal of Educational Psychology 65, 252–261

35. FRASE, L. T. 1973:
Sampling and response requirements of adjunct questions. Journal of Educational Psychology 65, 273–278

36. FRASE, L. T. & KREITZBERG, V. S. 1975:
Effects of topical and indirect learning directions on prose recall. Journal of Educational Psychology 67, 320–324

37. FRASE, L. T. & WASHINGTON, E. D. 1970:
Childrens ability to comprehend text. Proceedings of the Annual Convention of the APA, 5 (Pt. 2), 631–632

38. FRASE, L. T.; PATRICK, E. & SCHUMER, H. 1970:
Effect of question postion and frequency on learning from text under different levels of incentive. Journal of Educational Psychology 71, 52–56

39. FRIEDMAN, M. P. & GREITZER, F. L. 1972:
Organization and study time in learning from reading. Journal of Educational Psychology 63, 609–616

40. GAGNE, E. D.; BING, S. B. & BING, J. R. 1977:
Combined effect of goal organization and test expectations on organisation in free recall following learning from text. Journal of Educational Psychology 69, 428–431

41. GAGNE, E. D. & ROTHKOPF, E. Z. 1975:
Text organization and learning goals. Journal of Educational Psychology 67, 445–450

42. GAGNE, R. M. & WIEGAND, V. K. 1970:
Effects of superordinate context on learning and retention of facts. Journal of Educational Psychology 61, 406–409

43. GEISELMAN, R. E. 1977:
Memory for prose as a function of learning strategy and inspection time. Journal of Educational Psychology 69, 547–555

44. GERLACH, A. & HOFER, M. 1973:
Der Einfluß von Strukturierungshilfen auf das Erlernen eines Studientextes. Zeitschrift für Entwicklungs- und Pädagogische Psychologie, Band 5, Heft 2, 91–105

45. GLYNN, S. M. & DI VESTA, F. J. 1977:
Outline and hierarchical organization as aids for study and retrieval. Journal of Educational Psychology 69, 89–95

46. GRABER, R. A. et al. 1972:
The effect of subsuming concepts on student achievement of unfamiliar science learning material. Journal of Research in Science Teaching 9, 277–279

47. GUSTAFSON, H. W. & TOOLE, D. L. 1970:
Effects of adjunct questions, pre-testing and degree of student supervision on learning from an instructional text. Journal of Experimental Education 39, 53–58

48. HERSHBERGER, W. 1964:
Self-evaluational responding and typographical cuing: Techniques for programming self-instructional reading materials. Journal of Educational Psychology 55, 288–296

49. HERSHBERGER, W. & TERRY, D. F. 1965:
Typographical cuing in conventional and programmed texts. Journal of Applied Psychology 49, 55–60

50. HILLER, J. H. 1974:
    Learning from prose text: Effects of readability level, inserted question difficulty, and individual differences. Journal of Educational Psychology 66, 202–211

51. HOLLEY, C. D. et al. 1980:
    Employing intact and embedded headings to facilitate long-term retention of text. Unveröffentlichter Bericht vor: The American Educational Research Association, Boston

52. JENKINS, J. R. & DENO, S. L. 1971:
    Influence of knowledge and type of objectives on subject-matter learning. Journal of Educational Psychology 62, 67–70

53. JENKINS, J. R. & NEISWORTH, J. T. 1973:
    The facilitative influence of instructional objectives. Journal of Educational Research 66, 254–256

54. KALT, N. C. & BARRETT, K. M. 1973:
    Facilitation of learning from a technical manual: An exploratory investigation. Journal of Applied Psychology 58, 357–361

55. KAPLAN, R. 1974:
    Effects of learning prose with part vs. whole presentation of instructional objectives. Journal of Educational Psychology 66, 787–792

56. KAPLAN, R. 1976:
    Effects of grouping and response characteristics of instructional objectives when learning from prose. Journal of Educational Psychology 68, 424–430

57. KAPLAN, R. 1976:
    Effects of experience and subjects use of directions upon learning from prose. Journal of Educational Psychology 68, 717–724

58. KAPLAN, R. & ROTHKOPF, E. Z. 1974:
    Instructional objectives as directions to learners: Effects of passage length and amount of objective-relevant content. Journal of Educational Psychology 66, 448–456

59. KAPLAN, R. & SIMMONS, F. G. 1974:
    Effects of instructional objectives used as orienting stimuli or as summary review upon prose learning. Journal of Educational Psychology 66, 614–622

60. KIRFEL, P. 1978:
    Vorausgestellte Kurztexte als Ordnungs- und Konfliktmuster beim Lernen aus Lehrtexten. In: KLAUER, K. J. & KORNADT, H.-J. (Hrsg.): Jahrbuch für empirische Erziehungswissenschaft, 136–164, Schwann, Düsseldorf

61. KISSLER, G. R. & LLOYD, K. E. 1973:
    Effects of sentence interrelation and scrambling on the recall of factual information. Journal of Educational Psychology 64, 187–190

62. KLARE, G. R. et al. 1955:
    The relationship of patterning (underlining) to immediate retention and to acceptability of technical material. Journal of Applied Psychology 39, 40–42

63. KORAN, M. L. & KORAN, J. J. 1975:
    Interaction of learner aptitudes with question pacing in learning from prose. Journal of Educational Psychology 65, 76–82

64. LACHMAN, R. & DOOLING, D. J. 1968:
    Connected discourse and random strings: Effect of number of inputs on recognition and recall. Journal of Experimental Psychology 77, 517–522

65. LA PORTE, R. E. & NATH, R. 1976:
    Role of performance goals in prose learning. Journal of Educational Psychology 68, 260–264

66. LA PORTE, R. E. & VOSS, J. F. 1975:
    Retention of prose materials as a function of postacquisition testing. Journal of
    Educational Psychology 67, 259–266
67. LEITH, G. O. M. et al. 1969:
    The place of review in meaningful verbal learning sequences. Canadian Journal of
    Behavioral Sciences 1, 113–118
68. MAYER, R. E. 1975:
    Foreward transfer of different reading strategies evoked by testlike events in
    mathematics text. Journal of Educational Psychology 67, 165–169
69. MAYER, R. E. 1978:
    Advance Organizers that compensate for the organization of text. Journal of
    Educational Psychology 70, 880–886
70. MC GAW, B. & GROTELUESCHEN, A. 1972:
    Direction of the effect of questions in prose material. Journal of Educational
    Psychology 63, 586–588
71. MC KENDREE BOYD, W. 1973:
    Repeating questions in prose learning. Journal of Educational Psychology 64,
    31–38
72. MEYER, B. J. F. & FREEDLE, R. O. 1979:
    Effects of discourse type on recall. Research Report No. 6, Department of Educa-
    tional Psychology College of Education, Arizona State University
73. MEYER, B. J. F. et al. 1979:
    Effects of comparative and descriptive discourse types on the reading performance
    of young, middle and old adults. Unveröffentlichter Bericht am Department of
    Educational Psychology, Arizona State University
74. MEYERS, L. S. & BOLDRICK, D. 1975:
    Memory for meaningful connected discourse. Journal of Experimental Psychology:
    Human Learning and Memory 1, 584–591
75. MILLER, S. L. & KRAUTHEIM, D. 1970:
    The effect of pretests on learning in a programmed sequence. Journal of Dental
    Education 34, 26–30
76. MORASKY, R. L. 1969:
    Effect of common-words question placement on learning from written materials.
    Proceedings of the 77th Annual Convention of the APA, 621–622
77. MORASKY, R. L. & WILCOX, H. H. 1970:
    Time required to process information as a function of question placement. Ameri-
    can Educational Research Journal 7, 561–567
78. MYERS, J. L. et al. 1973:
    Effect of prose organization upon free recall. Journal of Educational Psychology
    65, 313–320
79. NATKIN, G. & STAHLER, E. 1969:
    The effect of adjunct questions on short- and long-term recall of prose materials.
    American Educational Research Journal 6, 425–432
80. PAYNE, D. A. et al. 1967:
    The effect of sequence on programmed instruction. American Educational Rese-
    arch Journal 4, 125–132
81. PEECK, J. 1970:
    Effect of prequestions on delayed retention of prose material. Journal of Educatio-
    nal Psychology 61, 241–246
82. PERLMUTTER, J. & ROYER, J. M. 1973:
    Organization of prose materials: Stimulus, storage, and retrieval. Canadian Journal
    of Psychology 27, 200–209

83. PHILIPCHALK, R. P. 1972:
Thematicity, abstractness, and the long-term recall of connected discourse. Psychonomic Science 27, 361–362

84. POMPI, K. F. & LACHMANN, R. 1967:
Surrogate processes in the short-term retention of connected discourse. Journal of Experimental Psychology 75, 143–150

85. RICKARDS, J. P. 1976:
Interaction of position and conceptual level of adjunct questions on immediate and delayed retention of text. Journal of Educational Psychology 68, 210–217

86. RICKARDS, J. P. & AUGUST, G. J. 1975:
Generative underlining strategies in prose recall. Journal of Educational Psychology 67, 860–865

87. RICKARDS, J. P. & DI VESTA, F. J. 1974:
Type and frequency of questions in processing textual material. Journal of Educational Psychology 66, 354–362

88. ROTHKOPF, E. Z. 1966:
Learning from written instructive materials: An exploration of the control of inspection behavior by test-like events. American Educational Research Journal 3, 241–249

89. ROTHKOPF, E. Z. 1972:
Variable adjunct question schedules, interpersonal interaction, and incidental learning from written material. Journal of Educational Psychology 63, 87–92

90. ROTHKOPF, E. Z. & BILLINGTON, M. J. 1975:
A two-factor model of the effect of goal-descriptive directions on learning from prose. Journal of Educational Psychology 67, 692–704

91. ROTHKOPF, E. Z. & BILLINGTON, M. J. 1975:
Relevance and similarity of text elements to descriptions of learning goals. Journal of Educational Psychology 67, 745–750

92. ROTHKOPF, E. Z. & BISBICOS, E. E. 1967:
Selective facilitative effects of interspersed questions on learning from written materials. Journal of Educational Psychology 58, 56–61

93. ROTHKOPF, E. Z. & BLOOM, , R. D. 1970:
Effects of interpersonal interaction on the instructional value of adjunct questions in learning from written material. Journal of Educational Psychology 61, 417–422

94. ROTHKOPF, E. Z. & KAPLAN, R. 1972:
Exploration of the effect of density and specifity of instructional objectives in learning from text. Journal of Educational Psychology 63, 309–313

95. ROTHKOPF, E. Z. & KOETHER, M. E. 1978:
Instructional effects of discrepancies in content and organization between study goals and information sources. Journal of Educational Psychology 70, 67–71

96. SAMUELS, S. J. 1969:
The effect of post-test relevant pre-tests and discussion type feedback on learning and retention. Psychonomic Science 16, 67–68

97. SANDERS, J. R. 1973:
Retention effects of adjunct questions in written and aural discourse. Journal of Educational Psychology 65, 181–186

98. SASSON, R. Y. 1971:
Semantic organizations and memory for related sentences. American Journal of Psychology 84, 253–267

99. SCHNELL, T. R. 1973:
The effect of organizers on reading comprehension of community college freshmen. Journal of Reading Behavior 169–176

100. SCHULTZ, C. B. & DI VESTA, F. J. 1972:
Effects of passage organization and note taking in the selection of clustering strategies and on recall of textual materials. Journal of Educational Psychology 63, 244–252

101. SHAVELSON, R. J. et al. 1974:
Effects of position and type of question on learning from prose Material: Interaction of treatments with individual differences. Journal of Educational Psychology 66, 40–48

102. SNOWMAN, J. & CUNNINGHAM, D. J. 1975:
A comparison of pictorial and written adjunct aids in learning from text. Journal of Educational Psychology 67, 307–311

103. SWENSON, J. & KULHAVY, R. W. 1974:
Adjunct questions and the comprehension of prose by children. Journal of Educational Psychology 66, 212–215

104. TERGAN, S. O. 1979:
Der Einfluß von Textverständlichkeit und Orientierungshinweisen auf den Lernerfolg von Funkkollegiaten. Forschungsbericht Nr. 2 des Deutschen Instituts für Fernstudien an der Universität Tübingen, Tübingen

105. TOBIAS, S. 1973:
Sequence, familiarity, and attribute by treatment interactions in programmed instruction. Journal of Educational Psychology 64, 133–141

106. WALKER, B. S. 1974:
Effects of inserted questions on retroactive inhibition in meaningful verbal learning. Journal of Educational Psychology 66, 486–490

107. WASHBURNE, J. N. 1929:
The use of questions on social science material. Journal of Educational Psychology 20, 321–359

108. WATTS, G. H. 1973:
The ‚arousal‘ effect of adjunct questions on recall from prose materials. Australian Journal of Psychology 25, 81–87

109. WATTS, G. H. & ANDERSON, R. C. 1971:
Effects of three types of inserted questions on learning from prose. Journal of Educational Psychology 62, 387–394

110. WIECZERKOWSKI, W. et al. 1970:
Die Auswirkung verbesserter Textgestaltung auf Lesbarkeitswerte, Verständlichkeit und Behalten. Zeitschrift für Entwicklungs- und Pädagogische Psychologie 4, 257–268

111. WILLIAMS, J. P. 1963:
Comparison of several response modes in a review program. Journal of Educational Psychology 54, 253–260

112. WOLK, S. 1974:
The influence of meaningfulness upon intentional and incidental learning of verbal material. Memory and Cognition 2, 189–193

113. YEKOVICH, F. R. & KULHAVY, R. W. 1976:
Structural and contextual effects in the organization of prose. Journal of Educational Psychology 68, 626–635

AUTORENREGISTER

SACHREGISTER

Abbildungen im Text, s. Veranschaulichungen

Abstimmungsmethode, s. Metaanalyse

Abstraktheits-Suffix-Verfahren 226

Adaption 161f.

adaptives Lesen, s. Lesen, adaptives

adjunct questions, s. Fragen, eingestreute

advance organizer, s. Vorstrukturierung

Ästehtik 78f., 84–86, 152–159
– experimentelle 78f., 156–159
– theorie 78, 84–86, 152–159
– Negativität 155
– Normierung 78, 155f.
– Oppositions-Modell 154–159
– Struktur-Divergenz-Theorie 155–159
– Zwei-Faktoren-Modell 155–159

Akkomodation 154–163

Altersgemäßheit 2f., 150f., 159–167

Analogiebildung, s. Literaturdidaktik, ideologiekritische

angewandtes Verstehen, s. Textverständnis: Teilfähigkeiten

applied comprehension, s. Textverständnis: Teilfähigkeiten

aptitude-treament-interaction, s. ATI-Forschung

Argumentation 124–127, 146
– fehlerhafte 124–127, 146
– Strukturierung 127

arousal 156–159, 212–214, 267

Assimilation 154–163, 200

Assoziationswert 224

ATI-Forschung 280–284

Auslaß-Methode, s. Removal of Information procedure (RIP)

Aussagen 124f., 146
– deskriptive 124f., 146
– präskirpitve 124f., 146

Autoritätsdruck 134f., 146

aversion system 156f.

basal reading level 91

Bedeutung, s. Semantik, Referenz

Behaltenseffekt 149, 186, 189, 204, 207–214, 216, 223–234

Behaviorismus 24–26, 49f.
– Kernannahmen 25, 49f.

binary digit (bit), s. Informationstheorie

Blickspanne 105–107

Buchreife 94f.

Chunked Reading Test (CRT) 71–77, 89

chunking 26–28

cloze procedure 7, 16, 57–59, 65–71, 76, 81, 86, 89, 91, 98, 176, 178, 180, 186, 194, 204
– Reliabilität 66f., 69
– Validität 67–69

clustering 26–28

Contentanalyse 81, 83f., 140

controlled pacing, s. Lesegeschwindigkeit, kontrollierte

Cooperative English Test 60

Dale-Chall-Formel 176, 178

Davis Reading-Test 22, 60

Decodierung 27, 49

Denken 20, 22f., 28, 32–39, 64f., 70, 72, 76, 92, 117f.
– divergierendes 20, 28
– induktives 20
– konvergierendes 20, 28
– kritisches 117f.
– schlußfolgerndes- s. schlußfolgerndes Denken

Dissonanztheorie 268

Dissoziabilität von Konzepten 201, 225, 243, 246, 250

Eichung, s. Testung, standardisierte

Eindrucksmerkmale, s. Hamburger-Rating-Ansatz

Einsetzvefahren, s. cloze procedure

elaborative Kodierung 26–31, 50f., 102, 200

Arbeiten zur sozialwissenschaftlichen Psychologie

Die Reihe wird herausgegeben von Norbert Groeben, Ursula Piontkowski, Manfred Sader

Einige Bände aus der Reihe

Norbert Groeben: Die Verständlichkeit von Unterrichtstexten. Theoretisch abgeleitete und empirisch gesicherte Handlungsanweisungen zur optimalen Darbietung von Lernstoffen für den Praktiker. 2., überarbeitete und erweiterte Auflage, X und 186 Seiten, 23 Abbildungen, kart. 19,80 DM. ISBN 3-402-04020-4.

Franz Breuer, Wolfgang Keil, Dieter Kleiber, Friedhelm Meier, Ursula Piontkowski: Psychologie des wissenschaftlichen Lernens. Die Effekte subjektiver und institutioneller Formen der Studienorganisation, Studienstrukturierung und Studiensteuerung werden von handlungs-, kommunikations-, informations-, unterrichts- und sozialisationstheoretischen Einzelansätzen aus untersucht. Die psychologischen und didaktischen Organisationsvoraussetzungen einer praxisangemessenen Planung von institutionellen Lernsituationen und studentischen Lern- und Arbeitsprozessen werden in verschiedenen Disziplinen geklärt. VI und 354 Seiten, kart. 26,— DM. ISBN 3-402-04023-9.

Manfred Sader, Waltraud Schäuble, Werner Theis (Herausgeber): Verbesserung von Interaktion durch Gruppendynamik. Acht Psychologen haben gemeinsam versucht, an unterschiedlichen Teilfragen erste theoretische und methodologische Verankerungen auszuformulieren, um damit den Bereich der angewandten Gruppendynamik übersichtlicher und bearbeitbarer zu machen. VI und 299 Seiten, kart. 21,80 DM. ISBN 3-402-04024-7.

Sibylle Volkmann-Raue: Aggressions-Interaktion bei repressionsfreier Erziehung. Eine Felduntersuchung. Eine Systematik von Aggressionskategorien wird erstellt und erprobt und damit ein brauchbares Beobachtungsinstrument zur Aggressionsforschung vorgelegt. VIII und 312 Seiten, kart. 19,80 DM. ISBN 3-402-04026-3

Bernd Jötten: Sozialformen des Lernens. Welche Sozialform des Lernens ist im Unterricht angemessener: Einzelarbeit oder Kleingruppenarbeit? VIII und 282 Seiten, 21 Abbildungen, kart. 19,80 DM. ISBN 3-402-04027-1.

Barbara Goez: Offenheit kann man lernen. Eine Studie zu „Offenheit" als therapeutischer Basiskompetenz in Arzt-Patienten-Interaktionen. Offenheit kann man lernen – für intensive personenbezogene Gespräche muß man sie lernen. 1980, XIV und 398 Seiten, kart. 28,— DM. ISBN 3-402-04028-X.

Don Bannister und Fay Fransella: Der Mensch als Forscher. (Inquiring Man). Eine Einführung in die Theorie der persönlichen Konstrukte. XII und 205 Seiten, kart. 19,80 DM, ISBN 3-402-04029-8.

Bernd Jötten: Fördern im Klassenunterricht. Wie kann in der Schule gefördert werden? Das Buch bietet Konzepte und praktische Hilfen für eine erzieherische Arbeit, die auf einen emanzipierten, aktiv handelnden und selbstgesteuerten Schüler ausgerichtet ist. VIII und 230 Seiten, kart. 19,80 DM, ISBN 3-402-04290-8.

Franz Breuer: Einführung in die Wissenschaftstheorie für Psychologen. Die Darstellung wendet sich vorwiegend an Studierende und ist dementsprechend als Einführungs- und Arbeitsbuch aufbereitet. 2. Auflage, VI und 107 Seiten, kart. 8,— DM, ISBN 3-402-04025-5.

Verlag Aschendorff Münster. Bezug durch jede Buchhandlung